珞珈管理评论
Luojia Management Review

2008 年第 2 卷 （1）

武汉大学经济与管理学院主办

武汉大学出版社

图书在版编目(CIP)数据

珞珈管理评论.2008年.第2卷.1/武汉大学经济与管理学院主办.—武汉:武汉大学出版社,2008.6

ISBN 978-7-307-06386-0

Ⅰ.珞…　Ⅱ.武…　Ⅲ.企业管理—文集　Ⅳ.F270-53

中国版本图书馆 CIP 数据核字(2008)第 090041 号

责任编辑:柴　艺　　　责任校对:黄添生　　　版式设计:詹锦玲

出版发行:武汉大学出版社　　(430072　武昌　珞珈山)

(电子邮件:wdp4@whu.edu.cn 网址:www.wdp.com.cn)

印刷:军事经济学院印刷厂

开本:889×1194　1/16　印张:17.5　字数:510 千字

版次:2008 年 6 月第 1 版　　2008 年 6 月第 1 次印刷

ISBN 978-7-307-06386-0/F·1169　　　　定价:28.00 元

目　　录

CONTENTS

5   Accounting and Financial Management

6   Logistics and Supply Chain Management

7   Marketing

8   Tourism Management

9   Management Engineering

10   Management Theory

11   Book Review

企业人力资源管理功能的绩效分析：
一个社会资本的视角*

● 李 燕 萍

（武汉大学经济与管理学院　武汉　430072）

【摘　要】企业社会资本指企业通过其内外部的社会关系网络来获取稀缺资源的能力，它由内部社会资本和外部社会资本两部分组成。本文利用 42 家企业的 640 份职工问卷调查的数据，采用多元回归分析的方法，研究了企业人力资源管理功能与企业内外部社会资本、员工社会资本之间及企业高层管理者社会资本与企业社会资本之间的关系。结果显示，企业人力资源管理系统功能越强，人力资源管理实践活动越有效，高层管理者获取社会资源的能力越强，那么，企业越能网聚内外部的社会资本，并通过社会关系网络获得更多的稀缺资源。本研究结果表明，企业人力资源管理具有企业社会资本增值的功能。

【关键词】人力资源管理　社会资本　社会资本增值　绩效

随着科学技术革命和经济全球化的发展及人类社会生产方式的深刻变化，人力资本、社会资本已成为社会、经济发展与企业竞争优势形成的关键因素，尤其是随着网络组织的不断发展，企业利用或获取网络资源的能力也成为企业创造价值的重要来源。越来越多的企业通过社会资本的积累以捕捉难得的机遇，获取稀缺资源，以在竞争中立于不败之地。企业通过何种途径网聚社会资源是当前企业界和理论界探讨的热点问题。

本研究的目的是：将社会资本理论引入企业人力资源管理领域，研究人力资源管理与企业社会资本之间的关系，拓展企业人力资源管理研究视角，促使人们关注人力资源管理的企业社会资本开发功能。具体包括以下内容：(1)分析企业人力资源管理的社会资本增值绩效；(2)探索人力资源管理实践活动与企业内部社会资本、外部社会资本的关系；(3)找出促使员工社会资本转化为企业社会资本的关键因素；(4)通过以上研究实现企业人力资源管理功能的拓展。

一、文献探讨

1. 人力资源管理功能的绩效研究

如人们所知，对企业中人力资源管理职能的认识经历了两个阶段，即从人事管理功能到人力资源管理功能，再到战略人力资源管理功能。从理论上看，自 E. Wight Bakke(1958)首次提出人力资源管理功能后，学术界就一直关注人力资源管理功能的变化及其绩效问题。总体来看这些理论研究大致可分为战略的、描述

＊ 本文是国家自然科学基金项目"企业人力资源管理的社会资本功能及拓展方法研究"（编号：70372072）成果之一。

的和规范的人力资源管理理论(Guest,1997)。

(1)人力资源管理的战略性理论,主要关注一系列可能存在的外在偶然性与人力资源管理政策和实践间的关系,这些理论的内核是"适配"(fitness)。如许多美国学者经常引用 Miles 和 Snow(1984)建立在其关于战略和结构的早期著作基础上的理论,即一种类型的公司战略需要采用一种不同的人力资源政策,并合理地做出一些很精确的变化。相似地,Schuler 和 Jackson(1987)也提出了与 Porter(1980)的三种竞争性战略相联系的三种人力资源战略。

(2)人力资源管理的描述性理论,即通过描述提供人力资源管理的概念性框架,并对人力资源管理的内容和可能结果进行了广泛的分类。最著名的学者是哈佛的 Beer(1985)和他的同事们以及麻省理工学院的 Kochan, Katz 和 McKerise(1986)。

(3)人力资源管理的规范性理论,其特点是研究方法的规范,这些理论常常建立在实证调查和统计分析的基础之上,如 Walton(1985)关于控制和承诺的研究。

事实上,学者们在研究人力资源管理功能的绩效问题上存有不同,战略性人力资源管理理论认为要以人力资源管理与企业战略匹配为条件;描述性人力资源管理理论则认为人力资源管理政策与实践对任何企业都适用,且这些政策与实践对企业总会产生积极的作用;规范性人力资源管理理论则关注特定的人力资源管理政策与实践的组合,认为人力资源管理功能的绩效是通过特定人力资源管理政策与实践的协同效应而产生的(Guest,1997)。

从学者对人力资源管理功能的"绩效"来看,战略性人力资源管理理论较多地关注组织绩效(Delery,1998)。有许多战略性人力资源管理研究考察了企业绩效的一些形式(Delery & Doty,1996;Huselid,1995),也有研究者探究其对组织某部分的作用(Arthur,1994;Ichniowski, et al.,1997;MacDuffie,1995)。但许多学者一致认为,人力资源管理职能(包括实务与系统)并不能直接产生企业绩效,它要通过影响诸如人力资本或员工行为这些企业资源来最终产生绩效,即这种复杂模型假定在人力资源管理功能与企业绩效之间存在中间变量,除 Tusi 等人(1997)对中间变量进行了卓有成效的研究外,很少有研究者研究这些中间变量或对其重要性做详尽的阐述(Delery,1998);此外,研究者过多注意人力资源管理功能的财务绩效测度。

在网络时代下,企业需要利用其社会资源来获取有效的市场信息、独特的资源或机会。人力资源管理有利于企业社会资本的开发与利用。企业的人力资源也可通过对企业社会资本的开发使企业获得更多的竞争性资源,企业社会资本可成为人力资源管理功能实现企业竞争优势的"中间变量"。

2. 企业社会资本的研究

(1)社会资本概念的出现。社会资本(social capital)是从"新经济"社会学演化出来的一个最有影响的理论概念,最早出现在美国经济学家 Glen Loury 的著作中,他将社会资本定义为:促进或帮助获得市场中有价值的技能或特点的人之间自然产生的社会关系。Loury(1977)认为,正统经济学理论关注的焦点在于个人人力资本形成和基于技能上的竞争场所的建立,太具个人主义色彩。为与"人力资本"术语相对应,他创造了"社会资本"一词,以说明社会环境对个人和群体经济行为及其成功与否的作用。法国著名社会学家 Bourdieu 则是最早对社会资本进行系统研究的学者,也是最早明确地把社会资本和社会关系网络联系起来的学者之一(边燕杰,2004)。他认为除经济、人力和文化资本外还有社会资本,即"实际或虚拟资源的总和,这些资源同对人们共同熟悉或认可的制度化关系的持久网络的占有联系在一起"。Bourdieu(1985)①在美国的社会学界首次使用社会资本一词的是社会学家 Coleman。他从社会结构功能的角度将社会资本定义为:"人们在一个集体和组织中为了共同的目的构成了社会结构的许多方面。在这个结构框架中,它们促进

① Bourdieu,P.. The forms of captial. In: Richardson,J. G.. Handbook of theory and research for the sociology of education. New York: Greenwood,1985:248.

了行为主体(无论是个人还是企业)的某些行动。"①(Coleman,1988)。继 Bourdieu、Loury 和 Coleman 之后,越来越多的社会学家、政治学家、经济学家和组织理论学家纷纷投入到社会资本理论的研究中,相继出现了很多关于社会资本的研究文献。我认为,这是由于社会资本概念的提出具有极大的适用性和现实性,使非正式组织、信任、文化、社会支持、社会交换、社会资源、嵌入、关系契约、社会网络和企业间网络等概念都可以归并在一起来加以研究。何谓社会资本?理论界却尚无统一的定义,但已经达成共识的是:社会资本是存在于社会结构中的与经济资本(包括物质资本和人力资本等)相区别的非实物形态的资源。从外延上说,社会资本的构成主要包括社会制度、社会网络、社会关系、社会信任、社会秩序等,这些要素相互融合、相互渗透、相互作用、相互制约,共同构成社会资本的有机统一体。

(2)企业社会资本的研究。随着社会资本理论研究的不断深入,一些学者们将社会资本的概念引入企业管理领域,于是出现了企业社会资本概念。已有的研究表明,一个企业(组织)运行的成败往往与经营者及企业内部成员之间的社会交往和联系密切相关。什么是企业社会资本?不同学者有不同认识。企业社会资本指通过其内外部的社会关系网络来获取稀缺资源的能力,已为理论界所共识。当前,国内外学者关于企业社会资本的理论研究聚焦于企业社会资本及其绩效。已有不少的研究成果认为,企业社会资本在减少组织交易成本方面起着中心作用(Watson & Papamarcos,2002);企业外部社会资本有利于企业之间共享技术资源,加快企业技术创新的步伐,这在新经济条件下表现得尤为明显(Landry Réjean,Amara Nabil,Lamari Moktar,2002);社会资本是一种有用资源,它既可以增强组织内部的信任,又可以通过提供资源的方式与外部网络建立联系(Davidsson Per,Honig Benson,2003);社会资本有助于业务单元间的资源交换和产品创新(Gabbay & Zuckerman,1998;Hansen,1998;Tsai & Ghoshal,1998),也有助于智力资本的创造(Hargadon & Sutton,1997;Nahapiet & Ghoshal,1998);社会资本能够降低员工流失率(Krackhardt & Hanson,1993)并降低组织解散的风险(Pennings,Lee & van Witteloostuijn,1998);企业社会资本还有助于鼓励企业家精神(Chong & Gibbons,1997),以及新公司的创立(Walker,Kogut & Shan,1997),等等。

那么,面对越来越激烈的市场竞争,许多企业也面临着如何维持网络以赢得竞争,如何有效地构建并开发企业的社会资本已成为目前学术界与理论界关注的问题,本研究的目的就在于探讨人力资源管理如何使企业社会资本得以开发利用。

二、研究假设

1. 研究变量

根据研究的目的对人力资源管理功能与企业社会资本进行构念,两个变量的操作处理方法如下。

(1)企业人力资源管理功能。自 20 世纪 90 年代以来,基于对企业营运与战略的思考促使企业有秩序持续成长与变革,企业的人力资源管理功能正经历着深刻的变革与重整,为了实现组织目标,战略人力资源管理将更有效地整合人力资源的功能(Wright & Snell,1991)。就目前的中国企业而言,人力资源管理具有三个方面的功能,即行政管理、事务管理和战略管理(赵曙明,2001)。不少学者认为人力资源管理功能就是对企业中人力与组织资源重要的影响力,并成为取得竞争优势的主要工具(Schuler & Macmillan,1984;Grant,1991;Lado & Wilson,1994;Boxall,1998;Ulrich,1997;Wright & Dunford & Snell,2001);也有学者认为人力资源管理功能是通过对人的管理过程来获取企业的竞争优势(Amit & Belcourt,1999)。

本研究认为,人力资源管理就是企业关于人的管理所实施的实践活动和政策(Gary Dessler,2001)。人力资源管理功能是通过实施对人的管理与开发实践活动及其有关政策,对企业战略、各项经营活动与行为主

---

① Coleman,J. S. . Social,capital in the creation of human capital. Journal Social,1988:94.

体的影响或影响力及其效果。因此,探讨人力资源管理功能的绩效问题,本文是从人力资源管理系统(包括具体活动、人力资源管理制度或政策等)方面展开的。

(2)企业社会资本。社会资本可以从某个个体、一个团队、一个组织、一个产业、一个社区、一个国家或者整个经济实体的层面来进行研究(Coleman,1988;Putnam,1995)。本研究基于企业层面来研究社会资本。企业的经营活动是在各种各样的内外网络联系中运行的,其经营过程既存在产品和服务与货币的交换或实物交换的市场关系,也有为获得物质和精神的保障而对权威的遵从的科层关系,还有相互交换利益和赠与的社会关系。

本研究认为企业社会资本是企业内部与外部和谐的人际关系网络和社会关系网络(郑胜利、陈国智,2002;黄金华、徐俊,2003),由此构成了企业内部社会资本与企业外部社会资本。其中,内部网络主要包括各个部门之间、员工之间的关系网络,他们在共同合作的基础上,为了企业的总体目标而对资源的配置方式进行有效的决策;而外部网络则包括企业与用户、供应商、大学、科研机构、政府和竞争对手之间的关系网络,这些经济主体通过市场机制和共同遵守的信任与交往的规范而相互影响,并通过他们之间的关系网络而共享知识和基于关系网络之上的各种资源(陈劲、张方华,2002)。

2. 研究假设

参考上述文献,根据研究的目的,本文将从人力资源管理的各个方面分析与讨论人力资源管理积聚企业社会资本的绩效,揭示人力资源管理与企业绩效之间的"黑箱"(Collins & Clark,2004)或"中间变量",检验构建企业内、外部网络关系的一系列人力资源管理活动与企业社会资本绩效的关系。为此,本研究做如下假设:

假设Ⅰ:企业人力资源管理具有社会资本开发的功能:有效的人力资源管理活动,能开发企业社会资本。

假设Ⅰ-1:企业人力资源管理功能越强,企业内部社会资本积累越多。

假设Ⅰ-2:企业人力资源管理功能发挥得好,使人力资源管理具有良好的外部效应,促使企业外部社会资本的聚集。

Snell(1999)分析了社会资本与个人之间、社会资本与企业之间以及社会资本与组织之间的关系,认为企业效益的来源不仅仅是个人与组织的简单加总,而是依赖于协同,协同又存在于系统与关系之中。他由此指出,企业应将人力资本与社会资本结合起来进行管理;人力资本反映个人的质量,社会资本反映个人与企业、企业与企业之间的质量;人力资源活动应至少花费与开发技能知识一样多的时间来培育信任与信息交流。因此,企业人力资源管理有利于开发社会资本,人力资源管理职能是建立各种关系的动力的原因,这些关系将转化为社会资本,成为企业的竞争优势(Mark L. Lengnick-Hall & Cynthia A. Lengnick-Hall,2003)。本文将从定量分析出发,分析人力资源管理是如何积聚企业社会资本的,使人力资源管理系统为企业绩效作出贡献。

假设Ⅱ:企业人力资源管理是企业网聚社会资本的途径:企业的人力资源管理功能发挥得越好,员工越愿意将个人社会资本转化为企业的社会资本,促使企业社会资本增值。

企业是各种资源的集合体,是为了实现一定目的而形成的一个组织。随着人力资源管理环境的变化,企业也不断实施人力资源管理的创新,因为不仅员工的工作活动方式发生了变化,而且非正式网络以及员工之间的交往方式也发生了改变。有的学者研究表明,不同的工作场所会导致社会资本的差异,并测度了在不同的人力资源管理系统下,员工之间信息交流与交往结构中社会资本的差异(Jon Gant, Casey Ichniowski, Kathryn Shaw,2002)。有效的人力资源管理活动会形成良好的合作氛围,员工能在团队精神下工作,并建立起一种信任,员工愿意与团队沟通、分享信息与资源,完成自己的工作任务与目标。

假设Ⅲ:企业特殊的人力资源——高层管理者社会资本效应:企业人力资源管理培养高层管理者获取

与开发社会资源的能力，有利于企业外部社会资本的形成与开发。

企业的社会资本可以来源于组织层面（宏观）的活动，而不仅仅局限于个人的联系（Galaskiewicz & Bielefeld，1998），高层管理者丰富的社会网络资源对企业社会资本具有重要的影响。中国企业可以通过企业领导者和经理在产业内外广泛的社会关系来寻求和获取稀缺资源（边燕杰，2004）。因此，企业高层管理团队的内外部社会网络与企业绩效之间有很高的正相关关系。本研究还探讨：高层管理者作为企业特殊的人力资源，如何开发与培养他们开发其社会资本的能力，提高企业绩效，从而扩展企业的外部社会资本。

三、研究方法

1. 样本和研究程序

用来检验研究假设的数据来自2004年7—11月对武汉市、宜昌市、深圳市、长沙市以及河南省等地区的42家企业的调查。调查的目的是为了收集公司的基本信息、人力资源管理、企业内部社会资本、企业外部社会资本、公司高层管理者社会资本的数据或信息。

为了达到研究的目的，本次调查基于企业的性质、地区和行业等来抽取不同的样本企业，共发放问卷756份，回收640份，问卷回收率达84.66%。回收问卷包括18家国有企业的375份、2家有限责任（股份有限）公司的95份、4家私营企业的75份、8家外资企业的95份。有效问卷达605份，问卷有效率为94.53%。在整个样本中，国有企业的数量相比要多一些，占58.59%，这主要受到我们调查的地区的企业结构的影响（即中部地区国有企业的比例较高）。

我们首先在3家企业（不包括在研究的样本内）中进行了一次预调查，以此来对问卷进行测试。在正式调查中，问卷是由项目研究组（即参加课题研究的人力资源管理专业方向的硕士生）的人员发给样本单位；发放的方式主要通过公司的总经理办公室或人力资源管理机构下发。为保证样本企业资料的代表性，对32家企业发放的756份问卷，要求企业的各个不同的职能部门的职工填写。问卷填写回收方式主要是调查人员当场回收完成的问卷，仅有极少数样本企业因特殊原因采用置留问卷再邮寄收回的方式。

2. 变量的测量

（1）人力资源管理功能的测量。根据中国企业的特点，本研究主要从人员选拔与晋升、人员配置、培训与开发、绩效管理、薪酬管理、管理沟通、组织文化、人力资源管理专业水平等方面测量企业的人力资源管理功能。测量量表的设计参照了赵曙明的调查问卷[①]，并基于本研究的目的进行了适当的调整，即围绕需要测量的人力资源管理功能的各个方面，选取了人力资源指数问卷中的44个项目，采取5等级测量方法。

（2）企业社会资本。如前所述，对企业社会资本的测量是从企业内部社会资本、外部社会资本维度展开的。就企业内部社会资本而言，主要是员工之间、职工与管理者、管理者之间以及企业各部门之间的关系网络。企业内部社会资本即处于网络或更广泛的社会结构中的个人动员稀有资源的能力。企业内部社会资本主要通过员工社会资本测度来反映。而对个人社会资本的测量我们是以Granovetter的弱联系理论、Burt的结构化空洞理论以及Baker个人社会关系网络（1990）[②]研究为指导，根据学者的代表观点总结出其测量个人社会资本的维度，并结合本研究的目的设计了有关的测量项目。

---

① 赵曙明. 人力资源管理研究. 北京：中国人民大学出版社，2001：62-63.

② 韦恩·贝克. 社会资本制胜——如何挖掘个人与企业网络中的隐性资源. 上海：上海交通大学出版社，2002：25-58.

企业外部社会资本通过对整个组织层面社会资本的测量进行，研究主要以Lin的社会资源理论为指导。根据中国企业的特点，我们认为企业外部社会资本测量路径主要是纵向联系（即企业与上级领导机关、当地政府部门以及下属企业、部门之间的联系）网络以及横向联系（即企业与其他企业、科研院所及高校、金融机构、中介组织等的联系）网络①。企业外部社会资本有利于企业获取参与竞争所需的各种资源，这些资源包括企业的资产、能力、组织过程、性质、信息、知识等。

在中国，企业外部社会资本的重要影响主要来自于公司高层管理者的社会资本。因此，研究中也设计了测量企业高层管理者（或CEO）社会资本的项目。测量的维度或方法完全参考边燕杰对企业家社会资本的度量维度，即通过企业高层管理者与政府的垂直关系，与其他产业的企业的关系，以及广泛的社会人际关系来测量企业高层管理者的社会资本。

3. 资料整理与因子分析

本研究对于各个变量的测度量表采用因子分析法缩减变数，利用因子/主成分法选取特征值大于1的因素，并以最大变异法将各个因素加以转轴，再由每个因素构念所涵盖的变数以最佳的解释及其包容性予以命名得到各个构念层（如表1所示）。

为了更加简化而又有说服力，我们通过因子分析分别综合了人力资源管理功能与企业社会资本测量。根据主成分的累积贡献率与特征根指标，得到表1的人力资源管理功能与企业社会资本的因子分析表。显然，经过因子分析提取的公因子的主成分累积贡献率都在65%以上（个别是55%）。特征根在某种程度上可以被看做表示主成分影响力度大小的指标，如果特征根小于1，则说明主成分还不如直接引入一个原变量的平均解释力度大，由此得到了企业人力资源管理功能与企业社会资本的主成分的综合指标。应该说明的是，公司高层管理者社会资本变量的相关系数矩阵中，3个变量的相关系数之间的相关性不高，即没有通过因子分析判断，因此后面的分析中将使用原变量。

在进行因子/主成分分析后，得到各个因子值，本研究在对自变量与因变量企业社会资本进行考察时，分别分析了人力资源管理功能与企业内部社会资本、外部社会资本的影响。对于因变量企业内部社会资本与外部社会资本，分别是用其因子值的平均值作为企业内部社会资本、外部社会资本的综合值来进行分析的。

四、研究结果

1. 检验假设Ⅰ

假设Ⅰ是关于人力资源管理功能对企业社会资本的影响。由于人力资源管理功能与社会资本的测量都是一个连续量（即调整后的因子值），我们采用多元回归模型进行评估。首先我们对自变量人员选拔与晋升、人员配置、培训与开发、绩效管理、薪酬管理、管理沟通、组织文化、人力资源管理专业水平进行因子值的均值处理，得到各个自变量的综合值。对于各个变量的缺损值，在分析中我们采取SPSS分析处理方法之一，即用变量均值代替。

对人力资源管理功能的各个自变量人员选拔与晋升、人员配置、培训与开发、绩效管理、薪酬管理、管理沟通、组织文化、人力资源管理专业水平与企业的内部社会资本和外部社会资本进行回归模型分析，我们采取逐步法（stepwise）进行回归分析，即首先分别计算各自变量对 Y 的贡献大小，由大到小挑选贡献最大的一个先进入回归方程，随后重新计算各自变量对 Y 的贡献，并考察已在方程中的变量是否由于新变量的引入而不再具有统计意义。如果有，则将它剔除，并重新计算自变量对 Y 的贡献。如有变量低于选入标准（标准进入概率为≤0.05；移出概率为≥0.1），则继续考虑剔除，直到方程没有变量可以剔除，方程外没有变量被引进为止，如表2所示。

---

① 郑胜利，陈国智. 企业社会资本积累与企业竞争优势. 生产力研究，2002，1.

表 1

企业社会资本与人力资源管理功能因子分析

测度变量	构念层	构念命名	测度项数	特征根（eigenvalues）	累积解释变异量（cumulative）%	α 系数
企业内部社会资本	构念 1	内部工作关系的融洽度	3	2.41	80.17	0.88
	构念 2	外部工作关系网络密度	4	2.47	61.69	0.79
	构念 3	内外部正式或非正式组织的网络规模	3	1.08	60.59	
企业外部社会资本	构念 1	公众形象与声誉	3	2.49	83.24	
	构念 2	关键客户的战略性合作	4	3.19	79.75	
	构念 3	客户的信任与承诺度	6	3.04	56.81	
	构念 4	公司的社会影响力	2	1.35	67.62	
人员选拔与晋升	构念 1	选拔与晋升机制的有效性	5	2.89	57.55	
人员配置	构念 1	工作的挑战性	4	2.60	65.09	
培训与开发	构念 1	开发的战略性与持续性	3	2.28	76.14	
	构念 2	培训的计划化与有效性	3	1.18	64.54	
绩效管理	构念 1	绩效管理的战略导向性	4	2.66	66.39	
薪酬管理	构念 1	薪资与福利的保障性	3	1.91	63.52	
	构念 2	薪酬的激励性	3	2.16	71.9	
	构念 3	薪酬的公平性与竞争性	3	2.21	73.67	
管理沟通	构念 1	员工参与管理	4	2.45	62.2	
	构念 2	内外部信息网络的畅通	3	1.84	61.48	
组织文化	构念 1	员工有相互信任感	3	2.14	71.28	
	构念 2	工作的相互支持与合作性	3	1.97	65.63	
	构念 3	工作气氛的和谐性	2	1.31	65.32	
人力资源管理专业水平	构念 1	人力资源管理的战略性	3	2.34	78.53	
	构念 2	人力资源制度的有效性	3	2.20	73.19	

（1）检验假设Ⅰ-1。由表 2 可知，当因变量为企业内部社会资本时，与组织文化、人力资源管理专业水平回归模型拟合良好。ＭⅠ-1 和ＭⅠ-2 解释变异量（R^2）分别为 0.102 和 0.120，它们调整后的解释变异量（R）^{2} 也分别达到 0.101 和 0.117。通过回归模型可以发现，组织文化对企业内部社会资本的影响最大，在ＭⅠ-1 中的未标准化的系数达到 0.266，在考虑企业人力资源管理专业水平因素后，ＭⅠ-2 也表明组织文化对企业内部社会资本影响的显著性。如果组织文化提高一个等级（采取 5 等级测量），则企业内部社会资本积累提高两个等级。同时，回归模型ＭⅠ-2 也表明企业人力资源管理专业水平对企业内部社

会资本的显著影响，即人力资源管理专业水平越高，企业内部社会资本越多。

表2　　　　　　　　　　　　　人力资源管理功能与企业社会资本的回归分析

因变量	回归模型	自变量	未标准化系数 (unstandardized coefficients)		标准化系数 (standardized coefficients)	
			系数(B)	系数标准误差	系数(β)	p 值
企业内部社会资本	MⅠ-1	常数项(constant)	$-4.392E-02$	0.026		0.087 +
		组织文化	0.266	0.031	0.320	0.000 ***
		ANOVA 检验				0.000 ***
		解释变异量 R^2	0.102			
		调整后的 R^2	0.101			
	MⅠ-2	常数项(constant)	$-4.405E-02$	0.025		0.084 +
		组织文化	0.189	0.038	0.227	0.000 ***
		人力资源管理专业水平	0.122	0.034	0.163	0.000 ***
		ANOVA 检验				0.000 ***
		解释变异量 R^2	0.120			
		调整后的 R^2	0.117			
企业外部社会资本	MⅡ-1	常数项(constant)	$-1.789E-02$	0.027		0.501
		人员选拔与晋升	0.449	0.028	0.533	0.000 ***
		ANOVA 检验				0.000 ***
		解释变异量 R^2	0.284			
		调整后的 R^2	0.283			
	MⅡ-2	常数项(constant)	$-1.769E-02$	0.026		0.496
		人员选拔与晋升	0.313	0.036	0.371	0.000 ***
		人力资源管理专业水平	0.215	0.038	0.248	0.000 ***
		ANOVA 检验				0.000 ***
		解释变异量 R^2	0.319			
		调整后的 R^2	0.317			
	MⅡ-3	常数项(constant)	$-1.743E-02$	0.026		0.497
		人员选拔与晋升	0.197	0.046	0.233	0.000 ***
		人力资源管理专业水平	0.169	0.039	0.195	0.000 ***
		薪酬管理	0.213	0.051	0.222	0.000 ***
		ANOVA 检验				0.000 ***
		解释变异量 R^2	0.337			
		调整后的 R^2	0.334			
	MⅡ-4	常数项(constant)	$-1.803E-02$	0.026		0.481
		人员选拔与晋升	0.158	0.049	0.188	0.001 ***
		人力资源管理专业水平	0.153	0.039	0.176	0.000 ***
		薪酬管理	0.163	0.056	0.170	0.004 *
		管理沟通	0.112	0.050	0.128	0.027 *
		ANOVA 检验				
		解释变异量 R^2	0.342			
		调整后的 R^2	0.338			

（注：+代表 $p<0.1$ 单边检验；*代表 $p<0.05$ 单边检验；**代表 $p<0.01$ 单边检验；***代表 $p<0.001$ 单边检验）

（2）检验假设Ⅰ-2。由表2可知，当因变量为企业外部社会资本时，和人员选拔与晋升机制、人力资源管理专业水平、薪酬管理与管理沟通回归模型拟合良好。从回归模型MⅡ-1到MⅡ-4，解释变异量（R^2）最高可达0.342。逐步回归可让我们找出与企业外部社会资本显著影响的人力资源管理功能项，逐步加入自变量，回归模型仍然通过了统计显著性的检验。最终的回归模型MⅡ-4表明，企业的人员选拔与晋升机制、人力资源管理专业水平、薪酬管理和管理沟通对企业外部社会资本有影响，即人员选拔与晋升机制、人力资源管理专业水平、薪酬管理和管理沟通分别提高一级，企业外部社会资本水平会提高15.8%、15.3%、16.3%和11.2%，尤其是企业的薪酬管理水平越高，越有利于企业积聚社会资本。

根据回归分析，我们发现人员选拔与晋升、薪酬管理、管理沟通、组织文化、人力资源管理专业水平等对企业的内部或外部社会资本的开发都有显著影响，尤其是人力资源管理专业水平对企业社会资本的积累有很大的影响。这说明了我国企业人力资源管理专业水平，或许也反映了我们研究的58%的国有企业样本。

2. 检验假设Ⅱ

经过研究，我们已经发现了人力资源管理功能对企业的社会资本具有增值的绩效。那么在信息化时代，企业又是如何"网聚"这些社会资源的？这是本研究假设2需要讨论的问题。在调查问卷中，我们对企业员工如何利用个人社会资本来开展工作，即将个人社会资本转化为企业社会资本进行了调查。为此，我们将表1中经过因子/主成分分析的企业人力资源管理功能的具体变量作为自变量，采取与上述相同的方法进行回归分析。

由表3可知，企业的薪酬激励性和工作气氛的和谐性成为因变量员工个人社会资本转化的显著影响因素，回归模型MⅢ-1和MⅢ-2拟合良好。MⅢ-1中的解释变异量（R^2）为0.030，调整后的解释变异量（R^2）也达到0.028。从回归模型中我们发现，员工所拥有的个人关系网络受企业薪酬激励性影响，如果企业能有效地激励员工，员工则会利用一切个人的关系网络为企业创造经济价值。在加入工作气氛和谐性因子值后，MⅢ-2回归模型也通过统计显著性检验，解释变异量（R^2）和调整后的解释变异量（R^2）分别提高到0.042和0.039，可以说MⅢ-2更好地说明解释了因变量。很显然，要使员工在工作中将个人社会资本转化为企业社会资本，不仅要对员工进行薪酬的激励，而且还要提供好的工作环境，企业应该重视组织文化建设。因此，企业人力资源管理具有使员工将个人关系网络转化为企业社会资本的功能。

3. 检验假设Ⅲ

由表4可知，企业高层管理者是企业的一种特殊人力资源，对他们的社会资本网络的有效开发，或他们利用其社会关系网络的程度，能提高企业社会资本的水平，这是假设Ⅲ需要检验的问题。将企业社会资本作为因变量进行回归分析，回归模型MⅣ-1中的解释变异量（R^2）达到0.325，调整后的解释变异量（R^2）也有0.324，未标准化系数（B）为0.463，反映了企业高层管理者的社会关系对企业的社会资本网聚有显著正影响。尤其是加入企业高层管理者任职变量后，回归模型MⅣ-2显示企业高层管理者的社会关系的未标准化系数（B）仅下降了0.004，而企业高层管理者任职因素对企业的社会资本影响很小。这种情况说明了中国企业改革以及政府职能的现实，企业管理者或领导人已经不仅仅依靠其政府任职的社会关系获取企业资源，更多的是依靠个人在商界更为广泛的社会资源建立企业外部社会资本。

表3　　　　　　　　　　　　　　　　　　　**人力资源管理功能与员工个人社会资本转化回归分析**

自变量		未标准化系数 （unstandardized coefficients）		标准化系数 （standardized coefficients）	
		系数（B）	系数标准误差	系数（β）	p 值
M Ⅲ-1	常数项（constant）	3.007	0.035		0.000***
	薪酬的激励性（X）	0.165	0.038	0.172	0.000***
	ANOVA 检验				0.000***
	解释变异量 R^2	0.030			
	调整后的 R^2	0.028			
M Ⅲ-2	常数项（constant）	3.007	0.035		0.000***
	薪酬的激励性（X_1）	0.137	0.039	0.142	0.000***
	工作气氛的和谐性（X_2）	0.109	0.038	0.115	0.004**
	ANOVA 检验				0.000***
	解释变异量 R^2	0.042			
	调整后的 R^2	0.039			

（注：+代表 $p<0.1$ 单边检验；*代表 $p<0.05$ 单边检验；**代表 $p<0.01$ 单边检验；***代表 $p<0.001$ 单边检验）

表4　　　　　　　　　　　　　　　　　　　**公司高层管理者社会资本与企业社会资本的回归分析**

自变量		未标准化系数 （unstandardized coefficients）		标准化系数 （standardized coefficients）	
		系数（B）	系数标准误差	系数（β）	p 值
M Ⅳ-1	常数项（constant）	−1.596	0.094		0.000***
	企业高层管理者的社会关系（X）	0.463	0.026	0.570	0.000***
	ANOVA 检验				0.000***
	解释变异量 R^2	0.325			
	调整后的 R^2	0.324			
M Ⅳ-2	常数项（constant）	−1.682	0.102		0.000***
	企业高层管理者的社会关系（X_1）	0.459	0.026	0.565	0.000***
	企业高层管理者任职（X_2）	4.402E-02	0.021	0.070	0.000***
	ANOVA 检验				0.000***
	解释变异量 R^2	0.330			
	调整后的 R^2	0.328			

（注：*代表 $p<0.1$ 单边检验；*代 $p<0.05$ 单边检验；**代表 $p<0.01$ 单边检验；***代表 $p<0.001$ 单边检验）

10

五、研究结论与建议

1. 研究结论

调查研究显示，这些样本公司通过企业人力资源管理的实践活动，如有效的人员选拔与晋升机制、合理的人员配置、培训与开发、绩效管理、薪酬管理、管理沟通、组织文化等，有效地利用和发挥员工与企业高层管理者的积极性，来实现企业的战略目标。这些公司认识到人力资源是企业的竞争性资源，战略性人力资源管理与人力资本投资是现代人力资源管理的必然要求。人力资源管理实践活动本身不仅开发了员工个体潜能，而且还将人力资本开发与发挥组织协同作用的社会资本结合起来，即实现了开发与形成企业社会资本。简而言之，现代企业的人力资源管理可以使人力资源管理功能获得使企业社会资本增值的绩效。

本研究的结论使我们对企业人力资源管理功能有了新的认识。长期以来，研究者们在研究人力资源管理绩效时，较多的解释都是强调其对企业经营业绩（如有形物质收益或财务绩效等）以及对人力资源管理的直接绩效。进入 21 世纪以来，不少学者从组织经济学与战略管理角度间接或直接分析人力资源通过本身特征具有获取持续竞争优势的功能（Wright & McMahan，1992；Wright，1994；Boxall，1996）。然而，信息时代的市场竞争已经使企业物质资本的积累虚拟化，组织系统中存在的协调行为因其本身的竞争与合作而产生。企业需对公众负责，维持社会关系、社会伦理和道德，为客户制造"满意"（产品），等等，都是企业社会资本系统的内容，人力资源管理能促进该系统的形成与开发。本文的研究表明：企业人力资源管理能直接或间接使企业社会资本增值；另一方面，人力资源管理使员工更有效地利用企业的内外部社会资本从而更好地工作。同时，企业人力资源管理还应开发企业人员有效利用或获取社会资本的能力。企业将成为社会网络中的唯一参与者，员工则是每个组织网络中的单元。企业人力资源管理的社会资本功能为企业进行人力资源开发与管理拓展了空间。

2. 建议

（1）因本研究时间及资料的限制，对统计资料的解释能力仍有待强化，故建议后续的研究将进一步探讨不同性质、不同产业、不同人力资源管理模式的企业，人力资源管理对企业社会资本开发绩效的差异，更加深入分析人力资源管理如何网聚企业内部与外部社会资本，为企业人力资源管理实际工作者提供可靠、有实际操作性的路径与方法。

（2）本研究没有证实企业管理者或领导人的政府任职经历与企业社会资本有显著影响，这与边燕杰等一些学者的研究结果存在不一致，是本研究的样本、问卷设计不完备与变量测量操作上的误差导致的呢？还是本研究的结论更加接近目前中国企业的现实呢？这也有待于后续的研究进行验证。

（3）本研究并没有对企业人力资源管理功能变量与企业社会资本变量进行相关性研究，推测二者之间有很大的相关性，且企业内部社会资本、外部社会资本也相互具有相关性，故建议在未来的研究中，可针对影响企业社会资本水平的因素进行典型相关（canonical correlation）分析。

参考文献

［1］Burt，R. S.. The network structure of social capital. Research in Organizational Behavior,2002,22.

［2］Burt，R. S. Structural holes. Cambridge，M. A.：Harvard University Press 1992；Burt，R. S.. The contingent value of social capital. Administrative Science Quarterly,1997,42.

［3］Chong，L.，and Gibbons，P.. Corporate entrepreneurship：The roles of ideology and social capital. Group and

Organization Management, 1997,22.

[4] Coleman, J. S.. Social capital in the creation of human capital. American Journal of Sociology, 1988, 94 (Supplement).

[5] David E. Guest. Human resource management and performance: A review and research agenda. The International Homan Resource Management. 1997,8(3).

[6] Davidsson Per, Honig Benson. The role of social and human capital among nascent entrepreneurs. Journal of Business Venturing,2003,18(3).

[7] Gabbay, S. M., and Zuckerman, E. W.. Social capital and opportunity in corporate R&D: The contingent effect of contact density on mobility,1998.

[8] Gary Dessler. Human Resource Management. 北京:清华大学出版社,2001.

[9] Granovetter, M. S.. The strength of weak ties. American Journal of Sociology, 1973, 78 // Granovetter, M. S.. Getting a job. Chicago: University of Chicago Press,1995.

[10] Grant, R. M. The resource-based theory of competitive advantage: Implications for strategy formulation. California Management Review,1991,3.

[11] Hargadon, A., and Sutton, R. I.. Technology brokering and innovation in a product development firm. Administrative Science Quarterly,1997,42.

[12] Hirsch, P. M., and Levin, D. Z. . Umbrella advocates versus validity police: A life-cycle model. Organization Science,1999,10.

[13] Ierickx, I., and Cool, K.. Asset Stock Accumulation and Sustainability of Competitive Advantage. Management Science,1989, 35(12).

[14] John E. Delery. Issues of fit in strategic human resource management: Implication for research. Human Resource Management Review,1998,8(3).

[15] Jon Gant, Casey Ichniowski,and Kathryn Shaw. Social capital and organizational change in high-involvement and traditional work organizations. Journal of Economics & Management Strategy,2002,11(2).

[16] Krackhardt, D., and Hanson, J. R.. Informal networks: The company behind the chart. Harvard Business Review,1993, 71(4).

[17] Lado, A. A., Wilson, M. C.. Human resource and sustained competitive advantage: A resource-based perspective. Academy of Management Review,1994,19(4).

[18] Landry Réjean, Amara Nabil, Lamari Moktar. Does social capital determine innovation? To what extent? Technological Forecasting and Social Change,2002,69(7).

[19] Loury, G. C.. A dynamic theory of racial income differences. In: Wallace, P. A., La Mond, and Lexington. Heath, 1997.

[20] Lrich, D.. Human resource champion. Boston, M. A. : Harvard Business School Press,1997.

[21] Mark L. Lengnick-Hall, and Cynthia A. Lengnick-Hall. HR's role in building relationship networks. Academy of Management Executive,2003,17(4).

[22] Miles,R. E. ,and Snow,C. C.. Designing strategic human resource systems. Organization Dynamics. 1984,3.

[23] Nahapiet, J., and Ghoshal, S.. Social capital, intellectual capital, and the organizational advantage. Academy of Management Review, 1998,23.

[24] Paphaed Amit, Monica Belcourt. Human resource management processes: A valued-creating source of competitive advantage. European Management Journal,1999, 17(2).

［25］Patrick M. Wright, Benjamin B. Dunford, Scott A. Snell. Human resource and the resource based view of the firm. Journal of Management, 2001,27.

［26］Pennings, J. M., Lee, K., and Van Witteloostuijn, A.. Human capital, social capital, and firm dissolution. Academy of Management Journal,1998, 41(4).

［27］Peter Boxall. Achieving competitive advantage through human resource strategy：Towards a theory of industry dynamics. Human resource Management Review,1998,8 (3).

［28］Putnam, R. D.. Bowling alone：America's declining social capital. Journal of Democracy,1995, 6(1).

［29］Tsai, W., Ghoshal, S.. Social capital and value creation：The role of intrafirm networks. Academy of Management Journal,1998, 41.

［30］Ulrich, D.. Human Resource Champion. Boston, M. A.：Harvard Business School Press,1997.

［31］Walker, G., Kogut, B.,Shan, W.. Social capital, structural holes and the formation of an industry network. Organization Science, 1997,8.

［32］Watson George W., Papamarcos Steven D.. Social capital and organizational commitment. Journal of Business and Psychology, 2002,16(14).

［33］Wright, P. M.,Snell, S. A.. Toward an integrative view if strategic human resource management. Human Resource Management Review,1991,1.

［34］边燕杰. 公司的社会资本及其对公司业绩的影响：社会网络分析∥徐淑英，刘忠明. 中国企业管理的前沿研究. 北京：北京大学出版社，2004.

［35］陈劲，张方华. 社会资本与技术创新. 杭州：浙江大学出版社，2002.

［36］黄金华，徐俊. 试论企业社会资本及其优化策略. 安徽理工大学学报，2003, 3.

［37］李佑颐，赵曙明，刘洪. 人力资源管理的战略作用. 人力资源开发与管理，2001, 5.

［38］韦恩·贝克. 社会资本制胜——如何挖掘个人与企业网络中的隐性资源. 上海：上海交通大学出版社，2002.

［39］赵曙明. 人力资源管理研究. 北京：中国人民大学出版社，2001.

［40］郑胜利，陈国智. 企业社会资本积累与企业竞争优势. 生产力研究，2002, 1.

组织的服务氛围、员工的情感性劳动行为与自主决策权对服务质量的影响[*]

● 汪纯孝[1]　凌　茜[2]　张秀娟[3]　刘义趁[4]

（1，2，3，4　中山大学服务性企业管理研究中心　广州　510275）

【摘　要】作者在广州市和佛山市的 28 个医院、酒店和餐馆进行了一次实证研究，探讨组织的服务氛围、员工的自主决策权、情感性劳动行为对顾客感知的服务质量的影响。多层次线性模型分析结果表明，服务氛围、员工的自主决策权、自然表演和深层表演行为与服务质量有显著的正相关关系，表面表演行为和情感疲惫程度与服务质量存在显著的负相关关系。服务氛围既会直接影响顾客感知的服务质量，又会调节员工的自主决策权对服务质量的影响。

【关键词】服务氛围　自主决策权　情感性劳动

一、研究目的

要在激烈的竞争中取得长期优势，服务性企业必须为顾客提供优质的服务，提高顾客感知的服务质量，增强顾客的忠诚感。近年来，欧美学者开始研究"情感性劳动"理论。他们对情感性劳动的组成成分，情感性劳动与员工身心健康、顾客感知的服务质量的关系，员工的性格特点、工作特征对他们的情感性劳动行为的影响进行了不少研究，取得了一些研究成果。但是，学术界极少采用多层次理论研究组织的服务氛围对员工的情感性劳动行为的影响。在本次研究中，我们探讨员工的各类情感性劳动行为，他们的情感疲惫对服务质量的影响，以及企业的服务氛围如何调节员工的自主决策权对服务质量的影响。

二、文献综述

1983 年，美国社会学家霍希查尔德（Arlie Russel Hochschild）首先提出"情感性劳动"概念。她指出，员工可通过情感管理，压制某种情感或伪装某种情感，形成交往对象可以观察到的面部表情或身体语言，影响交往对象的感受。此后，社会科学理论工作者对情感性劳动理论进行了大量的研究。在现有的文献中，欧美学者侧重于研究情感性劳动概念及其组成成分、情感性劳动的作用，以及员工的性格特点、工作特点和企业特点对情感性劳动行为的影响，却很少探讨员工的各类情感性劳动行为对服务质量的影响，更少采用多层次理论，研究组织氛围、员工的自主决策权与他们的情感疲惫程度对服务质量的影响。

1. 情感性劳动概念的含义和组成成分

欧美学者对情感性劳动的含义和组成成分仍存在一些争论。有些学者认为，情感性劳动指员工在服务

＊ 本文是国家自然科学基金项目"服务公平性理论及其应用"（编号：70572055）的阶段性成果。

过程中表现出企业期望的情感。他们根据员工的情感表现密度、持续时间和强度、情感表现多样性、情感不一致，或员工自发地表现正面情感、抑制负面情感、伪装正面情感的强度，计量情感性劳动概念。另一些学者认为，情感性劳动是员工根据企业的情感表现规则，调节自己内心的情感，表现顾客需要的情感的过程。他们主要从情感调节的角度，研究员工的表面表演和深层表演行为。尽管欧美学者普遍认为，自然表演也是员工的一类情感性劳动行为，但他们在实证研究中却极少计量员工的自然表演行为。"自然表演"指员工不需费力地调节情感，只需自然地表现内心经历的情感。"表面表演"指员工只改变自己表现的情感，而不改变自己内心的情感。"深层表演"指员工努力调节自己的情感，使自己的内心经历某种情感，以便向顾客表现适当的情感。

2. 情感性劳动行为的影响因素

国内外学者极少研究企业管理措施与员工情感性劳动之间的关系。美国学者洛菲利（Anat Rafaeli）和萨特（Robert I. Sutton）认为，企业对员工的角色期望会影响员工的情感表现。培训、奖励、惩罚等措施都会影响员工的情感性劳动行为。我国台湾学者蔡维奇（Wei-Chi Tsai）的实证研究结果表明，服务氛围会影响员工的正面情感表现[1][2]。但是，他是根据服务人员对企业要求、支持、奖励服务人员为顾客提供热情、友好的服务的看法，而不是根据服务氛围的含义计量服务氛围的。

我们认为，服务环境的多变性、服务过程的不可预测性和情感表现的复杂性决定了服务性企业不可能像工业企业制定严格的操作规程那样，严格规定员工的情感表现行为。此外，服务性企业也很难密切监控员工的情感表现。要激励员工表现出恰当的情感，管理人员必须采取一系列的措施，营造良好的服务氛围，增大员工的自主决策权，激励员工为顾客提供优质服务。

3. 情感性劳动对顾客感知的服务质量的影响

欧美学者已对员工情感性劳动与顾客感知的服务质量之间的关系进行了不少实证检验。美国学者皮尤（S. Douglas Pugh）在银行业的实证研究结果表明，员工的正面情感表现既会直接影响顾客感知的服务质量，又会通过顾客的情感感受，间接地影响顾客感知的服务质量[3]。蔡维奇的研究结果表明，员工表现的正面情感会影响顾客的再购意向和口头宣传意向。

英国学者格雷森（Kent Grayson）在员工与顾客高度接触和低度接触的服务环境中，比较员工的情感性劳动行为对顾客感知的服务质量的影响。他的研究结果表明，在双方低度接触的服务环境中，员工表现正面情感对顾客感知的服务质量有显著的正向影响，而员工是真诚地表现（深层表演）还是虚假地表现（表面表演）正面情感，对顾客感知的服务质量并没有显著不同的影响。但是，在双方高度接触的服务环境中，员工的深层表演行为比表面表演行为更能提高顾客感知的服务质量[4]。美国心理学者格兰迪（Alicia A. Grandey）的研究结果表明，员工的表面表演行为与同事评估的他们对顾客的友好程度负相关，而员工的深层表演行为则与同事评估的友好程度正相关[5]。英国学者塔特戴尔（Peter Totterdell）和霍尔

① Tsai，Wei-Chi. Determinations and consequences of employee display positive emotions. Journal of Management，2001，27（4）：497-512.

② Tsai，Wei-Chi. Mechanisms linking employee affective delivery and customer behavioral intentions. Journal of Applied Psychology，2002，87（5）：1 001-1 008.

③ Pugh S. Douglas. Service with a smile：Emotional contagion in the service encounter. Academy of Management Journal，2001，44（5）：1 018-1 027.

④ Grayson，Kent. Customer response to emotional labor in discrete and relational service exchange. International Journal of Service Industry management，1998，9（2）：126-154.

⑤ Grandey Alicia A.. When "the show must go on"：Surface acting and deep acting as determinants of emotional exhaustion and peer-rated service delivery. Academy of Management Journal，2003，46（1）：86-96.

曼（David Holman）在呼叫中心的实证研究也得出了类似的结论①。

尽管国内外学者对情感性劳动理论已进行了大量的研究，但学术界在这个领域的研究仍存在以下一些不足之处：（1）学术界对员工的情感表现对顾客感知的服务质量的影响尚未达成共识。（2）许多学者主要研究员工的表面表演和深层表演行为，却忽视员工的自然表演行为。至今为止，只有美国心理学者戴芬道夫（James M. Diefendorff）等人曾从表面表演、深层表演、自然表演三个方面计量过员工的情感性劳动行为②，但他们也没有同时检验员工的三类情感性劳动行为对员工的工作态度和工作绩效的影响。（3）国内外学者极少采用多层次理论探讨组织层次变量对员工的情感性劳动行为的影响。在现有的文献中，只有美国心理学者格兰迪（Alicia A. Grandey）等人使用多层次理论，探讨过员工的情感表现真实性对顾客评估的员工友好程度与顾客满意的影响。他们的实证研究结果表明，在餐馆比较空闲时，员工的情感表现真实性可提高顾客感知的员工友好程度；在餐馆比较繁忙时，员工的情感表现真实性对顾客感知的员工友好程度的影响就较小。无论餐馆是否忙碌，员工的情感表现真实性都能提高顾客的满意程度③。美国企业管理学者坦吉拉勒（Subramaniam Tangirala）等人在医院检验领导与成员之间的交换关系对员工的情感冷淡（指员工不关心顾客的情感，冷漠地对待顾客）的影响。他们的跨层次数据分析结果表明，主管人员和上级领导的交换关系会调节员工和主管人员之间的交换关系与员工冷漠的工作态度之间的关系④。美国企业管理学者威尔克（Steffanie L. Wilk）和莫伊尼汉（Lisa M. Moynihan）采用多层次模型，研究主管人员对情感表现规则的重视程度与员工的情感疲惫之间的关系。他们发现主管人员对员工的情感性工作的重视程度与员工的情感疲惫程度存在负相关关系⑤。

在本次研究中，我们采用多层次理论，同时探讨员工的三类情感性劳动行为、组织的服务氛围、员工的自主决策权与他们的情感疲惫程度对顾客感知的服务质量的影响。

4. 情感性劳动对服务质量的影响

欧美学者的研究表明，不同的工作岗位对员工的情感性劳动有不同的要求，各类员工的情感表现频度、情感表现多样性、情感表现强度、情感表现持续时间也不同，但各类员工的情感疲惫程度并无显著差异。员工的表面表演行为会增大员工的心理压力，加重员工的情感疲惫；员工的深层表演行为与员工的情感疲惫没有显著的相关关系⑥⑦，但他们都没有同时探讨三类情感性劳动行为对员工情感疲惫的影响。

员工按照企业的要求，表现顾客需要的情感，不一定会不满意。如果员工适合并喜欢情感性工作，员工就不会不满。但是，在表面表演过程中，员工内心的情感与他们表现的情感不一致。员工经常需要伪装情感，就会觉得自己虚伪。此外，员工抑制自己内心经历的负面情感，也会不愉快。因此，员工的表面表

① Totterdell Peter, David Holman. Emotion regulation in customer service roles: Testing a model of emotional labor. Journal of Occupational Health Psychology, 2003, 8 (1): 55-73.

② Diefendorff James M., Meredith H. Croyle, and Robin H. Gosserand. The dimensionality and antecedents of emotional labor strategies. Journal of Vocational Behavior, 2005, 66 (2): 339-357.

③ Grandey, Alicia A, Glenda M. Fisk, Anna S. Mattila, Karen J. Jansen, and Lori A. Sideman. Is "service with a smile" enough? authenticity of positive display during service encounter. Journal of Applied Psychology, 2005, 96 (1): 38-55.

④ Tangirala, Subramaniam, Stephen G. Green, and Rangaraj Ramanujam. In the shadow of the boss's boss: Effects of supervisors' upward exchange relationships on employees. Journal of Applied Psychology, 2007, 92 (2): 309-320.

⑤ Wilk, Steffanie L., and Lisa M. Moynihan. Display rule "regulators": The relationship between superiors and worker emotional exhaustion. Journal of Applied Psychology. 2005, 90 (5): 917-927.

⑥ Grandey, Alicia A. When "the show must go on": Surface acting and deep acting as determinants of emotional exhaustion and peer-rated service delivery. Academy of Management Journal, 2003, 46 (1): 86-96.

⑦ Brotheridge, Celeste M., and Alicia A. Grandey. Emotional labor and burnout: Comparing two perspectives of "people work". Journal of Vocational Behavior, 2002, 60 (1): 17-39.

演行为会降低他们的工作满意程度①。

三、概念模型和假设

虽然欧美学者已对企业或部门的服务氛围影响服务质量和顾客满意感进行了大量的研究，但企业管理学术界却极少采用多层次理论，检验服务氛围对员工服务质量的跨层次影响。至今为止，只有香港大学的许志超（C. Harry Hui）等人曾采用多层次分析方法，检验团队的服务氛围与主管人员的领导行为对员工服务质量的影响。他们的研究结果表明，团队的服务氛围与主管人员的领导行为对员工的服务质量有显著的交互效应，却没有显著的主效应。他们认为仅仅研究主管人员评估员工的服务质量是不够的。因此，他们认为企业管理理论工作者今后更应研究顾客如何评估员工的服务质量②。

在文献研究的基础上，我们提出图1所示的概念模型。

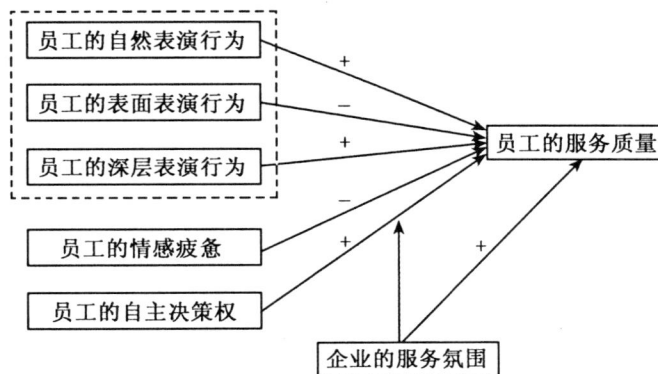

图1　概念模型

四、问卷设计和调研过程

汪纯孝等人的实证研究结果表明，员工的自然表演和深层表演行为会提高顾客感知的服务质量③。格兰迪在实证研究中发现，员工的表面表演行为会降低他们的服务实绩④。因此，我们假定：H1：员工的自然表演行为与他们的服务质量正相关；H2：员工的表面表演行为与他们的服务质量负相关；H3：员工的深层表演行为与他们的服务质量正相关。

许多欧美学者的研究结果表明，情感疲惫的员工较少表现组织公民行为，工作绩效较差。我们认为，

① Grandey Alicia A.. When "the show must go on": Surface acting and deep acting as determinants of emotional exhaustion and peer-rated service delivery. Academy of Management Journal, 2003, 46 (1): 86-96.

② Hui, C. Harry, Warren C. K. Chiu, Phillip L. H. Yu, Kevin Cheng, and Herman H. M. Tse. The effects of service climate and the effective leadership behaviour of supervisors on frontline employee service quality: A multilevel analysis. Journal of Occupational and Organizational Psychology, 2007, 80 (1): 151-172.

③ 汪纯孝，刘义赺，张秀娟. 医务人员情感性劳动行为的前因后果. 中山大学学报（社会科学版），2007，47 (2): 111-115.

④ Grandey Alicia A.. When "the show must go on": Surface acting and deep acting as determinants of emotional exhaustion and peer-rated service delivery. Academy of Management Journal, 2003, 46 (1): 86-96.

员工越感到精力耗尽、情感透支，越无法根据顾客的具体需要，表现适当的情感。情感疲惫的员工会减少自己在服务工作中投入的精力和情感，冷漠地对待顾客，进而降低顾客感知的服务质量。因此，我们假定H4：员工的情感疲惫程度与他们的服务质量负相关。

汪纯孝等人认为，员工的自主决策权越大，就越可能自行决定他们应如何根据顾客的需要与社会公认的情感表现规则，进行情感性劳动，也就更可能提高服务质量。因此，我们假定：H5：员工的自主决策权与他们的服务质量正相关。

国内外许多学者的研究结果都表明，企业的服务氛围会影响顾客感知的服务质量①②。因此，我们假定H6：企业的服务氛围与员工的服务质量正相关。

我们认为，在服务氛围良好的企业里，广大员工更可能尽力做好情感性工作，为顾客提供优质服务。在服务氛围较差的企业里，与自主决策权较小的员工相比，自主决策权较大的员工更可能灵活地根据顾客的需要，向顾客表现适当的情感，提高顾客感知的服务质量。换句话讲，在服务氛围较好的企业里，员工的自主决策权对服务质量的影响较小；在服务氛围较差的企业里，员工的自主决策权对服务质量的影响较大。因此，我们认为，与员工的自主决策权相比，企业的服务氛围会对顾客感知的服务质量产生更大的影响，并提出以下假设：H7：企业的服务氛围与员工的自主决策权对员工的服务质量有交互效应。

在文献研究和定性分析的基础上，我们设计了调查问卷，对欧美学者的相关量表进行了适当的修改：（1）从部门管理人员奖励和表彰员工的优质服务行为、重视服务质量管理工作、重视员工和顾客的意见、支持优质服务行为、提供员工需要的各种资源等方面，计量员工所在部门的服务氛围；（2）从员工的工作自主权、员工自主决定如何完成工作任务、员工独自确定具体工作方法三个方面，计量员工的自主决策权；（3）从服务人员是否能感受顾客需要的情感、他们向顾客表现的情感与自己内心的情感是否一致；（4）他们是否向顾客表现自己内心的真实情感、他们是否自然地表现顾客需要的情感四个方面计量自然表演行为；（5）从服务人员伪装顾客需要的情感、伪装管理人员要求的情感、伪装自己的情感以便表现企业要求的情感、掩盖自己的真实情感、机械地与顾客交往五个方面计量表面表演行为，从服务人员尽力感受企业要求的情感、尽力体验自己应向顾客表现的情感、尽力调整自己内心经历的情感、设身处地为顾客着想而表现顾客需要的情感、设法改变自己的真实情感以便向顾客表现恰当的情感、员工在自己的真实情感与企业要求的情感不同时更注意自己的言行六个方面，计量深层表演行为；（6）从服务人员是否感到疲惫、精力耗尽、筋疲力竭、上班之前觉得自己又要劳累一天、每天工作非常劳累、工作非常辛苦等方面计量情感疲惫。问卷中的所有项目均采用李科特7点计量尺度。

2005年5月至2006年5月，我们对广州市和佛山市11家医院、6家宾馆和11家餐饮企业（以下简称为企业）的服务人员进行了一次问卷调查。我们要求他们评估企业的支持、交往公平性、服务氛围、心理授权、服务导向意识、情感性劳动、情感疲惫和工作满意感，并按1:3的比例抽查员工服务的顾客，要求他们评估员工的服务质量。我们共发出员工问卷1 496份，顾客问卷4 488份，有效配对问卷1 109套。在我们的样本中，女性员工占67.9%，16~34岁的员工占76.8%，0~10年工龄的员工占72.5%，大专及以下学历的员工占63.4%。

五、数据分析

1. 数据质量分析

我们使用SPSS 14.0软件，计算各个概念的计量尺度的内部一致性系数。计算结果表明，Cronbach α

① 汪纯孝，刘义趁，张秀娟. 医务人员情感性劳动行为的前因后果. 中山大学学报（社会科学版），2007，47（2）：111-115.

② Schneider Benjamin, and Susan S. White. Service quality: Research perspectives. Thousand Oaks, C. A.: Sage Publications. 2004：121.

值在 0. 80 ~ 0. 95，即各个概念的计量尺度都是可靠的。

我们使用 LISREL 8. 72 软件，进行确认性因子分析。分析结果表明，各个概念的计量指标有较高的会聚有效性与判别有效性①。

2. 数据聚合的依据

在多层次数据分析中，许多学者采用构成法，根据较低层次单位人们的共识，计量较高层次的概念。研究人员往往会使用"直接共识"法或"变换参照对象之后的共识"法，把个人层次的数据合成为团队层次概念的计量指标。

"直接共识"法可能是多层次理论研究人员最熟悉与最常使用的一种构成法②。研究人员通常根据某个单位成员的共识，把他们对这个单位的组织氛围、组织文化、团队准则、领导风格等特性的评分聚合为这个单位的相关概念的评分。"变换参照对象之后的共识"法指研究人员改变员工评估的对象。"变换参照对象之后的共识"法与"直接共识"法是两类相似的构成法。虽然采用这两类构成法的研究人员都把某个单位成员的评分合成为这个单位的相关概念的评分，但从概念的含义来看，单位成员评估的某个较低层次的概念与研究人员聚合的概念是不同的。

无论研究人员采用哪一种构成法，都必须考虑团队成员评估的一致性程度③。学术界采用组内一致性系数、组内相关系数等指标，判断个人层次的变量是否可聚合为团队层次的变量④。组内评估者之间的一致性指某个团队的所有成员的评分是否基本相同。研究人员最常用的组内评估者之间的一致性指标是美国管理心理学者詹姆斯（Lawrence R. James）等人的 r_{wg} 指标⑤⑥。从理论上讲，r_{wg} 值应在 0 与 1 之间。组内相关系数（ICC（1）和 ICC（2））指组内评估者评分的可靠性；ICC（1）可以指团队成员解释的某个变量的方差⑦，也可以指团队成员评分的可互换程度⑧；ICC（2）计量某个聚合变量的团队平均数的可靠性⑨。学术界普遍认为：（1）r_{wg} 值大于 0. 6⑩；（2）研究人员使用单向方差分析方法计算 ICC（1）指标，

①　汪纯孝，刘义趁，张秀娟．医务人员情感性劳动行为的前因后果．中山大学学报（社会科学版），2007，47（2）：111-115.

②　Chan David. Functional relations among constructs in the same content domain at different level of analysis. Journal of Applied Psychology, 1998, 83（2）: 234-246.

③　Klein Katherine J., Amy Buhl Comm, Brent Smith, D., and Joann Speer Sorra. Is everyone in agreement? An exploration of within-group agreement in employee perceptions of the work environment. Journal of Applied Psychology, 2001, 86（1）: 3-16.

④　Dixon Marlene A., and George B. Cunningham. Data aggregation in multilevel analysis: A review of conceptual and statistical issues. Measurement in Physical Education and Exercise Science, 2006, 10（2）: 85-107.

⑤　James Lawrence R., Robert G. Demaree, and Gerrit Wolf. Estimating within-group interrater reliability with and without response bias. Journal of Applied Psychology, 1984, 69（1）: 85-98.

⑥　James Lawrence R., Robert G. Demaree, and Gerrit Wolf. r_{wg}: An agreement of within-group interrater agreement. Journal of Applied Psychology, 1993, 78（2）: 306-309.

⑦　Raudenbush, Stephen, Anthony Bryk. Hierarchical linear models: Applications and data analysis methods, 2nd ed. Thousand Oaks, C. A.: Sage Publications, 2002.

⑧　James, Lawrence R. Aggregation bias in estimates of perceptual agreement. Journal of Applied Psychology, 1982, 67（2）: 219-229.

⑨　Dixon, Marlene A., and George B. Cunningham. Data aggregation in multilevel analysis: A review of conceptual and statistical issues. Measurement in Physical Education and Exercise Science. 2006, 10（2）: 85-107.

⑩　Schneider, Benjamin, and Susan S. White. Service quality: Research perspectives. Thousand Oaks, C. A.: Sage Publications. 2004; James, Lawrence R. Aggregation in estimates of perceptual agreement. Journal of Applied Psychology, 1982, 67（2）: 219-229; Glick, William H. Conceptualizing and measuring organizational and psychological climate: Pitfalls in multilevel research. Academy of Management Review. 1985, 10（3）: 601-616.

F 检验结果表明组内方差是显著的；（3）ICC（2）系数大于 0.7①，才能把个人层次的变量聚合为团队层次的变量。

在本次研究中，我们采用"变换参照对象之后的共识"法，计量组织的服务氛围。在我们收集的 28 个企业的数据中，一个宾馆的服务氛围的 r_{wg} 值为负数。因此，我们删除了这个宾馆的数据。在此后的分析中，我们只使用 27 个企业 1 080 名员工的数据。这个团队层次（层次 2）变量的 r_{wg}、ICC（1）和 ICC（2）系数见表 1。

表 1　　　　　　　　　　　层次 2 聚合变量的评估者之间的一致性系数与组内相关系数

	评估者之间的一致性系数	组内相关系数	
	r_{wg} 平均值	ICC（1）	ICC（2）
服务氛围（CSC）	70.5%	14.0%	86.7%
平均自主决策权（CSD）	53.6%	7.1%	75.3%

在 27 个企业里，服务氛围的 r_{wg} 平均值为 0.70（21 个企业的 r_{wg} 值大于 0.6），服务氛围的 ICC（1）系数为 14.0%，ICC（2）系数为 86.7%。我们的单向方差分析结果表明，在 0.01 显著性水平时，这两个团队层次变量的组内方差都是显著的。因此，我们可以把员工个人的评分聚合为团队层次的变量值。

此外，我们还计算了多名顾客对每位员工的服务质量评分的 r_{wg} 系数。员工服务质量评分的 r_{wg} 值在 8% ~ 100%。在 1 080 名员工中，1 067 名员工（98.8%）的服务质量评分的 r_{wg} 值大于 0.7。因此，我们可以把顾客的评分聚合为各位员工的服务质量评分。

3. 多层次数据分析方法

根据多层次理论，研究人员需分析多个层次的变量之间的关系。因此，要研究员工个人的行为，研究人员不仅需计量员工的个人属性，而且需计量员工的工作环境属性。同样，要研究组织的行为，研究人员既需计量组织的属性，也需计量组织的环境属性。无论是哪种情况，研究人员都需收集较低层次与较高层次变量的数据。通常，研究人员需探讨较高与较低层次的自变量对较低层次的因变量的影响。这就要求研究人员进行多层次数据分析。

在多层次变量分析中，如果研究人员不采用适当的数据分析方法，就往往会采用以下两种分析方法。（1）解集法：研究人员把某个较高层次变量的数值作为较低层次各个单位的数值，并根据较低单位总数量，进行数据分析。但是，同一个团队的员工会受相同刺激物的影响。因此，这种分析方法违反了传统的统计分析中的独立观察点的假设。此外，研究人员根据较低层次的单位数，而不是根据较高层次的单位数，分析较高层次变量之间的关系，就不能正确地估计标准误差，也就无法作出正确的统计推断②。（2）聚集法：研究人员聚集较低层次的单位之后，分析较高层次的变量之间的关系。这种做法忽视了较低层次变量的方差。研究人员采用多层次线性模型，进行数据分析，可克服上述两种方法的缺点。研究人员采用这种数据分析方法，既可同时分析因变量的组内与组间方差，又可分析较高层次的自变量对较低层次的因

①　Klein, Katherine J., Paul D. Bliese, Steve W. Kozlowski, Fred Dansereau, Mark B. Gavin, Mark A. Griffin, David A. Hofmann, Lawrence R. James, Francis J. Yammarino, and Michelle C. Bligh. Multilevel analytical techniques：Commonalities, differences, and continuing question // Klein Katherine J., and Steve W. Kozlowski. Multilevel theory, research, and methods in organizations：Foundations, extensions, and new directions. San Francisco, C. A.：Jossey-Bass, 2000：512-553.

②　Bryk Anthony S., and Stephen W. Raudenbush. Hierarchical linear models：Applications and data analysis methods. Newbury Park，C. A.：Sage Publications，1992：321.

变量的影响①。

4. 多层次模型分析结果

在我们的多层次模型中，层次 1（员工层次）自变量包括员工的自然表演行为（AA）、表面表演行为（SA）、深层表演行为（DA）、员工的自主决策权（SD）、员工的情感疲惫程度（EE）、员工的性别、年龄、工龄和学历，因变量为员工的服务质量。层次 2（企业层次）自变量包括企业的服务氛围（CSC）和企业类别（IND）。员工的性别、年龄、工龄和学历与企业的类别是虚设变量。在我们的所有模型分析中，在 0.1 显著性水平时，工龄和学历虚设变量都不显著。因此，我们只控制员工的性别（sex）和年龄（age）两个虚设变量。

在我们的多层次模型中，员工的自主决策权（SD）是员工个人层次的自变量。但是，这个变量有显著的组间方差（这个变量的 r_{wg}、ICC（1）和 ICC（2）见表 1）。员工自主决策权的 r_{wg} 值略低于 0.6，但 ICC（1）和 ICC（2）指标表明我们应把这个个人层次的变量聚合为企业层次（层次 2）的变量（CSD）。因此，我们按照美国著名企业管理学者霍夫曼（David A. Hofmann）等人的论述，在调节分析中探讨企业的服务氛围对员工的自主决策权的调节效应是跨层次调节效应还是组间交互效应②③。

多层次线性模型分析的一个主要优点是研究人员既可分析某个层次变量之间的关系（层内分析），又可分析不同层次变量之间的关系（层间分析或跨层次分析）。要同时分析层内与层间变量之间的关系，研究人员需分析以下两个线性回归模型：一个模型分析各个较低层次单位变量之间的关系；另一个模型分析不同单位的各个变量之间关系的差异。

在本次研究中，我们的多层次模型包括员工个人层次（层次 1）与企业层次（层次 2）。

我们按照美国学者霍夫曼的论述，使用 HLM 6.4 软件④，采用以下步骤，进行多层次线性模型分析。

（1）单向方差分析（模型 1）。要检验员工个人和企业层次变量与跨层次交互项对员工服务质量的影响，研究人员需首先检验因变量（员工的服务质量）是否有显著的组间方差。因此，我们首先进行单向方差分析（虚模型），把服务质量变量的方差分解为组间和组内方差。我们在这个虚模型中，估计以下方程的回归系数。

层次 1：服务质量$_{ij}$ = $\beta_{0j} + r_{ij}$

层次 2：$\beta_{0j} = \gamma_{00} + \mu_{0j}$

在这两个方程中，β_{0j} = j 企业服务质量的平均值，γ_{00} = 所有企业服务质量的总平均值，r_{ij} 的方差 = σ^2 = 服务质量的组内方差，μ_{0j} 的方差 = τ_{00} = 服务质量的组间方差。

这个虚模型的分析结果（如表 2 所示）表明：①服务质量的组内方差（σ^2）为 0.460 67；②服务质量的组间方差（τ_{00}）为 0.346 90；③组内相关系数为 0.426 4，即服务质量变量的组内方差与总方差之比为 42.64%。与我们预期的情况相同，同一个企业的员工服务质量评分有较大的方差（σ^2 = 0.460 67），不同企业的员工服务质量评分也有显著的组间方差（τ_{00} = 0.346 90，$p < 0.001$）。因此，我们可以员工的

① David A. Hofmann. An overview of the logic and rationale of hierarchical linear models. Journal of Management, 1997, 23 (6): 712-744.

② David A. Hofmann, and Mark B. Garvin. Centering decisions in hierarchical linear models: implications for research in organizations. Journal of Management, 1998, 24 (5): 623-641.

③ David A. Hofmann, Frederick P. Morgeson, and Stephen J. Gerras. Climate as a moderator of the relationship between leader-member exchange and content specific citizenship: Safety climate as an exemplar. Journal of Applied Psychology, 2003, 88 (1): 170-178.

④ Raudenbush, Stephen, Anthony Bryk, Yuk Fai Cheong, Richard Congdon, and Mathilda Du Toit. HLM 6.4: Hierarchical linear and nonlinear modeling. Lincolnwood, I. L.: Scientific Software International, 2004: 45.

服务质量为因变量，进行多层次线性模型分析。

表 2　　　　　　　　　　　　　　　　　　模型分析结果

	模型 1	模型 2	模型 3	模型 4	模型 5
截距〔β₀〕					
截距〔γ_{00}〕	6.074 663**	6.070 790***	6.072 342***	6.075 054***	6.073 025***
CSC〔γ_{01}〕			0.701 516***	0.628 729***	3.833 9762***
CSD〔γ_{02}〕				0.237 789	3.901 286***
IND〔γ_{03}〕			0.023 071	0.242 867**	0.248 756**
CSC×CS〔γ_{04}〕					−0.683 521***
AA〔β₁〕					
截距〔γ_{10}〕		0.087 386***	0.082 535***	0.085 978***	0.083 787***
SA〔β₂〕					
截距〔γ_{20}〕		−0.037 925**	−0.036 466**	−0.037 468**	−0.037 269**
DA〔β₃〕					
截距〔γ_{30}〕		0.221 658***	0.224 812***	0.222 565***	0.224 966***
SD〔β₄〕					
截距〔γ_{40}〕		0.043 549**	0.040 771**	0.038 867**	0.039 20**
CSC〔γ_{41}〕					−0.065 247**
EE〔β₅〕					
截距〔γ_{50}〕		−0.024 763**	−0.027 901**	−0.025 376	−0.023 535*
SEX〔β₆〕					
截距〔γ_{60}〕		0.131 761***	0.130 250***	0.127 537**	0.126 374***
AGE〔β₇〕					
截距〔γ_{70}〕		−0.095 968*	−0.089 241*	−0.083 803*	−0.091 947*
方差组成成分					
σ^2	0.460 67	0.298 23	0.296 59	0.296 85	0.296 58
τ_{00}	0.346 90***	0.359 72***	0.165 50***	0.147 27***	0.115 40**
τ_{11}		0.014 39**	0.013 25**	0.013 29**	0.011 98**
τ_{22}		0.002 41	0.002 29	0.002 50	0.003 01
τ_{33}		0.026 89***	0.027 79***	0.028 80***	0.029 87***
τ_{44}		0.005 18**	0.005 01**	0.004 65**	0.003 81**
τ_{55}		0.001 71**	0.002 40**	0.002 22**	0.002 12**
τ_{66}		0.017 14	0.019 91	0.019 93	0.017 94
τ_{77}		0.040 80***	0.040 52***	0.367 7***	0.036 07***

　　（2）随机系数回归模型（模型 2）。分析服务质量评分的组内与组间方差之后，我们分析以下随机系数回归模型。

层次 1：$SQ_{ij} = \beta_{0j} + \beta_{1j}(AA_{ij}) + \beta_{2j}(SA_{ij}) + \beta_{3j}(DA_{ij}) + \beta_{4j}(SD_{ij}) + \beta_{5j}(EE_{ij}) + \beta_{6j}(SEX_{ij}) + \beta_{7j}(AGE_{ij})$
$+ r_{ij}$

层次 2：$\beta_{0j} = \gamma_{00} + \mu_{0j}$；$\beta_{1j} = \gamma_{10} + \mu_{1j}$；$\beta_{2j} = \gamma_{20} + \mu_{2j}$；$\beta_{3j} = \gamma_{30} + \mu_{3j}$

$\beta_{4j} = \gamma_{40} + \mu_{4j}$；$\beta_{5j} = \gamma_{50} + \mu_{5j}$；$\beta_{6j} = \gamma_{60} + \mu_{6j}$；$\beta_{7j} = \gamma_{70} + \mu_{7j}$

随机系数模型没有层次 2 自变量。因此，γ_{00} 和 $\gamma_{10} \sim \gamma_{70}$ 是各组的回归系数 β 均值，分别代表合并的 β_{0j} 和 $\beta_{1j} \sim \beta_{7j}$ 参数，μ_{0j} 和 $\mu_{kj} \sim \mu_{7j}$ 的方差分别表示层次 1 回归系数的组间方差。

如表 2 所示，模型 2 的分析结果表明，员工的自然表演行为（AA）、深层表演行为（DA）、自主决策权（SD）与服务质量都存在显著的正相关关系，员工的表面表演行为（SA）和情感疲惫程度（EE）与服务质量则存在显著的负相关关系，支持假设 H1、H2、H3、H4 和 H5。

层次 1 的自变量共解释了员工服务质量的 35.26% 方差（$R^2 = (0.460\,67 - 0.298\,23)\,/\,0.460\,67 = 0.352\,616\,84$）。

（3）截距为结果的模型（模型 3）。在模型 2 中，截距 β_0 的组间方差（τ_{00}）是高度显著的。因此，我们使用模型 3，检验企业的服务氛围与这个方差是否存在显著的联系。这个模型包括以下方程。

层次 1：$SQ_{ij} = \beta_{0j} + \beta_{1j}(AA_{ij}) + \beta_{2j}(SA_{ij}) + \beta_{3j}(DA_{ij}) + \beta_{4j}(SD_{ij}) + \beta_{5j}(EE_{ij}) + \beta_{6j}(SEX_{ij}) + \beta_{7j}(AGE_{ij})$
$+ r_{ij}$

层次 2：$\beta_{0j} = \gamma_{00} + \gamma_{01}(CSC_j) + \gamma_{02}(IND_j) + \mu_{0j}$；$\beta_{1j} = \gamma_{10} + \mu_{1j}$；$\beta_{2j} = \gamma_{20} + \mu_{2j}$

$\beta_{3j} = \gamma_{30} + \mu_{3j}$；$\beta_{4j} = \gamma_{40} + \mu_{4j}$；$\beta_{5j} = \gamma_{50} + \mu_{5j}$；$\beta_{6j} = \gamma_{60} + \mu_{6j}$；$\beta_{7j} = \gamma_{70} + \mu_{7j}$

在以上方程中，γ_{00} = 层次 2 的截距，γ_{01} = 层次 2 CSC 的斜率，$\gamma_{10} \sim \gamma_{70}$ = 平均（合并）斜率，γ_{02} = 层次 2 控制变量（IND）的斜率，r_{ij} 的方差 = σ^2 = 层次 1 残差的方差，μ_{0j} 的方差 = τ_{00} = 剩余的截距方差，$\mu_{1j} \sim \mu_{7j} = \tau_{11} \sim \tau_{77}$ = 斜率的方差。

与模型 2 相比，模型 3 增加了层次 2 自变量"企业的服务氛围（CSC）"和控制变量"企业类别（IND）"。如表 2 所示，我们控制层次 1 的各个自变量之后，企业的服务氛围（CSC）与员工的服务质量仍存在显著的正相关关系（γ_{01} 是高度显著的）。企业的服务氛围解释了服务质量的 53.99% 方差（$R^2 = (0.359\,72 - 0.165\,503)\,/\,0.359\,72 = 0.539\,911\,597$）。

（4）斜率为结果的模型（模型 4 和模型 5）。根据模型 3 的分析结果，层次 1 自变量"员工的自主决策权（SD）"的斜率是显著的。因此，我们使用"斜率为结果的模型"，把"企业的服务氛围（CSC）"与"员工的平均自主决策权（CSD）"的交互项（CSC × CSD）作为层次 2 的一个自变量，分别检验组内和组间交互项对服务质量的交互效应。

我们按照霍夫曼等人的交互效应检验方法，先分析模型 4。与模型 3 相比，我们在模型 4 中增加了层次 2 自变量 CSD。如表 2 所示，这个模型的分析结果表明：①员工的自主决策权与服务质量存在显著的组内相关关系；②虚设变量"企业类别（IND）"有显著的效应；③员工的自主决策权（SD）的斜率 β_{4j} 有显著的剩余方差。这些数据分析结果表明，员工的自主决策权与服务质量存在显著的组内相关关系，两者之间的跨组相关关系存在显著的差异。然后，我们分析模型 5。与模型 4 相比，模型 5 把"企业的服务氛围"作为 β_{4j} 的预测变量。此外，我们在模型 5 中检验企业的服务氛围与员工的自主决策权的组间交互效应（即层次 2 变量"企业的服务氛围（CSC）"与"员工的平均自主决策权（CSD）"的交互效应）。这个模型包括以下回归方程。

层次 1：$SQ_{ij} = \beta_{0j} + \beta_{1j}(AA_{ij}) + \beta_{2j}(SA_{ij}) + \beta_{3j}(DA_{ij}) + \beta_{4j}(SD_{ij}) + \beta_{5j}(EE_{ij}) + \beta_{6j}(SEX_{ij}) + \beta_{7j}(AGE_{ij})$
$+ r_{ij}$

层次 2：$\beta_{0j} = \gamma_{00} + \gamma_{01}(CSC_j) + \gamma_{02}(CSD_j) + \gamma_{03}(IND_j) + \gamma_{04}(CSC_j \times CSD_j) + \mu_{0j}$

$$\beta_{1j} = \gamma_{10} + \mu_{1j}; \quad \beta_{2j} = \gamma_{20} + \mu_{2j}; \quad \beta_{3j} = \gamma_{30} + \mu_{3j}; \quad \beta_{4j} = \gamma_{40} \, (CSC_j) + \mu_{0j}$$

$$\beta_{5j} = \gamma_{50} + \mu_{5j}; \quad \beta_{6j} = \gamma_{60} + \mu_{6j}; \quad \beta_{7j} = \gamma_{70} + \mu_{7j}$$

在以上方程中，γ_{00} = 层次 2 的截距，$\gamma_{01} \sim \gamma_{03}$ = 层次 2 的斜率，$\gamma_{10} \sim \gamma_{70}$ = 层次 2 的截距，r_{ij} 的方差 = σ^2 = 层次 1 残差的方差，μ_{0j} 的方差 = τ_{00} = 剩余的截距方差，$\mu_{1j} \sim \mu_{7j}$ = $\tau_{11} \sim \tau_{77}$ = 剩余的斜率方差。

模型 5 的分析结果（见表 2）表明这个组间交互效应是显著的（$\gamma_{04} = -0.683\,52$，$p < 0.05$）。模型 5 增加"企业的服务氛围"变量之后，层次 1 斜率 β_{4j} 的剩余方差为 $0.003\,81$（$\chi^2 \, (25) = 38.532\,66$，$p < 0.05$）。"企业的服务氛围"变量解释了 β_{4j} 的 18.06% 方差（$R^2 = (0.004\,65 - 0.003\,81) / 0.004\,65 = 0.180\,645\,16$）。因此，企业的服务氛围与员工的自主决策权对服务质量既有显著的组间交互效应，又有显著的跨层次交互效应。

六、讨论与结论

第一，本次研究结果表明，员工的三类情感性劳动行为对他们的服务质量会产生不同的影响。员工的自然表演行为和深层表演行为可提高顾客感知的服务质量，员工的表面表演行为会降低他们的服务质量。

第二，员工的自主决策权与服务质量存在显著的正相关关系，这表明，员工越认为他们能自主决定自己的工作行为，就越可能灵活地满足顾客的需要，提高顾客感知的服务质量。

第三，在汪纯孝等人的实证研究中，员工的情感疲惫程度对顾客感知的服务质量并没有显著的影响。在本次研究中，我们采用多层次线性模型分析数据，得出了"员工的情感疲惫程度与他们的服务质量存在显著的负相关关系"的结论。与汪纯孝等人的研究结果相比，本次研究结果更正确地揭示了员工的情感疲惫程度对员工的服务实绩的负面影响。

第四，在本次研究中，我们发现，企业的服务氛围不仅会直接影响顾客感知的服务质量，而且会调节员工的自主决策权对服务质量的影响。因此，我们认为，服务性企业应努力营造良好的服务氛围，鼓励员工进行自然表演行为和深层表演，以便提高顾客感知的服务质量。

第五，企业的服务氛围与员工的自主决策权对顾客感知的服务质量既有组间交互效应，又有跨层次交互效应。在服务氛围较好的企业里，员工的自主决策权对服务质量的影响较小；在服务氛围较差的企业里，员工的自主决策权对服务质量就会有较大的影响。因此，我们认为，管理人员不仅应授予员工必要的服务工作决策权，更应尽力营造良好的服务氛围，激励员工向顾客表现真诚的情感，提高顾客感知的服务质量。

七、本次研究的贡献、局限性和今后的研究方向

1. 本次研究的贡献

（1）我们首次采用多层次线性模型，同时检验员工的三类情感性劳动行为对顾客感知的服务质量的影响，得出"三类情感性劳动行为对服务质量有不同影响"的研究结论。

（2）在我国企业管理学术界，我们首先采用多层次模型分析，对企业的服务氛围和员工的自主决策权对顾客感知的服务质量的影响进行跨层次研究。这些研究成果深化了服务氛围理论，丰富了授权理论与情感性劳动理论，有助于服务性企业管理人员理解员工的情感性劳动行为、企业的服务氛围、员工的自主决策权对服务质量的影响，以便他们采取恰当的管理措施，激励员工按照企业的要求，表现顾客需要的情感，提高顾客感知的服务质量。

2. 对企业管理工作的启示

根据本次研究结果，我们认为企业管理人员应做好以下几项管理工作。

（1）管理人员应鼓励员工表现真诚的情感。本次研究的结果表明，自然表演行为和深层表演行为对顾客感知的服务质量有显著的正向影响，而表面表演行为对顾客感知的服务质量有显著的负向影响。因此，管理人员应鼓励员工通过自然表演和深层表演，表现真诚的情感，以便提高顾客感知的服务质量。

（2）管理人员应营造良好的服务氛围。服务氛围是影响员工情感性劳动行为的一个重要因素。因此，企业应尽力营造良好的服务氛围，激励员工为顾客提供优质服务。

（3）管理人员应采取授权管理措施，与员工分享信息、知识、报酬和权力，增大员工的自主决策权，激励员工通过自然表演和深层表演，表现真诚的情感。

3. 本次研究的局限性和今后的研究方向

本次研究存在以下局限性：（1）我们采用横断调研法进行本次研究。因此，我们无法确证各个概念之间的因果关系。今后，企业管理理论工作者应采用纵断调研法，以便揭示各个概念之间的因果关系。（2）尽管我们既向员工又向顾客收集数据，尽力减少相同调研方法引起的误差，但在交互效应分析中，企业的服务氛围与员工的自主决策权数据都是员工提供的。因此，本次研究仍然存在相同调研方法引起的误差。（3）霍夫曼指出，一般说来，要发现跨层次交互效应，层次1与层次2样本量都应大于30。然而，我们的层次2样本只包括27个企业。今后，研究人员应增大层次2样本规模，以便发现其他跨层次交互效应。（4）我们采用方便样本收集数据，因此，我们的样本可能缺乏代表性。此外，我们只使用一个样本的数据对我们提出的假设进行实证检验。今后，研究人员应对本次研究结果的普遍适用性进行重复性检验。

跨文化管理中的
文化碰撞、协同、涵化与共生

● 吴勤堂

（中南财经政法大学工商管理学院　武汉　430064）

【摘　要】随着世界一体化进程的加快，市场和资源都具有世界性，不可能为某一国家所独有。本文探讨经济全球化与文化多元化发展的关系，作者认为企业经营环境的跨文化差异已成为企业跨国经营的真实背景。跨文化管理也成为跨国经营企业管理的核心任务。跨国经营所面临的文化冲突越来越深刻，处理的问题越来越棘手，对跨文化管理理论发展的需要也更加紧迫。在不同形态的文化氛围中通过文化的碰撞、协同、涵化与共生，寻找超越文化冲突的企业目标与切实可行的管理机制，用以维系具有不同文化背景的员工共同的行为准则是本文研究的重点。

【关键词】跨国经营　文化碰撞　文化协同　文化涵化　文化共生

一、经济全球化趋势与文化多元化发展将是人类长期面临的一种社会现实

经济全球化和科技进步加快的国际环境使我们进入了全球化时代，世界经济开始成为一个密切联系的有机整体。国际分工程度的提高使各国经济的相互依赖性与日俱增，扩大国际贸易、加大跨国投资、建立国际经济技术合作和开展跨国经营整合国际资源已成为社会、经济发展的客观要求和基本趋势。全球化是人类社会分工的进一步深化、细化、科学化、高级化，是社会进步的必然，是人类活动越来越高度社会化的崭新历史过程。

全球化本质上是世界各国之间超越任何制度、民族、地域的限制，在经济、政治、文化等诸多领域跨国度、跨文化的相互依赖、共同行动、互利互惠、共同发展、不断加强合作的过程。在这一过程中，人们面对的却又是一个文化多元化的世界。我们认为，文化的多样性不仅会长期存在，而且还将继续向多元化发展。其一，文化对一个国家来说犹如人的灵魂一样非常重要，一个民族的文化特别是观念形态是其民族性的本质之所在，每个民族的文化能保留到今天，均经历了历史的洗礼，历经了无数风风雨雨，已成为本民族的灵魂。一个国家的文化消失，就意味着这个国家消亡。因而，经济全球化的程度越高，人们越担心丧失本民族的民族性，于是越发加强维护本民族的文化传统，这也是文化多元化的呼声为什么日益高涨的有力说明。其二，基于自然环境和历史人文环境的差异，即使经济活动完全相同，物质条件达到了相同的程度，文化上的差异依然会长期保持。文化的变化和发展固然离不开经济基础，但文化的发展并不一定与经济的发展同步，或许超前，亦可滞后，所以，差异会永远存在。国家之间、地区之间莫不如此，发达国家和地区之间、欠发达国家和地区之间无不如此。欧盟各国之间在经济上并没有太大的差异，但在文化上的差异却是显而易见的，并没有日益缩小的趋势。其三，生产力的发展，物质生活的改善必定会使人类更加关注精神生活，比较充实的物质生活使人们有条件、有意愿去研究、享受、弘扬自己的民族文化，从而

使其民族文化更加鲜活，更富于特色。其四，每个民族的文化都有许多优越性，建立文化多元化世界不仅能够使各文明和文化之间进行广泛交流，取长补短，互相学习，共同发展，而且对维护世界和平起着重要的作用。

由此，我们认为经济全球化的趋势与文化多元化发展并行将是人类长期面临的一种社会现实。

二、经济全球化与文化多元化并存之现实对跨国经营的影响

经济与文化是互为依托和支持、互为表征和对应的。经济活动的全球化使不同国家和地区的各种类型的文化之间必然在全球范围内发生交流、碰撞、吸收和融合，各民族优秀文化得以在世界范围内传播和发展。

然而，伴随着不同文化的相互作用，当不同质的、不同层次的文化共处于某一时空环境中时，必然会发生内容和形式的冲突与碰撞。因为，处于不同文化背景下的人们具有不同的价值取向、思维定式、工作态度、语言风格，具有不同的生活及工作方式、行为偏好。跨国经营企业处于文化多元化地域及背景下，必然会面临来自不同的文化体系的文化地域的摩擦与碰撞，文化差异可能引发文化冲突，从而影响企业的跨文化优势难以正常发挥，甚至使企业正常的经营受到负面的冲击。

2005 年全球第二大零售商、法国最大的国际化企业——家乐福败走日本，接着于 2006 年又承认在韩国经营失败，把 32 个卖场协商转让给韩国本土企业，黯然撤走登陆 10 年的韩国。无独有偶，沃尔玛这个全球最大的零售商在家乐福退出韩国市场一个月后，随即在韩国首尔宣布，将其韩国分店作价 8.82 亿美元转让给韩国新世界集团，从而正式退出韩国市场。沃尔玛、家乐福两家商界"航母"落败日、韩，原因何在？

大量情况表明，沃尔玛、家乐福的尴尬，归根结底是因为它们漠视经营环境的变化，漠视日、韩本土文化造成的。尽管二者在物流管理、全球化采购、信息化等方面具有先进的经验，但是它们太看重自己的文化，盲目推行本公司的价值观，而在对日、韩市场的把握上，把在欧美的做法、套路照搬到日、韩，结果出现了不被认同的尴尬。比如说家乐福将在欧美国家经营的经验直移到日本，单纯依靠薄利多销的运营方式，没有根据不同的国情和消费习惯来调整营销策略，导致水土不服。例如，日本的住宅面积比较小，不宜一次购买很多商品存放在家中。尤其是蔬菜、鱼肉及其制成品，日本人特别讲究新鲜度，随买随吃。另一方面，大部分日本妇女婚后不工作，主要在家操持家务，照看孩子，所以平日有时间到附近超市选购新鲜食品。因而，日本的超市一般都设在交通流量大的车站附近或者居民比较集中的住宅区和闹市区。而家乐福在日本开设的 8 家超市全部位于中心城市郊区，远离市区的家乐福仅有的价格优势显然不能成为招揽顾客的法宝。

家乐福在韩国则是坚持走法国式经营道路，自认为它的国际化标准"放之四海皆准"，结果不仅其卖场环境布置、设施安排、商品种类、服务环境和经营理念等让韩国人不看好、不习惯，就是在陈列货柜的高矮、新鲜食品的供应比例上也让韩国人感到不舒服，以致难与本地企业竞争。沃尔玛更是没有积极采取措施去适应韩国市场，而是盲目憧憬韩国消费者会改变习惯，适应沃尔玛的经营模式。结果，在韩国本土零售企业咄咄逼人的挑战下，韩国消费者放弃沃尔玛，走进了更符合生活习惯的本土超市。

结合案例我们认为，文化差异对跨文化企业的经营所带来的负面影响主要体现于以下几个方面：

1. 使跨文化经营环境变得更复杂多变

跨文化企业的经营环境涉及大量的内部和外部文化因素，这些因素的无形性和交叉性，特别是其多元性，加大了经营管理的难度。文化的多元化使企业的管理者在工作目标、经营观念以及管理风格上均存在明显的差异。即使建立了新的企业文化，这种差异也是难消除的。这些差异在无形中导致企业管理的冲突

和混乱，使经营环境变得愈加复杂起来。这使得企业的经营成本大大增加，并在一定程度上会抵消贴近市场及劳动力价格、原材料价格比较便宜的优势。

2. 使跨文化管理理念难于统一，容易引发价值观的冲突

根植于不同的文化、受其地域文化影响，各国企业的管理理念存在着较大差异。跨文化企业员工由于来自不同的文化背景，有着不同的价值观和信仰、不同的工作动机和期望。当一个员工的主导价值观被一种新的价值观取代时，他往往会产生潜意识的抵触情绪和消极行为，这不仅增加了管理的复杂性，甚至有可能引发价值观的冲突。比如在东方文化体系中，遵循"以人为本、以德为先"的原则；而在西方文化体系中，更多的是主张奉行一系列严格、科学的人事管理制度。美国、德国等国的管理者，他们的经营观念是围绕市场的需要而形成的，重视生产，更重视营销，强调创新，力挺规范化管理；而东方文化体系的管理者往往更重视生产，在经营上趋于谨慎保守，缺乏创新。这就使得在跨文化企业中经常出现经营目标不一致的情况。

3. 使跨文化的行为方式不易协调

在跨文化企业，同样的要求和规定，不同文化背景的员工往往有着不同的理解，因而在工作中有着不同的行为表现。不同文化背景的员工可能会按照不同的行为方式去执行决策，从而产生不同的结果。这些行为规范和习惯有些是互补的，而有些则是矛盾的，很难协调。比如对下属工作完成情况的管理，日本的管理者习惯从检查工作质量、发送备忘录、考察工作时间长度等方面进行；英国的管理者偏好经常进行质量检查、讨论工作进程的方式；我国香港的管理者往往是以频繁地开会和同下属讨论的方式来改善工作；美国人则喜欢在沟通时使用正式语言以及集中于与工作相关的问题。在行为协调方式上日本企业可能会采用"和风细雨"的商谈式方法，而美国企业可能会采用严格的制度管理与约束方法。又如，在思维方式上东方人讲究集思广益，重视归纳法；西方人则重视逻辑推理，强调演绎法。东方人喜欢系统思考，喜欢坐而论道；西方人比较重视实践操作，强调运作。东方人讲究个人闭门修炼，西方人重视团队精神，强调个人表现融合在团队表现中。东方人讲究循规蹈矩，西方人重视突破创新。东方人讲究随机应变，凡事都有一定的灵活程度，留有余地；西方人比较坚持标准，强调制度统一。东方人做事讲究情理法，西方人常是法字当头。

4. 文化冲突造成对员工心理的伤害，容易撕裂组织内部的团结

文化冲突引起的后果包括从浅层次的温和不适到深层次的心理恐慌或心理危机。文化冲突通常会使人感到无助或不适，同时伴随着对欺骗、伤害、侮辱和不受重视的恐惧。这一方面强化了员工的自我保护的心理防线，另一方面又给正常的交往与沟通笼罩上心理障碍，影响团队的和睦与团结。

结合以上分析我们认为：在全球范围整合资源、配置资源与寻求跨文化优势是企业跨国经营的动因，而对异国文化差异的迟钝以及缺乏文化背景知识，是导致一些跨国公司在新文化环境中由于文化冲突而失败的主要原因。随着跨国经营的纵深发展，文化差异所引发的文化冲突的负面影响越来越深刻，待处理的问题越来越棘手，寻找超越文化冲突的跨文化管理也就显得更加紧迫。

三、跨文化管理的文化分析模式

对于跨文化冲突的研究，国内外许多学者从不同角度进行了大量理论与实证研究。对跨文化冲突产生的原因，一些学者提出了文化分析的模式。其中最有影响的跨文化管理的文化分析模式有：价值观取向模型、霍夫施泰德的国家文化模型、特龙彭纳斯的七文化维度理论及霍尔的"语境理论"和文化"三范畴论"等理论。

1. 价值观取向模型

由克鲁克霍姆和斯特德贝克（Kluckhohm & Strodtbeck）小组提出的价值观取向模型，从适当的价值

观取向系统入手，分析了文化形成中所必须解决的五个基本问题，强调价值取向的多样性。这五个基本问题是：人的本质、人与自然的关系、时间的观念、行为方式、人际关系。价值观取向模型的研究认为，不同文化背景的人有不同的价值观，受不同价值观的支配。例如，有人认为，人的本质是善良的，人与世界是和谐相处的关系，人们之间的关系是平等的，人们的行为方式是公开的，更注重将来，但应立即采取行动；而有的人认为人的本质是邪恶的，人与世界是敌对的关系，人们之间等级森严，人们的行为方式是隐秘的，更愿意回忆过去，坐享其成。不同的文化取向尺度造成了跨文化冲突。

2. 霍夫施泰德的国家文化模型

荷兰科学家吉尔特·霍夫施泰德（Geert Hofstede）于 1965—1971 年，在对 IBM 的 50 种职业、66 种国籍的雇员所回答的 11.6 万份问卷进行分析的基础上，归纳出比较不同文化价值观的四个方面：个人主义与集体主义、权力距离、不确定性的规避、文化的阳刚度与阴柔度。此后，他接受有的学者用中国儒家文化的价值观进行跨文化研究后对其理论的质疑，从中归结出他的文化价值观的第五个方面：长期观与短期观。按照霍夫施泰德的研究，文化差异可用这五个维度来描述和比较。

（1）个人主义与集体主义（individualism & collectivism）。个人主义文化强调个人的成就和权利，包括个人决定自身事务的权利，其中每一个人只关心自己，而且也只依靠个人的努力来为自己谋取利益。集体主义文化强调集体的成就和权利，包括集体决定个人事务的权利，所有的人往往以"在群体之内"和"在群体之外"来区分。

（2）权力距离（power distance）。权力距离是指一个组织中的弱势成员对权力的不平等分配的容忍程度。在一个社会的组织中，权力分配不可能是均等的。有的国家或地区，对权力距离的接受程度较高，可称之为"高权力差距"社会；有的国家或地区，对权力距离的接受程度较低，可称之为"低权力差距"社会。高权力差距的组织采用体现强烈的等级关系的管理体制和程序，在企业中的等级观念严格，管理者与下属之间不易接近。

（3）不确定性的规避（uncertainty avoidance）。这是指对不确定的形势感到威胁和所持有的回避态度。任何一个社会，对于不确定的、含糊的、前途未卜的情境，都会视为一种威胁，总是试图加以防止。但是，不同的民族、国家或地区，对于防止不确定性的迫切程度是不一样的。一个强烈追求防止不确定性的社会，一般说来会产生高度的紧迫感和进取心，会激发人们努力工作的动机。而对不确定性容忍的文化，人们会接受不确定的形势，不过分关注不可预见的后果。

（4）文化的阳刚度与阴柔度（masculinity & femininity）。这个指标表示所谓的"男子气概"价值观在社会中占统治地位的程度。阳刚性文化是指坚持自身价值、进取好胜、自信武断、喜欢冒险、竞争性强、重视物质成功的文化；而阴柔性文化的特征是重视合作、关爱他人和注重和谐。一般说来，在高男性主义文化的社会中，对工作有明确的性别区分。

（5）长期观与短期观（long & short term oriented）。"长期观"的文化重视"着眼于未来的"一些价值观念，包括坚持不懈、节俭、在人际关系中注重等级和羞耻感等。"短期观"的文化更关注过去，包括爱面子、尊重传统、保持个人的稳定以及互惠和相互关照。在雇用决策、培训、组织设计上短期观与长期观的文化区别比较明显。

霍夫施泰德根据这几个维度的参数对不同的民族和社会进行测量，并将测量结果转换为不同的指数，绘制成图。这项研究意义深远，受到学术界的普遍关注和广泛认同。五种文化维度的研究成果，对于人们认识跨文化组织的文化模式、员工的文化价值取向和行为习惯意义重大。例如，员工对不确定性的容忍程度影响到制定管理制度的详略程度，员工文化的阳刚度与阴柔度左右着管理者的领导风格和领导策略，员工的长期观和短期观决定了公司发展战略的制定。

3. 特龙彭纳斯的七文化维度理论

20 世纪 90 年代丰斯·特龙彭纳斯用了 10 年的时间，对 23 个国家的 1.5 万名经理进行了问卷调查。他在霍夫施泰德和社会学家塔尔科特·帕桑斯等学者的研究基础上结合对问卷调查的分析提出关于民族文化分析的七个维度。这七个文化分析维度从关系趋向的角度对不同的文化进行了解释，具体包括：

（1）普遍主义与特定主义。"普遍主义"相信具体的想法和实践可以普遍适用于任何情况；而"特定主义"看重关系和环境的特定性，强调具体情景对思想和实践行为的决定性作用，注重权宜之计。因此，在"普遍主义"文化中，主张普遍地按规则和程序去做以保证公平和一致性，重视正式的规章制度，例如契约与合同，而非关系。"特定主义"文化重视关系和信任，而非正式的规章制度，鼓励灵活性以适应特殊情况的要求。

（2）个人主义与群体主义。特龙彭纳斯的"个人主义"和"群体主义"与霍夫施泰德的"个人主义"和"集体主义"稍有不同，他的个人主义鼓励个人的自由和责任；群体主义鼓励个人为群体的利益而工作。在个人主义文化中人们崇尚个人成就和独立承担责任，而在群体主义文化中人们崇尚集体成就，集体承担责任。

（3）情感内敛与情感外露。"内敛"的文化指人们控制自己的情感，保持矜持。"外露"的文化指人们公开、自然地表达自己的情感。不同文化对表达情感的接受程度是不同的，在北美和西北欧，商业上的关系是典型的工具性关系，情感被认为是干扰。在多元文化的组织中，管理与员工的沟通方式应该考虑到对方的文化趋向（内敛的、外露的），错位的沟通方式会让对方感到反感甚至冒犯。

（4）具体专一与广泛扩散。在专一型的文化里，个人有很大的公共空间可以与他人共享，其很小的私人空间只与朋友和最亲密的人共享，工作和私人生活是彼此分开的，人们也比较外向。在扩散型的文化中，公共空间与私人空间大小相等，私人的和工作上的问题彼此渗透，人们往往比较内向，工作和私人生活往往分不开。

（5）成就与归属。"成就"型文化指人们的地位取决于履行职能的业绩，要求对人们依靠技能取得的成就给予回报。"归属"型文化尊重人们基于以往经验的身份和地位，地位取决于他的身份。这一维度可以用来研究管理中的激励策略。

（6）对时间的态度。从时间的角度，可以将文化划分为"时序"取向的文化和"同步"取向的文化。在"时序"取向的文化中，时间被认为是以串联着不同事件的直线方式向前流逝的，人们一次只做一件事，严格遵守约会时间，计划一旦制定，一定严格遵守。在"同步"取向的文化中，把时间看做过去、现在和将来以环形方式在运动，人们往往同时做几件事，约会的时间只是大概的时间，有时可以随时变更，计划服从于关系。这一维度的研究能够帮助管理者和员工增加跨文化交际的意识，减少对他人时间观的误解。

（7）对环境的态度。从对环境的态度也可以发现重要的文化差异。从其对企业经营活动的影响来看，内控型文化主张将精力集中于人们擅长的事情；外控型文化主张要适应顾客的要求。

特龙彭纳斯在比较差异的基础上，提出了每一维度的两个对立面如何走向协调的方法，并将其归纳为具体的经营技巧和管理技巧。特龙彭纳斯的研究表明，文化对企业经营的影响是广泛、具体而深刻的，不仅影响产品的销售，而且影响企业内部的组织结构、决策方式、领导风格、管理技术应用、信息沟通等一系列活动。

4. "语境理论"和文化"三范畴论"

美国人类学家爱德华·霍尔（Edward Hall）在其经典著作《超越文化》、《隐蔽的维度》和《沉默的预言》中提出了著名的"语境理论"和文化"三范畴论"。

（1）语境理论。由于沟通过程中不同文化间内化的社会"语境"不同，在跨文化的沟通中，语言的表达形式和内容截然不同。在"高语境"文化中，沟通依赖实际的沟通环境和内化的社会"语境"，信息的沟通往往采取非直接的、省略的和暗指的形式；而"低语境"文化的沟通依靠完整、全面和准确的信息传递来完成。这就导致以东方文化为代表的"高语境"文化和以西方文化为代表的"低语境"文化之间在沟通过程中出现障碍。在"低语境"文化中，伦理标准往往是明确的，体现在书面文字或法律法规中；而在"高语境"文化中，伦理标准往往是隐含的、共享的，并以非明确的方式表达出来。

（2）"三范畴论"。爱德华·霍尔将文化分为三个范畴：正式规范、非正式规范和技术规范。正式规范指人的基本价值观，即判断是非的标准，因此正式规范引起的摩擦往往不易克服；非正式规范指人的生活习惯和风俗等，这方面引起的文化摩擦可以通过较长时间的文化交流克服；技术规范可以通过技术知识的学习和培训获得，所以容易改变。

以上的研究从多个视角给出了跨文化冲突的理论解释，为人们化解文化冲突提供了思考的方向。但是，文化是一个极其宏大的概念，其内涵之深厚，外延之宽泛，是任何一种维度分析技术难以穷尽的，勉强为之的结果只能是以偏概全。现实生活中的文化冲突更是形形色色、五花八门，很多时候已有的理论难以给出令人满意的解释。鉴于此，我们主张研究跨文化管理可以从文化冲突过程与结果的层面作直接切入，即以文化冲突的发生、碰撞、协同、涵化与共生为研究重点。

四、跨文化管理中的文化碰撞、协同、涵化与共生

跨文化冲突内容复杂、隐蔽性强、扩散效应大、影响面广，可能成为长期制约跨国经营的最大障碍，对这种跨文化冲突的复杂性、长期性我们务必要有清醒的认识和长期的思想准备。在这一前提条件下，所设计的应对思路可概括为：完善机制、融入本土，加强引导、重在沟通，务实应对跨文化冲突，使冲突在碰撞中协同、涵化与共生，促进跨国经营的健康持续发展。

1. 在文化碰撞中协同

在不同形态的文化氛围中的跨国经营必然存在文化的相互对立、相互排斥、相互否定，这就形成了文化冲突。处理不好，文化冲突就有可能发展成不可遏制的企业危机。而文化作为一种内化的心灵模式、思维习惯和行为方式，一旦冲突升级，其影响又将是持久的。然而，许多文化冲突是因为冲突双方缺乏文化多样性和相互理解尊重的意识，缺乏相互协同发展的理念。因而，跨文化管理的关键是要围绕协同做好以下工作：

（1）明确多元文化共同发展的理念，树立在碰撞中协同的心灵模式。让组织中的每一位成员明白，协同发生于有着相互依存关系的事物之间，个体的人能形成和谐的社会或团队靠的就是协同，协同是人类生存和发展的前提与基础。冲突与协同是矛盾的对立统一体，冲突是协同运动中出现的不和谐现象，冲突体现了差异与变化，冲突的过程也是推动事物发展变化的过程，冲突的结果应该是新的协同。

（2）形成尊重对方的文化风尚。寻求协同就应该认真对对方的社会环境、文化背景作较为深入、足够的了解，增强文化敏感性以提高对不同文化环境的反应和适应能力。管理人员不能习惯于从自身的文化角度出发来判断和分析来自对方的信息，以减少误判、误解和冲突。此外，寻求协同就需要对跨文化企业的成员仍然不同程度地保留着各自文化所特有的基本价值观和信仰这一客观实际能够理解，能够包容，能够尊重。

（3）完善机制、积极融入本土文化。跨文化管理就是要致力于通过培育适合异质文化协同发展的环境和机制，促进不同文化的沟通交流，减少摩擦和冲突所带来的负面影响。僵化的企业文化是导致文化冲突的又一重要原因。跨文化经营要注意在与东道国的文化交流、融合中尽快地适应当地文化。管理人员要积极变革，推陈出新，采用新的文化思想、管理模式。及时进行必要的机构改革，充分利用本地区的经营

人才和经营组织，尽快指派最优秀的人才来处理和管理最令各方共同关注的文化问题。这样做能够增强人们的信心，减少重大失误的可能性，减少组织内的文化冲突。

（4）全面沟通消除疑虑。强化沟通，让不同文化背景的所有员工对企业跨文化经营战略、经营理念，企业的使命、宗旨、目标、计划、组织制度、工作制度等有清楚的了解和认识，消除他们心存的种种疑虑，增强其归属感、信任感与工作的安全感。借助专题研讨会、文化沙龙、技术交流、文体活动的形式，为不同文化、语言的人士提供面对面的交流机会，以提高跨文化团队解决文化冲突的技巧。

2. 在文化碰撞中涵化

文化具有本土性和民族性，在不同形态的文化的碰撞中积极发挥涵化的作用十分必要。所谓涵化，是指当一种文化传入某一地域后，势必引起该地域原有文化的抵制，两种文化在经过剧烈的冲突后，双方都不能维持原有状态，在原有文化和外来文化之间出现了一种边界模糊、交叉渗透的局面，最后经全社会有意识和无意识的调整，一种非此非彼、即此即彼的新文化就被综合出来了。文化涵化一般要经历文化传播、文化冲突、文化融合和文化更新几个阶段。所以，涵化的实质就是根据自己的特殊情况对异质文化进行学习、改造和利用的过程。在推进跨文化经营的过程中，除了要积极宣传传播自己基本的文化理念外，还应该不失时机地学习和引进异质文化中先进、优秀的成分，根据自己的企业文化，有目的、有选择地进行文化采借和涵化，吸收有利于企业跨文化战略发展的先进文化，摒弃不适合当地域情和落后的文化。可见涵化还是避免文化冲突或冲突升级的一种有效措施。

3. 在文化碰撞中共生

跨文化企业在建立自己的企业文化的过程中，并非是要消除原有民族文化差异，而是努力营造一种多样文化并存、融合、共生发展的共享文化模式，构建一个包容、开放、进步、和谐的文化环境，促进各种文化的沟通，协调其发展，减少冲突的发生，并引导它们向着有利于文化融合和企业和谐的方向发展。为此需要注意强化下述工作：

（1）全面的制度化管理。不同的文化模式与文化要素通过选择、磨合、对抗与冲突后，一旦被彼此认同，就要不失时机将其规范化、制度化、法制化，以奠定跨文化管理的基础。因为制度化不仅制定严格的规范秩序和制度，而且使组织中的个体在心理层面上具备了解释每一具体管理行为的能力，强化了不同文化个体彼此间以及与组织间的关联强度。

（2）努力克服语言障碍。语言是人类相互沟通的主要手段，是一个社会的文化的一种表达形式，是一种文化的思维模式，是语言将不同文化的人群分开。由于语言障碍的存在，人们对时空、习俗、价值观等的认识也有所不同，充分沟通往往有一定难度，容易产生沟通误会。努力掌握当地语言，注意消除语言、文字等交流障碍，尽可能杜绝因信息传递不尽明确而产生误会和冲突的现象发生。

（3）了解不同文化个体的宗教信仰和风俗习惯。宗教和信仰是处于文化深层的基质，它凝聚着一个民族的历史和文化。不同的宗教有不同的倾向和禁忌。因而，宗教直接影响着人们认识事物的方式、行为准则和价值观念。不同的国家、地区或民族由于受传统文化的影响，形成了各自独特的风俗，表现为独有的习惯、传统、偏好和禁忌，支配着人们的行为，影响着人们对事物的看法。适当增加对宗教信仰和风俗的知识修养，尽量避免由此产生的尴尬与不愉快。

（4）重视跨文化培训。跨文化培训是为了增强人们对不同文化传统的反应和适应能力，促进不同文化背景的人之间的沟通和理解。其培训的主要内容有对文化的认识、文化敏感性训练、语言学习、跨文化沟通及冲突的处理、地区环境模拟等。培训的目的主要在于：管理者在遇到文化冲突时，能迅速适应当地环境并发挥正常作用；促进当地员工对公司经营理念及习惯做法的理解；维持组织内良好稳定的人际关系；保持企业内信息流的畅通及决策过程的效率；加强团队协作精神与公司的凝聚力。

（5）尽快营造新的企业文化。企业在成长过程中，将所形成的独特的价值体系、经营哲学和企业精神进行及时的总结，形成新的企业文化。这些基础的价值观念在未来的经营实践中，一方面能保证企业能动地适应外部环境，维持基本社会文化的协调发展；另一方面可统一企业内部成员的思想意识，实现企业在价值理念和行为方式上的一体化。此外，通过对新的企业文化的广泛传播和反复实践，使其在员工思想中不断得到强化并转化为常规和惯例，从而从根本上为多元文化的融合共生营造新的平台。

参考文献

［1］丰斯·特龙彭纳斯，查理斯·汉普登-特纳：在文化的波涛中冲浪．北京：华夏出版社，2003．

［2］马尔科姆·沃纳．跨文化管理．北京：机械工业出版社，2004．

［3］秦学京．企业跨国经营中的文化冲突与融合．经济与管理，2005，5．

［4］彭未名，梁瑜．文化冲突危机的跨文化管理思考．江汉论坛，2007，3．

［5］徐莉．跨国经营中的文化冲突问题和跨文化管理策略．南京财经大学学报，2006，6．

［6］潘德平．企业跨国经营中的文化影响．财贸研究，2005，1．

［7］唐炎钊，陆玮．国外跨文化管理研究及启示．管理现代化，2005，5．

私营企业和谐劳动关系调节机制探讨[*]

——基于社会网络的分析

● 陈　剑[1]　赵琛徽[2]　杨　欢[3]

（1　东南大学经济管理学院　南京　210096；2，3　中南财经政法大学工商管理学院　武汉　430064）

【摘　要】随着私营企业的快速发展，其劳资矛盾也在生产过程中不断地被生产和扩大再生产出来。本文从社会网络的分析视角，指出在劳动关系调解机制研究中存在"低度社会化"和"过度社会化"问题，并从私营企业社会网络的特性出发，在制度设计和利益均衡的基础上，建立调节企业劳动关系的理论模型和管理模型，为调节私营企业劳动关系提供了新的分析思路。

【关键词】劳动关系　社会网络　社会嵌入　心理契约　劳动契约

和谐的劳动关系是企业持续发展的前提，是构建和谐社会的基石。然而，近年来，随着我国私营经济的快速发展，私营企业劳资矛盾也在其生产过程中不断地被生产和扩大再生产出来。其突出表现为一些个体、私营和"三资"企业私招乱雇，任意延长劳动工时，随意拖欠、克扣、压低员工工资，随意辞退、解雇员工，员工缺少应有的劳动安全保障等；更有一些私营企业主制定极为苛刻的厂纪厂规，侵犯员工的人身自由，暴力侵权事件时有发生。根据《中国统计年鉴》，2000—2006 年，我国劳动争议案件受理量由每年 5 206 件扩大到每年 31 716 件，年均增长 15.27%[①]，劳动关系和谐已经成为决定社会和谐的重要因素。因此，从新的视角来思考私营企业劳动关系不和谐的内在机理，努力寻求调节私营企业劳动关系的新机制，对已有的劳动关系调节手段进行超越和创新，已成为理论界和企业界必须认真回答的一个问题。

一、劳动关系调节机制研究中的"社会性孤立"问题

我国私营企业劳动关系管理水平远远滞后于经济发展的水平，具有劳资矛盾尖锐、资方处于强势地位、不依法签订规范的劳动合同、工会及基层党组织不健全等特点，不利于我国社会的和谐、稳定和可持续发展。学术界从不同视角对劳动关系的调节机制进行了研究，并提出了很多极具价值的观点：一是从制度设计的角度进行研究。如建立劳动关系法律调节机制，通过劳动合同和集体合同等形式来规范劳动关系；完善集体谈判制度，健全三方调节机制等。二是从力量平衡的角度来研究。如工会缺乏独立性，劳资双方力量失衡，通过完善工会的运作机制来改善企业劳动关系；在私营经济中进行罢工权试点，建立一种平衡劳资力量的机制；确立人力资本产权和劳动者劳权等。

然而，根据马克思主义学者的经典观点，劳动关系实质上是一种社会经济关系，劳动关系镶嵌在一定的社会关系中，劳动关系的建立过程也是劳动者社会化的过程。因此，一些学者从社会关系和社会网络出

＊　本文获得国家社会科学基金项目"我国私营企业和谐劳动关系调节机制研究"的支持（编号：07CJY020）

①　根据 2006 年《中国劳动统计年鉴》相关数据计算而得。

发，把劳动关系引入社会关系之中。如林崇德提出，所谓社会化就是个体在与社会环境相互作用中，获得他所处社会的各种行为规范、价值观念和知识技能，成为独立的社会成员并逐步适应社会的过程。社会学家格兰诺维特认为，社会化又表现出两种极端形态："过度社会化"和"低度社会化"。"过度社会化"是指社会规范、制度等完全内化到个体的头脑中，个体就像机器一样按照既定的规范、法则活动；"低度社会化"是指个体在行为过程中过分考虑自身利益，而忽视社会价值、社会规范的影响。无论是"过度社会化"还是"低度社会化"最终都体现为"社会性孤立"，它们都忽视了当时所处的社会情景。郑筱婷、王裙等分析了作为劳动契约非正式的第三方实施的社会实施机制——关系网络对经济主体行为的约束；王莉、石金涛等从社会网络的视角出发，研究了组织嵌入对员工组织行为的影响；崔驰、金喜在等研究了劳动力社会网络的构建和完善。

因此，从社会网络的分析视角①出发，我们可以发现，通过制度设计来约束员工和雇主之间的机会主义行为从而调整劳动关系，有"过度社会化"的倾向。这种观点类似于霍布斯在《利维坦》中通过社会权威实现社会秩序稳定的思想，通过对政府行为和司法机制的研究，借助法律和制度，保证企业的劳动关系和谐稳定，制度设计者往往会使违反制度的一方付出高昂的代价，然而这种思路太机械化了一些，法律和制度不可能完全内化到每一个人的行为方式当中，这种机制忽视了行为发生时不同的情景。而通过双方力量平衡来实现劳动关系的和谐发展，有"低度社会化"的倾向。这种观点试图通过改变我国私营企业劳动关系中"资方处于强势地位"的特点，来实现双方力量平衡和利益分配均衡，从而调节企业劳动关系。然而在现实中，人不可能是完全理性的，劳动关系不仅仅受到经济利益的影响，还受到企业内外各种人际关系、道德规范、行为准则的约束，因此仅通过加强工会独立性、确立人力资本产权等方式来促进劳资双方力量平衡、实现利益均衡来调节劳动关系是十分不充分的。

这也就意味着，从制度设计的角度和力量平衡的角度来研究劳动关系调节机制和手段，存在"社会性孤立"问题，忽视了劳动关系发生的社会情景。在"过度社会化"观点中，孤立来自一个人的行为方式已经被制度和规范固化，当时情境和人际关系几乎不起任何作用；在低度社会化观点中，社会性孤立来自狭隘的自我利益的追逐。

社会网络的分析视角基于特定情景的社会关系和社会结构，一定程度上可以克服以上缺点，因此在制度设计和力量平衡的基础上，从社会网络的分析视角探讨劳动关系的调节机制是十分有必要和有意义的。

二、基于社会网络理论的劳动关系调节机制的理论模型

任何组织和个人都与外界有一定的"关系"或"联结"，都镶嵌或悬浮于一个由多种关系联结交织成的多重、复杂、交叉重叠的社会网络之中。社会网络是由某些个体或组织间的社会关系构成的相对稳定的系统，即把网络看成是联结行动者（actor）的一系列社会联系（social ties）或社会关系（social relations）。

劳动关系是指雇主与劳动者个人及团体之间产生的，由双方利益或文化引起的，表现为合作、冲突、力量和权力关系的总和，它受劳动关系中各利益主体的立场和力量的影响，反映了特定的社会背景和社会

---

① 社会网络是由某些个体或组织间的社会关系构成的相对稳定的系统（Wellman，1988），即把网络看成联结行动者（actor）的一系列社会联系（social ties）或社会关系（social relations），它们相对稳定的模式构成社会结构，对社会网络的研究缘于社会学、人类学、传染病学等学科的发展，逐渐地社会学家将其发展为强大的工具—— 社会网络分析（social network analysis，SNA）。SNA 通过映射和分析团体、组织、社区等内部个体或组织之间的关系，提供丰富的、系统的描述和分析社会关系网络的方法、工具和技术。SNA 分析问题的理论视角主要集中在行动者之间的关系（网络拓扑结构）而不是行动者的某些特性属性上，并且强调行动者之间在一定情景下的相互影响、依赖，从而产生整体涌现行为，例如罢工等。

关系。在影响劳动关系的各方中，劳动者、雇主、工会、雇主协会、政府、媒体、社区等个体或组织相互作用，形成了具有一定特征和结构的社会网络。劳动关系各方的行动者"既不像独立原子一样运行于社会脉络之外，也不会奴隶般地依附于他所属的社会类别赋予的角色，他们具有目的性的行为企图实际上是嵌在真实的、正在运作的社会关系系统之中的"①。

员工在与企业建立劳动关系时，他们之间除了签订一份正式的写在纸上的劳动合同，以规定他们之间的物质收益之外，实质上还签订了一份非正式的心理契约，以规定他们之间的精神收益和心理期望，这两者共同形成劳动关系的两个构面。而社会网络调节企业劳动关系的机理就在于通过社会嵌入和组织嵌入，以劳动契约的两个构面为途径，影响劳动关系的质量。因此，在考虑劳动关系的调节机制时，我们必须考虑到社会网络在一定的情景下对劳动关系产生影响，在调节机制中加入社会网络的维度，通过嵌入性的视角，对企业劳动关系的调节机制展开研究。社会网络视角的劳动关系调节模型可以用图1来表示。

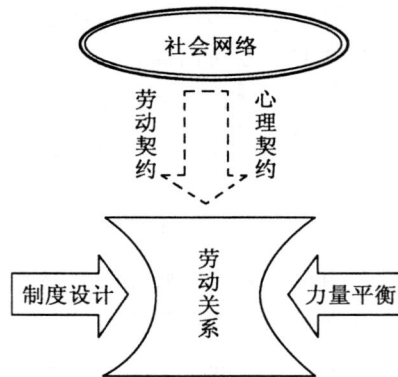

图1　基于社会网络分析的企业劳动关系调节机制理论模型

1. 社会嵌入对劳动契约的影响及管理意蕴

"嵌入"（embeddedness）是社会网络理论的重要概念，最早是由人类学家 Polanyi 提出的，强调个人在社会网络中的互动过程是经济行为的社会基础。1985 年，社会学家格兰诺维特在《美国社会学杂志》上发表了一篇重要论文，题名为"经济行动和社会结构：嵌入性问题"，提出了"社会嵌入"（social embeddedness）的概念，他认为经济行为嵌入于社会结构，而社会结构的核心就是人们生活中的社会网络，嵌入的网络机制是信任。

Williamson（1975）的现代契约经济学从信息不对称、有限理性和机会主义行为倾向的假设出发，揭示了劳动契约的不完备性，其中存在着道德风险（moral hazard）和逆向选择（adverse selection）等问题，因此劳动契约具有不完备性。而我国私营企业劳动关系的一个重要特点是"资方占有强势地位"，在劳动契约实施过程中，很可能引发雇主违约的机会主义行为。劳动契约的不完备性以及其隐性性质使其在法庭上很难举证，因此劳动契约的有效实施需要在完善法律机制的基础上，在法庭以外寻找可替代的第三方实施机制。本文认为，个人或组织的社会嵌入水平可以通过社会资本和结构性约束来减少雇主的机会主义行为，因此，它可以作为劳动契约的非正式的第三方实施机制，调节企业的劳动关系。

社会嵌入水平给劳动契约的实施带来两方面的影响。首先，社会嵌入在一定程度上体现为个体所拥有

---

① 马克·格兰诺维特. 镶嵌：社会网与经济行动. 北京：社会科学文献出版社，2007：120.

的社会资本①数量，社会嵌入越深，个体所拥有的社会资本就会越多，他们在当地社会中具有良好的社会网络关系，此时雇主将减少违约的机会主义行为，提高劳动契约实施的有效性。其次，社会嵌入水平也对组织产生了结构性约束，社会嵌入水平越高，个体受网络中其他个体或组织的影响就越多，网络的约束和限制也就越多，雇主的社会嵌入给其带来了一定的结构性限制，社会嵌入程度越深，结构性限制就越大，机会主义行为就越少，劳动契约得以有效实施②。

这启示我们，在调节企业劳动关系时，忽视社会网络的作用，仅试图通过设计无懈可击的法律、法规来确保劳动契约的有效实施，那肯定是片面的。有效的调节机制，应该在企业外部构建对企业具有约束力的社会监督、品牌效应和公众参与，并采取有效方式，重塑劳动者的社会网络，提高其社会资本，从而在企业外部对雇主施加舆论压力，增强提高劳动者的力量，促进劳动契约的有效实施。

2. 组织嵌入对心理契约的影响及管理意蕴

正如石美遐、赵履宽等学者所指出的，仅有依法建立的劳动契约关系不足以构建起真正和谐的劳动关系，创新劳动关系调节机制需要引入心理契约。赵琛徽认为面对我国劳动关系运行中出现的新问题，要使劳动关系双方形成战略联盟，客观上要求我们不仅要重视双方在经济利益上的相互需要，而且更要重视他们在心理上的相互期待与依赖。

我国学者王莉、石金涛在 Mitchell 等人"工作嵌入"概念的基础上，提出了"组织嵌入"的概念，并于 2004—2005 年对组织嵌入与组织信任、组织承诺之间的关系进行了实证研究，研究得出了很多极具价值的结论：组织嵌入是通过组织信任和组织承诺作用于企业与员工之间的心理契约，从而对企业的劳动关系产生影响。

首先，组织嵌入与组织信任存在正相关关系，组织嵌入程度越深，员工的组织信任水平就越高，从而员工对公司管理层在领导能力、专业能力上的认同、对公司价值观的认同以及对公司制度的认同程度也就越高，员工对企业的期望也就越容易达成；反之，员工对企业的期望将很难实现，员工的心理契约将遭到破坏，可能引发各种劳动争议，不利于企业和谐劳动关系的建立。

其次，组织嵌入与组织承诺也存在正相关关系，组织嵌入程度越深，员工的组织承诺水平就越高，员工对组织越忠诚，工作积极性越高，企业对员工的期望也越容易实现；反之，企业对员工的期望将难以达成，企业的心理契约将遭到破坏，可能造成各种劳动纠纷，不利于企业和谐劳动关系的构建③。

这启示我们，在调节企业劳动关系时，不能忽视心理契约的影响，而组织嵌入程度是影响心理契约实施的重要因素。有效的调节机制，应该从 Mitchell 等人设计的"连接、匹配、成本"三个维度出发，采取促进内部人际互动等方式提高员工的组织嵌入程度，从而促进心理契约的实施，使企业员工关系向更健康的方向发展。

三、我国私营企业劳动关系的管理模型及政策建议

1. 私营企业社会网络的特点及管理模型

我国私营经济的兴起和发展还远不成熟，在此基础上建立起来的企业社会网络也表现出显著的特征。

第一，社会环境对私营企业雇主的约束力不强。由于我国私营经济发展时间不长，企业的社会责任等概念尚未得到人们的足够重视，对于雇主的社会监督体系还不完善，同时很多私营企业的规模还小，还不

---

① 社会资本是在个人或组织所拥有的社会网络里所蕴含的、提供或衍生的各种实际或潜在资源的综合，包括网络本身与透过网络所动员的资产（Bourdieu，1986；Burt，1992）。

② 郑筱婷，王裙（2006）的实证研究中得出的结论一定程度上可以作为以上观点的论据。

③ 王莉，石金涛等人于 2004—2005 年对组织嵌入与组织信任、组织承诺之间关系的实证研究得出的结论可以佐证以上观点。

重视品牌效应，也无法形成对其有严格约束的舆论力量，因此我国的社会环境对雇主的约束力还比较弱。

第二，员工的社会关系薄弱，社会资本不高。与国有企业长期规范的用工制度不同，我国私营企业的员工很多是短期的，从本地农村或外地流入，他们在当地的社会关系相对薄弱，员工社会资本不高，因此他们难以使用社会关系与企业雇主进行博弈。

第三，雇主处于网络中的强势地位。由于城镇化进程加速和农村劳动力富余，大量的劳动力流向工厂，劳动力丰富，价格较低，同时私营企业的工会和基层党组织不健全，劳动者的文化素质不高，不懂得通过法律途径维护自身的合法权益，因而雇主在这个网络中一直处于强势地位。

第四，心理契约的重要性没有得到足够的重视。由于我国私营企业大多数处于资本积累的阶段，这一时期，企业还没有能够及时地从经济扩张中回过头来认真审视一下企业内部员工的心理需要和社会需要，而是片面地强调经济利益的交换和经济契约关系。

根据私营企业社会网络的特征，我们认为，在对私营企业劳动关系进行调节时，必须在制度设计和利益均衡的基础上，重视企业外部社会网络建设，通过社会监督和社会舆论约束雇主行为，提高员工的社会资本，从而增强其博弈能力，同时要完善企业内部社会网络建设，提高员工的组织嵌入程度。本文在理论模型的基础上，构建了我国私营企业劳动关系管理模型，如图2所示。

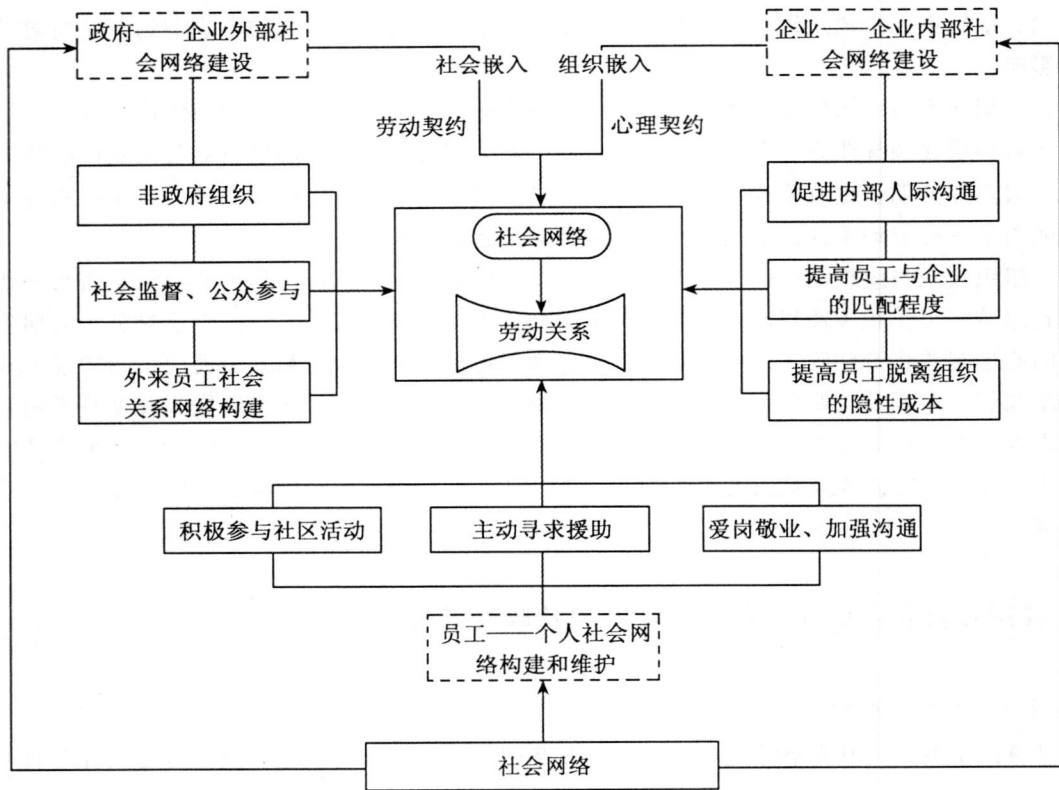

图 2　私营企业劳动关系调节机制管理模型

2. 政策建议

实现私营企业劳动关系的和谐是一个系统工程，既需要继续加强法律法规制度建设，以规范劳动关系各方的行为，也需要不断加强工会和基层党组织的建设，不断增强劳动者维护自身合法权益的能力，促成劳资双方力量均衡。与此同时，还要从社会网络的视角，不断提高企业与员工的社会嵌入与组织嵌入程度。

（1）对于政府：

第一，支持非政府组织的发展，鼓励非政府组织积极参与企业劳动关系的调节。非政府组织的活动一方面可以通过民间活动，倡导全新的标准、理念，提高对雇主的约束；另一方面可以加强劳动者的社会关系，构建劳动者的社会网络，提高员工的社会资本。

第二，完善社会监督机制，构建多渠道的舆论监督体系，鼓励公众参与。随着我国私营经济的发展和壮大，企业对于社会声誉也越来越重视，社会监督机制可以影响企业的品牌效应，从而对雇主形成约束，减少其破坏劳动契约的机会主义行为。同时政府需要鼓励公众参与，引导社会对企业社会责任、人本关怀等行为的关注，只有在社会公众积极参与的情况下，社会监督机制才能发挥作用。政府作为私营企业社会网络体系中具有较大公信度的一方，应该将企业的劳动关系状况向社会公布。

第三，构建外来员工的社会关系网络，政府在其中应该发挥积极作用。外来员工的社会关系相对薄弱，他们无法担负起社会关系网络建设的成本，此时政府作为具有公信力的一方，应该成为员工的代言人，通过与社会中介机构的协作，为员工构建完善的社会关系网络。

（2）对于企业：

第一，促进内部人际沟通。人是社会性的，具有社会交往的需求，人际关系必然是员工心理契约的一个重要方面。企业可以通过举办各种活动、比赛，鼓励和引导各种非正式组织的发展，从而提高企业内部社会网络"连接"的强度，提高员工组织嵌入的深度，从而确保心理契约得以有效地实施。

第二，提高员工与企业的匹配程度。用有形的劳动契约和无形的心理契约双重纽带把员工与企业紧密地联系起来，提高员工对企业价值观和企业文化的认同感，在企业内部实现员工与员工、员工与岗位、员工与企业的匹配，从而不断提高员工的工作满意度和组织承诺感。

第三，增加员工脱离企业的隐性成本，提高其忠诚度。通过授权、赋予重要的工作等方式提高员工的成就感、开发员工的工作能力，使员工受到组织的尊重，增加员工脱离组织的隐性成本，提高员工的组织忠诚度。

（3）对于员工：

第一，积极参与社区活动，构建多元的社会关系网络，提高自身的社会嵌入水平和社会资本存量，比如参加跨企业的联谊活动、社区互动等，融入当地社会。员工嵌入水平的提高可以有效地降低雇主的机会主义行为，提高劳动关系的质量。

第二，主动从工会及其他非政府组织寻求支持和帮助。工会及其他非政府组织是劳动关系网络中一个重要的节点，员工可以主动地参与相关组织的活动，一方面提高自身的社会资本，另一方面也对雇主形成约束。

第三，爱岗敬业，加强沟通，提高组织嵌入水平。作为员工，一方面必须爱岗敬业，认真工作，创造性地完成任务，努力达到企业对自己的期望，从而实现自身的组织承诺；另一方面应该积极参与企业内部的各种人际互动，提高自己在组织中的嵌入水平。

四、结语及研究展望

近年来，我国私营经济高速发展的背后产生了大量的劳动纠纷，企业劳动关系管理水平明显滞后于经济增长速度，严重影响我国社会的和谐、稳定和可持续发展，对私营企业和谐劳动关系调节机制的研究是构建社会主义和谐社会的当务之急。国内外对企业劳动关系的研究主要从劳动契约或心理契约实施过程中各相关个体或群体的属性特征入手，试图通过建立双方力量平衡、利益均衡的劳动关系，并采用高度规范化的法律或制度约束双方的行为，然而这两种方法都孤立于特定的社会网络和社会结构的情景之外，本文从社会网络、社会嵌入出发，提出了劳动关系调节机制的全新视角，通过理论分析构建了我国私营企业劳动关系调解机制理论模型，为研究企业劳动关系提供新的分析思路。同时，本文在该理论模型的基础上，结合我国私营企业劳动关系管理的现状和私营企业社会网络特征，建立了管理模型，并基于该模型提出了一些符合我国实际的政策建议，为构建私营企业和谐劳动关系提供政策参考。

本文的研究中并未涉及网络拓扑结构特征（如中心度、密度等）对私营企业劳动关系的影响，这方面的研究对促进私营企业劳动关系的和谐具有很大的意义，我们将会在本文的基础上做进一步的研究。

参考文献

[1] 常凯. 劳权论——当代中国劳动关系的法律调整研究. 北京：中国劳动社会保障出版社，2004.

[2] 程延园. 劳动关系. 北京：中国人民大学出版社，2002.

[3] 常凯. 劳动关系·劳动者·劳权. 北京：中国劳动出版社，1995.

[4] 姚先国. 劳动力产权与劳动力市场. 杭州：浙江大学出版社，2006.

[5] Granovetter. Economic action and social structure：The problem of embeddedness. American Journal of Sociology，1985，91（3）.

[6] 郑筱婷，王裙. 关系网络与雇主机会主义行为的实证研究. 中国工业经济，2006，5.

[7] 王莉，石金涛. 组织嵌入及其对员工工作行为影响的实证研究. 管理工程学报，2007，3.

[8] 崔驰，金喜在. 劳动力社会关系网络构建的新视角. 东北师范大学学报（哲学社会科学版），2007，3.

[9] 姚小涛，席酉民. 社会网络理论及其在企业研究中的应用. 西安交通大学学报（社会科学版），2003，9.

[10] 赵琛徽. 劳动关系中的心理契约及其管理. 浙江工贸职业技术学院，2006，1.

[11] 罗家德. 社会网分析讲义. 北京：社会科学文献出版社，2005.

知识女性工作寻访影响因素的实证研究

● 张　焱[1]　葛蕾莉[2]

（1，2　武汉大学经济与管理学院　武汉　430072）

【摘　要】本文采用实证研究的方法，关注知识女性工作寻访的动机及其影响因素。在回顾已有研究的基础上，得出组织承诺、工作价值观等影响知识女性工作寻访的变量，并将其与知识女性职业生涯发展结合起来，建立研究构架与假设。研究发现，知识女性职业价值观和寻访意愿在职业生涯发展不同阶段有显著差异，工作价值观与组织承诺显著相关，且都对知识女性工作寻访动机的产生有显著影响，知识女性在职业发展的不同阶段，寻访动机以及最终的寻访结果（离职、内部换岗等）具有显著差异。

【关键词】知识女性　工作寻访　组织承诺　工作价值观　职业生涯

一、研究背景

改革开放以来，中国社会的政治、经济及文化发生了巨大变化。在此期间，广大的知识女性在社会生活的各个领域发挥了不可替代的作用。同时，知识女性的地位、择业现状也发生了显著的变化。全面了解改革开放以来中国知识女性的职业现状，系统分析研究知识女性职业生涯各阶段的影响和激励因素，对调动知识女性全方位参与社会事务管理，引导其自主择业，有着十分重要的意义。

知识女性有着较高的人力资本投入，在工作中，表现出极强的事业心和工作成就感，通过对知识女性工作寻访的研究，了解知识女性工作寻访的影响因素，有利于更好地探索与研究知识女性职业发展规律和趋势，进一步挖掘、发展知识女性智力资源及潜能，调动其工作积极性。

目前，在工作寻访理论中，专门针对女性，尤其是知识女性这样一个群体进行研究的还不是很多，而女性职业发展的相关研究又多是以定性研究为主。本文旨在将这两方面的理论结合起来，按职业生涯发展的关键环节分段专门针对知识女性进行定量分析。

二、研究构架

本研究在查阅大量文献的基础上，得出组织承诺、工作价值观等影响知识女性工作寻访的变量，并试图通过实证方法，探究组织承诺、工作价值观如何在不同职业生涯阶段影响知识女性的工作寻访。

1. 理论回顾与概念界定

（1）知识女性。彼得·德鲁克最早提出"知识工作者"的概念，他提到，知识工作者就是以使用心智能力，而非体力为主要工作内容的工作者（Drucker，1978）。也就是说，从事知识性工作的人，可被称为知识工作者。

知识女性既可以按照女性的受教育程度进行定义，也可以按照女性的工作性质进行定义。基于本研究的研究内容，我们按照工作性质对知识女性进行定义，将其定义为从事知识性工作的女性，即知识女性工作者。

（2）工作价值观。Super 在 1962 年比较完整地阐述了工作价值观的结构理论，分为内在价值、工作价值与外在报酬，并根据自己的理论建立了"工作价值观问卷（WVI）"。本研究结合 Super（1957）工作价值观量表、明尼苏达重要性问卷等，对工作价值观从自主创造性、社会成就感、工作报酬、人际关系、组织安全五个方面进行定义。

自主创造性，是指知识女性希望工作能有所创新、不断尝试新构想，在工作中能发挥自己的主动性；社会成就感，是指知识女性能从个人的工作成果中获得精神上的满足，并受到他人的肯定，提升社会声望与地位；工作报酬，是指知识女性通过工作所获得的物质报酬以及工作上的发展机会；人际关系，本研究将之定义为个人能从工作中获得良好的社会互动；组织安全，是指知识女性希望目前所在单位能够提供完善的制度和良好的工作环境，以保障其生活与工作。

（3）组织承诺。组织承诺是由美国社会学家 Becker 于 20 世纪 60 年代提出的，用于反映个体与组织间的心理默契。加拿大学者 Meyer 和 Allen 对以前诸多关于组织承诺的研究结果进行了全面的分析和总结，并在自己的实证研究基础上提出了组织承诺的三因素模型。大量研究都验证了该模型的普适性。他们将组织承诺定义为"体现员工和组织之间关系的一种心理状态，隐含了员工对于是否继续留在该组织的决定"。三个因素分别是感情承诺、连续承诺和规范承诺。

我国学者凌文辁、张治灿、方俐洛（1998，2000，2001）采用访谈、半开放式问卷调查和结构化问卷调查等方法，对国内企业员工的组织承诺进行了系统性的研究，发现中国员工组织承诺的结构模型包含 5 个因子：感情承诺、规范承诺、理想承诺、经济承诺和机会承诺。

结合凌文辁等的研究，本文作者对组织承诺的五个构面的定义概括如下：感情承诺，是指个人对特定组织的认同和投入程度；规范承诺，是指个人因某种道德上的义务而自愿留在组织中；理想承诺，是指重视个人成长，追求理想的实现；经济承诺，是指因担心离开组织会蒙受经济损失，所以才留下；机会承诺，是指因工作能力或其他原因，而难以找到更好的工作。

（4）职业生涯发展。本研究采用林文政的观点，将职业生涯发展定义为泛指个人在其一生所从事的行业中，与环境交互作用，随时间产生连贯的成长历程或改变情形，此种改变不但包括职业工作性质的改变、职位晋升，也包括心理需求和工作态度的改变。

考虑到知识女性的个体差异性，很难以某一特定年龄段概括所有知识女性的职业发展特点，因而职业生涯发展的阶段不应完全以年龄划分，而应将其视为一段特定的改变历程，这更加符合知识女性职业生涯发展的特点。因此，本研究将职业生涯发展阶段分为适应探索阶段、能力成长阶段、成熟发展阶段、稳定停滞阶段和挫折衰退阶段。适应探索阶段指女性初任职业工作，尚在适应职业工作环境，探索职业工作所需的技能的生涯发展阶段。能力成长阶段指女性学习同时平衡家庭与职业工作二者的角色扮演，兼顾事业与家庭的生涯发展阶段。成熟发展阶段指女性具有成熟的能力与技巧来处理家庭事务和工作事业的经营管理，同时对于自己的生涯规划持高度的认同与承诺，并对自己的家庭管理与事业经营能力感到自信的职业发展阶段。稳定停滞阶段指女性经过长时间的家务与事业工作忙碌之后，在心态上倾向维持现状，不愿意变化或学习新的知识和技能，也不愿意更换新职务或工作的职业发展阶段。挫折衰退阶段指子女成长后纷纷离家发展，女性面临退休，充满挫折感，无法从工作中获得成就感，并觉得失落与孤单的生涯发展阶段。

（5）工作寻访。最早的工作寻访模型由研究人力资本流动理论的斯蒂格勒（1961）和麦科尔（1965）提出，自此以后，工作寻访就成了现代劳动经济学分析的主要范畴之一。Mobley 在 1977 年提出的离职模型中首次将寻找工作意图引入离职模型中，工作寻访问题开始成为离职研究的一部分。

工作寻访包括在职搜寻以及失业寻访。在职搜寻指寻职者目前仍处于就业状态而进行工作搜寻。失业寻访指寻职者目前处于失业状态而进行工作搜寻。本文以研究在职寻访为主。工作寻访的过程涵盖寻访动机产生的过程以及工作搜寻过程。

王翠品（2002）认为寻访意愿会超过实际寻访行为，因为寻访行为受到较多的外部因素影响，故较难预测。在实际调查寻访行为有诸多困难的情况下，本研究以研究寻访意愿变项为主。寻访意愿又包括如下两种类型：换岗意愿指知识女性有希望在组织内部进行职业转换的意愿，搜寻意愿指知识女性期望离开组织进行工作寻访的意愿。寻访行为指知识女性有工作寻访的实际行为。

（6）已有的研究结论。20世纪70年代开始，组织承诺与离职的研究引起了学术界的关注。多数学者研究发现组织承诺与离职呈负相关。Rabinowitz指出组织承诺与员工离职呈显著负相关。Morris和Sherman（1981）研究发现组织承诺可以有效地预测员工离职行为。国内学者凌文辁研究发现以经济和机会承诺为主导的员工离职率较高①。Price在研究离职模型时，曾在理论分析的基础上考察过工作价值观变量的调节作用。国内学者张勉和张德在对此进行实证研究时，虽然价值观变量的调节作用没有得到验证，但发现工作价值观与组织承诺、员工离职之间关系显著。赵辉的研究发现工作价值观与离职倾向存在着显著的负相关。

根据国内外研究可以发现，在组织行为领域，工作价值观、组织承诺以及离职倾向都是比较热门的课题，受到很多研究者的关注，但较少有研究者针对知识女性这一群体进行研究。所以我们试图探讨组织承诺、工作价值观对知识女性这一特定群体的寻访意愿的影响，并与知识女性职业生涯发展阶段结合起来进行研究。

2. 模型与假设

根据研究框架（见图1），本研究将通过实证分析检验以下研究假设：

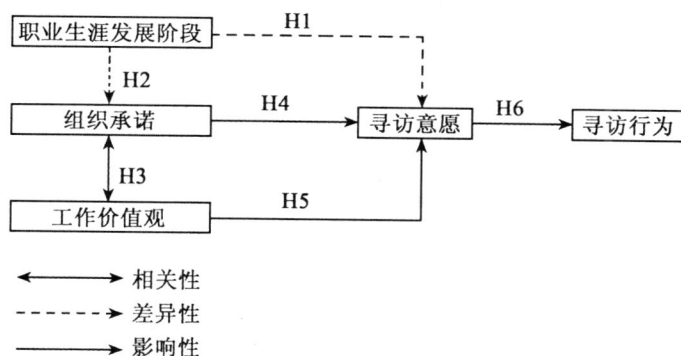

图1　研究框架

H1：知识女性寻访意愿各维度在职业生涯发展阶段上具有显著差异性；

H2：知识女性组织承诺各维度在职业生涯发展阶段上具有显著差异性；

H3：知识女性组织承诺各维度与工作价值观各维度之间显著相关；

H4：知识女性组织承诺各维度与寻访意愿之间显著相关且对寻访意愿有显著影响；

H5：知识女性工作价值观各维度与寻访意愿之间显著相关且对寻访意愿有显著影响；

① 凌文辁，张治灿等. 中国职工组织承诺研究. 中国社会科学，2001，2：35.

H6：知识女性寻访意愿的产生对寻访行为具有影响作用。

三、研究方法

1. 样本的选取

此次问卷发放主要通过两种途径：一种是在选取的企业内进行发放，发放对象是企业的正式女员工，短期和兼职员工不在本调查之内；另一种方式是通过在职 MBA 采集数据。研究样本的选取采用分层抽样的方法，抽样时考虑了被调查对象的年龄、学历、工龄、职位等因素。问卷来自武汉、长沙、广州等几个城市。

本研究总计发出 200 份问卷，共回收 125 份，回收率为 62.5%，剔除无效问卷 14 份，有效问卷为 111 份，有效问卷回收率为 55.5%。调查对象中，已婚女性占调查总数的 56%，年龄在 26~30 岁的占 52%，已婚有小孩的女性占 53.3%，大学本科及以上学历占 81.8%，销售部门的员工占 43%，调查对象在现企业的连续工龄以 3 年以下的最多，占 61%。

2. 量表

问卷内容分为两大部分：（1）基本信息，包括婚姻状况、年龄、子女状况、教育程度、工作年限、在现企业的服务年限、公司部门等；（2）对知识女性工作价值观、组织承诺、工作寻访、职业生涯发展阶段的测试，选用的量表大多是在国内外研究成熟量表的基础上修改得到的。量表的信度采用的是 Cronbach α 内部一致性系数，各量表来源与信度指标参照表 1。

表 1　　　　　　　　　　　　　　　量表来源与信度检验

变量名	量表来源	题数	α 系数
工作价值观	Super 工作价值观量表，明尼苏达重要性问卷	30	0.815 7
组织承诺	凌文辁、张治灿、方俐洛的组织承诺量表	15	0.809 1
寻访意愿与行为	黄开义（1984）翻译修订的 Mobley（1978）离职研究中采用的问卷	8	0.767 4
知识女性职业生涯发展阶段	作者参照女性职业生涯发展操作化定义及各阶段典型特征概括而得	20	0.796 1

（注：一般认为，若 α 值在 0.7 及以上表示问卷信度较高接受问卷，本研究问卷通过信度检验）

四、结论与讨论

1. 寻访意愿在职业生涯不同阶段的差异性

为了探讨和了解不同的职业生涯发展阶段，知识女性的寻访意愿是否存在差异，我们对不同职业生涯发展阶段的寻访意愿作单因素方差分析。结果显示，知识女性的搜寻意愿与换岗意愿都在职业生涯发展阶段呈现 0.05 显著性差异（$F = 3.508$，$p = 0.034^*$；$F = 1.764$，$p = 0.026^*$）。由此，H1 得到支持和验证。

2. 组织承诺在不同职业生涯发展阶段的差异性

为了研究不同的职业生涯发展阶段，知识女性的组织承诺是否存在差异，本研究对组织承诺在职业生涯发展不同阶段作单因素方差分析。结果显示，知识女性组织承诺中的理想承诺与感情承诺在生涯发展阶段呈现 0.05 显著差异（$F = 2.864$，$P = 0.036^*$；$F = 3.578$，$P = 0.035^*$），机会承诺在生涯发展阶段呈现 0.01 显著性差异（$F = 5.804$，$P = 0.007^{**}$）。H2 得到部分支持。

3. 组织承诺与工作价值观的关系

通过对知识女性的组织承诺与工作价值观各维度之间作相关性分析（结果见表2），我们发现：自主创造性与感情承诺、规范承诺和理想承诺显著正相关，而与机会承诺却显著负相关。环境安全性与感情承诺、规范承诺和理想承诺显著正相关。工作报酬与机会承诺显著负相关。人际关系与感情承诺、规范承诺和理想承诺显著正相关。工作成就感与感情承诺、理想承诺和机会承诺显著正相关。总体来看，组织承诺与自主创造性、环境安全性以及工作成就感显著正相关。H3 获得部分支持。

表 2   **组织承诺与工作价值观的相关分析**

	自主创造性	环境安全性	工作报酬	人际关系	工作成就感
感情承诺	0.367^{**}	0.253^{**}	0.142	0.491^{**}	0.391^{**}
规范承诺	0.568^{**}	0.358^{**}	0.124	0.369^{**}	0.169
理想承诺	0.204^*	0.218^*	0.530^{**}	0.528^{**}	0.324^{**}
经济承诺	-0.074	-0.098	0.335^{**}	-0.128	-0.345^{**}
机会承诺	-0.174^{**}	0.118	-0.453^{**}	-0.191	0.575^{**}
组织承诺	0.032^{**}	0.095^{**}	0.136	0.127	0.131^{**}

（注：$**$ 代表相关系数在 0.01 水平显著；$*$ 代表相关系数在 0.05 水平显著）

4. 组织承诺、工作价值观与寻访意愿

经相关分析检验，组织承诺的各维度中，感情承诺、理想承诺、机会承诺与搜寻意愿显著负相关；理想承诺与换岗意愿显著负相关，感情承诺、规范承诺、经济承诺与换岗意愿显著正相关。工作价值观的各维度中，环境安全性、工作成就感与搜寻意愿显著负相关，而工作报酬与搜寻意愿显著正相关；自主创造性、工作报酬与换岗意愿显著正相关，人际关系与换岗意愿显著负相关（因篇幅限制，不再将相关分析表格列出）。

为进一步了解各因素之间的因果关系，我们采用多元回归来分析组织承诺及工作价值观对寻访意愿的预测作用（结果如表3所示）。由表3可知，规范承诺、理想承诺、经济承诺与感情承诺均能显著预测知识女性搜寻意愿，调整后的确定系数 R^2 值为 0.312，回归方程解释了总变异的 31.2%，并且回归系数均为负值，这说明组织承诺与搜寻意愿负相关，组织承诺越高，搜寻意愿越低。而理想承诺、经济承诺与感情承诺则能显著预测知识女性换岗意愿，调整后的确定系数 R^2 值为 0.251，回归方程解释了总变异的 25.1%。H4 获得部分支持。

环境安全性、工作报酬与工作成就感能显著预测知识女性搜寻意愿，调整后的确定系数 R^2 值为 0.329，回归方程解释了总变异的 32.9%。自主创造性、工作报酬与人际关系能显著预测知识女性换岗意愿，调整后的确定系数 R^2 值为 0.412，回归方程解释了总变异的 41.2%。本研究之 H5 获得部分支持。

表3　　　　　　　　　　　　　　组织承诺、工作价值观与寻访意愿的回归分析结果

	搜寻意愿			换岗意愿		
	回归系数(β)	标准误差	T 值	回归系数(β)	标准误差	T 值
规范承诺	-0.288**	0.092	2.044	0.178	0.119	2.339
理想承诺	-0.243**	0.075	1.913	-0.494**	0.089	1.001
经济承诺	-0.117*	0.088	1.324	0.395**	0.103	-1.024
感情承诺	-0.287**	0.098	1.342	0.375**	0.104	2.651
机会承诺	-0.145	0.084	2.373	-0.143	0.129	-1.341
	$R^2=0.352$	调整 $R^2=0.312$	$F=12.485$	$R^2=0.303$	调整 $R^2=0.251$	$F=4.839$
自主创造性	0.161	0.199	-0.609	0.388**	0.392	2.044
环境安全性	-0.578**	0.070	2.534	-0.143	0.075	1.814
工作报酬	0.273*	0.382	0.089	0.317**	0.088	1.123
人际关系	-0.151	0.082	3.053	-0.287*	0.098	1.342
工作成就感	-0.395**	0.102	0.579	-0.195	0.084	2.376
	$R^2=0.375$	调整 $R^2=0.329$	$F=8.064$	$R^2=0.486$	调整 $R^2=0.412$	$F=21.485$

（注：**代表相关系数在 0.01 水平显著；*代表相关系数在 0.05 水平显著）

5. 寻访意愿与寻访行为

以搜寻意愿为自变量，搜寻行为为因变量，建立回归分析模型。从回归分析的数据来看，$F=12.100$，Sig. 值小于 0.001，达到了显著性水平。调整后的确定系数 R^2 值为 0.341，回归方程解释了总变异的 34.1%。说明搜寻意愿对搜寻行为有显著预测作用。

同时，以换岗意愿为自变量，换岗行为为因变量，建立回归分析模型，数据显示，$F=21.196$，Sig. 值小于 0.001，达到了显著性水平。调整后的确定系数 R^2 值为 0.432，回归方程解释了总变异的 43.2%。说明换岗意愿对换岗行为有显著预测作用。因此，知识女性寻访意愿的产生对寻访行为具有影响作用，H6 获得验证与支持。

6. 研究启示

工作寻访既是影响企业人力资本流动的关键因素，又是与知识女性职业生涯发展紧密相关的行为，知识女性的工作价值观、组织承诺以及职业生涯发展阶段这几个变量相互作用，最终会影响知识女性寻访意愿的产生以及最终的寻访结果（离职、换岗）。本文借鉴国内外相关研究成果，利用实证研究方法对知识女性工作寻访的影响因素进行深入研究和探索，以期对企业的人力资源管理和知识女性自身的职业发展有借鉴作用。

（1）企业甄选过程中的应用。在企业的甄选过程中，应该充分了解女性员工的工作价值观以及个人的具体条件是否与企业价值观以及提供的职位相契合。企业在招募员工时，应该评价企业的背景、价值观以及职位条件与员工具备的条件、能力以及工作价值观是否符合，使她们能获得适当职位或分配到适当的工作项目，以此来充分调动员工的工作积极性。

（2）企业激励员工的应用。企业应在满足知识女性基本需要的同时，赋予工作更丰富的内容，进行工作弹性化设计，以提高她们对组织的理想承诺和感情承诺。在对组织承诺与寻访意愿进行的研究中发现，员工的组织承诺直接决定了员工的寻访意愿，而相较于其他三种承诺，理想承诺和感情承诺对员工的

寻访意愿的影响更为明显。该结论证明要提高员工的组织承诺，除了在经济方面努力，提高员工的工资福利以外，更重要的是在企业内部营造一种公平、和谐、向上的氛围，使员工对组织的价值观产生一种认同，对组织有一种归属感。这样员工即使在企业发生经济困难或者报酬不能完全符合自身期望的时候，仍然会积极投入到工作中。

（3）克服知识女性职业生涯发展的瓶颈。知识女性有着高等教育的受教背景，将工作视为人生的重要目标之一，希望在家庭之外看到个人职业生涯的发展，希望能够凭借自己的能力在企业中得到晋升。但是，妇女在争取高层职位（或更高的薪酬水平）时，往往会遇到重重障碍。组织升迁制度的公平与否，往往会影响知识女性是否继续留在企业的意愿。因此，企业提供知识女性与男性员工平等的升迁机会，满足知识女性的理想承诺要求，会使知识女性感到满意，进而愿意对组织与工作有更多的投入，继而减少她们的离职意愿。

五、研究局限与未来研究方向

本研究取得了具有一定理论和实践指导意义的结论，但也有一定的局限。第一，受研究条件限制，本研究的采样范围有限，造成样本容量不够大。因此，在今后的研究中，应扩大样本量的选取范围与数量。第二，本研究仅仅针对知识女性这样一个群体，后续研究者可以适当扩大研究对象，比如进行男女两个群组的研究，并将调查资料对照分析，其研究结果之管理意涵将更丰富。第三，本研究在查阅文献过程中发现较多文献探讨个人因素对工作寻访的影响，但限于时间及研究侧重点，在本研究中并无重点分析，建议后续研究者能针对个人背景因素对知识女性工作寻访的影响多作研究，以期对知识女性工作寻访过程有一个较为全面的了解。

参考文献

［1］何亦名，张炳申. 国外工作搜寻理论研究述评. 外国经济与管理，2006，2.

［2］凌文辁，张治灿，方俐洛. 中国企业职工组织承诺与离职意愿模型实证研究. 管理科学，2000，1.

［3］张勉，张德. Price-Mueller 离职模型中价值观变量调节作用的实证研究. 管理评论，2006，9.

［4］Belzil Christian. Relative efficiencies and comparative advantages in job search. Journal of Labor Economics，1996，1.

［5］Banerjee Biswajit，Bucci Gabriella. On-the-job search in a developing country：An analysis based on Indian data on migrant. Economic Development and Culture Change，1995，4.

［6］Holzer Harry. Job search by employed and unemployed youth. Industrial and Labor Relations Review，1987，5.

战略创新与企业持续竞争优势：
基于 DELL 公司的案例研究

● 秦　剑[1]　韩　炜[2]　王迎军[3]

（1，3　南开大学商学院　天津　300071；2　天津财经大学企业管理系　天津　300222）

【摘　要】本文在对企业竞争优势理论进行梳理的基础上，从战略创新的视角构建了企业获取持续竞争优势的理论框架。基于 DELL 公司的案例研究，我们发现企业战略创新的构建模式可以从市场范围、产品范围、核心能力、事业网络与顾客界面 5 个方面进行；研究结果表明，辅助战略、市场竞争强度及产业结构是企业获得持续竞争优势的重要驱动因素；在文章的最后，我们讨论了本文的研究结论、理论和实践贡献及未来进一步研究的方向。

【关键词】战略创新　私有化战略　阻绝进入战略　模仿障碍战略　持续竞争优势

一、引　言

迈入全球竞争时代，企业面临市场更加自由化与国际化的经济冲击和考验。Schumpeter 曾对竞争和产业结构两者的动态关系进行分析，发现企业竞争的核心要素和产业升级演化的驱动力是创新（Schumpeter，1934）。2006 年 1 月，全国科学技术大会明确提出了提高自主创新能力、建设创新型国家的战略目标。如何提高我国企业自主创新能力，使企业真正成为创新投入和创新行为的主体，形成以企业为主体、以市场为导向的产学研紧密结合的创新体系，培育和造就一批具有强大自主创新能力的企业集团和拥有创新活力的中小企业集群，是建设创新型国家的关键。

在此趋势下，国内企业必须提升创新的层次，由技术等功能层级创新，提升至战略层级的创新。经营者应从长远角度来思考企业运作，创造属于自己的成长空间与竞争优势，而非短视近利，以"Me Too"战略作为经营企业的基础，产生所谓"战略收敛"（strategic convergence）现象，陷入完全竞争的困局。

许多学者认为创新是企业持续成长、获得竞争优势的关键要素。Hamel 认为企业要勇于创新，启动产业革命才能维持竞争优势（Hamel，2002）。Porter（1996）认为企业应从事战略创新而非运营创新以提高绩效并获得竞争优势。Christensen 和 Raynor（2003）提出破坏性创新理论（disruptive innovation theory），认为惟有创新才能让企业不断成长，突破成长魔咒。

然而，企业因战略创新所带来的商业利益，可能吸引同业竞争者或新进入者模仿其创新战略，导致该企业差异化战略在所属产业内趋于同质，而失去原有的竞争优势。Porter（1985）认为竞争者固然具有威胁性，但在很多产业中，企业的竞争地位会因适当的竞争对手而增强，并改善整个产业结构。

针对以上讨论，我们在本研究中拟回答两个问题：第一，在面对竞争者模仿与创新价值外溢的情况下，企业如何通过战略创新来获得持续竞争优势？第二，战略创新企业如何通过改善产业结构而获得持续竞争优势？

二、文献回顾

1. 战略创新

在当今竞争全球化、白热化的时代，战略创新越来越成为小企业战胜大企业、谋求生存和成长的重要途径，也成为大企业进行再创业、实现可持续成长目标的有效方法。Hamel（1998）的调查表明，62%的CEO认为一个产业内最成功的企业是通过改变游戏规则来获得成功的，只有31%的CEO认为企业是通过更好地执行战略来获得成功的。通过对全球108家企业的战略进行量化研究，Kim和Mauborgne（2005）发现，常规战略占据了战略总量的86%，创造了总收入的62%和总利润的39%，而创新战略只占战略总量的14%，却创造了总收入的38%和总利润的61%。因此，如何形成战略创新和如何提高战略创新的成功率就成为学术界和企业界共同关注的问题。

Hamel（1998）认为创新是企业战略中最重要的构成要素，在不连续的时代，战略创新是创造新财富的关键。Kim与Mauborgne（1999）认为企业不应仅靠技术创新来获得竞争优势，而要不断地为顾客创造新价值，寻求差异化的来源，才是一种战略性创新的行为。Venkatramen与Sarasvathy（2001）认为创新与战略管理两大领域的行为交集部分，是着重于如何面对环境的变化与其带来的机会。Hitt等人尝试整合创新观点与战略观点，提出战略性创业（strategic entrepreneurship）的概念，认为这是企业为了创造财富所需的某种重要资源与能力形态。Markides（1997）在研究了三十多个击败产业龙头的企业案例之后，发现那些成功企业的制胜诀窍就是战略创新。Porter（1996）认为战略创新不同于营运创新，主要目的不在于追求更高的效率，而是创造新的利润和价值空间。本研究整合上述学者的观点与主张，定义战略创新是打破现有产业竞争规则并为市场创造新价值的做法。

2. 战略创新的评估构面

Markides（1997）认为成为战略创新企业的首要条件，就是比其他竞争者更早"发现"产业定位图（industry positioning map）的缺口，包括：新的顾客界面，或其他企业忽略的顾客界面；新的顾客需求和偏好；新的制造、运送或配销方式。

Hamel（1998）认为战略创新是一种"元创新"（meta-innovation），它改变了特定产业或范畴内竞争的根本基础。Hamel提出一个全面的业务概念架构，认为一个业务概念包含四大要素和三大桥梁（四大要素包括核心战略、战略性资源、顾客界面（customer interface）、价值网络，三大桥梁是活动构造、顾客利益、公司界线），并提出了四个决定利润潜力的因素：效率、独特性、协同、利润推进器。Hamel的业务模式概念是一种创新能力的展现，目的是为了在特定产业或竞争范畴内推出更多不同的战略选择。

Markides与Hamel两位学者对于战略创新所强调的思考架构有所不同，前者重在重新审视企业在产业中的战略定位，后者重在重新审视整套活动系统。Markides提出的战略性创新要企业回归到基本层面去思考新的战略定位，所进行的创新对于企业现有的能力与资产具有破坏性的影响，其创造出来的市场将使竞争者过去赖以成功的能力与匹配性资产效能大减。Hamel提出的战略创新是业务概念的创新，是激进的、系统的改变，不是一家公司整体事业模式中的小部分或单一流程的改变。

所以，本研究将战略创新的战略归纳为五大构面：市场范围（市场广度）、产品范围（市场深度）、核心能力、事业网络与顾客界面。此五大战略构面分别说明：企业要满足哪些顾客；企业以何种产品或服务来满足顾客；企业有何种核心能力来满足顾客所需的产品与服务；企业通过怎样的事业网络来弥补其能力不足之处；企业如何将其产品与服务传达给顾客。我们将以这五大构面来评估企业的战略创新。

透过既有文献分析，本文认为战略创新企业可以通过两种途径获得持续竞争优势：第一，通过价值私有化战略、阻绝进入战略及模仿障碍战略这三种辅助战略来帮助企业获得持续竞争优势；第二，战略创新可能造成产业结构的改善，进而帮助企业获得持续竞争优势。本文的研究框架如图1所示。

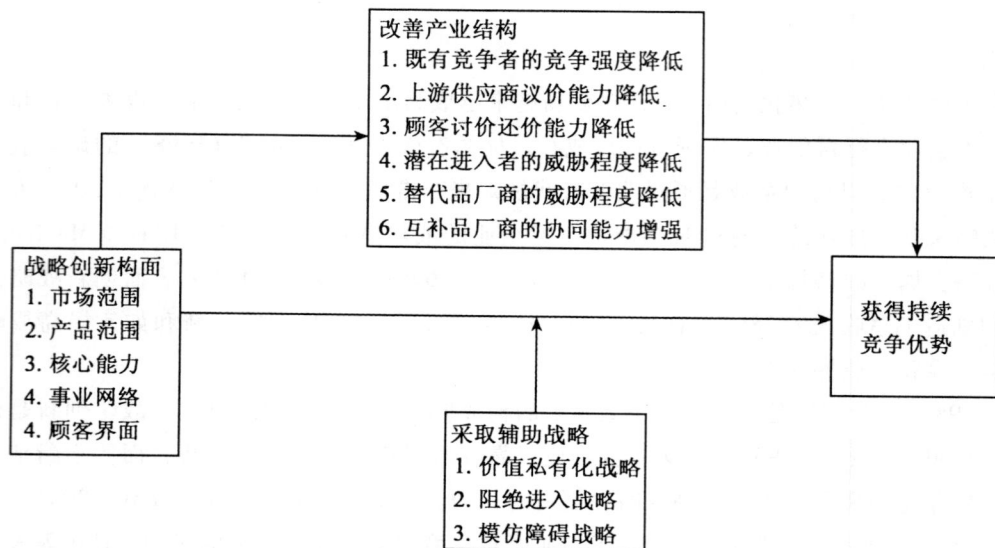

改善产业结构
1. 既有竞争者的竞争强度降低
2. 上游供应商议价能力降低
3. 顾客讨价还价能力降低
4. 潜在进入者的威胁程度降低
5. 替代品厂商的威胁程度降低
6. 互补品厂商的协同能力增强

战略创新构面
1. 市场范围
2. 产品范围
3. 核心能力
4. 事业网络
5. 顾客界面

采取辅助战略
1. 价值私有化战略
2. 阻绝进入战略
3. 模仿障碍战略

获得持续
竞争优势

图1　战略创新与企业持续竞争优势

三、战略创新与持续竞争优势

（一）战略创新、辅助战略与持续竞争优势

战略创新为企业创造新的财富并带来竞争优势，但若出现竞争者予以模仿或复制，则其竞争优势就变得岌岌可危。因此，企业若要获得持续性的竞争优势，必须采取一些辅助战略，建立现存与潜在竞争者难以模仿或复制的优势与障碍。

1. 价值私有化战略与持续竞争优势

许多研究显示，竞争优势为其带来的超额利润持续期，平均而言最多不超过十年。创新价值不一定就全属于创新者所有，某些价值将会外溢，且被其他参与者瓜分；而有些价值则会随着时间快速消失。因此，追求战略创新的企业，势必在积极向前迈进的同时，将其创造的价值锁定（汤明哲，2004）。因此，战略创新企业必须采取一些手段将创新价值私有化。战略创新的价值创造来自于一系列战略活动的搭配，其本身就是一种追求竞争优势的行为，故战略活动之间的完美搭配有助于将创新价值私有化。其不仅是建立竞争优势的基本前提，也是获得持续性竞争优势的前提。当竞争优势是建立在整个系统的基础上时，由于个别活动之间的彼此强化与搭配，优势的持续性就比以单一活动为基础来得持久（Porter，1996）。因此，战略创新企业若能建立彼此强化与完美搭配的创新活动，便能获得更具持续性的竞争优势。

2. 阻绝进入战略与持续竞争优势

阻绝进入战略意在防止模仿、复制战略创新行为的竞争者进入市场。任何产业都无法阻绝以差异化战略进入的竞争者，故此战略也可为产业带来良性竞争。当企业享有战略创新带来的超额利润时，其他竞争者势必采取某些战略手段攫取其创新价值，可能吸引同业竞争者模仿或潜在竞争者进入。另外，企业进行战略创新，使得竞争者面临市场占有率下滑的压力，也会提升进入市场的压力（汤明哲，2004）。因此，从事战略创新的企业必须采取阻绝进入战略，以保护企业的战略创新利益。

阻绝进入的目的在于制敌在先，要阻止潜在竞争者进入产业，可采取的策略有以下5种：

（1）先占策略：目的在于取得有利的产品空间，让潜在竞争者没有空间进入，或者以低价取得市场占有率，让后进者无法再夺回市场。

（2）品牌扩散策略：在各个产品空间中，由同一个厂商迅速推出不同的品牌，占据所有的产品空间。

（3）信号战略：释放出某些商业信息，告知当有潜在竞争者出现时，领导厂商将会以完全产能与竞争者竞争。

（4）限制价格策略：采取低价手段，与其他竞争者竞争。

（5）提高竞争者成本：借由企业本身的部分损失，甚至高于竞争者的损失，来提高竞争者的成本，进而使竞争者无法负担高进入成本。

归纳上述阻绝潜在进入者的战略手段，阻绝进入战略可由产品空间、价格空间、公司资源与技术和报复手段四个方面建构。

3. 模仿障碍战略与持续竞争优势

成功的企业会成为他人的模仿对象，造成竞争同质化。影响企业能否维持竞争优势的关键是现存与潜在竞争者能否复制企业价值创新战略，但竞争者的复制能力并非企业所能掌控，仅作为在制定战略时纳入考察的因素。所以战略创新企业应通过模仿障碍的构筑，获得持续性的竞争优势。模仿障碍越高，企业的竞争优势维持越久（Porter，1985）。

汤明哲（2004）提到模仿障碍有下列4点：法律限制，即专利保护或知识产权保护；控制关键投入资源；因果模糊性，即企业成功的绩效容易让大家察觉，但其成功的原因可能要追溯到过去的战略布局，其战略布局的因果关系常常是模糊和不易察觉的；战略系统的复杂性，企业战略由复杂的活动所构成，竞争者很难模仿全部战略系统，若只模仿一部分，由于企业决策环环相扣，很难达到预想效果。

根据以上对价值私有化战略、阻绝进入战略、模仿障碍战略与持续竞争优势之间的探讨，发现战略创新企业若采取这三种辅助战略将有助于创新价值的私有化，并阻碍潜在竞争者与现存竞争者的模仿，进而获得持续性的竞争优势。

因此，我们提出以下命题：

命题一：战略创新企业采取辅助战略：价值私有化战略、阻绝进入战略以及模仿障碍战略，将有助于该企业获得持续竞争优势。

（二）战略创新、产业结构改善与持续竞争优势

企业在制定创新战略时，通常会考虑所属产业未来的发展趋势。因此，当产业结构出现重大变化时，原有战略势必要改变或调整（Porter，1996）。产业内的企业彼此在战略上的调整与互动，可能改变产业的边界，进而对产业结构产生影响；也就是说，企业战略足以影响整个产业结构的改变。

战略创新者挑战既有的产业游戏规则，跳脱产业原有的竞争战略逻辑，遵循一套不同的方式竞争，改变了企业之间的战略互动。战略创新者可能率先改变了产业的游戏规则，以不同的方式来满足原来的消费者，或是开发、满足新的消费族群，采用一套独有的经营模式来竞争，甚至让竞争对手不得不遵循其游戏规则。从某方面来看，游戏规则的改变意味着与消费者、供应商或其他竞争者之间竞争地位的改变。当企业愈能改变产业游戏规则，成为游戏规则的制定者，就愈能成为市场的领导者，同时也愈有可能改善产业结构。如果企业维持产业健康发展或正向改善产业的结构，将提升产业的获利能力，有利于产业内的厂商获得竞争优势。一旦产业的获利体制变好，战略创新企业就可以从中强化其竞争优势，使得企业的获利基础建立在新的价值上，而非彼此分食利润大饼的短期利益，有助于建立产业的长期获利潜力，更有利于战略创新企业建立持久的竞争优势。

基于以上分析，我们提出命题二如下：

命题二：战略创新企业能改善所属产业的竞争结构，进而有助于该企业获得持续竞争优势。

四、研究设计

本研究根据两个阶段来决定研究方法：第一阶段，根据本文的研究主题与研究架构，我们认为采用质性研究方法会比较合适；第二阶段，根据研究问题的形式，决定采用案例研究方法；此外在研究层面，选择单一特定个案作为研究对象，用以深度分析企业战略创新与持续竞争优势间的动态关系。

案例研究一直是管理理论创建的重要研究方法之一。组织理论的研究者们已经就案例研究方法的一整套原则、步骤和方法取得了共识（Eisenhardt，1989）。根据 Robert Yin（1994）的观点，案例研究比统计调查更适合处理"怎么样"（how）和"为什么"（why）之类的问题，因为这类问题不仅是研究各种事件出现的频率和范围，而且需要按时间顺序追溯相互关联的各历史事件间的联系。因此，DELL 公司的创业和成长历程给我们提供了一个研究企业战略创新与获取持续竞争优势的绝佳案例。为了确保案例研究资料的信度和效度，我们采用多种证据来源，包括文献、档案记录、实地观察、访谈等。多种证据来源有助于案例研究资料之间的相互印证，形成证据三角形，使研究结果更准确，更有说服力（Yin，1994）。

五、DELL 公司的案例分析

于 1984 年首创直接销售模式的 DELL 公司，从一个"idea"、1 000 美元和一间大学宿舍开始，仅用 3 年的时间就成功实现上市。自 20 世纪 80 年代晚期至 90 年代初期，DELL 公司经历了最主要的成长高峰，平均年度销售额增长率达 97%，净收入年增长率高达 166%。到 2006 年末，DELL 公司已成长壮大为年销售额达 600 亿美元的计算机生产企业（Dell Fiscal 2006 Review）。

1. 创业期（1984—1985 年）

迈克尔·戴尔于 1984 年 1 月 2 日创立了"个人电脑有限公司"（PC's Limited），后更名为 DELL 电脑公司（Dell Computer Corporation），开始了他的个人电脑生涯。他以一个简单的问题拓展他的事业，即如何改进购买电脑的过程？他的回答是，把电脑直接销售给使用者，去除零售商所能剥削的利润，而把节省下来的费用回馈给消费者。

最初，DELL 公司只从事计算机升级的工作，买进削价出售的计算机，加上磁盘驱动器和存储器，予以升级，再以较高的价格出售以赚取利润。随着业务的持续成长，戴尔决定制造自己的计算机。适逢"芯片组"概念的萌芽，简化了个人计算机的设计，让 DELL 公司能够以几个芯片组和几名外聘的专业工程师为起点，开始着手制造 DELL 自己的个人计算机。自此，DELL 公司成为 PC 产业第一家根据顾客的需求定制组装个人计算机的公司，并且不经过批量销售个人计算机的经销商及代理商控制系统，而直接卖给终端客户。其运营模式如图 2 所示。

到 1985 年，由于超快的成长速度，DELL 公司从最初 300 平方米的工作室中搬迁至 1 万平方米的新办公楼中。尽管当时的产业竞争已是激烈无比，但戴尔不断创新、不断挑战传统思路的运营理念，通过务实的运作方式，使公司一直保持持续的成长，进入高速成长期。

2. 成长期（1986—1995 年）

1986 年，DELL 公司聘请身兼几家公司高级执行主管的沃克（Lee Walker）担任公司的总经理，拉开了公司转折的序幕。到 1986 年底，DELL 公司的营业额已达到 6 000 万美元，到 1992 年年底，已达到 30 亿美元的规模。DELL 公司在较短时间内得以快速发展和壮大，一方面是源于产业环境的影响，另一方面

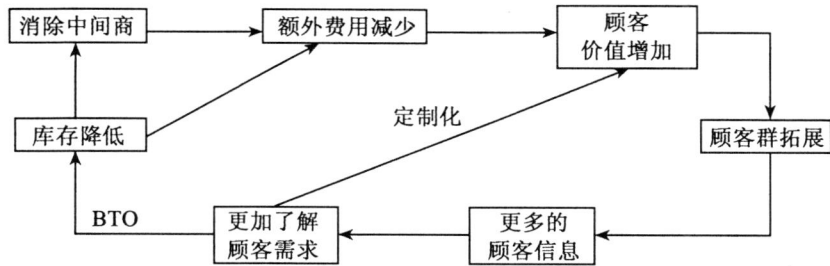

图 2　直接模式的销售循环

是因为 DELL 公司主动适应产业环境的发展和变化,深刻理解个人计算机产业的运作基础,实践并不断完善运营模式,并最终使其在产业竞争中处于领先地位。DELL 公司在高速成长过程中,需要大量的资金作为坚强的后盾。也正是在这个时候,DELL 公司想经由公开上市来募集资金。1988 年,DELL 公司的股票公开上市了,当年公司的市场价值就达到 8 500 万美元(戴尔,2004)。

在成长期,直接模式与卓越的服务依然是 DELL 公司的战略主题,其直接模式更加成熟,其服务内容也更加丰富。同时,DELL 公司又将品质保证与产品功能升级作为战略主题,在创业期的基础上进一步完善了价值活动体系(如图 3 所示)。

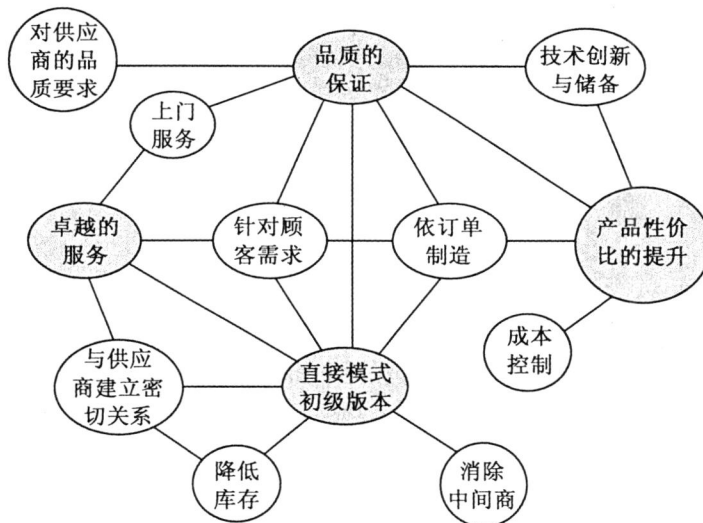

图 3　成长期的价值活动体系

3. 发展期(1996 年至今)

进入发展期,DELL 公司的发展中最明显的一个特征就是对网络技术的应用。比较 1996 年前后的 DELL 公司,其成长的动力均是来源于直接销售与顾客定制化生产模式,所不同的是与顾客接触所采用的形式不同。在互联网出现以前,DELL 公司与顾客的接触多采用面对面、电话、传真或邮寄的方式;在互联网的巨大潜力被发掘以后,DELL 公司与顾客的接触则多通过网络,辅之以电话沟通的方式。因此,进入发展期的 DELL 公司仍是以直接模式作为其核心战略,但其实现方式却发生了变化。此外,对于低成本、高质量保证等战略主题,都由于产业的演进与时代的变迁而被赋予了新的内涵。发展期的价值活动体系如图 4 所示。

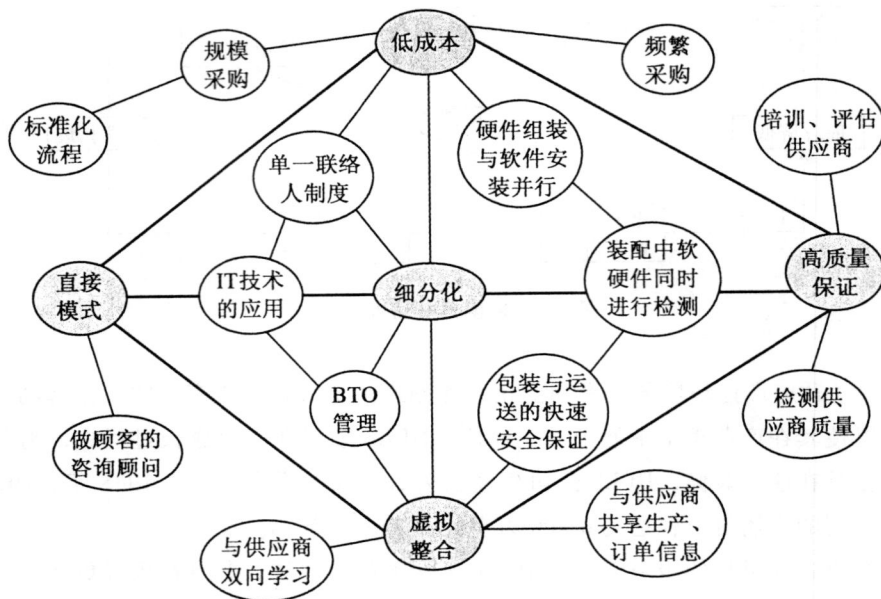

图 4　发展期的价值活动体系

对于个人电脑产业来说，产品投放市场延迟 9 个月就会导致大约 6% 的毛利或市场份额损失。该产业技术发展快，市场寿命不断缩短，产品贬值快，因此积压就意味着亏损。身处电脑业前沿的 DELL 公司深知这一事实，因此 DELL 公司在直接模式与 BTO（build to order）的战略主题下，并不保有任何成品库存，虽然没有现成的产品可以直接发给顾客，但是戴尔凭借其快速反应能力，保证顾客的需求在第一时间得到满足。致力于倾听客户需求，提供客户所信赖和注重的创新技术与服务，是 DELL 公司能够不断巩固其市场领先地位的主要原因。

DELL 公司成立 23 年来，顺应外界环境的变化，不断地调整自身的经营战略，不仅在营运效率上交出令股东、投资人和员工满意的成绩单，也得到许多业界的奖项和称誉。在这一历程中，DELL 公司并非固守着某一种竞争优势，其竞争优势是随着 DELL 公司的成长而不断演化的。正是竞争优势的不断演化，才使得 DELL 公司的竞争优势难以被竞争对手模仿，使得公司总体的竞争优势得以持久。

六、结论与讨论

基于上述讨论，下面我们开始尝试性地回答本文的研究问题。

研究问题一：在面对竞争者的模仿与创新价值外溢的情况下，企业如何通过战略创新来获得持续竞争优势？

以 DELL 公司个案为例，发现企业进行战略创新可获得竞争优势的来源包括控制规模、地点、时机与产能使用率等的低成本优势来源，或取得品牌形象、顾客忠诚度等差异化优势来源。但若能再通过辅助战略，将其战略创新的价值转化为自己所有，减少价值或财富外溢的情况，降低竞争者模仿创新战略的成功几率，则可确保获得持续性的竞争优势。

研究问题二：战略创新企业如何通过改善产业结构而获得持续性的竞争优势？

以 DELL 公司个案为例，发现企业进行战略创新，可能改变其与竞争者、顾客、供应商、互补公司等影响产业竞争强度的力量之间的关系，并可能提升产业的潜在获利能力，使得该产业的竞争结构获得改善。我们也发现获得改善后的产业结构，总体来看不见得对于产业内的其他竞争者有利，但却会对主导产业结构改善的战略创新企业有利。理由是因为产业内的游戏规则受该企业的影响，出现产业范式移转所致，若其他竞争者无法抢先确定主导范式，将不会是产业结构改善后的最大受益者。

因此，本研究经由归纳与推论得出：企业进行战略创新不但有助于产业结构获得改善，使其他竞争者受益，更能通过产业结构的改善与辅助战略的双管齐下，使战略创新企业成为最大的竞争优势获得者。

根据本文的研究结论，我们也提出一些建议，希望能为国内企业在拟定与执行战略创新时提供必要的理论参考。战略创新的采行并不受限于企业的新旧或规模的大小，任何企业都可以进行战略创新，改变产业的游戏规则。话虽如此，Markides（1997）提醒过战略创新者要注意时机的选择，不见得在任何时刻都适合进行战略创新，不应为创新而创新，丧失应有的判断力。

我们依据国内企业战略创新的进行程度将其分为三类：第一类，战略创新程度高，产业内竞争者追随其游戏规则；第二类，战略创新程度中等，自创游戏规则，不追随主导者制定的竞争规则，其他竞争者也不追随其创新战略；第三类，战略创新程度低至几近没有。针对这三类企业，我们提出一些创新战略上的初步建议，作为企业思考或进行战略创新时的参考。

第一，战略创新成功的企业应思考应该采取的辅助战略与改善产业结构的方法，并持续强化战略创新构面之间的关联与协同。

第二，正在进行战略创新的企业，要从其未创新的创新构面思考可以增强的创新之处，同时采取相应的辅助战略。

第三，尚未进行战略创新的企业，从战略创新五个构面中，择其一作为切入构面，进行创新的战略定位，并从其他四个构面予以强化。

尽管我们认为自己的研究具有一定的理论与实证贡献，并力求客观与翔实，我们也承认仍然存在一些研究上的局限：

第一，本研究只针对单一产业及单一个案作为分析对象，缺少对不同产业的战略创新案例的比较研究，因此我们建议未来的研究可针对不同产业及不同特征的个案公司进行跨案例分析，以提高研究结论的效度与信度。

第二，本研究以战略创新为视角来分析企业竞争优势的动态演化过程，然而外部环境、高管团队特质、竞争者行为互动及其他因素均会影响战略创新的发展过程，其间所涉及的层面过于复杂，未来的研究可以尝试纳入其他可能的变量并加以完善，我们也鼓励研究人员使用多元定量统计方法对我们的理论命题进行检验。

第三，我们的研究仅仅以战略创新的成功案例作为研究对象，并没有比较成功与失败案例之间的战略选择差异性，我们也建议学者们今后可以进行这方面的探索性研究。

参考文献

［1］ Schumpeter，J. The theory of economic development. New Brunswick：Transaction，1934.

［2］ Gary Hamel. Leading the revolution：How to thrive in turbulent times by making innovation a way of life. Boston：Harvard Business School Press，2002.

［3］ E. Porter Michael. What is Strategy. Harvard Business Review，1996，74（6）.

［4］ Clayton M. Christensen，and Michael E. Raynor. The innovator's solution：Creating and sustaining successful growth. Boston：Harvard Business School Press，2003.

［5］Michael E. Porter. Competitive advantage：Creating and sustaining superior performance. New York：Free Press，1985.

［6］Gary Hamel. Strategy innovation and the quest for value. Sloan Management Review，1998，39（2）．

［7］W. Chan Kim，and Renée Mauborgne. Blue ocean strategy：How to create uncontested market space and make competition irrelevant. Boston：Harvard Business School Press，2005.

［8］W. Chan Kim，and Renée Mauborgne. Strategy，value innovation，and the knowledge economy. Sloan Management Review，1999，40（3）．

［9］M. A. Hitt，R. D. Ireland，S. M. Camp，and D. L. Sexton. Strategic Entrepreneurship：Entrepreneurial strategies for wealth creation. Strategic Management Journal，2001：22.

［10］Constantinos Markides. Strategic innovation. Sloan Management Review，1997，spring.

［11］汤明哲. 战略精论. 北京：清华大学出版社，2004.

［12］K. M. Eisenhardt. Building theories from case study research. The Academy of Management Review，1989，144（4）．

［13］R. K. Yin. Case study research：Design and methods（2nd Ed.）．Newbury Park，C. A.：Sage Publications，1994.

［14］迈克尔·戴尔. 戴尔战略. 上海：远东出版社，2004.

技术与组织结构关系研究的文献回顾

● 方爱华

（武汉大学经济与管理学院 武汉 430072）

【摘　要】 在管理学与社会学的研究历程中，技术决定论者（理性系统视角）认为技术决定组织结构的类型与基本特征；而社会决定论者（自然系统视角）认为技术的发展并不由技术决定论或经济效率论的某种强硬逻辑所决定，而是技术上的可能和社会可接受之间的联合，技术在一定程度上是由社会选择的，甚至是社会塑造的。

【关键词】 技术　组织结构　技术决定论　社会决定论

在管理学的演变历史上，一直存在一个基本的问题，就是技术与组织管理的关系问题。到底是技术决定组织管理？还是组织管理决定技术？本文力图从组织结构的角度回顾企业的工艺与产品技术对组织结构的影响，以及组织结构对技术的反作用。

一、环境和战略决定组织结构

关于环境、战略与组织结构的关系问题一直是企业战略管理理论的关键命题，其中最为著名的观点是"环境决定战略、战略决定结构"①。准确地讲钱德勒认为环境、战略和组织结构之间不是一种简单的单向决定关系，而是一种互动的关联，但其中的主要动力传递机制是，企业战略应当适应环境变化，组织结构又必须适应企业战略的要求，随战略的发展变化而变化，即结构跟随战略（Chandler，1962）。

钱德勒的战略—结构观点提出之后，引来了大量实证研究，从 1949—1959 年的数据资料来看，M-型结构与企业追求多元化战略紧密相关，但这种关系在 1959—1969 年表现得并不明显（Rumelt，1974），而对英国服务业的调查，也基本证实战略与结构之间的关系（Channon，1975）。

阿莫和提斯比较了石油行业不同组织结构与绩效之间的关系，从 1975 年财富 500 强的 32 家石油企业中挑选出 28 家，将这些企业不同时期的组织结构按照 U-型、M-型和中间型进行分类，用净资产回报率测量企业绩效，发现在 1969—1975 年，当 M-型结构尚未在全行业推行的时候，M-型结构与企业绩效之间存在着较强的相关性（Armour，Teece，1978）。

在企业国际化和多元经营过程中，企业会成立相应的经营管理部门，战略与结构的关系也基本得到证实（Russo，1991）

德鲁克（2003）也倾向于战略决定结构及其关键部门，他认为整个企业的组织结构如同一栋建筑物，各项管理职能如同建筑物的各种构件和砖瓦材料，而关键性的职能好比建筑物中负荷量最大的构件。因

---

① 钱德勒在《战略与结构：工业企业的历史篇章》一书提出了一个类似的命题，但这种表述要更为复杂。

此，任何一家卓有成效的公司，其关键职能总是置于企业组织结构的中心地位，至于哪项职能成为关键职能，主要是由企业经营战略中心决定，比如有以质取胜、以新产品取胜等。

二、工艺技术决定组织结构

技术是一个比较含混的词语，多数学者采用比较广义的定义，即技术包括个体用以完成工作的硬件，还包括工作人员的技能和知识，甚至包括工作对象的特征（斯格特，2002）[①]。

在组织与管理研究中，很早以前，人们就关注工作过程的技术特征（即工艺技术）对工人行为和工作群体结构的影响。其中，有重要意义的是英国伦敦塔维斯克研究所在第二次世界大战后进行的关于郎沃尔采煤法的社会与心理学后果的研究，强调了技术系统与社会心理系统之间的关系，试图将环境、技术和心理因素综合起来研究组织与管理问题（Kast & Rosenzweig，1985）。

但真正产生重大影响的实证研究首先开始于琼·伍德沃德（Woodward，1965），在对英国南部近100家小制造企业进行深入调查后，她最后发现，企业的工艺技术类型（单件生产、大量生产和连续流程生产）与组织结构（机械式或有机式）之间存在明显相关性，而企业的绩效与技术和结构之间的适应程度密切相关。

随后，英国阿斯顿大学工业管理研究所将这一研究的范围从制造业扩展到服务业，调查了46个不同类型的组织，发现作业技术对结构没有明显影响，对战略的影响就更小，但他们的研究没有揭示材料技术与知识技术的作用。

佩罗（Perrow，1967）从任务的多变性（task variety）和问题的可分析性（problem analyzability）将企业的工艺技术分为常规的、工程的、手艺的和非常规的四种，他发现常规的技术应该用高度正规化和集权化的结构，非常规技术要求高度的灵活性与分权，介于两者之间的手艺技术和工程技术则需要一定程度的分权与灵活性。技术愈常规愈要求组织结构为标准化，适宜于机械式的结构；而愈是非常规的技术，结构就愈应该是有机式的（Thompson，1967；Hickson，1969）。

关于工艺技术与结构的关系研究，在20世纪八九十年代，出现了一些比较严格的实证研究。多数研究结论基本支持技术与结构之间的权变关系（但显著程度不高），也出现了相互矛盾的结论（Scott，1990）。

三、产品技术决定组织结构

除了上述技术与组织或管理的一般关系研究外，也有不少文献涉及企业的产品技术（主要是产品模块化结构）与企业组织结构以及管理模式之间的关系研究，这类研究的主题一般是模块化设计、产品多样化和大规模定制、战略柔性（Henderson & Clark，1990；Meyer，1993；Pine，1993；Sanchez，1995；Goldman，Nagel，Preiss，1995；Baldwin & Clark，1997；Daft，1998；Schilling，2000，2001；Duray，2000；Zaeh，2003；Nyhuis，2003；Tu Qiang，2004）。

派恩在1993年的著作中，分析了大规模定制中模块化结构的作用，为了突出个性化客户在企业业务流程中的中心地位，企业必须进行组织变革和流程重组，使组织结构从层次组织转向网状组织（派恩，

---

① W. 理查德·斯格特. 组织理论. 北京：华夏出版社，2002：213.

1993）。

不同的产品体系结构（整体式和模块化的）对企业技术变革和产品创新有直接的影响（Henderson & Clark，1990；Sanchez，1995；Ulrich，1995；Baldwin & Clark，1997），从而影响相应的作业活动与组织结构。基于产品体系结构的产品簇开发能够培植企业动态的核心能力（Meyer，1993），在产品体系结构变革的带动下，组织结构应该向模块化组织结构演变（Schilling，2000，2001），模块化产品结构有利于提升企业的战略弹性（Sanchez，1995）。

另外，模块化设计的成功推行主要得益于企业内部显性和隐性设计规则的确立与指导（Baldwin & Clark，2000），模块化结构也不限于工业企业，而是生物界、语言系统、数学等领域共同的研究对象，存在一个跨学科的一般模块化系统模型，从系统的两端环境的特征来理解企业采用模块化系统的动力和原因，投入要素的多样性与顾客需求的多样性会形成吸引企业采用模块化系统的巨大动力（Schilling，2000，2001）。

由于技术进步和市场格局的变化，美国制造业的优势大打折扣，一批原来从事制造技术研究的美国科学家对精益生产、敏捷制造进行了卓有成效的研究。美国麻省理工大学和美国里海大学（宾夕法尼亚州）的一批专家教授，自 20 世纪 80 年代以来，在美国国家科学基金和美国国防部的资助下，对美、日制造业的生产组织模式进行了比较研究，形成了一大批有重大影响的研究报告，并提出了许多新的生产管理理念和组织模式，其中尤以"虚拟组织"最为著名（Goldman，Nagel，Preiss，1995），另外是达夫特提出的动态网络设计（Daft，1995）。

美国密歇根州立大学营销与供应链管理系威克瑞（Shawnee Vickery）等进行了关于产品定制与组织结构的关系研究，他们以企业规模和环境的不确定性作为控制变量，用企业管理的规范化、运作分权化、管理层次与管理幅度来体现组织结构的特征，经过 1 000 份的随机问卷调查，最后发现产品定制化增强了企业管理的规范化、减少了管理层次和幅度，但对运作的分权化没有显著影响（Vickery，Droge & Germain，1999）。虽然产品定制化与产品体系结构的模块化在含义上并非完全一致，但这项研究的借鉴意义很大。

在研究大型商用飞机引擎的设计过程中，索莎等将复杂产品依次分解为系统和零件，依据系统之间设计界面的不同，将系统区分为模块化系统和整体式系统（Sosa，Eppinger & Rowles，2003）；并综合产品体系结构和组织结构两种不同的分析产品创新的视角，研究产品体系结构中的设计界面与产品开发组织中的信息沟通模式之间的对应关系，试图揭示和解释产品体系结构与组织结构在实际运行过程中不匹配的两种情形：一种是已知的设计界面在设计团队的相互交流中没有得到体现；另外一种是观察到的设计团队的交流活动没有事先的设计界面上的需求（Sosa，Eppinger & Rowles，2004）。他们发现原因主要在动力机制上，系统边界的特殊性导致产品体系结构知识的壁垒，从而形成不匹配的团队交流模式；组织结构设计形成不同功能的设计团队和团队之间的沟通交流模式，产生组织和部门的边界，形成沟通交流的障碍，从而产生不匹配的设计界面（Sosa，Eppinger & Rowles，2004）。

另外，从理论上分析，要有效地实现模块化的产品体系结构，企业同时需要有模块化的组织结构与其相适应（Sanchez，Mahoney，1996）；但在企业的技术与组织转向模块化的路径上，不同的行业会有所不同。在欧洲的民航制造业中，当技术的模块化工作已经建立的时候，组织的模块化工作还在进行之中；而欧洲的轿车业却正好相反，首先出现的是组织方面的模块化，然后再逐步展开技术方面的模块化（Frigant & Daien，2005），如图 1 所示。

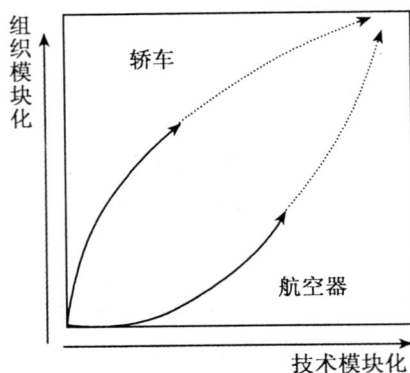

图 1　欧洲轿车业和民航制造业的技术与组织模块化路径示意图①

四、组织结构影响或决定技术与战略

20 世纪六、七十年代的技术—组织关系研究较多地突出了"技术规则"（理性系统视角），相信技术对人类组织产生单向的因果关系影响。20 世纪 80 年代中期以来，自然系统视角认为，技术的发展并不由技术决定论或经济效率论的某种强硬逻辑所决定，而是技术上的可能和社会可接受之间的联合，技术在一定程度上是由社会选择的，甚至是社会塑造的②（Scott，1990）。

在机床数控系统的设计竞争中，数控方法战胜记录—回放方法，原因不单纯是技术上的优劣问题，而是数控方法将机床的控制权力交给了编程人员和管理人员，记录—回放方法主要将权力交给生产现场的设备操作人员。因此，数控方法更受美国空军、航空业承包商以及工程界的实权者欢迎（Noble，1984）。但实际上，这种远离生产现场的编程控制，降低了生产现场的灵活性，增大了现场管理的难度，对市场的响应能力受到牵制。

20 世纪 90 年代至今，这一领域的研究正在突出各种观点和视角的综合。自下而上的观点认为，战略和结构随着一系列企业与环境之间的交互活动共同演进，而不仅仅是高层经理重组决策的制定与实施；启发式观点认为战略与结构的关系具有高层启发性，体现了企业决策的原则，战略是一系列涉及企业生存与赢利的决策原则；结构是协调组织内部业务活动、保证环境适应性的一系列原则（Nelson & Winter，1982）。麻省理工大学斯隆管理学院奥尔里可夫斯基教授突破结构优于技术或技术优于结构的对立关系，利用二元论的观念将技术理解为既是人类生产的客观事物又是人类组织的社会化的构造物品（技术一旦经过发展和调整，便表现出具体化和制度化的倾向），由此开发出一个结构理性模型（Orlikowski，1992）。

一般认为组织结构通过影响组织中信息流和决策倾向，来影响企业的战略制定和技术选择，至少，组织结构在一定程度上对战略的制定和实施以及技术的开发与引进起着限制作用。组织结构具有一定程度的刚性，在一个大企业里，重要的知识和决策能力分散在整个公司，而非集中于高层管理人员（Hammond，1994），因而组织结构能够对自下而上传递的决策信息进行选择和处理（使之出现偏差），组织结构决定了决策的备选方案和评价标准。

明茨伯格（2004）认为一个企业的结构决定了低层的决策者们以什么样的方式和顺序，把信息汇集在一起为公司战略决策服务，同时组织结构也为高层管理人员制定战略决策设定了一个议程。

---

①　参见 Vincent Frigant，Damien Talbot. Technological determinism and modularity：Lessons from a comparison between aircraft and auto industries in Europe. Industry and Innovation. 2005，12（3）：19.

②　斯科特. 组织理论. 北京：华夏出版社，2002：227.

五、近几年国内学者的相关研究

国内也有大量学者研究企业的产品设计与技术创新活动对组织结构的要求和影响，以及组织管理活动对技术创新的反作用等问题，这一领域的研究按照技术决定组织、组织选择技术以及组织与技术的协同作用又可以分为三个研究方向。

其中一个大的研究方向是技术活动的复杂性和模块化对组织结构的影响，厦门大学李卫东（2002）的博士论文以雇员职务范围、管理跨度、激励方式、信息沟通渠道、正规制度、企业文化和非正式规范作为企业组织结构的构成要素；以任务的不确定性、难以观察和度量性、子任务间的难以分割性、任务涉及面（规模）等表示企业任务的复杂性，从而认为企业的组织结构由任务的复杂性决定。企业技术创新任务的特点、机制、过程和战略，都增强了企业任务的复杂性，从而对组织结构提出有机化、灵活性等要求。

河北建筑科技学院王润良、郑晓齐、孙建平（2001）讨论了技术复杂性的概念和分类方法，从产品复杂性和过程复杂性两个维度探讨了技术复杂性对集权化程度、规范化程度、复杂性程度、横向差异和纵向差异五个组织设计结构性维度的影响，并根据技术复杂性的发展趋势预示了未来组织是一种有机性结构。

许多学者认为在网络经济时代，当企业面临创新合作机会时，企业应根据技术创新的可模块化程度，选择不同的组织形式来规避网络风险，实现企业在网络经济中的发展（李茹兰、张伟峰，2004）。

浙江财经学院经贸管理学院孙晓峰（2005）认为技术是企业组织存在的基础，随着信息技术的发展和模块化技术成为主导技术以及大规模生产向模块化生产的转变，从根本上动摇了层级制组织存在的技术基础，出现了适应模块化生产的新的生产组织形式——模块生产网络，并分析了层级制组织向模块化生产网络演变的三种驱动力：拉动力、推动力和催化力。投入和需求的多样性是拉动力量，技术变革、技术选择多样性和公司能力差异化则是最主要的推动力，标准的可获得性、技术变化的速度和竞争强度是主要的催化力。

再者是不同的组织结构对企业技术创新活动的选择与影响。

华南理工大学工商管理学院高玉荣、尹柳营（2004）分析了组织结构对创新观念和创新执行力的影响，提出了基于技术创新的组织结构设计思路，即将结构性要素结构化和将柔性要素柔性化，根据创新观念产生所需要的环境特点，将组织结构设计中的文化和沟通要素进行柔性化设计，将稳定执行创新所需要的责任界定、优先等级和进度控制与时间限制进行定量化设计，以保证企业成功实现技术创新。

华中理工大学管理学院李凡、聂鸣（1999）从信息流、经验积累程度、灵活性、开放程度、组织效率、物流六个方面就组织结构对企业创新活动的影响做了理论上的初步探讨，讨论了组织结构演变与企业创新活动重心转换的相互关系，并分析了企业组织结构对技术创新及扩散的影响。

最后是关于技术与组织的协同研究。浙江大学张钢、陈劲、许庆瑞（1997）认为我国企业尤其是国有企业技术创新动力不足，很大程度上在于技术创新与组织、文化创新的协调方面准备不足，因此结合我国典型技术密集型企业的案例分析，对技术、组织与文化的协同创新进行了初步探讨，并提出了三者相互匹配的分析框架与一般模式。

六、文献回顾中遗留的主要问题

在技术与组织结构关系的研究过程中，有关生产工艺技术对组织结构的影响比较有成果，但产品技术与组织结构的关系研究还有很多有待深入的问题。

1. 产品模块化功能被神化

以上研究有片面强调模块化功能的倾向，计算机芯片设计通常被认为是模块化的成功事例，但近来的反思性研究发现，即使是计算机行业依然面临着强大的抗拒组织结构进一步整合化的力量，如果技术变化太快，编码活动来不及成功地降低产品的复杂性，那么公司之间的合作会需要更多的沟通和协调（Ernst，2005）。这就意味着模块化在降低复杂性方面的作用是有限和有条件的，它也可能增大企业内部的管理成本和企业之间的交易费用。

2. 技术对组织结构的作用含混

以上研究结果也与传统的基本管理理论存在很多不一致的地方，需要进一步研究和解释：管理幅度和管理层次在技术变革（产品定制等）的推动下同时减少，但在传统管理理论中，一般认为在组织规模一定的前提下，管理层次与幅度应该互为消长（Robbins，1997）。

已有研究尤其是实证研究没有发现产品定制对组织分权的显著影响，也与许多先前的研究结果存在重大分歧，大规模定制战略的兴起，使得人们乐观地认为产品技术的进步促进社会进步、促进生产方式的变革，企业的生产管理活动会更民主和分权（派恩，1993），技术开发活动中设计人员与工艺人员的地位更平等（方爱华、王宏清，2001），管理从"怯魅"走向"返魅"，以恢复人的主体性特质（毛道维、计维斌，2000）。虽然实际的操作结果没有社会学者们想象的那么美好，但现实生活中的确出现了弹性工作制度和自治工作团队，因而产品技术的变革对组织中的权力分布与员工的自由度的影响需要更深入的经验检验。

参考文献

[1] Vickery K. Shawnee, Cornelia Dröge, and Richard Germane. The relationship between product customization and organizational structure. Journal of Operations Management, 1999, 17 (4).

[2] Vincent Frigant, Damien Talbot. Technological determinism and modularity: Lessons from a comparison between aircraft and auto industries in Europe. Industry and Innovation, 2005, 12 (3).

[3] Sosa Manuel E., Steven, D. E., and Craig, M. R.. The misalignment of product architecture and organizational structure in complex product development. Management Science, 2004, 50 (12).

[4] Gershenson, J. K., Prasad, G. J., and Zhang, Y.. Product modularity: Measures and methods. Journal of Engineering Design, 2004, 15 (1).

[5] Gershenson, J. K., Prasad, G. J., and Zhang, Y.. Product modularity: Definitions and benefits. Journal of Engineering Design, 2003, 14 (3).

[6] Fixson Sebastian K.. Product architecture assessment: A tool to link product, process, and supply chain design decisions. Journal of Operations Management, 2005, 23.

[7] Ernst, Dieter. Limits to modularity: Reflections on recent developments in chip design. Industry & Innovation, 2005, 12 (3).

[8] Baldwin, Carliss Y., and Kim B. Clark. Design rules, Volume 1: The power of modularity. Cambridge, M. A.: MIT Press, 2000.

[9] Baldwin, C. Y., and Clark, K. B.. Managing in an age of modularity. Harvard Business Review, 1997, 15.

[10] Ulrich Karl. The role of product architecture in the manufacturing firm. Research Policy, 1995, 24 (3).

［11］ Schilling Melissa, A. , and Steensma, H. K. . The use of modular organizational forms: An industry-level analysis. Academy of Management Journal, 2001, 44 (6) .

［12］ Sanchez, R. , and Mahoney, J. T. . Modularity, flexibility, and knowledge management in product and organization design. Strategic Management Journal, 1996, 17.

［13］ Jiao Jianxin, Mitchell M. Tseng. Fundamentals of product family architecture. Integrated Manufacturing Systems, 2000, 11 (7) .

［14］ Woodward, J. . Industrial organization: Theory and practice. New York: Oxford University Press, 1965.

［15］ Thompson, J. D. . Organizations in action. New York: McGraw-Hill, 1967.

［16］ Hickson, D. J. , Pugh, D. S. , and Pheysey, D. C. . Operations technology and organization structure: An empirical reappraisal. Administrative Science Quarterly, 1969, 14 (3) .

［17］ Pugh, D. S. , Hickson, D. J. , Hinings, C. R. , and Turner, C. . The context of organization structures. Administrative Science Quarterly, 1969, 14 (1) .

［18］ Maurice, M. , Sorge, A. , Warner, M. . Societal differences in organizing manufacturing units: A comparison of France, West Germany, and Great Britain. Organization Studies, 1980, 1 (1) .

［19］ Lincoln, J. R. , Hanada, M. , and McBride, K. . Organizational structures in Japanese and U. S. Manufacturing. Administrative Science Quarterly, 1986, 31 (3) .

［20］ Barley Stephen R. . Technology as an occasion for structuring: Evidence from observations of CT scanners and the social order of radiology departments. Administrative Science Quarterly, 1986, 31.

［21］ Orlikowski Wanda J. . The duality of technology: Rethinking the concept of technology in organization. Organization science, 1992, 3.

［22］ 王润良, 郑晓齐, 孙建平. 技术复杂性及其对组织结构的影响. 科学研究, 2001.

［23］ 徐宏玲, 颜安, 潘旭明, 马胜. 模块化组织与大型企业基因重组. 中国工业经济, 2005, 6.

［24］ 李茹兰, 张伟峰. 可模块化技术创新目标与网络组织形式的选择. 山东社会科学, 2004, 4.

［25］ 孙晓峰. 模块生产网络研究. 中国工业经济, 2005, 9.

［26］ 罗珉. 大型企业的模块化: 内容、意义与方法. 中国工业经济, 2005, 3.

［27］ 雷如桥, 陈继祥, 刘芹. 基于模块化的组织模式及其效率比较研究. 中国工业经济, 2004, 10.

投资者情绪与股票价格的过度波动性

● 胡昌生[1]   王 峰[2]

（1，2 武汉大学经济与管理学院 武汉 430072）

【摘 要】本文的研究目的在于考察投资者情绪对股票价格过度波动性的影响。通过对我国两个股票市场的实证研究发现，个体投资者与机构投资者情绪对股票波动性具有明显的正向或负向的放大效应。非理性情绪相对于理性情绪而言对于波动性呈现出更强的放大效应。同时，研究发现投资者非理性情绪是股票波动的主要决定因素，并且股票价格波动存在明显的非对称性，即悲观情绪所导致的向下波动性要大于乐观情绪引起的向上的波动性。

【关键词】理性情绪 非理性情绪 机构投资者 个体投资者 波动性

一、引 言

近年来，大量文献表明，股票价格存在异常波动性。Shiller（1981）与 Le Roy、Porter（1981）通过实证检验出股票价格存在异常波动性，Campbell 和 Cochrane（1999）将这一现象称为"股价波动性之谜"，波动性之谜的研究具有里程碑意义，是因为这一领域的研究结果动摇了经典金融理论的稳固性，此后，对波动性的研究从各个角度展开，并且成为现代金融研究的热门课题。

De Long、Shleifer、Summers 和 Waldmann（简称"DSSW"，1990）首次提出了噪音交易者风险的概念，并将投资者情绪对股票收益与波动性的影响归结为四种效应：第一种效应是"持有更多效应"，这个效应表明，噪音交易者对股票需求的改变会影响市场风险的调整。第二种效应是"价格压力效应"，这个效应说明在牛市（熊市）中投资者的交易使价格偏离基本面价值。在牛市情绪中，第二种效应强于第一种效应，平均收益就会较高；在熊市情绪中，恰好相反，平均收益就会较低。这两种效应说明了噪音交易对超额收益的短期效应。第三种效应是"高买低卖效应"，这种效应说明由于噪音交易者对风险的错误理解导致股票价格的波动，当大部分噪音交易者比一般交易者有更强的牛市（熊市）情绪，他们将抬高（压低）股票价格。第四种效应是"创造空间效应"，这个效应说明当噪音交易者预期的波动性增大时，资产价格风险也增大。这两种效应同时说明了噪音交易对收益的长期效应以及噪音交易者的情绪波动对资产价格波动性的影响。后来的研究者利用该模型研究了投资者情绪与股票市场收益性之间的关系，并且把投资者情绪分解为个体投资者情绪与机构投资者情绪，但是这些研究主要关注情绪对股票收益的影响，而较少关注情绪对价格波动性的影响。

Lee 等人（2002）研究了波动性、收益、情绪之间的关系。他们采用 GARCH-M 模型对三者之间的关系进行了分析，研究发现，情绪在牛市（熊市）的改变会导致波动性向下（向上）调整。Wayne Y. Lee、Christine、X. Jiang 和 Daniel C. Indro（2002）运用 GARCH-M 模型分析股票市场波动性、超额收益与投资者情绪间的互动关系，认为投资者情绪在资产定价时是一种系统性风险，超额收益与同期情绪的变动正相关，同时，情绪的变动在牛市（熊市）中将导致波动性向下（向上）修正。Brown 和 Cliff（2004）认为，个体投资者与机构投资者都存在系统性的错误定价行为。尽管个体投资者与机构投资者对信息的反应不同，只有机构投资者才能影响资产价格，但是在定价分析时，仅仅将机构投资者的情绪作为驱动因素是不够的，因为资产价格还会受到个体投资者情绪的影响而产生偏差。所以，在定价分析模型中，必须把两种投资者的情绪都作为驱动因素加以考虑。Gerhard Kling 和 Lei Gao（2007）运用 EGARCH 模型研究中国机构投资者情绪与股票价格间的相互关系。研究发现，在长期，投资者情绪与股票价格不相关；在短期，投资者情绪遵循正反馈交易。同时，研究还发现，投资者信心的下降将加大市场波动性。

国内方面，对股票价格波动性的研究主要偏重于对波动性特征的实证检验，以及从基本面、政策面等角度的因素分析，并未从投资者情绪角度对这一问题进行深入的定量分析。王美今、孙建军（2004）研究发现我国投资者接收价格信号时表现出来的情绪是影响均衡价格的系统性因子。他们采用 TGARCH-M（1，1）模型的实证结果表明机构投资者可能是噪音交易者风险源，并且机构投资者存在非理性情绪。区别于其他的国内相关研究，本文的研究重点放在个体投资者与机构投资者的情绪对波动性形成的影响上。我们将投资者情绪分为理性情绪与非理性情绪，进而研究机构投资者与个体投资者情绪中理性情绪与非理性情绪对股票波动性的影响。我们试图回答两个问题：第一，个体投资者与机构投资者的情绪可以在多大程度上影响股票的波动性？第二，如果这种关系存在，那么这种影响是由理性情绪引起还是由非理性情绪引起的呢？对这两个问题的回答有助于我们准确地认识我国股票市场的波动性。

二、模型构建与样本数据

（一）模型构建

本文首先将投资者情绪区分为个体投资者情绪与机构投资者情绪（DSSW，1990），检验这两种情绪对波动性的影响。在此基础上进一步将影响波动性的个体投资者情绪与机构投资者情绪区分为理性情绪与非理性情绪（Brown 和 Cliff，2006）。其次，本文检验影响波动性的情绪是理性情绪还是非理性情绪，需要构建恰当的模型对这一假设进行分析。对多变量金融时间序列而言，一般可以采用向量自回归（VAR）模型，但是大量的研究表明，金融时间序列经常表现出波动聚集性，因此本文采用 Engle 和 Robert（1982）提出的自回归条件异方差（ARCH）模型，Nelson（1991）将这个模型扩展为广义指数 ARCH（EGARCH）模型，Koutmos 和 Booth（1995）将广义指数 ARCH 模型扩展为多变量的 EGARCH 模型。采用多变量的 EGARCH 模型的优点在于可以同时研究个体投资者、机构投资者的理性情绪因素与非理性情绪因素、股票收益和波动性这些变量间的相互关系，而且还可以分析在牛市与熊市中股票波动的非对称性。

在分析股票收益与其他变量间的相互关系时，本文采用向量自回归（VAR）模型。VAR 模型的特点是利用模型中所有内生当期变量对它们的若干滞后值进行回归，从而可以估计全部内生变量间的动态关系。同时 VAR 模型利用数据驱动建模的方法，不需要严格的经济理论作为依据，因此在均值方程中采用 VAR 模型是合适的。

基于此，我们的均值方程如下：

$$R_{i,t} = \beta_{i,0} + \sum_{j=1}^{3} \beta_{i,j} R_{j,t-1} + \varepsilon_{i,t}; i,j = 1,2,3; i \neq j \tag{1}$$

其中，$R_{i,t}$ 是市场指数的超额收益（$i=1$）、个体投资者情绪（$i=2$）、机构投资者情绪（$i=3$）；$\varepsilon_{i,t}$ 是残差；$\beta_{i,0}$ 与 $\beta_{i,j}$ 是待估计的参数；参数 $\beta_{i,j}$ 表示收益与情绪之间的平均溢出程度。

在波动方程中，利用 Koutmos 和 Booth（1995）提出的 3 变量 EGARCH 模型：

$$\sigma_{i,t}^2 = \exp\left\{\alpha_{i,0} + \sum_{j=1}^{3} \alpha_{i,j} f_j(z_{j,t-1}) + \gamma_i \ln(\sigma_{i,t-1}^2)\right\}; i,j = 1,2,3; i \neq j \tag{2}$$

$$f_j(z_{j,t-1}) = (\mid z_{j,t-1} \mid - E \mid z_{j,t-1} \mid + \delta_j z_{j,t-1}), j = 1,2,3 \tag{3}$$

其中，$z_{j,t-1}$ 是在 $t-1$ 时的标准残差，等于 $\varepsilon_{j,t-1}/\sigma_{j,t-1}$，$E \mid z_{j,t-1} \mid$ 是变量 $z_{j,t-1}$ 的期望值。系数 $\alpha_{i,j}$ 表示变量之间波动性溢出程度，如显著的 $\alpha_{1,2}$ 表示个体投资者情绪的波动将显著影响收益的波动。非对称效应由 $\mid -1 + \delta_j \mid / (1 + \delta_j)$ 来衡量。一个负值 δ_j 将使这一比例变大，这意味着对于波动性而言，股票价格利空消息的冲击比利好消息的冲击有更强的效应。一个显著正（负）值 $\alpha_{i,j}$ 与一个负（正）值 δ_j 表示变量 j 的一个利空（利好）冲击对于变量 i 的波动性有更强的效应，从而也就表明了波动性溢出的非对称性。

行为金融理论表明，投资者情绪能够导致决策行为发生偏差，从而使股票价格偏离其内在价值，股票价格出现过度波动。Shleifer 和 Summers（1990）、Brown 和 Cliff（2004）的研究表明投资者情绪不仅包含理性预期因素，而且包含非理性因素，因此股票收益与波动性可能同时受基本面信息和噪音的影响。本文借鉴这些学者的研究成果，将投资者情绪分解为理性情绪与非理性情绪，建立模型如下：

$$\text{Sentt}_{it} = \lambda_{i0} + \lambda_{ij} \sum_{j=1}^{j} \text{fund}_{jit} + \xi_{it} \tag{4}$$

其中，λ_{i0}、λ_{ij} 是待估参数，ξ_{it} 是随机误差项。Sentt_{1t}、Sentt_{2t} 分别是时间 t 个体投资者情绪与机构投资者情绪，fund_{jt} 是代表理性预期的一些基本面信息的集合。方程（4）的拟合值可以表示个体投资者情绪与机构投资者情绪中的理性情绪（$\hat{\text{Sentt}}_{1t}$、$\hat{\text{Sentt}}_{2t}$），方程（4）中的残差表示个体投资者情绪与机构投资者情绪中的非理性情绪（ξ_{1t}、ξ_{2t}）。采用这样的分解是为了进一步分析投资者情绪中理性情绪与非理性情绪对股票收益和波动性的影响，本文对股票收益不做重点分析，重点放在股票价格的波动性上。在这个分解的基础上就可以进一步分析投资者情绪中理性情绪、非理性情绪与波动性之间的相互关系，建立 5 变量的 VAR-EGARCH 模型如下：

$$R_{i,t} = \beta_{i,0} + \sum_{j=1}^{5} \beta_{i,j} R_{j,t-1} + \varepsilon_{i,t}; i,j = 1,2,3,4,5; i \neq j \tag{5}$$

$$\sigma_{i,t}^2 = \exp\left\{\alpha_{i,0} + \sum_{j=1}^{5} \alpha_{i,j} f_j(z_{j,t-1}) + \gamma_i \ln(\sigma_{i,t-1}^2)\right\}; i,j = 1,2,3,4,5; i \neq j \tag{6}$$

$$f_j(z_{j,t-1}) = (\mid z_{j,t-1} \mid - E \mid z_{j,t-1} \mid + \delta_j z_{j,t-1}), j = 1,2,3,4,5 \tag{7}$$

其中，$R_{i,t}$ 是市场指数的超额收益（$i=1$）、理性个体投资者情绪（$i=2$）、非理性个体投资者情绪（$i=3$）、理性机构投资者情绪（$i=4$）、非理性机构投资者情绪（$i=5$）；$\varepsilon_{i,t}$ 是残差；$\beta_{i,0}$ 与 $\beta_{i,j}$ 是待估计的参数；参数 $\beta_{i,j}$ 表示收益与情绪之间的平均溢出程度；系数 $\alpha_{i,j}$ 表示变量间波动性溢出程度。

（二）样本数据

1. 样本数据选取及数据来源

本文采用的数据为 2002 年 1 月至 2006 年 12 月的月度数据。

（1）投资者情绪指数。投资者情绪指数分为个体投资者情绪指数与机构投资者情绪指数，分别用 Sentt_{1t}、Sentt_{2t} 表示。本文借鉴"投资者智慧"及"美国个人投资者协会"指数的编制方法，用下式来计算投资者情绪指数：

$$\text{Sentt}_{it} = \text{BULLS}_t / (\text{BULLS}_t + \text{BEARS}_t) \tag{8}$$

其中，BULLS_t 表示 t 时期看涨人数；BEARS_t 表示 t 时期看跌人数。本文选择中央电视台二套节目"中国证券"栏目中的"央视看市"投资者情绪调查数据（包括机构看市与个人投资者看市），本文采用

66

的样本区间为 2002 年 1 月 1 日至 2006 年 12 月 30 日周样本数据，在这里采取了算术平均将周样本数据转换为月度数据。

（2）市场综合数据。本文采用月度上证 A 股综合指数与深证 A 股成分指数来描述整个市场的特征，市场指数的超额收益 R_m 用市场指数收益率与无风险利率的差额表示，无风险利率采用我国 1 年期短期存款利率换算为月度利率来表示。月度上证 A 股综合指数与深证 A 股成分指数来源于国泰君安数据库，1 年期短期存款利率来源于中经网。

（3）基本面数据。本文采用的表示资产定价基本面信息的变量有：经济增长率、短期利率、经济风险补偿、货币供给波动率、红利收益率、通货膨胀率、股票市场市盈率。数据均来源于国泰君安数据库。

2. 样本数据特征描述

表 1 描述了样本数据的统计特征。

表 1　　　　　　　　　　　　　　　　　　样本数据的统计特征

	Mean	Median	Maximum	Minimum	Std. Dev.	Skewness	Kurtosis
Sentt_1	0.26803	0.18605	0.9361	0.0911	0.181783	1.758142	5.689663
Sentt_2	0.205423	0.15208	1	0	0.173967	2.293626	9.538893
R_m	0.004588	0.003304	0.105329	−0.046115	0.028973	0.692994	4.065559
P	28.8115	26.57	44.47	15.63	9.298927	−0.00157	1.475623
T_{30}	0.02397	0.0235	0.0336	0.0154	0.004912	0.275547	2.257296
$T_{90} - T_{30}$	0.00621	0.00325	0.0244	−0.006	0.0071504	0.950091	3.323548
Curf	0.013227	0.013891	0.029064	−0.01527	0.008743	−0.46078	3.368519
Div	0.012044	0.00711	0.206424	−0.1038	0.065854	0.683687	3.648881
Ecg	0.086467	0.082	0.109	0.07	0.011266	0.449513	1.730378
Inf	8.12E-05	0.001473	0.029665	−0.0293	0.010035	0.07366	4.176086
R_{SH}	0.004588	0.003304	0.105329	−0.046115	0.028973	0.692994	4.065559
R_{SZ}	0.006023	0.005262	0.088525	−0.053944	0.030520	0.258469	2.849093

（注：个体投资者情绪（Sentt_1），机构投资者情绪（Sentt_2），短期利率（T_{30}），经济风险补偿（$T_{90} - T_{30}$），通货膨胀率（Inf.），货币供给波动率（Curf.），红利收益率（Div），经济增长率（Ecg.），市盈率（P），市场组合超额收益率（R_m），上证指数超额收益率（R_{SH}），深圳指数超额收益率（R_{SZ}））

从表 1 可以看出：个体投资者情绪指数与机构投资者情绪指数的标准差大于其他大部分变量的标准差，表明投资者情绪指数的波动性要大于其他变量的波动性，所有变量的偏度、峰度显示它们是不符合正态分布的。

三、实证结果分析

1. 投资者情绪与股票价格波动性

按照方程（1）至方程式（3）对上证 A 股综合指数、深证 A 股成分指数分别建立 3 变量 EGARCH 模型，表 2 中列出了均值方程与条件波动性方程中变量的估计系数（括号中数据为标准差）。

表 2　　个体投资者、机构投资者情绪对上证 A 股综合指数、深证 A 股成分指数波动性的影响

	上证 A 股综合指数		深证 A 股成分指数	
$\beta_{1,0}$	-0.020255^{**}	(0.00694)	-0.016844^{**}	(0.00747)
$\beta_{1,2}$	0.009105^{**}	(0.03339)	0.009511^{**}	(0.03638)
$\beta_{1,3}$	0.105576^{***}	(0.03586)	0.094404^{***}	(0.03964)
$\beta_{2,0}$	0.022250	(0.02638)	0.026244^{*}	(0.02566)
$\beta_{2,1}$	0.037329^{**}	(0.56010)	0.166327^{*}	(0.48219)
$\beta_{2,3}$	0.662768^{*}	(0.13630)	0.660744	(0.13624)
$\beta_{3,0}$	-0.012329	(0.01730)	-0.01127^{*}	(0.01643)
$\beta_{3,1}$	0.775184	(0.36735)	0.845966	(0.30874)
$\beta_{3,2}$	0.076962	(0.08324)	0.070338	(0.08005)
$\alpha_{1,0}$	-0.39708	(0.11208)	-0.47053^{**}	(0.09887)
$\alpha_{2,0}$	-0.15713	(0.00155)	-0.15816^{*}	(0.50515)
$\alpha_{3,0}$	-0.19443	(0.08635)	-0.16975^{**}	(0.14617)
$\alpha_{1,2}$	0.09633^{**}	(0.02104)	0.08912^{*}	(0.54610)
$\alpha_{1,3}$	0.10874^{***}	(0.09993)	0.10956^{*}	(0.10150)
$\alpha_{2,1}$	0.05423^{*}	(0.03204)	0.05613^{**}	(0.03411)
$\alpha_{2,3}$	0.95535	(0.05586)	0.94350	(0.68828)
$\alpha_{3,1}$	0.97809	(0.15671)	0.97733^{*}	(0.15732)
$\alpha_{3,2}$	0.96811^{*}	(0.27441)	0.97498^{*}	(0.30610)
δ_1	0.02196^{**}	(0.02103)	0.03163^{**}	(0.02906)
δ_2	-0.04882^{**}	(0.00512)	-0.06926^{*}	(0.00508)
δ_3	0.89114^{*}	(0.01505)	0.82241^{*}	(0.01567)
P-value	$i=1$	$i=2$	$i=3$	$i=1$	$i=2$	$i=3$
LB（12）	0.3489	0.577	0.453	0.421	0.488	0.723
LB^2（12）	0.731	0.456	0.355	0.918	0.356	0.177

（注：$*$、$**$、$***$ 分别表示系数在 10%、5%、1% 水平显著，市场指数的超额收益（$i=1$），个体投资者情绪（$i=2$），机构投资者情绪（$i=3$），LB（12）为检验标准残差；LB^2（12）为检验平方标准残差）

从结果看，第一，显著性变量 $\alpha_{1,2}$ 表示个体投资者情绪对股票价格波动性存在溢出效应，同时在两个 A 股市场上，$\alpha_{1,2}$ 都为正，表明个体投资者情绪对股票价格波动性具有正向的影响。变量 δ_2 都是显著为负的，表明个体投资者情绪对股票价格波动性的影响存在非对称性，即利空消息对当期波动性的影响要大于利好消息对波动性的影响。

第二，在两个 A 股市场上，正的显著性变量 $\alpha_{1,3}$ 表示机构投资者情绪对股票价格波动性具有正向的影响。机构投资者情绪效应（$\alpha_{1,3}$）与个体投资者情绪效应（$\alpha_{1,2}$）在两个市场上均相差不大，说明在我国发展中的股票市场上，个体投资者情绪与机构投资者情绪对股票价格波动的影响是不相上下的。Brown 和 Cliff（2004）在研究美国股票市场时认为，由于个体投资者和机构投资者对信息的反应是不一致的，所以两者情绪的变动对波动性的影响也是不一致的，但是只有机构投资者才有足够的市场力量影响波动性，因

此 $\alpha_{1,2}$ 应远小于 $\alpha_{1,3}$，本文得到的结论中 $\alpha_{1,2}$ 与 $\alpha_{1,3}$ 相差无几，反映了在我国股票市场中存在大量个体投资者、机构投资者市场力量不强的现状。显著为正的变量 δ_3 表明，机构投资者情绪对股票价格波动性的作用存在非对称性，即利好消息对当期波动性的影响要大于利空消息对波动性的影响。

第三，显著性变量 $\alpha_{2,1}$ 表明，前期股票价格波动性对本期个体投资者情绪的形成具有显著的作用，也即个体投资者是"正反馈交易者"；变量 $\alpha_{3,1}$ 基本上是不显著的，表明前期股票价格波动性对本期机构投资者情绪的影响不显著。在两个市场上，δ_1 的系数都是显著的，表明股票市场的信息在不同的时期（牛市、熊市）对个体投资者情绪的影响是非对称的。

第四，变量 $\alpha_{3,2}$、$\alpha_{2,3}$ 的系数在两个市场上都是显著的，表明个体投资者与机构投资者之间存在双向的正的波动性溢出。这一点与 Brown 和 Cliff（2004）的研究结论是不完全一致的，他们的研究认为，由于机构投资者相对个体投资者而言在拥有的信息和市场份额方面占有明显的优势，所以在波动性溢出上，机构投资者对个体投资者的影响是单向的。

第五，对多变量 EGARCH 模型的残差进行检验，结果表明残差序列是白噪音序列，即序列是不相关的，多变量 EGARCH 模型能够较好地描述变量间的动态关系。

2. 基本面信息与投资者情绪的关系

Brown 和 Cliff（2006）的研究认为投资者情绪中不仅包含非理性情绪，而且包含理性情绪，因此，接下来我们把投资者情绪分解成理性情绪与非理性情绪，从而可以进一步分析投资者理性情绪与非理性情绪对股票价格波动性的影响。根据方程（4），采用最小二乘法，利用几个反映基本面信息的变量对个体投资者与机构投资者情绪进行回归，回归方程中的拟合值（$\hat{Sentt}_{it}$）、残差值（ξ_{it}）分别表示投资者情绪中的理性情绪和非理性情绪。表 3 列出了相关的回归系数：

表3   基本面信息对个体投资者与机构投资者情绪的影响

Variable	$Sentt_1$		$Sentt_2$	
	Coefficient	Std. Error	Coefficient	Std. Error
C	− 0.119816	0.150850	0.161223	0.150850
T_{30}	− 13.64304	4.509393	− 18.69853 ***	4.509393
$T_{90} - T_{30}$	0.000521	0.024471	− 0.036195 *	0.024471
Inf	1.407874	1.597516	− 0.074901	1.597516
Curf	− 2.050767 *	1.848973	− 1.562720 **	1.848973
Div	0.822525 **	0.428668	0.587275 *	0.428668
Ecg	7.268101 **	1.734637	5.338743 **	1.734637
P	0.003385 *	0.001976	0.002152	0.001976
R_m	2.181494 ***	0.930555	1.860690 **	0.930555
R^2	0.622241		0.539523	
Sum squared resid	0.736500		0.822235	
Durbin-Watson stat	1.483267		1.456149	
Schwarz criterion	− 0.948162		− 0.838045	
Akaike info criterion	− 1.262314		− 1.152196	
F-statistic	10.50082		7.469333	
Prob（F-statistic）	0.000000		0.000002	

（注：*、**、***分别表示系数在10%、5%、1%水平显著）

从表3可以看出，首先，个体投资者情绪（$Sentt_1$）与货币供给波动率（Curf）、红利收益率（Div）、经济增长率（Ecg）、市盈率（P）、市场组合超额收益率（R_m）等变量是显著相关的；机构投资者情绪（$Sentt_2$）与短期利率（T_{30}）、经济风险补偿（$T_{90} - T_{30}$）、货币供给波动率（Curf）、红利收益率（Div）、经济增长率（Ecg）、市场组合超额收益率（R_m）等变量是显著相关的。

其次，两个回归方程的样本决定系数分别为0.622241、0.539523，表明投资者情绪部分受基本面信息影响，部分受噪音影响。

3. 理性情绪、非理性情绪与股票价格波动性

根据方程（4）对投资者情绪的分解，利用方程（5）至方程（7），对上证A股成分指数、深证A股成分指数分别建立多元 EGARCH 模型，分析个体投资者情绪与机构投资者情绪中的理性情绪和非理性情绪对股票价格波动性的影响。表4列出了均值方程与条件波动性方程中变量的估计系数（括号中数据为标准差）。

表4　　　　个体投资者与机构投资者的理性、非理性情绪对股票价格波动性的影响

	上证 A 股综合指数		深证 A 股成分指数	
$\beta_{1,0}$	− 0.013853	(0.01002)	− 0.012136	(0.01039)
$\beta_{1,2}$	0.075880**	(0.07317)	0.116544*	(0.03549)
$\beta_{1,3}$	− 0.021941*	(0.03913)	− 0.030923*	(0.03705)
$\beta_{1,4}$	0.095260**	(0.07945)	0.078985**	(0.03256)
$\beta_{1,5}$	0.114183	(0.03979)	− 0.106882	(0.03579)
$\beta_{2,0}$	0.115205**	(0.03768)	0.037591**	(0.07857)
$\beta_{2,1}$	− 0.095786	(0.70994)	0.013516	(0.04310)
$\beta_{2,3}$	0.180736	(0.14717)	0.032994	(0.08779)
$\beta_{2,4}$	0.232775*	(0.29880)	0.112703**	(0.04377)
$\beta_{2,5}$	0.681906	(0.14963)	− 0.056480	(0.59901)
$\beta_{3,0}$	− 0.091846	(0.03960)	0.180597	(0.14720)
$\beta_{3,1}$	0.278717**	(0.74606)	0.234257**	(0.29985)
$\beta_{3,2}$	0.442653	(0.28919)	0.682657	(0.14950)
$\beta_{3,4}$	− 0.123366***	(0.31400)	0.176930**	(0.62526)
$\beta_{3,5}$	0.109255	(0.15725)	0.412091	(0.28010)
$\beta_{4,0}$	0.085190*	(0.03453)	− 0.145402	(0.31299)
$\beta_{4,1}$	0.226711	(0.65064)	0.116349	(0.15605)
$\beta_{4,2}$	− 0.083052	(0.25221)	0.049124	(0.54952)
$\beta_{4,3}$	0.118781	(0.13488)	− 0.059206	(0.24617)
$\beta_{4,5}$	0.559350	(0.13714)	0.118763	(0.13504)
$\beta_{5,0}$	− 0.121355	(0.03821)	0.555669	(0.13715)
$\beta_{5,1}$	0.067724	(0.71994)	0.469254	(0.60401)

	上证 A 股综合指数		深证 A 股成分指数	
$\beta_{5,2}$	0.069005	(0.27907)	0.023433	(0.27058)
$\beta_{5,3}$	-0.063206	(0.14924)	-0.061344	(0.14843)
$\beta_{5,4}$	0.522685	(0.30301)	0.503194	(0.30235)
$\alpha_{1,0}$	0.0001134	(0.00115)	0.00008195	(0.00135)
$\alpha_{2,0}$	0.0023474	(0.02736)	0.00280897	(0.02865)
$\alpha_{3,0}$	0.0013166	(0.00991)	0.00110519	(0.00678)
$\alpha_{4,0}$	0.0014695	(0.02204)	0.00121874	(0.02169)
$\alpha_{5,0}$	0.0011878	(0.00950)	0.00115802	(0.00993)
$\alpha_{1,2}$	0.0927714**	(0.33177)	0.05124384**	(0.47764)
$\alpha_{1,3}$	0.1225706**	(3.40611)	0.12672471*	(3.39408)
$\alpha_{1,4}$	0.1052487	(0.44824)	0.09757574	(0.33578)
$\alpha_{1,5}$	0.1011734**	(7.66083)	0.10228513**	(8.85762)
$\alpha_{2,1}$	0.1032912	(0.50423)	0.10727859	(0.46922)
$\alpha_{2,3}$	0.8238136	(6.08089)	1.17562905	(10.64065)
$\alpha_{2,4}$	0.8310325**	(8.45266)	0.80727098**	(8.72712)
$\alpha_{2,5}$	0.8124910	(4.05209)	0.94882337	(4.27817)
$\alpha_{3,1}$	0.7900276**	(7.51117)	0.79015361*	(6.96441)
$\alpha_{3,2}$	0.8356317	(7.45206)	0.84786517	(6.76964)
$\alpha_{3,4}$	-0.0991882	(9.87260)	-0.35233995	(16.86183)
$\alpha_{3,5}$	-0.0123471**	(15.33206)	0.07041011***	(13.87540)
$\alpha_{4,1}$	-0.0541214	(5.69733)	-0.18522978	(6.11399)
$\alpha_{4,2}$	0.0034470	(13.68301)	-0.08274044	(10.41883)
$\alpha_{4,3}$	-0.0699415	(10.84914)	-0.19686437	(9.42273)
$\alpha_{4,5}$	0.0612599	(5.71347)	0.04566983	(8.19827)
$\alpha_{5,1}$	0.0006529	(7.70510)	-0.06170	(6.35710)
$\alpha_{5,2}$	0.0503291	(3.65220)	0.06561	(3.20640)
$\alpha_{5,3}$	0.0279925**	(7.61060)	0.10997*	(5.26310)
$\alpha_{5,4}$	0.0678462	(4.96650)	0.18087	(4.35960)
δ_1	0.0004248**	(1.12010)	0.04161	(1.57070)
δ_2	-0.1115685**	(11.86130)	-0.14751	(10.71220)
δ_3	0.0037567**	(0.97170)	-0.03372*	(0.90350)
δ_4	0.5742697	(146.0303)	0.62705**	(169.71009)
δ_5	0.0226172**	(0.99740)	0.03632**	(0.94030)

P-value	$i=1$	$i=2$	$i=3$	$i=4$	$i=5$	$i=1$	$i=2$	$i=3$	$i=4$	$i=5$
LB（12）	0.368	0.294	0.031	0.201	0.066	0.436	0.275	0.132	0.222	0.165
LB^2（12）	0.610	0.450	0.466	0.323	0.558	0.931	0.437	0.448	0.320	0.562

（注：*、**、***分别表示系数在10%，5%，1%水平显著，市场指数的超额收益（$i=1$），个体投资者理性情绪（$i=2$），个体投资者非理性情绪（$i=3$），机构投资者理性情绪（$i=4$），机构投资者非理性情绪（$i=5$））

第一，我们考察个体投资者理性情绪和非理性情绪对股票价格波动性的溢出效应。在两个市场中，变

量 $\alpha_{1,2}$、$\alpha_{1,3}$都是显著为正的，表明个体投资者理性情绪、非理性情绪对股票价格波动性都具有正向的溢出效应。在上海市场中，显著性变量 δ_2、δ_3分别为负的和正的，表明个体投资者理性情绪对股票价格波动性的影响是非对称的，并且利空消息对波动性的影响要大于利好消息对波动性的影响；个体投资者非理性情绪对股票市场价格波动性的作用是非对称的，并且利好消息对波动性的影响要大于利空消息对波动性的影响。在深圳市场中，变量 δ_2是不显著的，变量 δ_3是显著为负的，表明个体投资者非理性情绪对股票价格波动性的作用是非对称的，并且利空消息对波动性的影响要大于利好消息对波动性的影响。

第二，机构投资者理性情绪和非理性情绪对股票价格波动性的溢出效应。在两个市场中，只有变量 $\alpha_{1,5}$是显著的，表明机构投资者非理性情绪对股票价格波动性具有正向的溢出效应；同时变量 δ_5是显著为正的，表明机构投资者非理性情绪的变动对股票价格波动的影响是非对称的，并且利好消息对波动性的影响要大于利空消息对波动性的影响。上述结论表明股票价格波动主要受个体投资者理性情绪、个体投资者非理性情绪、机构投资者非理性情绪三因素的影响，并且在两个市场上，变量 $\alpha_{1,2}$明显小于变量 $\alpha_{1,3}$与变量 $\alpha_{1,5}$，表明股票价格波动性主要受投资者非理性情绪变动的影响。

第三，股票价格的波动反过来会影响投资者情绪。实证结果表明，在两个市场中，变量 $\alpha_{2,1}$、$\alpha_{4,1}$、$\alpha_{5,1}$都是不显著的，同时在均值方程中，变量 $\beta_{2,1}$、$\beta_{4,1}$、$\beta_{5,1}$也是不显著的，系数 $\beta_{3,1}$、$\alpha_{3,1}$都是显著的，表明股票价格的波动对个体投资者非理性情绪有正向的影响，这清楚地表明个体投资者是"正反馈交易者"，而机构投资者不是"正反馈交易者"。在上海市场中，变量 δ_1显著为正，表明股票市场的信息在不同时期对个体投资者非理性情绪的影响是非对称的，在牛市时，股票市场的新信息对个体投资者非理性情绪的影响要大于熊市时的影响。

第四，个体投资者情绪与机构投资者情绪之间的互动关系。显著变量 $\alpha_{2,4}$、$\alpha_{3,5}$、$\alpha_{5,3}$表明，在投资者理性情绪溢出方面，机构投资者理性情绪对个体投资者理性情绪存在单向溢出效应；在投资者非理性情绪溢出方面，机构投资者非理性情绪与个体投资者非理性情绪存在双向溢出效应。同时，变量 $\alpha_{3,5}$在上海市场上是负的，在深圳市场上是正的，表明在两个市场上，机构投资者非理性情绪对个体投资者非理性情绪的溢出效应是不一致的。

第五，对多变量 EGARCH 模型的残差进行检验，结果表明残差序列是白噪音序列，即序列是不相关的，多变量 EGARCH 模型能够较好地描述变量间的动态关系。

四、结 论

本文从市场中两类投资者的两种情绪出发，研究不同投资者情绪对股票价格波动性的影响。对上证 A 股综合指数、深证 A 股综合指数分别建立多变量 EGARCH 模型，第一个模型主要分析了个体投资者与机构投资者的情绪对两个 A 股市场的波动性的影响，结果表明，个体投资者与机构投资者情绪变动对股票价格波动具有正向的影响，个体投资者情绪与机构投资者情绪对股票波动的影响程度是不相上下的。在波动的方向上，个体投资者情绪和机构投资者情绪对股票市场波动性的影响存在非对称性，表明在我国 A 股市场上存在杠杆效应，个体投资者与机构投资者对利好、利空消息的反应是不一致的。股票前期的收益、波动性对本期个体投资者情绪的形成具有显著的影响，表明个体投资者是"正反馈交易者"。个体投资者情绪与机构投资者情绪之间存在双向的正的波动性溢出。第二个模型中，利用几个包含基本面信息的变量对投资者情绪进行回归，将投资者情绪进一步分解成理性情绪与非理性情绪，回归方程中拟合值代表理性情绪，残差值代表非理性情绪。在第二个模型的基础上，第三个模型深入研究了第一个模型得出的结论：投资者情绪对股票市场波动性具有正向的影响。研究表明，股票价格波动性主要受个体投资者理性情绪、个体投资者非理性情绪和机构投资者非理性情绪三因素的影响，并且在两个 A 股市场上，个体投资者理性情绪的系数要小于个体投资者非理性情绪的系数和机构投资者非理性情绪的系数，也即表明股票价格波动主要受投资者非理性情绪的影响。股票收益性、波动性对个体投资者非理性情绪有正向的影响，这种效应表明个体投资者是"正反馈交易者"。机构投资者理性情绪波动对个体投资者理性情绪波动存在单向溢出效应；机构投资者非理性情绪波动与个体投资者非理性情绪波动存在双向溢出效应。个体投资者理性情绪对股票市场价格波动性的影响是非对称的，即利空消息对当期波动性的影响要大于利好消息对波动性的影响。个体投资者非理性情绪对股票价格波动性的影响是非对称的，即利好消息对当期波动性的影响要大于利空消息对波动性的影响。

参考文献

[1] Brown, G. W., and Cliff, M. T.. Investor sentiment and the near-term stock market. Journal of Empirical Finance, 2004, 11.

[2] Brown, G. W., and Cliff, M. T.. Investor sentiment and asset valuation. Journal of Business, forthcoming, 2006.

[3] Bollerslev, T.. Modeling the coherence in short-run nominal exchange rates: A multivariate generalized arch model. The Review of Economics and Statistics, 2006, 72.

[4] Campbell, J., and J. Cochrane. By force of habit: A consumption-based explanation of aggregate stock market behavior. Journal of Political Economy, 1999, 107.

[5] Delong, J., Shleifer, A., Summers, L., and Waldmann, R.. Noise trader risk in financial markets. Journal of Political Economy, 1990, 98.

[6] Engle Robert F.. Autoregressive conditional heteroskedasticity with estimate of the variance of U. K. Inflation. Economitrica, 1982, 50.

[7] Fisher, K. L., and Statman, M.. Investor sentiments and stock returns. Financial Analysts Journal, 2000, 56.

[8] Gerhard Kling, Lei Gao. Chinese institutional investors' sentiment. Int. Fin. Markets, Inst. and Money, 2007.

[9] Koutmos, G., and Booth, G. G.. Asymmetries in the conditional mean and conditional variance: Evidence from nine stock markets. Journal of Economics and Business, 1995, 50.

[10] Lee, W. Y., Jiang, C. X., and Indro, D. C.. Stock market volatility, excess returns and the role of investor sentiments. Journal of Banking and Finance, 2002, 26.

[11] Le Roy, Porter. The present-value relation: Tests based on implied variance bounds. Econometrica, 1981, 49.

[12] Nelson, D. B.. Conditional heteroskedasticity in asset returns: A new approach. Econometrica, 1991, 59.

[13] Rahul Verma, Priti Verma. Noise trading and stock market volatility. Journal of Multi. Fin. Manag, 2007, 17.

[14] Sims, C.. Macroeconomics and reality. Econometrica, 1980, 48.

[15] Shiller, R. J.. Do stock prices move too much to be justified by subsequent changes in dividends? American Economic Review, 1981, 71.

[16] Shleifer, A., and Summers, L. The noise trader approach to finance. Journal of Economic Perspectives, 1990, 4 (2).

［17］ Wayne Y. Lee，Christine X. Jiang，Daniel C. Indro. Stock market volatility, excess returns, and the role of investor sentiment. Journal of Banking and Finance，2002，26.

［18］ 胡昌生. 金融异象与投资者心理. 武汉：武汉大学出版社，2005.

［19］ 聂富强，宋国军. 沪、深股市波动不对称性的实证分析. 数理统计与管理，2007，1.

［20］ 王美今，孙建军. 中国股市收益、收益波动与投资者情绪. 经济研究，2004，10.

股指期货价格波动的溢出效应：
一个定性的分析[*]

● 　王　郧[1]　　张宗成[2]

（1，2　华中科技大学经济学院　武汉　430074）

【摘　要】本文是针对股指期货市场的波动溢出效应所做的相关研究。股指期货是最近几年的热点问题，本文利用行为金融的理论阐述了股指期货价格波动溢出的机理，如波动如何起源，有何特征，如何传递与扩散，从定性层面对价格波动溢出做了一个分析，从而有助于更好地理解此效应。

【关键词】波动溢出　启发式偏差　框定依赖偏差　羊群行为　跨市投资者

波动溢出（volatility spillover）指市场的波动的传递与传播，从形式上看，表现为期货价格变化的时序相关性。波动溢出效应是指不同金融市场的波动之间可能存在相互影响，波动会从一个市场传递到另一个市场。波动溢出效应可能存在于不同地域的市场之间，也可能存在于不同类型的金融市场之间，如股票市场、期货市场、外汇市场、债券市场之间等。价格波动是股市和期市的常态特征，适度的波动有利于增加市场的活跃度，提高市场的流动性，但剧烈频繁的波动会扭曲市场的价格机制，导致市场效率损失，进而阻碍市场优化配置资源的功能。

中国股票指数期货尚未上市，因而研究境外已经运行和交易比较成熟的股指期货的价格波动溢出效应及其对现货市场的传导机制，了解波动的起源及在价格发现过程中的作用，把握波动的内在机理，对于寻找有效途径平抑市场过度波动，提高未来中国股指期货市场的资源配置效率，具有重要的理论和现实意义。

股指期货市场中的波动溢出效应，可以用图 1 表示和描述。

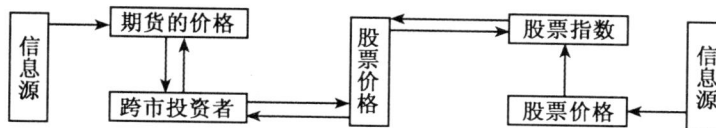

图 1　波动溢出的机理刻画

现有的文献或着眼于通过实证分析刻画波动溢出，或着眼于区分波动溢出中的信息传递（分为长期传递与短期传递），而对于波动溢出的起源、特征、传递、扩散的整个过程没有做出十分明确的描述和刻画。本文将尝试利用行为金融学的观点对此问题做出解释。

＊　本文为国家自然科学基金（编号：70541003）自助课题研究论文。

行为金融学是行为经济学在金融领域的应用学科，本质上是心理学与金融学的结合，主要研究人们在投资决策过程中认知、感情、态度等心理特征，以及由此引起的市场非有效性。作为一门新兴的学科，行为金融学目前还没有一个为学术界所公认的严格定义，但是不少学者如 Thaler（1993）、Lars Tvede（2003）、饶育蕾（2005）等提出了自己的定义和看法。Thaler（1993）将行为金融定义为：思路开放式的金融研究，只要研究的出发点认为人是非理性的，就可以称之为行为金融的研究，这是最早的定义。中国学者饶育蕾（2005）给出的定义为：基于心理学实验结果来分析投资者的各种心理特征，并以此来研究投资者的决策行为及其对资产定价的影响的学科。笔者认为，综合以上所有文献，行为金融是针对投资者心理因素的变化和作用展开分析研究，然后探讨这些非理性因素对市场情况变化造成的影响，也就是对市场非有效性展开的研究，其与心理学的结合十分紧密。

一、波动溢出的起源——启发式偏差

波动溢出从来都是由信息导致的。提到波动溢出的起源问题，首先要提到有效市场理论。有效市场理论假设信息的获取是无成本的，所有市场参与者都均等、及时地得到信息。信息呈现均匀、公开分布的状态，不存在信息不对称、信息加工时滞、信息解释差异、信息衰退等现象，并且信息是随机抵达的。新信息的影响是瞬时的，市场竞争驱使证券价格迅速反映新的相关信息，但这种假设和现实存在着很大差距，也无法解释金融市场中出现的一些反常现象。

行为金融理论认为，在信息传递中存在障碍，获取信息也是有成本的，投资者不可能获取完全信息。即使投资者获取了完全信息，也不能充分利用信息。这是因为在完善的市场条件下价格包含了几乎"无限"的信息量，远远超过了人们大脑的处理能力；而在信息分析工具相对滞后的情况下，人们的理性很难对自己所观察到的事物做出有效的归纳，人们只能用简单的原则让自己生成错误的认识。其结果，人们可能借助更主观的测量方法，在做决策时，按既有的认知定势行事，因而在不确定性条件下，人们在决策过程中的非理性的行为也就不可避免。行为金融理论引用心理研究表明，许多因素，包括信息的频率、价值以及个体对其喜欢或厌恶的感觉都会影响信息的可获得性。由于认知限制，决策者很容易随便将可获得的信息的一部分而不是全部样本化。选择的信息样本不太可能是随机的，它更可能是由信息的显著性、易得性、感知到的特征性、使用的难易度等因素驱使的。这就是认知偏差，认知偏差来源于认知心理学，由于日常生活中不具备获得决策所需要的完全信息的条件，人们虽然力求做到完全理性，但是由于客观条件所限，也难免出现许多错误和偏差。

启发式偏差是指，当人们要对一个既复杂模糊又不确定的事件进行判断时，由于没有行之有效的方法，往往会走一些思维的捷径，比如依赖过去的经验，通过对过去的经验进行分析处理，得到启示，然后利用得到的启示做出判断。这些思维的捷径，有时帮助人们快速地做出准确的判断，但有时会导致判断的偏差。这些因走捷径而导致的判断偏差，就称为"启发式偏差"。行为金融学研究表明，当人们面临复杂的决策任务时，会倾向使用启发式判断准则，它们使估计概率和预期值的复杂任务大大简化，因而对决策者在一个信息超载的社会降低决策的复杂性来说是一个适合的工具，但有时它们会导致系统错误。

在人的判断与决策过程中，启发法（heuristics）是一种凭借经验的解题方法，是一种思考上的捷径，也称为经验法则或拇指法则。那么，为什么人们会使用启发法，而不是理性的思考呢？Aroson（2001）研究指出：当我们没有时间认真思考某个问题时；当我们负载的信息过多，以至于无法充分地对信息进行加工时；当手中的问题并不十分重要，以至于我们不必太过思考时；当我们缺乏做出决策所需的可靠的知识或信息时，我们容易使用启发法。启发法分为如下三种：

（1）代表性启发法。人们在使用启发法时，首先会考虑到借鉴要判断事件本身或同类事件以往的经验，即以往出现的结果，这种推理过程称为代表性启发法。一般情况下，代表性启发法是一个有用的方法，但在分析以往经验、寻找规律或结果的概率分布的过程中，可能会产生严重的偏差，从而得到错误的启示，导致判断错误。

（2）可得性启发法。在使用启发法进行判断时，人们往往会依赖最先想到的经验和信息，并认定这些容易知觉或回想起的事件更常出现，以此作为判断的依据。人们最容易想到的通常是过去经常发生的事件或近期发生的不寻常事件，但这些信息也可能对判断是不重要的或不够的，自然也会导致判断上的偏差，因此，在使用可得性启发法时要注意对易得性信息的性质进行判断，挖掘更多的信息进行综合判断。

（3）瞄定与调整启发法。在判断过程中，人们最初得到的信息会产生瞄定效应，从而制约对整个事件的估计，而后来得到的信息，由于人们对信息先入为主的观念，远没有最初的信息重要性大，在这种情况下最终导致判断偏差。

而通常上述三类启发法导致启发式偏差出现的原因，我们可以解释为框定依赖和框定偏差，即人的判断与决定在很大程度上取决于事物表现出来的特殊的形式。由于人们对事物的认知和判断存在对背景的依赖，那么事物的表面形式就会影响人们对事物本质的看法，一个人透过事物的形式来看问题时，这就是所谓框定依赖，而由框定依赖所导致的认知与判断的偏差就是框定偏差，即人们的判断与决策依赖于所面临的决策问题的形式，尽管问题的本质相同但由于形式不同，也会导致人们做出不同的决策。

在股指期货市场中，股指期货的价格波动往往由相关股市的某只股票的价格波动引起。投资者往往会通过某一板块中某只有代表性的股票的涨跌，来推测整个板块其他股票的行情变化，以及板块指数的变化，然后通过跨市交易者（多数为利用股指期货进行套期保值的机构投资者）将此信息传递到股指期货市场，从而造成期货价格的波动。因为相对而言，某只股票的信息拥有"显著性、易得性、使用简单"的优点，适合运用启发式原则。

首先，如果跨市交易者觉察到了某些股票的价格下跌，然后利用启发式原则，推测出同板块内的相关股票价格会下跌，于是做出相应的投资决策，卖出同板块内的其他股票，从而造成板块指数下跌，而他们同时在期货市场上执行反向操作，买进股指期货以求套期保值规避风险，于是股指期货价格上涨，从而股指的下跌造成了股指期货价格的上涨，导致波动开始扩大化甚至跨市传播，由股市传到期市；而股价上升时则相反，其机理如图2所示。

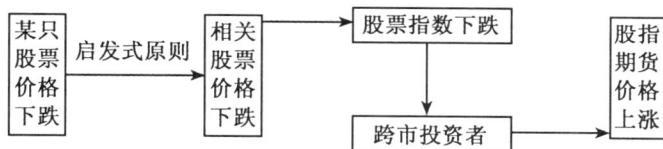

图 2　股指期货市场波动溢出的起源

以上只说明了股指期货价格波动溢出起源的一种情况，当然期货价格还与其他很多信息相关，例如波动的外部因素——政治状况、战争、经济周期、金融危机等，以及波动的内部因素——市场状况、经济政策等。投资者同样可以根据启发式原则，做出同样的推测。

二、波动溢出的特征

金融市场中波动溢出的特征，不同的学者从不同的角度做了阐述，如吴丽贤（2001）。笔者认为，波动溢出的特征可以简要地概括为以下几个方面。

1. 波动溢出的随机性

根据有效市场理论，如果一个市场是有效的话，那么一切信息都会反映在股票价格之中。如果股票价值被低估，即 $RET^{of} < RET^{*}$，这个信息被传递出去以后，投资者蜂拥而上，股票价格马上被拉回到正常水平，即 $RET^{of} = RET^{*}$，如果被高估的话也是同样的道理。因此，根据有效市场理论，金融市场上不存在任何未被利用的套利机会，股票价格服从随机游走分布（random walk），即股票价格的波动溢出是随机的，没有任何规律可循。用数学语言表示就是：$Y_t = \beta_1 + Y_{t-1} + \mu_t$（带漂移的随机游走）。

2. 波动溢出的周期性

股指期货市场价格波动的周期性特征指的是期货价格波动的频率具有相当稳定的重复性的特征。图3刻画了恒生股指期货1994年5月2日到2007年1月5日的日线收盘价波动情况，共3 089个数据。

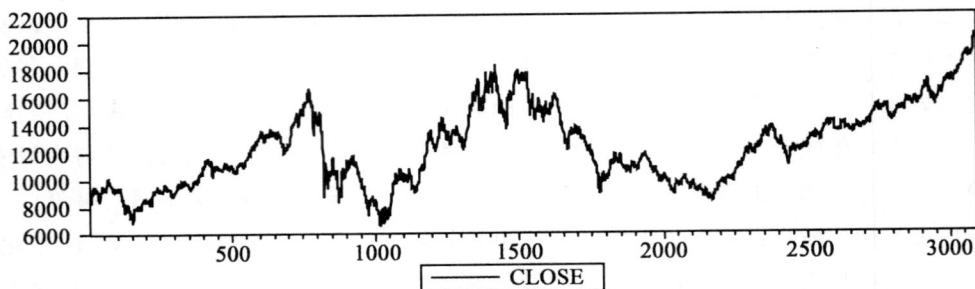

（数据来源：微盛投资）

图3　恒生股指期货1994年5月2日到2007年1月5日的收盘价日线

图3中，我们可以发现恒生股指期货价格的走势不会向着一个方向永远走下去，而是在价格的波动过程中产生了局部的高点和低点。这些高低点相间出现，使价格的波动表现出高低相间、上下来回、价格回复的这样一种波状形态，显示出价格波动具有周期性特征。

期市波动的周期按其过程来划分，可分为波峰、波谷和波段。波峰是指一个波动中期市某数值所达到的最高值，波谷指的是一个波动中期市某数值所处的最低值。波段是指波峰到波谷或波谷到波峰的这一变化阶段。波段可长可短，也可能是向上或向下波动，波峰和波谷之间的上下距离（波幅）也是变化无常的，这使期市波动的周期性特征显得更加复杂。

3. 波动溢出的政策性

金融市场的波动溢出跟宏观经济政策有关，而宏观经济政策由一国政府的经济主管部门制定和修正，因此金融市场的价格波动经常受到国家宏观调控政策因素的影响。由于股指期货尚未上市，所以这里我们可以拿中国股市的情况做一个类比。股票市场是我国改革开放过程中的新鲜事物，也是改革开放的重要标志，办得好与不好，不仅影响广大股民的利益，影响所有的上市公司和股份公司的经营与发展前景，也直接影响到我国市场经济体系的建立和完善。由于这种特殊的敏感性的存在，股票市场就备受政府有关部门的关注。从我国股票市场发展的短短17年历史来看，发展股票市场的基调似乎是以稳定为主，既希望股票市场起到筹集资金、支持改革、发展资本市场的作用，同时，又不希望股价的过度波动影响社会安定。对股票市场产生一些实际影响的政策也就在这样的原则下衍生了出来。在1994年、1996年、1997年、2002年、2005年和2007年都分别出现了明显的政府政策调控股市导致股市价格波动的例子。如2006年底到2007年初的时候，股市火爆，上证指数突破3700多点，国家出台加息等宏观调控政策，著名经济学家吴敬链发表讲话，指出现今"全民炒股"的现象不正常，通过各种手段给股市降温。

从以上的分析中，我们可以看出政府本着"维护金融市场健康发展"的基本原则所做的探索和努力：

当股市涨幅较大或者过热时，政府有关部门就发出降温的信号；而当市场低迷不振时，则又不得不采取一些"救市"措施，结果造成深、沪两市股指更加剧烈地上下震荡。从中国股票市场的一系列政策调控及其市场反应来看，中国股票市场显示了明显的"政策市"的特征。

4. 波动溢出的心理性

行为金融学理论认为，金融市场资产价格的波动，与投资者的心理因素密切相关。我们可以分析股市上一个很普通的现象。中国股市 2000—2005 年经历了 5 年熊市，股指徘徊在 1000 多点，这个时候新开户的人很少，因为大家都知道股市不赚钱。而 2006 年是一个转折之年，大盘开始飙升，并且股市的溢出效应也真正开始发挥作用，这个时候，开户的人多了，很多缺乏股票基本常识的人都进入了市场，从而进一步加大了股市的风险性。我们不妨称这种现象为"开户现象"，这种现象代表了人逐利的本能。

以上四种特征较好地刻画了波动溢出的特征，从而有助于我们从多个角度多个方面分析和理解波动溢出效应。

三、波动溢出的传递——羊群行为

根据行为金融学的定义，金融市场中的"羊群行为"（herding behaviors）是一种特殊的非理性行为，它是指投资者在信息环境不确定的情况下，行为受到其他投资者的影响，模仿他人决策，或者过度依赖于舆论而不考虑信息的投资行为。由于羊群行为涉及投资方、监管人等多个市场主体的相关行为，并且对市场稳定性和效率有很大影响，是资本市场价格波动的一个重要因素，引起了广泛关注，国内外众多文献对其存在性及影响进行了大量的实证研究。同时，金融市场中的"追涨杀跌"等羊群行为，对波动溢出的传递起着十分重要的作用，值得我们进行深入的分析和研究。

在金融市场中，羊群行为的机理如图 4 所示。决策行为首先从单个机构投资者开始，传递到其他机构投资者，然后再传递到单个散户投资者，从而构成了整个羊群行为。学术界通常的定义是将羊群行为区分为"虚假的羊群行为"和"故意的羊群行为"。如果是根据自己独立的决策和判断，而得出了与其他投资者相同的结果，就称为"虚假的羊群行为"；而如果是跟着其他人的决策走，其他人如何投资，自己就如何投资，没有独立的判断，这就被称为"故意的羊群行为"。当前研究文献表明，要区分"虚假的羊群行为"和"故意的羊群行为"非常困难。

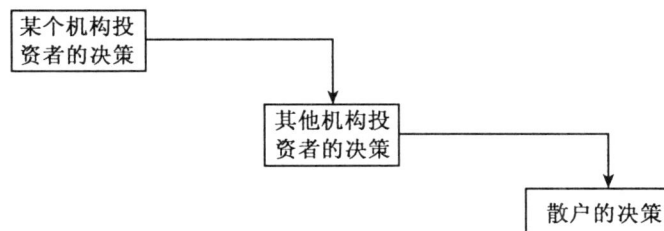

图 4　羊群行为的机理

1. 羊群行为的成因剖析

期货市场是资本市场的重要组成部分，股指期货市场又是金融衍生产品市场的冰山一角，由于其特有的套期保值功能，在股指期货市场上投资的大多数为机构投资者。研究股指期货市场上的羊群行为，也就是研究机构投资者"羊群行为"的产生机制和对策。根据羊群行为的成因，笔者将羊群行为区分为以下四种：

（1）基于心理因素的羊群行为。此种羊群行为来自于心理学对投资者心理的刻画与分析，包括人类从众的本能、人类的沟通传染效应、人类对报酬及声誉的需要这三类。

①人类从众的本能。凯恩斯曾经形象地用"选美比赛"描述投资的"羊群行为"，即每个人心里都在推测其他人主流的意见是什么，而不考虑自己的想法，这说明人天生具有从众心理。心理学研究发现，从众心理不是人类所独有的，人类的这种心理特征是长期进化过程中的产物，是与生俱来的。而群体行为也具有一定的优点，如一个团队取得成功的概率要大于个人取得成功的概率。因此，在期货市场上，由于某些重大的利好或利空消息的披露和发布，投资者往往会在市场价格的大幅动荡之下做出跟随其他大多数人的举动，如买空与卖空行为，由此导致羊群效应的产生。

②人类的沟通传染效应。羊群效应是经常在一起接触、交流的人群中特有的现象。心理学家认为，群体内信息的传递机制包括谈话分析和社会认识两种方式。在长期的进化过程中，人类形成了以集体为单元共同行动、共享信息的机制，这种机制在具备一定进化优势的同时，也限制了自由思想的交流，对话题有某种限制。长期在金融市场中交易的投资人、机构投资者之间会存在很多相互的接触和信息交流，具体行为就是对某只股票、某张期货合约的前景预测和涨跌势判断，可以归纳为基本面分析和技术分析。在股指期货市场上，当某个权威的投资者开始下单，以及操纵价格的庄家开始行动的时候，"羊群效应"会迅速以这些特定人群为中心，通过沟通开始传染和蔓延，最后波及整个市场，如图5所示。

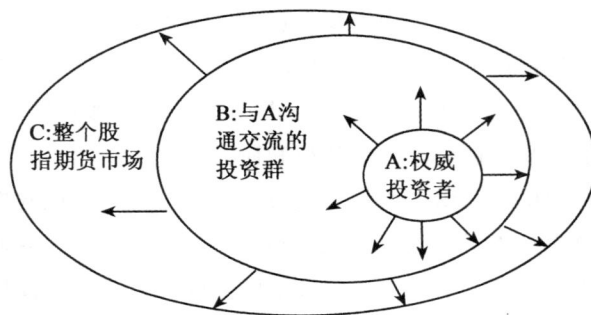

图5　人类的沟通传染效应

以下是一个简单的基于沟通传染机制的羊群行为机理模型。Shiller（1990）利用医学疾病传染模型和心理学家关于谣言流行的模式，建立了兴趣传染模型，来试图解释金融市场中投资者对某一特定资产产生兴趣的原因。设感染者人数为 I_t，感染率为 b，愈合率为 g，U_t 为误差项，那么 I_t 的变化率 $dI_t/dt = (b-g)I_t + U_t$，以下分三种情况讨论：A：如 $b < g$，则对某只股票的总兴趣 I_t 服从指数衰减过程；B：如 g 比 b 稍小，U_t 为白噪声，总兴趣 I_t 服从随机游走过程，这可能是股价随机游走的基础；C：如 $b > g$，总兴趣 I_t 服从指数增长方程，表示某种行为在人群中得以扩散、蔓延。以上三种情况，只有情况 C 产生羊群行为。因此，只需得到 b 和 g 的数据，就可以测度出金融市场中羊群行为的程度。

③人类对报酬及声誉的需要。从经济学的角度分析，人类某种行为最直接的原因就是获取报酬。但是人又有获取某种声誉的需要，因为获取声誉的最终目的还是将声誉转化为报酬。因此，报酬及声誉可以归结为同一原因。在金融市场上，这种羊群行为产生的根源是由于委托—代理机制的存在，即投资决策人并不拥有投资资产的所有权，例如投资基金，因此他们趋向于使自己（代理人）的利益最大化，而不是股东（被代理人）的利益最大化，从而导致了基于报酬及声誉的羊群行为。Scharftstein et al.（1990）建立了基于声誉的"羊群效应"模型。该模型有两个决策者 A 和 B 依次做出决策。决策者以最大化 θ（声誉）

为目标，而不以利润最大化为目标。

笔者在 Scharftstein 模型的基础上，建立了简单的报酬及声誉博弈模型：假设有两个金融期货分析师 A 和 B，A 为有声誉的、富有经验并且权威的期货分析师，在赢利预测中屡次取得优秀业绩并且在分析师排名中靠前；而 B 为缺乏经验或者是刚入门的分析师，预测经常犯错误，并且在分析师排名中尚未进榜。对于购买某股指期货合约的投资，以下为两分析师做出赢利预测的博弈模型，矩阵内数值为分析师做出预测后得到的声誉点数。

根据图 6 分析，由于行业普遍认为 A 预测正确的概率要大大高于 B 预测正确的概率，所以当 A 预测赢利时，B 的最优选择也是预测赢利，这样 A 和 B 各获 4 和 1 的声誉点数；当 A 预测亏损时，B 的最优选择也是预测亏损，这样 A 和 B 各获 3 和 1 的声誉点数。因此，B 总是跟随 A 的决策而做出决策，也就是一种跟随博弈，该博弈的均衡解为（4，1）和（3，1）。依此类推，该博弈矩阵可以扩展到三方、四方等多方博弈的场景。

（2）基于认知偏差的羊群行为。本文前面提到的启发式偏差，就是认知偏差的一种，而认知偏差指当不能获取完全信息时，在对信息的加工过程中产生的偏差（饶育蕾，2005）。认知偏差包括启发式偏差、框定偏差、心理账户和证实偏差。启发式偏差和框定偏差的概念在本文前面已经论述过。心理账户指人们错误地将一些资产的价值估计得比另一些低，但是实际上这两种价值是一样的。证实偏差是指人们有一种强烈的寻找支持某个假设的证据的倾向，为了获取某种结果而寻找理由，是证实而不是证伪。以上四种认知偏差都会导致羊群行为的产生。

（3）基于行为偏差的羊群行为。此种偏差来源于投资者试图以理性方式判断市场，而在实际投资过程中，作为普通人而非理性人，他们的行为会不由自主地受到各种心理因素的影响，以至于陷入行为偏差之中。较为普遍的行为偏差有损失厌恶和后悔厌恶两种。

A

预测赢利　预测亏损

	预测赢利	4, 1	2, -3
B	预测亏损	5, -2	3, 1

图 6　分析师的预测博弈图

①损失厌恶。损失厌恶是指人们在面对收益和损失的决策时表现出不对称性，人们面对同样数量的收益和损失，损失会使他们的情绪产生更大的波动。损失厌恶反映了人们的风险偏好并不一致，当涉及的是收益时，人们表现为风险厌恶，因此效用曲线是凹的（凹向原点的）；当涉及的是损失时，人们表现为风险偏好，因此效用曲线是的凸（凸向原点的）。我们可以用图 7 表示。

R 代表投资人的收益，U 代表收益给投资人带来的效用。图 7 显示，在收益为正时投资者效用曲线为风险厌恶；在收益为负（损失）时，投资者效用曲线为风险偏好。

2006 年底，笔者在中国人民大学经济论坛上做了一个网络试验，设计了两个问题，共计 48 人参加了

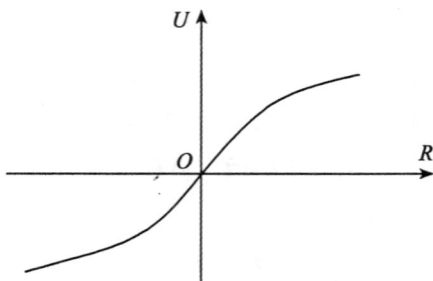

图 7　损失厌恶

回答：

问题 1：你是否会接受一个 20% 概率赢利 90 美元、80% 概率亏损 10 美元的投资？

问题 2：你是否愿意付 10 美元购买这样一只股票：20% 概率赢利 100 美元，80% 概率赢利为 0？

48 人中，39 人对问题 1 选择"否"，对问题 2 选择"是"。这说明，将 10 美元视做成本，这样的投资人们更愿意接受，说明投资者在损失时是风险偏好，而在收益时是风险厌恶。

可以用损失厌恶理论来解释在股指期货市场下挫时的羊群行为大于市场上升时的羊群行为：市场大幅下挫时，投资者的损失厌恶程度大大增加，承受损失压力的能力大大下降，因此导致了上述群体性抛售行为。而在市场大幅上升时，投资者的收益偏好程度却没有对应地增加，因此导致了上述的相对分散的投资行为。

②后悔厌恶。后悔厌恶是指当人们做出错误的决策时，对自己的行为感到痛苦。为了避免后悔，人们常常做出一些非理性行为。如投资者趋向于获得一定信息后，才做出决策，即便这些信息对投资者来说并不重要，没有它们人们也能做出决策。

后悔厌恶理论是 Thaler（1980）首先提出的，后经 Loomes 和 Sugden（1982）等的发展而逐渐形成。它指不确定条件下，投资者在做出决策时要把现时情形和他们过去遇到过的不同选择进行对比，如果个体认识到不同的选择会使他们处于更好的境地，就会为做出错误的决定而后悔不已；相反，如果自己的选择得到了更好的结果，他就会有一种欣喜的感觉，效用得到了增加。因此，理性的投资者一定会关注他人的投资策略，从而做出投资决策，使羊群行为的产生有了可能性。

（4）基于投资者情绪的羊群行为。投资者对未来的预期带有系统性偏差，而这种偏差的预期就称为投资者情绪。证券市场上普遍存在着"情绪周期"，《洛杉矶时报》用图 8 来表示金融市场上的 情绪周期和主宰每一时期情绪的 7C 路径。这 7C 指"轻视"、"谨慎"、"自信"、"深信"、"安心"、"关注"、"投降"。在市场周期的极端，投资者心理具有很高的显著性。在牛市的顶峰，深信达到最高点，而在熊市的底端深信达到最低点。

情绪周期理论认为股市的波动不仅表现为股价空间起伏的规则性，也表现为时间循环周期的节律性，个体的情绪对此产生了很大影响，羊群行为的产生也有情绪周期作用的原因。

综上所述，股指期货市场上羊群行为的成因和机理可以从以上四个方面进行分析。此外，也有部分学者将金融市场上羊群行为产生的原因归结于政策。胡增永（2006）认为新股投资者羊群行为产生的原因很大程度上在于政策的干预和变动性，但笔者认为，宏观的因素不能完全控制个人的行为，就像外因不能控制内因一样，归根结底，羊群行为产生的原因仍在很大程度上归结为投资者自身的判断和行为。

2. 羊群行为的对策设计

股指期货这一中国金融市场上的新兴事物，一出台后必定会受到投资者的追捧，因此，针对参与者羊

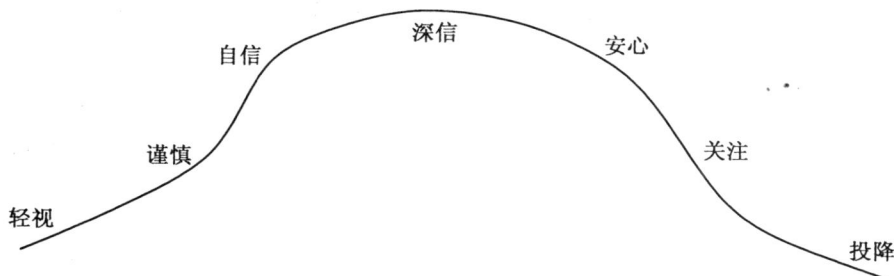

图 8　投资者情绪

群行为的对策设计就很有必要，总的来说，应从下面几个方面做起：

（1）完善合约设计，针对不同投资者的不同需求，推出不同的指数合约，丰富合约品种，以改善供求关系，减少因投资对象匮乏而导致的众多投资者追逐少量合约的"羊群行为"出现。例如香港交易所在推出恒生指数期货合约后，又针对中小投资者套期保值的需要，推出小型恒指 Mini 合约，使投资者投资方向分散，市场交易进一步活跃。

（2）加强对投资者的教育和培训，培养理性投资者，提高投资者的投资能力。投资者教育是克服认知偏差、改善投资者情绪的有效方式，起到减少羊群行为的作用。

（3）健全股指期货市场的法律法规，完善信息披露制度，使信息披露有利于投资者长期连续的信息采集，从而对市场形成稳定预期，在某种程度上减少投资者跟涨或杀跌的羊群行为。

（4）修正高管人员的报酬结构，在衡量业绩时，还要衡量多方面的能力，以减少机构投资者的羊群行为。

四、波动溢出的扩散

在波动溢出效应中，扩散效应主要通过"跨市投资者"产生作用。而这部分"跨市投资者"，可能是套期保值者，即通过股市和期市的反向操作规避风险，锁定盈利；也有可能是多样化的投资者，即在多个市场上都有投资以分散风险。

当某个市场的指数发生波动，投资者的联想会很丰富。他们可能认为宏观经济变量发生变化或者政策变量发生变化，进而认为其他相关市场也可能做出相应的反应。因此，股指期货的波动完全可能从一国或一个地区传递到其他国家和地区。例如波动可以从我国香港地区恒生股指期货市场传递到美国 S&P 股指期货市场，然后再传递到英国金融时报股指期货市场，从而在世界各大股指期货市场同时造成震荡（如图 9 所示）。

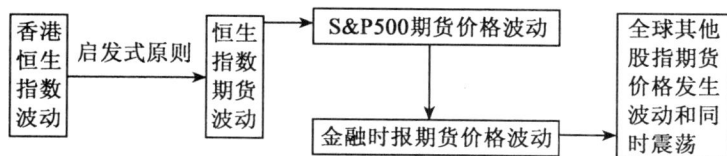

图 9　股指期货市场波动溢出的扩散

五、结　论

综上所述，本文利用行为金融学的原理，对股指期货的波动溢出效应做了机理的分析：首先，启发式原则导致波动溢出的起源；其次，分析了波动溢出的四个主要特征；再次，波动溢出通过羊群行为进行传递；最后，跨市投资者造成了波动溢出在世界各大市场间的扩散。应用行为金融学的原理进行波动溢出的机理的定性分析不一定准确，但无疑提供了一个很好的分析思路，并为以后的实证分析做了一个铺垫。

参考文献

[1] Thaler, H. Richard. Toward a positive theory of consumer choice. Journal of Economic Behavior and Organization, 1980, 1.

[2] Loomes, G., Sugden, R.. Regret theory: An alternative theory of rational choice under uncertainty. The Economic Journal, 1982, 92.

[3] Cornell, B., French, K. R.. The pricing of stock index futures. Journal of Futures Markets, 1983, 3.

[4] Shiller, R. J.. Speculative prices and popular models. Journal of Economic Perspective, 1990, 42.

[5] Scharftstein, D., Stein, J.. Herd behavior and investment. The American Economic Review, 1990, 80.

[6] Thaler, H. Richard. Advances in Behavioral Finance. New York: Russell Sage Foundation, 1993.

[7] Aroson. From impressions of personality. Journal of Abnormal and Social Psychology, 2001, 41.

[8] Lars Tvede. The impact of institutional trading on stock price, Journal of Financial Economics, 2003, 8.

[9] Robin, K. Chou, Huimin Chung. Decimalization, trading costs, and information transmission between ETFs and index futures. The Journal of Futures Markets, 2006, 26.

[10] 易宪容，赵春明. 行为金融学. 北京：社会科学文献出版社，2004.

[11] 张学东. 股价指数期货理论与实践研究. 北京：中国社会科学出版社，2005.

[12] 饶育蕾，张轮. 行为金融学. 上海：复旦大学出版社，2005.

[13] 王郧. 3.27 国债期货逼仓事件的反思. 当代经济，2006.

[14] 胡增永. 我国股票市场投资者羊群行为分析. 济南金融，2006.

价值创造、公司估值与证券投资

● 郭小群[1]　　王雄军[2]　　曹丽山[3]

（1，2，3　南昌航空工业大学 经济管理学院　南昌　330069）

【摘　要】 本文探讨并指出上市公司的根本目的是创造价值。针对当前公司估值方法主要偏重于财务而忽略其他主要因素的现状，文章对现金流折现估值法和相对比较估值法存在的问题进行了修正，提出了改进后的现金流折现估值法和相对比较估值法，指出上市公司估值应当主要从公司财务面、公司治理与管理、公司竞争优势、公司所处行业情况四个方面综合考虑，最后为投资者总结了证券投资的基本方法与步骤。

【关键词】 价值创造　公司估值　证券投资

一、价值创造是上市公司的目的和证券投资的基石

1. 价值创造是公司的根本目标

世界各国公司法把公司的属性概括成两个方面，即赢利性和法人性是公司的两大本质特性。公司的财务目标，目前国内外主要有以下四种理解：一是以利润最大化为目的的财务目标（主要对股东而言）；二是以股东财富最大化为目的的财务目标（主要对股东而言）；三是以企业价值（含社会价值）最大化为目的的财务目标（主要对社会公众和政府而言）；四是以员工工资与管理层效用最大化为目的的财务目标。这四个目标之间既有矛盾的一面又有统一的一面。在市场经济发达成熟的美国，上市公司的财务目标以为股东创造财富最大化的倾向占主体，具体说来就是上市公司的股价情况如何，这是衡量公司及其管理层是否达到财务目标的主要标准。但在我国，由于市场的不成熟、股权结构关系依旧是国有股占主体等原因，国有股和法人股股东更关心上市公司的市场表现，实际上就是更关心其社会价值胜于关心利润，而流通股股东更关心上市公司的市场价值（股价）和经营业绩（贺家铁，2005）。本文认为，作为公众公司的上市公司，应当以提高企业经济效益、为社会创造价值作为公司的财务目标。这是因为，单纯的利润最大化的目标很显然有其局限性，利润虽然对政府税收有帮助，避开部分公众公司的外部成本（如环境污染）不说，今日部分西方国家（如英国）提出以提供就业机会为衡量企业对社会贡献大小的标准就是明证；股东财富最大化（公司市值最大化）即是利润最大化的翻版，其局限性也很明显，上市公司在全球各个国家都是少数，且由于资本市场的虚拟性，公司市值也未必总是与其业绩完全对应；至于以员工工资和管理层效用最大化为目的的公司财务目标之说，更是缺乏说服力。所以，上市公司应当以价值创造最大化作为财务目标，这是公司财务目标的最好概括。

2. 价值创造是证券投资的基石

价值创造作为上市公司的根本目标，同时也是证券市场发展特别是资本市场健康发展的前提和基础，是实现资本市场高效率配置资源的前提和基础，更是市场参与者获得收益的前提和基础。从全球看，各国

建立证券市场的根本目的是通过证券市场来推动经济社会发展，提高经济效益，分散风险和优化配置社会资源。当前，我国社会经济生活中，直接融资的比例总体仍然是偏低的，金融市场的融资主要集中于银行，这客观上加大了我国金融和经济的风险，不利于社会经济的健康发展。要降低金融与经济的风险，就需要进一步扩大直接融资的比例，这就需要大力发展健康的资本市场，使资本市场成为有效配置社会资源的工具。而健康的资本市场的形成，需要完善的制度法规设计和适度的监管及对投资者利益的保护，需要社会各界形成上市公司的目标就是为社会创造价值这一主流理念和判别标准，这是证券市场建立、社会公众参与、市场健康发展的基石。证券投资的目的是赢利，避开二级市场的投机操作因素以外，综合地看，上市公司发行证券的投资价值取决于其长期赢利能力，长期赢利能力则取决于上市公司创造的价值。所以，上市公司的目标与投资者的目标在本质上是一致的，价值创造是证券投资的基石。

三、公司估值的一般方法及其存在的问题

1. 影响公司估值的因素

价值创造是上市公司的根本目标，是证券投资的基石。实践中，价值创造是一个问题，如何客观公正合理地评估一个公司的价值是另一个问题。一般而言，影响上市公司价值的因素很多，包括股权结构、经理人激励、资本结构、股权流动性、公司风险、公司成长性、公司规模、行业、税收、股利政策等。例如，MM 理论（莫迪利亚尼和米勒于 1958 年提出）认为：在确定的情况下，企业的市场价值与资本结构无关。在不确定的情况下，企业的价值等于企业的债务市场价值与权益市场价值之和。在完善的资本市场的均衡状态下，不考虑所得税时，企业的价值等于企业期望收益按照企业资本成本折现的现值。而在资本市场完善、人们行为理性以及确定性情况下，企业的股利政策与企业的价值无关。李麟则认为，当企业受资产灵活性和专用性的限制时，企业价值主要由企业的投资回报率（利润）、竞争优势的持续时间、利润增长率决定，企业价值随着企业利润的增加、竞争优势持续时间的延长，以及利润的持续增长而增加。他还进一步把衡量企业价值的指标分为收益性指标和灵活性指标两大类。在收益性指标中，资本的投资回报率最为重要，企业的价值是通过投资回报率的逐年累积形成的，它是价值形成的主要渠道和短期体现；在灵活性指标中，资本回报率的增长及其持续时间最为重要，只有对环境适应能力较强、资产灵活性较高的企业，才能保持投资回报率的持续、稳定增长。

2. 公司价值评估的主要方法

公司估值的一半是科学，一半是艺术，其得出的结论也只能是一种近似于客观的估计。如果认为公司价值评估是建立在各种普遍应用的定量分析模型基础之上的，那就错了。现行的公司估值方法包括：（1）账面价值调整法（包括资产负债法和要求权法）；（2）市场比较法（包括相对估值法、重置成本法、清算价格法、股票与债券法）；（3）现金流折现法（含经济利润折现法）；（4）期权估值法（含二项式模型和B-S 模型）。从理论上说，这些方法都可以用于评价某类上市公司的价值。实际上，方法一过于简单，在实际证券市场投资中几乎很少应用。这是因为，证券市场具有一定的虚拟性，不完全是现货市场，加上调整通货膨胀、过时贬值（如技术）、智力资本和会计政策等原因，其在实际评估过程中操作性差，所以在实践中除了净资产在投资时有时具有参考意义外，一般用处不大。方法四是建立在严格的数学假设和推导基础上的，对数学的要求太高，该理论的假设条件如无税收和交易成本等能否成立暂且不说，就其求值时涉及标准差等因素看，估值就已经显得困难，何况其求解涉及复杂的数学计算，一般投资者要掌握是非常困难的，应用更不易。方法三虽然理论完美，计算也简单，不要非常专业的数学功底就能看懂，实际上各年期的现金流的预测只能建立在营销、财务、市场竞争等的综合分析基础上，此法适合于从长期角度评价公司的价值。方法二中的重置成本法、清算价格法、股票和债券法理论上适合在某些条件下使用，如重置

成本法和清算价格法适合于收购、兼并、重组、破产等条件下的公司估值。著名学者托宾就曾采用这种方法进行研究，并形成了著名的托宾 Q 理论模型，即通过公司市场价值与其重置成本的比率来研究公司价值，国外学者 Chung 和 Pruitt（1994）与国内学者曾凌（2005）等也借鉴该方法来研究上市公司估值，该方法理论上是可行的，有一定的实用性，但托宾 Q 理论模型也有不足之处，因为其计算涉及股票价格，股票价格则受太多因素影响，很显然其并非时时是科学合理的，另外此法在实践中也不常使用。

3. 现行估值方法存在的问题

前面说过，相对说来，现金流折现法和市场比较法是在实践中有一定可行性的方法，不管对一般投资者还是专业投资者，都是比较容易掌握和操作的投资方法。现金流量包括权益现金流量和公司现金流量，在实际中，现金流折现法是基于各期现金流和对公司资本成本进行加权计算的估值方法，由于公司收益是公司创造价值的具体体现，而公司收益又与公司的未来现金流量密切相关，现金流量的估值方法对上市公司估值有一定现实意义，在理论上来看是不会有问题的。

本文认为：单纯的折现现金流量法虽然从表面上看可以对上市公司进行估值，但在实际操作中也有明显的不足，例如，该方法中的反映现金流量风险的贴现率——资本成本（加权平均的资金成本）如何去确定和估算是很困难的，现金流量究竟取哪个（是净现金流还是自由现金流）也值得思考，最为重要的是，现金流量会随时变化，使估值操作很难实践。现金流折现法的依据是现金流量，它没有考虑现金流背后的诸多因素以及影响现金流的原因，使得估值方法过多看重财务因素方面，而诸如公司治理与管理、公司主要竞争优势和劣势、公司所处行业的成长性等影响公司价值的因素被忽略了，而这些因素很显然影响公司现金流量，可见该估值法实际上隐含着较大问题。

相对估值法则可以从财务和公司账面上较好地反映公司的基本价值。该方法主要通过资产负债表、损益表和现金流量表中的偿债能力、运营能力、盈利能力、现金流量进行分析，可以达到对上市公司基本面进行很好把握。但上市公司估值确实是一个难题，该方法也主要从财务上考虑公司价值，而诸如公司所处的行业面（产业组织、进入壁垒等）、技术工艺、市场竞争优势等因素则被忽略，可见该估值法也有明显的缺陷。

三、公司估值方法在实践中的改进

笔者认为：上市公司估值方法应当与投资者属性相匹配，长期战略投资者更适合于用现金流量折现法进行估值，短期投资者即财务投资类的投资者更适合采用相对估值法进行估值。同时，估值的主要指标也有必要做出调整，不仅需要考虑同雾指标，也要考虑其他主要指标。从市场的操作性角度看，现金流折现法估值应当有以下几个主要一级指标，即公司可持续增长能力、公司现金流量、公司所处行业的成长性和周期性及规模、公司主要竞争优势、公司治理结构五个方面进行，见表 1；相对估值法的主要一级指标应当从以下六个方面进行，即从公司偿债能力、资产管理能力、盈利能力、可持续增长率、公司主要竞争优势、公司治理结构，见表 2。同时，改进的估值方法对影响公司估值的二级指标也做了调整。需要特别说明的是，长期投资者采取现金流折现法下公司可持续增长方面来源于公司经营效率（销售净利率与资产周转率）、财务政策（权益乘数与留存收益率），但后者受到资本市场的约束，通过提高后者的两个指标只是临时解决办法，不能持续；而前者则可持续。

表1　　　　　　　　　　　　　　　　　长期投资者——改进的现金流折现估值法估值指标

方法	影响现金流的一级指标	影响现金流的二级指标
改进的现金流折现估值法	公司可持续增长	销售净利率、净资产收益率、资产周转率、权益乘数等
	公司现金流量	公司现金流量及其增长率、资本成本、社会资本利润率
	公司所处行业	销售收入及利润增长率、公司所处行业的市场结构等
	公司的主要竞争优势	公司战略与管理、技术工艺、行业壁垒、成本规模等
	公司的治理与管理	大股东持股比例及其集中度、激励机制、法律监管、财务信息透明度、财务（经营）杠杆、公司规模等

表2　　　　　　　　　　　　　　　　　中短期投资者——改进的相对估值法估值指标

方法	影响估值的一级指标	影响估值的二级指标
改进的相对估值法	公司偿债能力	流动比率、现金比率、现金流量比率、权益乘数、利息保障倍数等
	资产管理能力	应收账款周转率、存货周转率、资产周转率等
	盈利能力比率	销售利润率、资产利润率、权益利润率、盈利增长率等
	可持续增长率	收益留存率、销售净利率、资产周转率、权益乘数等
	公司治理与管理	大股东持股比例及其集中度、激励机制、法律监管、财务信息透明度、财务（经营）杠杆、公司规模等
	公司的主要竞争优势	产品及市场、技术工艺、行业进退壁垒、成本规模等

需要说明的是，证券特别是股票的估值会因市场的成熟程度、国家经济社会发展阶段等情况的不同而异。有研究（邓体顺，2007）表明：在相对成熟的美国市场，市场对未来盈利的实际变化及每股盈利增长的预测是影响估值倍数变化的主要力量；而在相对不成熟的新兴市场，股票的预期市盈率与公司第二年的每股盈利增长有着合理的相关性。

四、基于公司估值的证券投资方法

证券投资的目的是盈利。避开二级市场的投机炒作因素来看，证券的投资价值取决于其盈利能力。从长期看，证券投资盈利首先在于选择公司，选择那些为社会创造价值的上市公司，其次是取决于证券的价值与其在二级市场上的价格之差，当价格低于其价值时，买入有利可图，反之则无利。证券的价值本质上是上市公司的股份价值，这主要可以从公司财务面、公司治理与管理、公司竞争优势、公司所处行业四个方面体现出来。证券投资的方法可以总结为：在进行宏观经济分析和产业分析的基础上，分析公司的经营状况和竞争情况，了解其财务面的综合情况，其次是研究公司的治理结构与管理情况，再进行公司的价值评估，比较公司价值和二级市场上公司的股价，最后参考技术分析进行买卖决策。

当然，对于从事资产管理的机构投资者而言，情况会相对复杂，其投资也相对完善和制度化，它们不仅要求在投资前选择正确的公司估值模式进行估值，还要借助投资组合方式构建投资组合，投资组合涉及因素分析与指标估计等详细内容，以便更好地抗击风险，实现风险与收益的平衡。投资组合理论把风险分为市场风险和非市场风险。BABBA 咨询公司对非市场风险进一步做了细分，分为公司特有风险和超市场风险，并把超市场风险分为两个方面：混合属性和产业关系。其中混合属性主要来自于证券的个别属性，如市盈率、盈利率、负债-资产净值比率以及股票周转率等。如何选择这些属性则通常是基于不同的投资组合管理者对历史数据的金融分析判断。BABBA 公司认为可以从以下几个方面来评价一个投资组合的结构：规模因素、财务风险因素、增长因素、盈利变化因素、市场变化因素。其投资组合多因素模型属性中各因素情况及其相关指标情况如表3所示。

表3   **BABBA 公司投资组合中多因素模型混合属性**

市场变化因素	普通股价格、历史上的无风险收益率和风险收益率、股票年/季周转率等
盈利变化因素	现金流变化、盈利变化、盈利/价格协方差、盈利方差等
规模因素	总资产、净资产、总市值、调整通胀后的资产、盈利历史指标等
财务风险因素	总利润增长、每股利润增长、年红利、净资产收益率、账面价值与价格比等
增长因素	收益增长、资产增长、资本结构变化、市盈率变化、支出变化等

（资料来源：Rudd, Andrew, and Henry K. Clasing, Jr.: Modern portfolio theory: The principles of investment management. Dow Jones-Irwin, Homewood, 1982）

上市公司估值以及二级市场的投资是一个非常复杂的过程，不仅涉及经济与财务，还涉及公司治理与管理以及人的心理与行为等的研究。可以说，公司估值和证券投资一般不能做到完全精确量化，或者说在人类目前的认知条件下还无法精确量化。虽然美籍捷克数学家哥德尔认为，人的行为其实是可以量化的，只是目前人类尚未找到量化的方法与工具而已。因此，目前的估值方法和模型都不是完全科学的。公司估值是证券投资的基础，但不等于做好了估值就能做好证券投资，相对于估值，证券投资的科学成分会更少一些。证券投资成功犹如彼德·林奇说的有三分之一是数理分析科学（数理统计概率等）的成分，三分之一是哲学和艺术的成分，三分之一是运气（或者像萨缪尔森所说的股票投资是标靶游戏）。

参考文献

[1] 贺家铁等. 上市公司股权结构、高层激励组合与公司绩效的实证研究. 湖南大学学报, 2005, 6.

[2] 阿斯沃思·达蒙德理著. 价值评估. 北京：北京大学出版社, 2003.

[3] 珍妮特·洛尔著. 巴菲特如是说. 海口：海南出版社, 1998.

[4] 何孝星. 证券投资理论与实务. 北京：清华大学出版社, 2004.

[5] 彼得·林奇著. 彼得. 林奇的成功投资. 北京：机械工业出版社, 2006.

[6] 郭复初等主编. 财务管理学. 北京：高等教育出版社, 2005.

[7] 李麟等著. 企业价值评估与价值增长. 北京：民主与建设出版社, 2001.

[8] 曾凌, 蒋国云. 公司治理对上市公司价值的影响分析. 证券市场导报, 2005, 9.

[9] 邓体顺. 高端投资人的利器. 证券市场周刊, 2007, 9.

[10] Chung, Kee H., and Stephen Pruitt. A simple approximation of tobin'Q. Financial Management, 1994, 23 (3).

代理冲突、公司治理和资本结构[*]

——来自中国上市公司的经验证据

● 李青原

（武汉大学经济与管理学院　武汉　430072）

【摘　要】本文运用代理理论，以 2001—2005 年我国沪深股市非金融上市公司为样本，借助面板数据模型实证检验了我国上市公司治理结构对资本结构的影响。结果发现，公司治理质量与资本结构间存在"U"型的非线性关系，有力地支持了代理理论对我国上市公司对资本结构选择的解释力。这些结论对公司资本结构的决策具有重要的启示。

【关键词】代理成本　公司治理　资本结构

一、导　言

自 M & M（1958）基于一系列严格的假设提出资本结构与公司价值无关的经典理论以来，学者们不断对 M&M 理论的假设进行修正，逐渐发展和完善了资本结构理论。20 世纪 70 年代中期以来，代理理论与公司资本结构间的互动关系日益受到财务学界的关注。Jensen & Meckling（1976）指出，所有权和控制权的分离使管理者为其自身利益消费公司资源而损害股东利益，从而产生代理成本，且债权代理成本和股权代理成本两者的权衡决定着公司的最优资本结构。同时，Shleifer & Vishny（1997）和 La Porta et al.（1998）指出，世界上大公司的主要代理问题都是如何限制公司控股股东侵害中小股东利益的"隧道行为"。Shleifer & Vishny（1997）指出，所有权和控制权所引起的代理问题可以通过董事会、管理者持股等内部治理机制及公司控制权市场、产品竞争市场等外部治理机制加以缓和。近年来，Berger Ofek & Yermack（1997）和 Li Yue & Zhao（2006）等分别从管理层持股或股权结构来研究公司治理对资本结构选择的影响，且日益引起国外学者的重视。Chiyachantana et al.（2005）利用 Brown & Caylor（2005）构建的公司治理指数实证发现，公司治理质量与资本结构显著非线性相关，即"U"型。相反，汪辉（2003）等国内学者大多从资本结构影响公司治理结构，进而影响公司绩效的思路来研究资本结构、公司治理与公司价值间的相关性，甚少关注公司治理结构如何影响资本结构选择。结合我国特殊的制度背景，肖作平（2005）首次较系统地实证研究了股权结构、董事会特征等公司治理变量如何影响我国上市公司资本结构的选择，但未能从相关文献中全面地梳理出公司治理结构对资本结构选择的影响，同时也未全面地构建一个度量公司治理质量的综合指数来全面实证检验公司治理结构对我国上市公司资本结构选择的影响，进而未能全面考察公司治理结构对我国上市公司资本结构选择的非线性影响。朱武祥等（2005）指出，代理理论在解释我国上市公司资本结构决策和融资倾向时最具实际意义，而其他资本结构理论在我国缺乏现实

＊ 感谢国家自然科学基金项目"基于协同效应、影响成本和资产专用性的公司并购绩效研究"（编号：70672066）、第四十批博士后科学基金项目"纵向一体化与公司并购绩效的研究"（编号：20060400075）对本研究项目的资助。

基础和作用机制，也缺乏足够的解释力。因此，本研究以代理理论为基础，运用计量方法构建两个度量公司治理质量的综合指数，运用面板数据模型，以更全面地检验2001—2005年公司治理结构对我国上市公司资本结构选择的影响，丰富拓展此类研究文献，以便为我国上市公司资本结构的优化和公司治理结构的再造提供理论与证据。

二、文献综述与假设发展

股东和管理层之间代理冲突的实质是所有权与控制权的分离（Jensen & Meckling，1976；Shleifer & Vishny，1997），所有权与控制权的分离又意味着重要的决策机构并不承担它们决策所产生的财富效应的后果，即决策功能与风险承担功能事实上发生了分离（Fama & Jensen，1983）。实际上，公司治理要解决的是因所有权和控制权相分离而产生的股东与管理层间利益的冲突问题，或更简单地说，最小化股东与管理层间因利益冲突而产生的代理成本，即委托人支付的监督成本、代理人支付的保证成本和剩余损失（Jensen & Meckling，1976）。Shleifer & Vishny（1997）和 La Porta et al.（2000）等指出，世界大多数国家中，控制性投资者（例如股份公司的大股东等）凭借其实际控制权，以合法或者法庭很难证实的方式掠夺中小股东利益而产生的另一类代理成本越来越多地引起人们的重视，因此公司治理实质也包括最小化投资者间利益冲突产生的代理成本。Shleifer & Vishny（1997）、Gompers et al.（2003）和 Brown & Caylor（2005）等发现，公司治理质量越高，代理成本越低，公司绩效和价值相应也会越高，而 Jensen & Meckling（1976）等又指出，代理成本会影响公司资本结构的选择，故公司治理质量对公司资本结构选择存在较重要的影响（Chiyachantana et al.，2005）。解释公司治理对资本结构影响的理论主要有两点：一是着眼于股东—管理层的代理冲突对债务融资行为的影响，强调资本结构选择是公司治理质量高低相应的"结果"；二是强调债务的相机治理作用，强调资本结构是提高公司治理质量的一种"替代工具"。

"结果假说"（outcome hypothesis）认为，资本结构选择是一定公司治理质量相应的"结果"。具体而言，治理质量较低的公司会产生更严重的代理问题，公司管理层较少接受股东的监督，因此更可能盘剥公司股东，优先满足自己的私有利益，从而较大地降低了公司价值。Jensen & Meckling（1976）和 Jensen（1986）等指出，债务有利于降低代理成本，抑制管理层侵占股东利益的机会主义行为。然而，债务的硬预算约束会诱使公司管理层理性地放弃债务固定利息支付的额外约束或不愿意通过债务来交出其可控制的公司资源，进而造成管理层更愿意承担较少的债务，显然较低资产负债率是治理质量较低的公司管理层追求自身利益、逃避监管压力和进行其他机会主义行为选择的自然结果；反之，治理质量越高的公司越愿意承担较多的债务以降低资金的使用成本，也能充分利用债务的财务杠杆效应实现公司价值最大化。Cheng & Shiu（2004）实证发现，债权人利益保护程度越高，资产负债率越高；股东利益保护程度越高，资产负债率越低。肖作平（2005）以1998—2002年深沪上市的673家仅发行A股的公司为样本，运用股权结构、董事会特征、总经理的任期、法律环境、公司控制权市场和产品市场竞争等变量来度量公司治理水平，结果发现治理水平高的公司资产负债率较高。朱武祥等（2005）指出，我国上市公司控股股东和中小股东间代理成本偏大，资本结构的选择不是为了将此类代理成本降到最低，而极有可能成为控股股东追求自身利益的一种中间手段。Li，Yue & Zhao（2006）以中华人民共和国国家统计局提供的2000—2003年所有制造企业为样本研究发现：国家所有权与企业资产负债率正相关，而外资所有权和法律环境与企业资产负债率负相关。因此，"结果假说"认为在其他条件一定的情况下，公司治理质量越低，公司资产负债率会相应越低，即公司治理质量和资产负债率正相关。

"替代假说"（substitution hypothesis）认为，资本结构是提高公司治理质量的一种"替代工具"。具体而言，Jensen & Meckling（1976）指出，在管理层所持绝对股份不变时，增加债务可提高管理层持股比例，可减缓管理层和股东之间的冲突；Grossman & Hart（1982）指出，债务的使用会增加公司破产和管理层失去公司控制权的风险，从而能够促使管理层减少在职消费，提高经营效率；Jensen（1986）指出，因债务要求公司用现金偿付，它将减少经理随心所欲地支配享受个人私利的自由现金流量，由此抑制了管理层根据自己的利益把自由现金流量投资于低回报项目或用于个人消费的道德风险；Chiyachantana et al.（2005）指出，为了以更有利的条件在资本市场中筹集资金，公司必须建立一种较少掠夺股东利益的声誉，其中一种建立声誉的方法就是承担债务，并支付利息以减少其控制的公司资源，因此与治理质量越高的公司相比，治理质量越低的公司愿意承担更多的债务来建立保护股东利益的声誉，进而更有利于降低治理质量较低的公司融资成本；Harris & Raviv（1991）等研究发现，债务能保护投资者，抑制经理的过度投资行为，即债务能够降低公司股东与管理层间因利益冲突而产生的代理成本，同样公司治理机制的设计目的也主要是降低公司面临的代理成本，因此债务和公司治理扮演相同的角色，可能相互替代以缓解公司面临的代理冲突。也就是说，治理质量越低的公司，越需要债务作为控制代理成本的工具来实现公司价值最大化，即通过债务治理效应来实现公司有效治理。汪辉（2003）以1998—2000年沪市与深市所有A股上市公司为研究样本发现，总体上我国上市公司债务融资具有加强公司治理、增加公司市场价值的作用。Litov（2005）运用Gompers et al.（2003）构建的公司治理指数来度量股东权利保护程度发现，股东权利保护越弱，资产负债率越高。Kumar（2005）以印度的上市公司为样本发现，治理机制越差的公司资产负债率越高。张兆国等（2006）运用1992—2004年我国上市公司数据实证检验了资本结构的治理效应，且指出优化资本结构是完善我国上市公司治理结构从而提高公司绩效的重要途径之一。因此，"替代假说"认为在其他条件一定的情况下，公司治理质量越高，公司资产负债率相应越低。

在我国经济体制转轨和国有企业进行公司制改造的过程中，股权分置造成了上市公司股权结构高度集中，控股股东通过董事会实际控制着管理层的决策行为，且又缺乏有效的经理人市场和公司控制权市场，上市公司控股股东和管理层存在着较严重的"圈钱"等机会主义行为，加之代表全民利益的国家实质上既无动力也无能力去监控和激励公司管理层，而弱的监控和激励机制也会导致管理层对公司资源具有很强的控制力，却没有提高公司运作效率的动力。尽管近年来我国商业银行在公司治理中还远未发挥其应有的相机治理作用，但其依靠日渐硬化的破产约束，以及中途中止进一步贷款等手段使得债务硬预算约束功能日趋强化，也使得债务控制代理成本的作用越来越明显。因此，当公司治理质量越低时，公司越会通过较高的资产负债率向市场主动传递出愿意接受债务治理、提高公司治理质量的好消息以降低公司因代理问题造成的价值折扣，实现公司价值最大化，进而导致此时公司治理质量与资本结构负相关；但当公司治理质量越高时，公司越不会逆向选择较低的资产负债率，相反还会充分利用财务杠杆效应积极为股东创造价值，进而导致此时公司治理质量与资本结构正相关。基于我国特殊的制度背景，我们提出一个待检验的理论假设：

H0：其他变量保持不变时，随着我国上市公司治理质量的增加，资产负债率会相应下降，但随着公司治理质量增加至某一临界值后，资产负债率会随其增加而增加。

三、实证研究设计

（一）研究变量设定

本研究的关键变量是资本结构和公司治理质量，其中，资本结构是被解释变量，治理质量是解释变量。同时，为了详细地检验提出的假设，我们参考了朱武祥等（2005）及肖作平（2005）等对我国上市公司资本结构的实证研究，同时还对影响资本结构选择的公司特征、行业因素加以控制。

1. 被解释变量定义

与这个领域的大多数国内外研究文献相一致，我们使用资产负债率来衡量资本结构，且资产和负债的计量都采用账面价值。

2. 解释变量（公司治理质量）定义

基于我国上市公司面临的治理环境特点，南开大学公司治理研究中心课题组以《上市公司治理准则》为基准，综合考虑公司法等相关法律法规，同时借鉴国内外已有的公司治理评价指标体系，设计推出了中国上市公司治理指数（CCGI^{NK}），是对控股股东行为、董事会治理、经理层治理、信息披露、利益相关者治理、监事会治理综合考察的结果，比较真实和全面地反映了公司治理质量，但我们难以从公开途径获得大量的 CCGI^{NK}，故我们必须采用以下计算方法来度量我国上市公司治理质量。计算方法具体如下：

（1）白重恩等（2005）充分考虑公司治理的内外部机制，并结合中国的市场环境，归纳出一系列变量来描述公司治理在我国的具体实践，运用主成分分析法编制了一个可反映上市公司治理水平的综合指标——G 指标，其具体的 8 个治理变量是：关于 CEO 是否兼任董事会主席或副主席的哑变量、外部董事比例、五大高管人员的持股比例、第一大股东持股比例、第二至第十大股东的持股集中度、关于企业是否拥有母公司的哑变量、关于是否在其他市场挂牌上市的哑变量、关于是否国有控股的哑变量，但是他们未考虑产品市场竞争因素。Shleifer & Vishny（1997）指出，产品市场竞争可能是消除公司管理层低效率的最有效机制。因此，我们按照白重恩等（2005）编制 G 指标的思路，同时增加行业竞争性的虚变量，然后使用主成分分析法对上述 9 个变量编制一个可反映我国上市公司治理水平的综合指标——治理指数 GovF$_i$①，且 GovF$_i$ 越大，公司治理质量越高。GovF$_i$ 的测度方程 1 为：GovF$_i = a_{i1} Y_{i1} + a_{i2} Y_{i2} + \cdots + a_{i8} Y_{i8} + a_{i9} Y_{i9}$，其中 a_{ij} 是公司 i 第 j 个因子方差贡献率；Y_{ij} 是公司 i 第 j 个因子得分。

（2）Jensen & Meckling（1976）指出，股东与管理者间代理冲突越严重，公司面临的代理成本越高，从而导致度量公司价值的托宾 Q 值相应越低。La Porta et al.（2002）也认为投资者保护程度越高的国家其公司价值越高。Barclay & Holderness（1989）和 Servaes（1991）等使用托宾 Q 值来度量代理问题造成的公司价值折扣。Brown & Caylor（2005）实证发现，治理质量越高的公司所面临的代理成本越低，进而其经营绩效和价值越高。Berkman，Cole & Fu（2005）运用托宾 Q 值对公司规模、成长机会、资产负债率和行业等变量的线性回归残差来度量公司治理质量，以验证中国证券市场上行政管制在保护中小股东利益的效果。因此，借鉴 Berkman，Cole & Fu（2005）的公司治理指数构建思路，增加盈利能力解释变量来解释公司价值，并运用实际与预期托宾 Q 值差（回归残差）来度量我国上市公司治理质量的治理指数 GovQ$_i$，其中托宾 Q = 市场价值/重置成本 =（每股价格×A 股流通股数 + 每股净资产×A 股非流通股数 + 负债账面价值）/总资产，且公式中所有数据均为当年年末数②。根据汪辉（2003）、Gompers et al.（2003）和白重恩等（2005）等对上市公司价值的研究发现，托宾 Q 是公司规模、成长机会、盈利能力和行业等变量的线性函数，则指数 GovQ$_i$ 是托宾 Q 值与这些变量进行分年度线性回归后的残值，且指数

① 我们将采掘业（B）、石油、化学、塑胶、塑料（C4）、金属、非金属（C6）、电力、煤气及水的生产和供应业（D）等保护性行业虚变量为 0，其他非保护性行业虚变量则为 1；另外 8 个变量的具体定义参照白重恩等（2005）。

② 考虑到我国上市公司的负债大部分是银行借款与商业信用，没有公开的市场价值，所以在计算托宾 Q 值时，用负债账面价值代替。另外，样本期内中国上市公司股权是二元结构，由流通股与非流通股组成，非流通股不能上市流通，所以其价值不能简单地用股价来度量，一般用每股净资产进行衡量和交易，所以在计算股权市场价值时，我们分别用每股净资产和每股股价来代表非流通股和流通股价值。

$GovQ_i$ 越大，公司治理质量越高（Berkman，Cole & Fu，2005）①。因此，$GovQ_i$ 的测度方程 2 为：$Q_i = \gamma_0 + \gamma_1 size_i + \gamma_2 grow_i + \gamma_3 profit + dummies + \gamma_4 + \eta_i$，其中 Q_i 是第 i 个公司价值的托宾 Q 值；size 是度量公司规模；profit 是度量公司利润；grow 是度量公司成长机会；dummies 是公司行业的哑变量；η_i 是残差，也是我们进行分年度线性回归分析所获得的特定公司治理指数 $GovQ_i$。

3. 控制变量定义

朱武祥等（2005）及肖作平（2005）等实证发现，盈利能力、公司规模、可抵押性、非债务避税和成长机会等公司特征变量与行业分类变量对我国上市公司资本结构有普遍的显著影响。为了控制这些因素的影响，我们把这些变量作为控制变量纳入回归方程进行回归分析。我们使用当年总资产的自然对数来反映公司规模；使用税前利润/总资产来反映盈利能力；选用主营业务收入增长率来度量公司成长性；使用固定资产净值/总资产来反映可抵押性；选用折旧费用/总资产来度量非债务避税。根据学者对我国上市公司资本结构影响因素的实证结论，我们预期盈利能力越弱，公司规模越大，可抵押性越高，非债务避税程度越低，成长机会越大，资产负债率越高。

（二）实证模型的设计

一方面，静态面板数据模型能较好地通过控制固定效应克服变量遗漏问题（omitted variable bias）；另一方面，动态面板数据模型不仅能较好地通过控制固定效应克服变量遗漏问题，而且还能较好地克服反向因果性（reverse causality）问题（Arellano & Bond，1991）。因此，我们分别运用静态和动态面板数据模型对公司治理质量与资本结构间的关系进行估计，从而部分消除公司治理研究中常见的内生性问题（endogeneity problems）。

考虑一个关于公司治理质量与资本结构间关系的静态面板数据模型②为：

$$(DA)_{it} = \alpha_i + \mu_t + \lambda_1 CGov_{it} + \lambda_2 (control \ variables)_{it} + \varepsilon_{it} \qquad (3)$$

其中：$(DA)_{it}$ 表示公司 i 第 t 年的资产负债率；$CGov_{it}$ 度量公司 i 第 t 年的治理质量，包括 $GovQ_i$ 和 $GovF_i$；λ_i 为回归系数；$(control \ variables)_{it}$ 包括盈利能力、公司规模、可抵押性、非债务避税和成长机会等公司特征变量；profit、size、tang、ndts 和 grow 分别代表盈利能力、公司规模、可抵押性、非债务避税和成长机会；α_i 代表公司的固定效应；μ_t 代表年份效应；ε_{it} 为随机误差项。

考虑一个关于公司治理质量与资本结构间关系的动态面板数据模型③为：

$$(DA)_{it} = \alpha_i + \mu_t + \lambda_1 (DA)_{it-1} + \lambda_2 CGov_{it} + \lambda_3 (control \ variables)_{it} + \varepsilon_{it} \qquad (4)$$

尽管运用动态面板数据模型研究公司治理质量与资本结构间的关系更加合理，所得的结果也更加可

---

① Berkman，Cole & Fu（2005）以资产负债率作为托宾 Q 值的解释变量，且学者们大多发现托宾 Q 值与公司资本结构变量显著相关，但是我们研究的目的是托宾 Q 值的残差与资本结构的相关性，故托宾 Q 值的解释变量中不能增加资本结构变量，否则要么会违背 OLS 回归的经典假设或要么得出公司治理质量与资本结构无关的结论。此外，将托宾 Q 值的计算公式中把非流通国有股和法人股的价格以流通股的价格分别作 70% 或 80% 的折价来估算，我们的分析结论仍然成立。

② 此模型中，我们也使用公司治理变量的滞后项作为解释变量或作为工具变量，以避免它与公司资本结构间可能存在的同时决定问题，结果见表 3 和表 4。

③ 该方程的特征是在回归控制变量中加入因变量的滞后项，以控制资本结构的累积效应。同时当期的资产负债率可能也会对下期（或多期）的公司治理结构有某种隐含的效应（如资产负债率的增加改善了公司治理结构，从而又可能降低以后运用资产负债率来控制代理成本的内在需求），而弄清这种效应的各种来源、具体界定及度量都是很困难的，而引入资产负债率的滞后项就足以综合这些因素，从而消除未引入资产负债率滞后项时 $CGov$ 与 ε_{it} 间存在的相关性。当然，面板数据中存在受固定效应影响的自变量与因变量间的反向因果性关系（固定效应不仅影响当期的，并且影响所有的滞后项），并且这种影响无论滞后期数如何长都不能消失，从而产生严重的不一致性，而这也是社会科学研究中不可控实验的主要问题之一。

靠，但是方程（4）中公司治理质量及其他控制变量的严格外生性并未消除它们与固定效应 α_i 的相关性，故对公司 i，我们使用 t 期的方程减去 $(t-1)$ 期的方程，可得到以下回归方程：

$$\Delta(DA)_{it} = \Delta\mu_t + \lambda_1\Delta(DA)_{it-1} + \lambda_2\Delta CGov_{it} + \lambda_3\Delta(control\ variables)_{it} + \Delta\varepsilon_{it} \tag{5}$$

Arellano & Bond（1991）指出，方程（5）中最主要的困难在于资产负债率滞后项 $\Delta(DA)_{it-1}$ 与误差项的相关性，即内生性问题，同时他们运用广义矩（generalized method of moments）估计来解决上述内生性问题，且采用工具变量估计法，其中工具变量包括因变量（水平项）的滞后两期，广义矩估计的一致性要求差分残差的二阶序列相关性为零①。同时，该模型一般有 3 项检验统计量指标，其中之一是 Sargan 检验，用来检验约束条件是否存在过度限制（over-identifying restrictions）问题，即检验工具变量的合法性，同时还有序列相关性指标（SC1 和 SC2），用来检验残差中是否存在一阶或二阶序列相关，通常认为在无序列相关零假设下，它们渐进服从标准正态分布。

四、样本和数据处理

1. 数据

我们检验的公司治理和财务数据均来自 CCER™ 中国证券市场数据库系统和中国股市和财务研究数据库（CSMAR），同时有些数据通过新浪财经网站手工收集核对。样本的选取遵循以下原则：（1）鉴于金融性公司的资本结构与一般公司差异较大，考虑到我们的研究目的，剔除此类公司的观察值；（2）公司上市年限相对较长，以确保公司行为相对成熟；（3）剔除无法获取相关数据的公司。因此，基于上述样本选取原则，研究样本包括 2001—2005 年每年 992 家，共涵盖 4 960 家的年度观察组②。该样本是一个短而宽的横截面板数据。我们按照中国证券监督管理委员会颁布的《上市公司行业分类标准》（2001）的 A 至 M 行业分类法划分行业，并且将制造业细化到二级分类 C0-C9。在 2005 年，上海和深圳市场上市交易的 992 家公司共分为 20 个行业。

2. 描述性统计和 Pearson 相关性检验

表 1 列出了样本观测值的描述性统计。从表 1 可以看出，2001—2005 年我国上市公司样本的资产负债率的均值为 0.475，标准差为 0.181，说明样本资产负债率差异较小；GovQ 的均值为 0，标准差为 0.280③；GovF 的均值为 0.103，标准差为 0.499④。

---

① Arellano & Bover（1995）指出，差分广义矩估计处理动态面板数据时存在很多优点，但它也可能存在弱工具性问题，在实际回归中常出现检验工具变量合法性的 Sargan 检验显著拒绝的情形，因此他们提出系统广义矩估计（system GMM）的方法来部分改善 Sargan 检验统计值。同时，虽然动态面板的广义矩估计方法通过设定时序之间解释变量相关结构对序列相关加以处理，但是该方法只能用于解决组均值的面板数据，忽略了组内变化。

② 由于自 2001 年末我国上市公司开始公告其实际控制人类型，故我们选取 2001—2005 年的上市公司样本，便于数据的获取，同时也能避免 2006 年股权分置改革对我们研究结论的影响。

③ 多元线性回归分年度分析过程中，2001—2005 年的调整后 R^2 值（F）分别为 0.304（40.38）、0.275（35.20）、0.141（15.56）、0.220（26.43）、0.163（18.55），意味着运用多元线性回归分析（OLS）法来获取度量公司治理质量的综合指数具有一定的合理性。限于篇幅，我们在这里未列举出多元线性回归分年度分析的详细过程。

④ 主成分分析过程中，2001—2005 年的 KMO 检验值（χ^2）分别为 0.552（484.46）、0.554（589.04）、0.614（779.13）、0.505（508.25）、0.508（458.59），意味着运用主成分分析法来获取度量公司治理质量的综合指数具有较强的合理性。限于篇幅，我们在这里未列举出主成分分析法的详细过程。

	mean	std. dev	median	minimum	maximum
Q	1.317	0.382	1.204	0.614	4.035
DA	0.475	0.181	0.482	0.008	0.993
tang	0.319	0.181	0.295	0.000	1.011
size	20.731	1.230	20.743	15.594	26.979
ndts	0.152	0.131	0.118	0.000	1.242
profit	0.021	0.063	0.025	−0.606	0.314
growth	0.246	0.827	0.147	−0.973	29.858
GovQ	0.000	0.280	−0.048	−0.973	2.328
GovF	0.103	0.499	0.145	−2.144	3.406

（注：DA 代表资产负债率；"tang"代表可抵押性；"size"代表公司规模；"ndts"代表非债务避税；"profit"代表盈利能力；"growth"代表公司成长性；"GovF"和"GovQ"代表公司治理质量指数）

与此同时，表2列出了相关变量的 Pearson 相关性检验结果。资产负债率（DA）与公司治理质量指数（GovF 和 GovQ）负相关，意味着我国上市公司治理质量越高，资产负债率越低，当然严格结论还有待于下文的多元化回归分析。此外，GovF 和 GovQ 间的相关性也值得探讨。GovF 和 GovQ 都是度量我国上市公司治理质量的替代指标，但又不能真实和全面地反映我国上市公司治理质量。如果 GovF 和 GovQ 高度相关，则前两者区别的讨论只具有理论上的意义。然而 GovF 和 GovQ 的 Pearson 相关性检验发现两者的相关性系数较低，仅为 0.02（p = 0.083），意味着尽管 GovF 和 GovQ 是度量我国上市公司治理质量的不同指标，但若分别使用这两个指标作为自变量进行线性回归，且回归结果的正负方向一致，则引申出来的经济含义将会具有相当强的说服力。

表2 不分年度样本的 Pearson 相关性检验

	Q	DA	tang	size	ndts	profit	growth	govQ	GovF
Q	1.000								
DA	−.201***	1.000							
tang	−.085***	−.095***	1.000						
size	−.539***	.188***	.082***	1.000					
ndts	−.080***	−.130***	.519***	.167***	1.000				
profit	.029**	−.361***	.029**	.216***	.014	1.000			
growth	.012	.094***	−.044***	.070***	−.045***	.145***	1.000		
GovQ	.733***	−.041***	−.052***	.000	.027	.000	.000	1.000	
GovF	.142***	−.006**	−.016	.216***	.050**	.033**	.024**	0.20*	1.000

（注：变量指标的定义见表1，*、**、***分别表示参数在10%、5%和1%的显著性水平显著异于零）

3. 实证分析

尽管我们预测公司治理质量与资本结构负相关，但是资本结构也可能是管理层在一定公司治理质量条件下的自然选择结果,即公司治理质量变量可能存在内生性问题,从而导致普通最小二乘法回归分析(OLS)可能会低估公司治理质量变量的回归系数,故我们运用公司治理质量滞后项作为工具变量或直接运用其滞后项,同时运用固定公司效应的面板分析和动态面板数据以部分克服回归系数估计有偏的问题①。我们分别运用上述分析方法进行回归分析,结果发现它们的分析结论没有实质性差别。② 表 3 列出了按 GovF 计算时反映公司治理质量与资本结构关系的回归分析结果。表 4 列出了按 GovQ 计算时反映公司治理质量与资本结构关系的回归分析结果。对于我们所设定的各种可能模型形式,两种度量方法得到的核心变量回归系数的符号和显著性是基本一致的,且相互印证,有力地证明了我们分析结论的稳健性。下面我们对这些结果进行归纳和简要的讨论。

表 3 按 GovF 计算的回归分析结果

	(1)	(2)	(3)	(4)	(5)	(6)	(7)
constant	$-.573^{***}$ (-8.67)	$-.394^{***}$ (-8.74)	$-.573^{***}$ (-16.44)	$-.575^{***}$ (-16.47)	$-.409^{***}$ (-10.79)	$-.460^{***}$ (-12.12)	$.004$ (0.15)
DA_{t-1}							$.289^{***}$ (6.21)
GovF	$-.019^{***}$ (-3.92)	$-.019^{***}$ (-3.86)	$-.006^{**}$ (-2.39)	$-.006^{**}$ (-2.49)	$-.008^{***}$ (-2.95)	$-.009^{***}$ (-2.87)	$-.003^{*}$ (-1.84)
$(GovF)^2$		$.002$ (0.37)		$.003^{*}$ (1.68)	$.008^{**}$ (2.08)	$.001$ (1.49)	$.004^{*}$ (1.65)
tang	$-.018$ (-1.22)	$-.018$ (-1.25)	$.014$ (0.89)	$.014$ (0.89)	$.019$ (1.08)	$.019^{***}$ (1.07)	$.128^{***}$ (13.71)
size	$.044^{***}$ (19.48)	$.044^{***}$ (19.63)	$.052^{***}$ (30.67)	$.052^{***}$ (30.68)	$.044^{***}$ (24.20)	$.047^{***}$ (25.58)	$.024^{***}$ (5.65)
ndts	$-.226^{***}$ (-10.55)	$-.226^{***}$ (-10.60)	$-.146^{***}$ (-5.67)	$-.146^{***}$ (-5.66)	$-.141^{***}$ (-5.00)	$-.136^{**}$ (-4.81)	$-.461^{**}$ (-6.81)
profit	-1.237^{***} (-24.75)	-1.237^{***} (-25.08)	$-.669^{***}$ (-27.10)	$-.669^{***}$ (-27.09)	$-.651^{***}$ (3.56)	$-.654^{***}$ (-24.18)	$-.448^{***}$ (-10.03)
growth	$.028^{***}$ (4.81)	$.028^{***}$ (6.02)	$.008^{***}$ (5.52)	$.008^{***}$ (5.52)	$.006^{***}$ (3.89)	$.005^{***}$ (3.36)	$.006^{***}$ (2.59)
year	yes	yes	yes	yes	yes	yes	yes
firm	no	no	yes	yes	yes	yes	yes
Adj-R^2	0.271	0.270	0.197	0.196	0.194	0.199	

---

① Arellano & Bond 模型使用的过程是广义差分变换,通常的固定效应模型使用的是 Within 估计量;在 $t<3$ 的情形下,固定效应更为有效,但在 t 较大时扰动项弱相依情况极有可能存在,则差分估计更为有效,因此我们数据的时间序列较短,Arellano & Bond 模型在解决这里的解释变量内生性问题的作用可能有限。

② 面板回归模型都做了 Hausman 设定检验,它们都在较高显著水平上拒绝随机效应模型。当然现有的研究已经指出,选择固定效应模型还是随机效应模型更多地取决于研究的目的,而非设定检验。此外,Hausman 检验仅仅能够说明对立模型之间估计是否存在差异,但是工具变量法相对来说总是一致的,故我们仅做了工具变量的固定面板回归模型。

	（1）	（2）	（3）	（4）	（5）	（6）	（7）
F-value	75.45***	73.08***	313.74***	263.79***	200.06***	176453.85***	
N	4 960	4 960	4 960	4 960	3 968	3 968	2 976

（注：因篇幅所限，未列出公司和年度效应的回归系数；方程（1）还包括行业虚变量，但因篇幅未报告，且误差为稳健性标准误差（robust standard errors）；方程（6）中使用了工具变量 $GovF_{t-1}$，且使用面板工具变量回归模型，Wald 值为 176453.85；方程（7）是动态面板模型，其中检验统计量指标分别为 Sargan test(263.84)，SC1(-7.09)，SC2(-0.13)，且误差为稳健性标准误差；*、**、*** 分别表示参数在 10%、5% 和 1% 的显著性水平显著异于零）

表 3 和表 4 中 GovF 和 GovQ 的回归系数在因变量为资产负债率（DA）的模型中均为负，且该系数在 1% 的显著性水平显著异于零，即初步表明我国上市公司治理质量越高，资产负债率越低。同时在该模型中考虑分别加入公司治理质量变量的平方项重新进行线性回归分析发现，除表 3 和表 4 中回归方程（2）外，其他回归方程中该变量平方项的回归系数均显著为正，意味着：（1）公司治理质量与资本结构间存在非线性关系，且呈 "U" 型；（2）尽管 GovF 和 GovQ 作为度量公司治理质量的不同指标，但它们的回归系数符号基本相同，结论具有相当强的说服力；（3）公司治理质量与资本结构间存在反向因果性（reverse causality），但能通过固定公司效应的面板分析和动态面板数据分析方法以部分克服公司治理变量的内生性问题。此外，为了避免盈利能力很差而自然推出资产负债率高的结论，我们剔除 2002—2005 年盈利能力为负的样本，最终获得 3 552 个公司年度数据，结果仍然表明公司治理质量与资本结构间呈 "U" 型的非线性关系①。

表 4 　　　　　　　　　　　　**按 GovQ 计算的回归分析结果**

	（1）	（2）	（3）	（4）	（5）	（6）	（7）
constant	-.369***	-.369***	-.580***	-.623***	-.467***	-.473***	.003
	（-8.17）	（-7.79）	（-16.92）	（-17.12）	（-11.95）	（-12.08）	（0.11）
DA_{t-1}							.291***
							（6.36）
GovQ	-.025**	-.023*	-.035***	-.055***	-.024***	-.034***	-.072***
	（-2.55）	（-1.88）	（-5.56）	（-6.49）	（-2.76）	（-3.25）	（-3.81）
$(GovQ)^2$		-.002		.026***	.016**	.023**	.035**
		（-0.14）		（3.50）	（2.13）	（2.39）	（2.37）
tang	-.018	-.018	.012	.011	-.017	.017	-.120***
	（-1.25）	（-1.26）	（0.76）	（0.67）	（0.98）	（0.97）	（-4.46）
size	.042***	.043***	.052***	.054***	.047***	.047***	.030***
	（18.95）	（18.34）	（31.42）	（30.92）	（25.12）	（25.22）	（6.64）
ndts	-.227***	-.227***	-.136***	-.131***	-.130**	-.131***	-.418***
	（-10.50）	（-10.57）	（-5.29）	（-5.08）	（-4.61）	（-4.64）	（-6.37）

---

① 当以 GovQ 为解释变量时，GovQ 和 $(GovQ)^2$ 的回归系数（T 值）分别为 -.048（-5.17）、.025（3.04）；当以 GovF 为解释变量时，GovF 和 $(GovF)^2$ 的回归系数（T 值）分别为 -.005（1.76）、.006（1.87）。

	（1）	（2）	（3）	（4）	（5）	（6）	（7）
profit	-1.237***	-1.236***	-.682***	-.684***	-.651***	-.670***	-.494***
	（-25.09）	（-25.48）	（-27.56）	（-27.69）	（-23.88）	（-24.39）	（-10.37）
growth	.028***	.028***	.008***	.008***	.005***	.005***	.006***
	（4.75）	（5.96）	（5.40）	（5.22）	（3.16）	（3.21）	（2.67）
year	yes	yes	yes	yes	yes	yes	yes
firm	no	no	yes	yes	yes	yes	yes
Adj-R^2	0.270	0.269	0.197	0.190	0.192	0.194	
F-value	76.94***	74.59***	307.59***	271.43***	198.78***	197 152.96***	
N	4 960	4 960	4 960	4 960	3 968	3 968	2 976

（注：因篇幅所限，未列出公司和年度效应的回归系数；方程（1）还包括行业虚变量，但因篇幅未报告，且误差为稳健性标准误差（robust standard errors）；方程（6）中使用了工具变量 $GovQ_{t-1}$，且 Wald 值为 197 152.96；方程（7）是动态面板模型，其中检验统计量指标分别为 Sargan test（259.42），SC1（-6.31），SC2（0.94），且误差为稳健性标准误差；*、**、*** 分别表示参数在 10%、5% 和 1% 的显著性水平显著异于零）

因此，若考虑到公司治理变量与资本结构间的相互影响，则表 3 和表 4 的结果意味着其他变量保持不变时，当我国上市公司治理质量较低时，公司倾向于较高的资产负债率，以主动向市场传递出愿意接受债务硬预算约束的好消息，降低公司因代理问题造成的价值折扣，实现公司价值最大化，但其治理质量增加至某个临界值后，公司就不会逆向选择较低的资产负债率，反而会充分利用财务杠杆效应积极为股东创造价值，资产负债率则会随着公司治理质量的增加而增加①。因此，若考虑到公司治理变量与资本结构间的相互影响，则我们的结论表明公司治理变量与资本结构间的关系会出现一个拐点，即我国上市公司治理质量增加至某一临界值前"替代"假说成立，而随后"结果"假说又成立，支持 Chiyachantana et al. (2005) 的研究结论②和我们的理论假设，同时也支持代理理论解释我国上市公司资本结构的适用性（朱武祥等，2005），但与肖作平（2005）和 Kumar（2005）等认为公司治理质量与资本结构正相关或负相关的研究结论相左，研究结论间的差异可能源于他们未考虑到资本结构会影响公司治理质量，而公司治理质量又会影响公司资本结构的动态调整。当然，自 2001 年我国资本市场中股票价格不断下跌，股市融资和再融资功能日趋丧失，治理质量较低的公司为了在激烈的竞争中求生存和发展不得不尽可能地向银行借款，不情愿地接受负债的硬预算约束，从而又客观上有利于降低公司代理成本和提高公司治理质量，因此我国现有的融资制度变迁可能会扭曲此结论的解释力。

与此同时，表 3 和表 4 中控制变量的回归结果表明，公司规模（size）的回归系数显著异于零；资产抵押性（tang）的回归系数基本不显著异于零，且符号相异；非债务避税（ndts）的回归系数显著异于

---

① 公司治理质量与资本结构间存在呈"U"型的非线性关系，意味着治理质量高和低的公司都可能会选择较高的资产负债率，从而可能造成市场无法通过资产负债率来甄别公司治理质量的高低，出现混合均衡（pooling equilibrium）现象，但是资产负债率不仅是一种纯粹的信号，而且同时它也会起到加强公司治理的作用。

② Chiyachantana et al. (2005) 研究样本是美国上市公司，其研究的制度背景与处于新兴加转轨的中国大为相异，但是我们间的结论却基本相同，这种"悖论"可能归因于代理理论在解释公司对资本结构的选择时具有较强的解释力，同时也说明了人的机会主义行为无处不在。

零；盈利能力（profit）的回归系数都显著异于零；公司成长性（growth）的回归系数都显著异于零，基本与我们预期的符号相一致。

4. 稳健性检验

为了检验结果的稳健性，我们对表 3 和表 4 的结果进行了敏感性测试：第一，为了克服回归残差的横截面相关性和时间序列相关，减少变量各年度间的随机波动而产生的测量误差，我们分别以 GovQ 和 GovF 的滞后项作为回归方程（3）的解释变量，并将 2002—2005 年 992 个样本公司各变量分别取简单算术平均值进行截面线性回归分析；第二，为了克服结论对时间年度的敏感性，我们分别以 GovQ 和 GovF 的滞后项作为回归方程（3）的解释变量进行了分年度的线性回归；第三，GovF 计算过程中剔除产品市场竞争的虚变量，仅考虑白重恩等（2005）编制 G 指标时的 8 个变量；第四，使用（长期借款 + 短期借款）／总资产作为公司资本结构的替代指标。这些敏感性分析结果表明，表 3 和表 4 的主要研究结论没有实质性改变。

五、结论与建议

代理理论认为，公司资本结构的决策受到代理成本的影响，而代理成本又主要由公司治理结构来加以控制，故公司治理结构会在一定程度上影响资本结构的选择。我们结合中国的制度背景，从理论上探讨了公司治理结构对资本结构选择的影响，分别应用主成分分析法和托宾 Q 残差来获得度量公司治理质量的替代变量，以 2001—2005 年我国沪深非金融上市公司为样本，借助面板数据模型实证检验了我国上市公司治理结构对资本结构的影响。结果发现，公司治理质量与资本结构间存在"U"型的非线性关系，有力地支持了代理理论对我国上市公司对资本结构选择的解释力。此外，治理质量越低的公司其资产负债率越高的结论也受到近年来我国股权融资严格管制的影响，故此结论需要我们加以谨慎解释。这些结论对我国上市公司资本结构的决策具有重要的启示：公司资本结构的决策应重视公司治理结构的因素及它们两者间的相互影响。

尽管实证结论有效地支持我们的理论假设，但是实证检验中仍留下了许多需要进一步研究的问题：第一，借鉴白重恩等（2005）的主成分分析和 Berkman，Cole & Fu（2005）的托宾 Q 残差两种分析方法构建的两个度量公司治理质量的综合性指数，是否正确又合适地度量我国上市公司治理质量仍需进一步商榷，是否还有其他的指标体系或方法来比较真实和全面地度量公司治理质量？第二，由于公司治理质量和公司资本结构的相互影响，是否可以找到若干工具变量来解决我们研究中存在的回归系数低估问题，且同时也能准确反映它们间的因果关系？第三，若放松我国现有股权融资管制的制度安排，公司治理质量与资本结构间的相关性方向又将如何变化？这些都需要我们进一步研究。

参考文献

［1］ Barclay, M., Holderness, C.. Private benefits from control of public corporations. Journal of Financial Economics, 1989, 25.

［2］ Berger, G. Philip, Eli Ofek, David L. Yermack. Managerial entrenchment and capital structure decisions. Journal of Finance, 1997, 52.

［3］ Eugene F. Fama, and Michael C. Jensen. Separation of ownership and control. Journal of Law and Economics, 1983, 26（2）.

［4］ Gompers, P., Ishii, J., and Metrick, A.. Corporate governance and equity prices. Quarterly Journal of

Economics, 2003, 118.

[5] Grossman, S., Hart, O, . Corporate financial structure and managerial incentives, in John McCall, ed. . The Economics of Information and Uncertainty. Chicago: University of Chicago Press, 1982.

[6] Harris, M., A. Raviv. The theory of capital structure. Journal of Finance, 1991, 46.

[7] Jensen, M., Meckling, W.. Theory of the firm: Managerial behavior, agency costs, and ownership structure. Journal of Financial Economics, 1976, 3.

[8] Jensen, Michael C.. Agency costs of free cash flow, corporate finance and takeovers. American Economics Review, 1986, 76.

[9] La Porta, R., Lopez-de-Silanes, F., and Shleifer, A., and Vishny, R.. Law and finance. Journal of Political Economy, 1998, 106.

[10] La Porta, Rafael, Florencio, Lopez-De Salinas, Andrei Shleifer, and Robert Vishny. Agency problems and dividend policy around the world, Journal of Finance, 2000, 55.

[11] La Porta, R., Lopez-de-Silanes, F., Shleifer, A., and Vishny, R.. Investor protection and corporate valuation. The Journal of Finance, 2002, 58.

[12] Manuel Arellano, Stephen Bond. Some tests of specification for panel data: Monte carlo evidence and an application to employment equations. The Review of Economic Studies, 1991, 58 (2).

[13] Servaes, H.. Tobin's Q and gains from takeovers. Journal of Finance, 1991, 46 (1).

[14] Shleifer, A., Vishny, R.. A survey of corporate governance. Journal of Finance, 1997, 52.

[15] Shuenn-Ren Cheng, Cheng-Yi Shu. Investor protection and capital structure: International evidence. Journal of Multinational Financial Management, 2007, 17.

[16] 白重恩等. 中国上市公司治理结构的实证研究. 经济研究, 2005, 2.

[17] 肖作平. 公司治理结构对资本结构类型的影响———一个 Logit 模型. 管理世界, 2005, 9.

[18] 张兆国, 闫炳乾, 何威风. 资本结构治理效应: 中国上市公司的实证研究. 南开管理评论, 2006, 5.

[19] 朱武祥, 蒋殿春, 张新. 中国公司金融学, 上海: 上海三联书店, 2005.

行业特征与商业银行管理层股票期权激励*

● 潘　敏[1]　董　乐[2]

（1　武汉大学经济与管理学院　武汉　430072；2　上海市国泰君安证券研究所　上海　200000）

【摘　要】 管理层股票期权的水平及有效性受行业特征、企业特质因素、市场竞争环境等影响而呈现出差异性。受资产规模较大、高杠杆率、债权人分散、低成长机会、行业管制及同业之间产品同质化程度较高等行业特征的影响，商业银行管理层股票期权补偿的平均水平比非金融类企业的这一指标要低；管制放松下的银行业务多元化及经营裁量自主权的增加，将进一步增强银行资产交易的非透明性和增加市场成长机会，促使商业银行更多地采用股票期权补偿这一激励机制，以提高管理层报酬补偿的业绩敏感性。

【关键词】 行业特征　商业银行　管理层股票期权　报酬补偿

一、序　言

20 世纪 80 年代以来，作为管理层报酬补偿的重要组成部分，股票期权被广泛应用于管理层补偿激励合同之中，也引起了学术界的普遍关注。众多学者从不同的角度对管理层股票期权的功能、有效性及其影响因素等问题进行了理论和实证分析，为这一领域研究的发展奠定了坚实的基础。现有的相关研究表明，管理层股票期权补偿既有增加管理层报酬补偿的业绩敏感性，缓解经理层与股东利益冲突的有利一面，也存在增加管理层报酬支出、导致经理人过度投资等潜在风险。因此，管理层股票期权补偿的有效性及水平受资产规模、负债水平、成长机会、经理人任职年限、行业特征、市场竞争环境等因素的综合影响。不同行业或同一行业处于不同发展阶段的企业，其管理层股票期权补偿的水平及影响因素可能会有所不同。

长期以来，受行业管制的影响，银行业往往成为公司治理研究领域被忽略的对象。近年来，随着全球范围金融管制的放松以及国际金融市场上大商业银行破产事件的频发，商业银行公司治理问题日益受到金融理论界的重视。作为商业银行公司治理机制构成部分的管理层补偿激励机制也成为学术界普遍关注的问题之一。Barro 和 Barro（1990）、Houston 和 James（1995）、Yermack（1995）、John 和 Qian（2003）、Harjoto 和 Mullineaux（2003）、Brewer，Hunter 和 Jackson（2004）等从不同的角度分析了银行业管理层报酬补偿的水平、结构、有效性及影响因素。他们的研究结果表明，受行业特征的影响，银行业的管理层报酬补偿水平、结构及其影响因素可能存在着区别于其他行业的自身特点。因此，从行业特征的角度来分析商业银行管理层报酬补偿的水平、结构和影响因素，将有利于我们更为全面和深入地了解银行业这一激励机制的特征。股票期权补偿激励既有增加报酬业绩敏感性的功能，又存在着激励管理层承担风险（risk-taking）的潜在成本，这对于追求稳健经营的银行业显得尤为重要。

---

* 本文的研究得到国家社科基金项目"基于银行业行业特征的商业银行公司治理机制研究"（编号：06BJY107）、教育部"新世纪优秀人才支持计划"项目和武汉大学国家"985"创新基地项目子课题的资助。

本文的目的在于针对银行业的特殊性，分析反映银行业特征的不同因素对股票期权补偿激励的影响，探讨银行业股票期权补偿激励的特点，以期为商业银行确定合理的管理层股票期权补偿水平提供理论支持。

二、管理层股票期权的激励机制及其影响因素

（一）管理层股票期权的激励机制

从代理理论的角度来看，将股票期权引入管理层报酬补偿契约的根本目的在于将经理人的财富与企业未来股票价格的变化直接相联系，以激励管理层最大化股东的财富。现有的研究表明，管理层股票期权补偿契约主要通过两种途径来达到对经理人激励的目的。

1. 将经理的报酬与公司业绩相联系，增加经理人报酬补偿的业绩敏感性

在完全信息条件下，股东能够直接观察到企业的投资机会和经理人的行动，并能对经理的行动做出准确判断，激励机制的设计也就显得多余。但当股东由于信息不对称和契约不完备而无法完全观测经理的行为和企业面临的投资机会时，合理的报酬补偿合同设计将有利于经理层选择并执行那些能够增加股东财富的行动。Jensen 和 Meckling（1976）认为，股票和股票期权等基于股权的补偿激励契约将经理的财富同股票价格相联系，可以增加报酬补偿契约的报酬-业绩敏感性（pay-performance sensitivity），缓解经理层与股东之间的代理冲突[1]。Hall 和 Liebman（1998）的实证研究表明，在增加股票和股票期权补偿后，管理层报酬补偿的业绩敏感性显著提高[2]。

2. 降低经理人的风险厌恶程度，增加经理人报酬补偿对企业价值变动的凸性

由于经理层的人力资本以及所持有补偿契约中的资产是不可分散的，一般认为经理为风险厌恶者；而可将资产分散化投资的股东则被认为是风险中性的，因此两者风险态度的不同可能导致经理人采取过度保守的投资策略。Smith 和 Stulz（1985）认为，当经理人的人力资本及财富不可分散时，风险厌恶的经理人可能会放弃具有较大风险但净现值为正的投资机会，导致投资不足问题的发生。将股票期权引入经理人的报酬补偿契约将增加报酬补偿对企业价值变动的凸性，使经理的财富成为公司业绩的凸函数以减少经理的风险厌恶程度，降低与风险厌恶相关的代理成本。当经理可以通过增加企业股票价格的波动率，即风险来增加自身财富时，前述的投资不足问题便可得以解决[3]。Guay（1999）通过分析 287 个 CEO 的补偿激励合同发现股票期权显著地增加了这一凸性[4]。

然而，股票期权激励补偿也存在着潜在成本。Smith 和 Watts（1992）认为，股票期权虽然可以增加管理层报酬补偿对企业股票价格变动的凸性，克服投资不足问题，但对具有高负债水平的企业而言，股票

① Jensen M. C. , Meckling W. H. . Theory of the firm: Managerial behavior, agency costs, and ownership structure. Journal of Financial Economics, 1976, 3 (4): 305-360.

② Hall B. J. , Liebman J. B. . Are CEOs really paid like bureaucrats? Quarterly Journal of Economics, 1998, 113 (3): 653-691.

③ Smith C. , Stulz, R. . The determinants of firm's hedging policies. Journal of Financial and Quantitative Analysis. 1852, 20: 391-405.

④ Guay W. . The sensitivity of CEO wealth to equity risk: An analysis of the magnitude and determinants. Journal of Financial Economics, 1999, 53: 43-71.

期权有可能导致管理层在投资决策时偏向高风险的项目，增加资产收益的波动性，从而增大企业的风险①；同时，股票期权补偿将经理的财富与企业股票价格的变动相联系，而企业股票价格的变化受多种因素的影响，并非与经理人的努力程度完全正相关，这导致经理人财富变化的风险加大，作为风险厌恶的经理人往往要求企业支付更多的现金报酬以作为其承担风险的溢价，从而增加企业的整体报酬支出。另一方面，Lambert 等（1989）指出，由于股票期权的价值随企业红利支出的增加而降低，持有股票期权的管理层往往会减少红利的发放以增加其股票期权的价值②。最后，现有的管理层报酬补偿契约中股票期权的价值大多是基于 Black-Scholes 期权定价公式来衡量的。Hall 和 Murphy（2000）认为，Black-Scholes 期权定价理论的前提条件是期权投资者的风险中性假设，即期权投资者随时可以在市场上通过套期保值交易来分散风险。然而，与外部期权投资者不同，公司管理层对其所持有股票期权的交易受到一定的限制，该期权也丧失了套期保值的功能。同时，受经理人的人力资本不可分散性的约束，经理人并非风险中性，而是风险厌恶的。对经理人而言，其报酬补偿契约中的股票期权价值较市场上可交易的股票期权价值低得多。在此情况下，对企业而言，股票期权激励或许是一种高成本的报酬补偿计划③。

（二）管理层股票期权补偿激励的影响因素

对企业而言，股票期权补偿激励设计中的关键问题是如何决定股票期权的合理水平（Core，Guay 和 Larcker，2002）。Demsetz 和 Lehn（1985）认为，基于股权性质的管理层报酬补偿（限制性股票及股票期权）水平决定于企业规模和企业面临的经营环境所导致的经理层的监管难度④。Smith 和 Watts（1992）通过实证研究表明，管理层报酬补偿水平及结构受行业、企业和管理层自身的特质因素的影响，行业特征、资产规模、资本结构、成长机会、高管人员的任职年限、市场外部监管等因素综合决定了企业管理层报酬补偿的水平和结构。遵循 Demsetz 和 Lehn（1985）、Smith 和 Watts（1992）的观点，众多学者对不同行业和不同规模企业的报酬补偿影响因素进行了实证研究⑤。然而，在企业各种内外部因素对股票期权的影响方向和程度方面，现有的研究则没有一致的结论，许多研究的结果甚至是相互矛盾的。

1. 资产规模

Demsetz 和 Lehn（1985）、Smith 和 Watts（1992）认为，资产规模较大的企业在管理上需要聘请更多贤能的高管人员，为激励高管人员努力工作，其报酬补偿合同中应增加股票及期权的比重，以提高其报酬-业绩敏感性。Baker 和 Hall（1998）的研究表明，在假定管理层的相对风险厌恶系数为常数的前提下，CEO 股票期权占总报酬的比例是企业规模的凹函数⑥。Yermack（1995）认为，较大规模的公司可能使董事会难以直接对经理的表现进行监督，而且这类公司也愿意对使用股票期权这种较为复杂的激励机制支付管理费用，因此规模较大的公司会更多地使用股票期权⑦。但是，Jensen 和 Murphy（1990）认为，大公

① Smith, C., Watts, C.. The investment opportunity net and corporate financing, dividends, and compensation policies. Journal of Financial Economics, 1992, 32: 263-292.

② Lambert, R., Lanen, W., and Larcker, D.. Executive stock option plans and corporate dividend policy. Journal of Financial and Quantitative Analysis, 1989, 24: 409-425.

③ Hall, B., Murphy, K.. Stock options for undiversified executives. Harvard University Working Paper. 2000.

④ Demsetz, H., Lehn, K.. The structure of corporate ownership: Causes and consequence. Journal of Political Economy, 1985, 93: 1 155-1 177.

⑤ 关于管理层报酬补偿和基于权益的报酬补偿激励机制的研究成果综述，可参阅 Murphy（1998），Core，Guay and Larcky（2002）。

⑥ Baker G., Hall B.. CEO incentive and firm size. NBER Working Paper, No. 6868, 1988.

⑦ Yermack, D.. Do corporations award CEO stocking options effectively?. Journal of Financial Economics, 1995, 39: 237-269.

司往往是公众关注的焦点，迫于政治的压力，其管理层报酬的业绩敏感度往往较小，股票期权占报酬补偿的比重会比较低①。Schaefer（1998）认为由于股东财富的波动同发行该股票公司的规模成正比，所以对于给定的报酬-业绩敏感度，较大公司所面对的风险也较大，从而大公司也就降低了对股票期权等激励机制的需求②。

2. 杠杆率

Jensen 和 Meckling（1976）认为，企业在设计激励合同时，不仅要考虑股东与经理层之间的代理关系，还应当考虑股东与其他利益主体之间的利益冲突，因此最优的激励合同决定于企业所有的权益主体而不仅仅只是股东。当企业有外部风险债券时，即使投资的净现值为负，股东也可能会通过增加投资项目的风险获利，从而损害债权人的利益，因此股东具有风险转移（risk-shifting）的倾向。一个能够使经理层与股东间代理成本最小化的激励机制可能增加债权人与股东之间的代理成本即债务代理成本。John 和 John（1993）指出，如果补偿计划能加大未来现金流的稳定性，使得股东与经理之间利益的一致性降低，债务的代理成本也会相应减少，债权人也会减少因为害怕股东进行风险转移而要求的风险溢价，从而增加股东的利益。他们认为，激励契约的报酬-业绩敏感性应随杠杆率的增加而下降，因此作为与业绩紧密联系的股票期权激励机制的使用也会随杠杆率的提高而减少③。

3. 成长机会

Smith 和 Watts（1992）认为，企业在制定各项决策时，会将资产投资到特定的实物以及人力资本上，这些企业所特有的投资将导致企业获得不同的投资机会集（investment opportunity set）。当企业拥有更多的投资机会时，经理能够掌握更多关于这些投资机会的信息，信息不对称的情况更加严重。因此，随着企业投资机会的增多，董事会更有可能将经理的激励契约同企业的价值相联系；当企业拥有更多的未来成长机会时（如那些刚起步的公司），反映企业过去业绩的会计指标则不能准确反映公司的实际价值。这样，董事会将会减少基于会计指标的激励机制而增加基于市场业绩指标的激励机制。因此，成长机会较大的企业会相应增加股票期权在报酬补偿中的比重。

4. 董事会结构

董事会最重要的职能之一就是决定经理层补偿契约的水平与结构（Fama 和 Jensen，1983），这就使得董事会如何决定报酬补偿契约的设计受到广泛关注。Mehran（1995）认为，由于外部董事较内部董事（例如经理）更能代表股东的利益，所以以外部董事为主的董事会将更多地运用股票期权等基于股权的激励机制④。但是，Chhaochharia 和 Grinstein（2006）的研究表明，随着董事会中外部董事的增加和独立性的增强，美国企业管理层股票期权的补偿水平与董事会的独立性之间存在着显著的负相关关系⑤。

5. 股权结构

Mehran（1995）认为，当企业股权结构较为集中时，大股东与管理层之间的信息不对称程度相对较低，大股东既有能力又有动力去监督管理层。此时，大股东会倾向于减少基于股权性质的报酬补偿。另一

① Jensen, M., Murphy, K. J.. Performance pay and top-management incentives. Journal of Political Economy, 1990, 98: 225-264.

② Schaefer, S.. The dependence of pay-performance sensitivity on the size of the firm. The Review of Economics and Statistics, 1998, 80: 436-443.

③ John, T. A., John, K.. Top-management compensation and capital structure. Journal of Finance, 1993, 48 (3): 949-974.

④ Mehran, H.. Executive compensation structure, ownership, and firm performance. Journal of Financial Economics, 1995, 38 (2): 163-184.

⑤ Chhaochharia, V., Grnistein, Y.. CEO compensation and board structure. World Bank, Working Paper, 2006.

方面，Jensen 和 Meckling（1976）认为，股东与管理层的代理问题源于管理层的持股比例过低，在补偿契约中赋予经理层一定的股权，有利于缓解代理问题，而股票期权在这一点上有着与股票相同的功能。因此，对于股权持有程度较低的高管人员，股东应给予其更多的股票或期权。Mehran（1995）的研究表明，内部经理人的持股比例与股票期权呈显著的负相关关系。

6. 产品与经理人市场

Fama（1980）和 Jensen（1993）均认为，产品和经理人市场的竞争会影响公司治理的效率。根据契约理论的观点，在产品同质化程度较高、内部竞争程度激烈的行业，采用相对业绩价值（relative performance evaluation）来衡量经理人的业绩较为容易，而且董事会对业绩较差的经理人进行更迭的成本也较低，因为这种市场上经理人在人力资本上的专用资产投资较少。因此，在产品同质化程度较高的行业，报酬补偿契约中股票期权的比例会较低。

7. 行业管制

作为公司外部治理的一个重要途径，行业管制与经理层的激励机制有着紧密的联系。Demsetz 和 Lehn（1983）、Smith 和 Watts（1992）均指出，在管制程度较高的行业，经理层决策中的自由裁量权受到管制的限制，从而削弱了股东增加经理风险偏好的动机。因此在这类行业，股票期权补偿的比重会相应较低。

8. 期权费用的会计处理与税收优惠

根据美国现行的公认会计准则，企业对管理层股票期权费用的确认先后采用了内在价值法和公允价值法两种方法。两种方法对企业股票期权费用的确认存在较大的差别。在采用内在价值法时，如果股票期权的执行价与授予日的股票市价相等或更高，公司就不用确认相应的费用，但在公允价值法下，企业往往要确认一大笔费用，这在一定程度上会对企业的利润形成不利影响。在此背景下，若保持股票期权激励水平不变，则可能大幅增加公司成本，导致收益下降，从而引起股东的不满。为了避免这一问题，公司可能会减少股票期权。

与期权费用的会计处理方法相联系，在采用内在价值法确认期权费用的前提下，对于当前边际税率较低而未来所得税税率较高的公司而言，期权费用确认的递延将有利于降低公司的未来所得税额。Yermack（1995）的研究表明，低边际税率的企业采用股票期权激励的比重较高。

三、银行业行业特征对管理层股票期权的影响

与其他行业相比，银行业有其典型的行业特征，这主要表现在资产规模较大、杠杆率高、资产交易透明程度低以及行业管制严格等几个方面。行业的特殊性势必对其公司治理的内外部机制产生影响，使商业银行公司治理机制呈现出与其他行业企业不同的特征①。在本部分，我们针对银行业的行业特征，分析其对商业银行管理层股票期权补偿激励可能产生的影响。

1. 资产规模、组织结构与银行管理层股票期权补偿

受市场准入的限制，银行业往往具有自然垄断的倾向。这导致商业银行的资产规模比一般性行业要大得多。这一点在近年来出现的金融持股公司中表现得更为明显。尽管 Demsetz 和 Lehn（1985）、Smith 和 Watts（1992）等认为，管理层股票期权补偿与资产规模成正相关关系，但 John 和 Qian（2003）②、

---

① 有关银行业行业特征及其对商业银行公司治理机制影响的研究，可参阅 Levine（2003），Macey & O'Hara（2003）、潘敏（2006）等。

② John, K., Qian, Y.. Incentive feature in CEO compensation in the banking industry. FRBNY Economic Policy Review, 2003, 9：109-121.

Adams 和 Mehran（2003）[1] 有关商业银行管理层报酬补偿结构的实证研究表明，银行业管理层股票期权补偿的比例随银行规模的扩大而降低。我们认为，由于银行业在国民经济中的重要性，加上其债权人广为分散，商业银行管理层的报酬补偿往往成为监管部门和公众关注的焦点，监管部门和公众往往要求银行管理层的报酬补偿更为稳定和透明。在管理层报酬补偿的各构成部分中，由于股票期权补偿与企业未来经营业绩直接相联系，其透明度相对较低。当该部分的比例较高时，往往会引起监管层和公众的质疑[2]。因此，相对于一般性的非金融企业，银行业管理层报酬补偿中股票期权补偿的比例会较低。

另一方面，由于资产规模较大，加上越来越多的商业银行采用金融持股公司这种独特的组织形式，商业银行董事会的规模一般较大，外部董事的比例也较高（Admas & Mehran，2003）。虽然在董事会结构与管理层股票期权补偿水平之间的相关性上存在着不同的观点，但是，自 2002 年安然破产事件以来，各国金融监管和交易部门强化了对董事会独立性的要求。随着董事会中与独立性相关的提名、报酬和审计等委员会中独立董事人数的增加，银行董事会的独立性日益增强。我们认为，银行董事会独立性的增强将增加管理层报酬补偿的透明性，管理层报酬的业绩敏感度也将随之降低。

2. 高杠杆率、债权结构与银行管理层股票期权补偿

高杠杆率、债权人分散、资产负债期限结构不匹配是商业银行资本结构的典型特征。按照 John（1993）的观点，在债权人的权益未受到完全保护的情况下，具有高杠杆率的企业采用低报酬-业绩敏感性的报酬补偿合同有利于抑制股东和管理层风险转移的动机，缓解股东与债权人的利益冲突。但是，在银行业，存款保险及银行监管中危机救助机制的存在使广大分散的存款人的债权权益得到保护，债权人失去了对银行监督的动机。Mullins（1992）认为，在固定费率的存款保险制度的保护之下，高杠杆率的商业银行股东存在着通过增加管理层报酬-业绩敏感性来增加管理层风险选择倾向的动机。因此，理论上，银行业的高杠杆率对管理层股票期权激励的影响存在着契约假说和道德风险假说两种截然不同的观点。契约假说认为，受市场纪律和监管的影响，高杠杆率不会导致银行董事会过多地采用股票期权来提高管理层的风险选择偏好；道德风险假说则认为，现有的存款保险制度和危机救助机制将给予股东较多地采用股票期权激励管理层的动机。尽管如此，从实证的角度来看，现有的实证研究结果大多认为，银行业的高杠杆率并未导致银行风险的增加。我们认为，随着银行管制的放松、存款保险制度的改革以及市场纪律约束的增强，存款人、监管机构对银行风险的关注日益加强，银行风险的增加将导致其声誉的降低，增加其市场筹资的风险溢价。因此，道德风险假说仅仅只是一种理论上的推导，契约假说更符合银行管理的现实。Houston 和 James（1995）的实证研究均表明，商业银行股票期权补偿随负债比率的上升而下降[3]。

3. 资产交易的非透明性、成长机会与银行管理层股票期权补偿

与一般企业产品的市场化交易不同，银行贷款采用的是非市场化的一对一的合同交易方式。针对不同借款对象的信用状况，银行每一笔贷款的交易条件（利率、期限和偿还方式等）均有所不同。因此，银行贷款资产的交易是非标准化的合同交易，在合同期间内，银行贷款难以在二级市场转让，缺乏必要的流动性[4]。贷款资产交易的非市场化和非标准化，导致银行资产交易的非透明性，使银行外部股东、债权人（存款人）与银行之间信息不对称的程度较一般企业更为严重，外部投资者对内部经营管理者的监督也会

---

① Admas，R.，Mehran. Is corporate governance different for banking holding companies？. FRBNY Economic Policy Review，2003，9：123-142.

② 近两年，改制后的国有控股商业银行管理层股票期权激励制度的导入引起国内监管层和公众的广泛关注和质疑就是一个很好的例证。

③ Houston，J. F.，James，C.. CEO compensation and bank risk：Is compensation in banking structured to promote risk taking？. Journal of Monetary Economics，1995，36：405-431.

④ 资产证券化、贷款转让等金融创新在一定程度上增强了银行贷款的流动性。

更加困难。因此，从资产交易特征的角度来看，商业银行董事会应采用较多的股票期权补偿激励，以降低代理成本。

然而，Admas 和 Mehran（2003）认为，就成长机会而言，银行业属于低成长的行业，相对于其他高成长的行业而言，银行业应较少采用股票期权激励。原因在于，从现有衡量成长机会的各种指标（如托宾 Q 值、市场价值与账面价值比、研发投入占总销售收入比、股票收益波动率）来看，银行业的均值都低于其他非管制类行业。假定银行业股票收益波动率较低，若其他条件不变，经理层股票期权的价值会较低。在此背景下，若要获得与其他行业经理人同等的激励效果，商业银行将不得不给予管理层更多的股票期权补偿，而过多的股票期权会产生稀释效应，导致股票价格下降。同时，未来经理人集中行权时，银行不得不大规模向市场回购股票，导致大量现金流出，影响银行的自有资本。

我们认为，从成长机会的角度来看，相对于其他行业而言，银行业管理层股票期权补偿的平均水平可能会较低，但一个不容忽视的事实是，20 世纪 90 年代以来，在金融自由化和金融创新的影响下，商业银行的资产业务已不再局限于传统的贷款业务，而呈现出多元化的趋势。银行业的业务转型既增加了银行的成长机会，也使得银行资产业务的非透明性进一步增强。因此，银行业管理层股票期权补偿的水平将随业务的多元化呈上升的趋势。Harjoto 和 Mullineaux①（2003）、Brewer 等②（2004）的实证研究结果显示，在由传统的存贷业务向多元化经营转换的过程中，银行业管理层报酬中股票期权的比例呈上升趋势，管理层报酬补偿的业绩敏感性也显著上升。

4. 行业管制与银行管理层股票期权补偿

行业管制严格是银行业的典型特征之一。行业管制对银行业管理层股票期权的影响主要表现在以下 5 个方面：（1）行业管制使公司治理中外部治理的作用在银行业受到限制，董事会治理、管理层报酬补偿等内部治理机制在银行业显得尤为重要；（2）前述表明，存款保险及危机救助机制的存在会使股东存在提高管理层股票期权补偿水平以增加风险、提高股票价格的道德风险；（3）现实中银行监管部门对银行参股比率、参股资格等方面的种种规制客观上阻碍了银行股权的集中，限制并降低了大股东作为监督者在内部治理中的作用；（4）在严格的行业管制下，管理层投资决策的自由裁量空间狭小，从而削弱了股东增加经理风险偏好的动机；（5）行业管制下的银行破产和清算处理程序也会影响管理层股票期权补偿。在一般性行业，当企业陷于财务危机而宣布破产时，经理的职位和收入在一定的时期内都会受到破产法的保护；但在银行业，当银行陷于财务危机而宣布破产时，其经理人会很快被替换，且经理人的报酬补偿要求权位于存款人的债权权益之后。股票期权属于长期报酬契约，如果银行陷于破产境地，其股票期权也会分文不值，因此，对于理性的经理人而言，在其报酬补偿合同中会要求更高的稳定性收益（如现金收益补偿）。上述前三个方面的影响会导致银行管理层股票期权补偿的增加，而后两个方面的影响则会限制管理层股票期权的使用。总体而言，就现实情况来看，银行业的行业管制会降低银行业管理层股票期权补偿的水平，使其低于其他行业的这一指标的平均水平。

必须指出的是，20 世纪 90 年代以来全球金融自由化进程的加快，特别是 1999 年美国《金融服务现代化法案》的颁布和实施，标志着金融管制的放松。在管制放松的情况下，银行经营裁量的自主权增加。在此背景下，商业银行股东有可能更加依赖股票期权这一报酬补偿机制，以减少利益冲突。

5. 产品市场的同质性与银行管理层报酬补偿

受行业管制的影响，银行业产品市场的竞争程度较其他行业要低得多，但随着管制的放松，在混业经

---

① Harjoto, M. A., Mullineaux, D. J.. CEO compensation and the transformation of banking. Journal of Financial Research, 2003：341-354.

② Brewer, E., Hunter, W. C., Jackson, W. E.. Investment opportunity set, product mix, and the relationship between bank CEO compensation and risk-taking. Federal Reserve Bank of Atalanta, Working Paper, 2004.

营的背景下，银行业同业之间的产品竞争日趋激烈。受电子及网络技术发展的影响，金融产品的同质化程度日益增强，这使得商业银行同业之间的相对业绩比较较为容易。因此，在产品同质化程度较高的银行业，对经理人的业绩评价较为容易，对经营不善的经理人的更换成本也会较低。相应的，商业银行可能会更多地采用报酬-业绩敏感性程度较低的补偿契约。

四、结论

管理层股票期权激励既有提高管理层报酬补偿契约的业绩敏感性，缓解经理与股东之间利益冲突有利的一面，也存在着增加企业报酬支出和经理人风险选择倾向的潜在成本。因此，对企业而言，合理的股票期权水平的确定是管理层报酬补偿契约设计的关键。本文在对管理层股票期权的激励机制和影响因素的现有研究进行整理的基础上，针对银行业的行业特征，从资产规模、组织结构、资本结构、资产交易、成长机会、行业管制及产品市场等几个方面分析了银行业行业特征对商业银行管理层股票期权补偿水平及变化趋势的影响。本文分析的结果表明：

第一，受资产规模较大、高杠杆率、债权人分散、低成长机会、行业管制及同业之间产品同质化程度较高等行业特征的影响，商业银行管理层股票期权补偿的平均水平可能比其他非金融类企业的这一指标要低。

第二，管制放松下的银行业务多元化及经营裁量自主权的增加，将进一步增强银行资产交易的非透明性和增加市场成长机会，这将促使商业银行董事会更多地采用股票期权补偿这一激励机制，以提高管理层报酬补偿的业绩敏感性。

必须指出的是，企业公司治理各要素的特征和状态是企业面临的各种因素相互影响而内生决定的，各要素之间存在着互为因果的关系（Jensen 和 Meckling，1976）。资产规模、资本结构、投资机会、行业特征影响着管理层报酬补偿的水平和结构；反过来，管理层报酬补偿的水平和结构又会通过对管理层激励和努力程度的影响而对公司治理的其他要素产生影响。本文的结论仅仅只是在现有研究基础上的一种理论分析，要使理论研究更精确地反映银行管理层报酬补偿的现实，则需要从理论和实证两个方面动态考察管理层报酬补偿与其各种影响因素相互之间的内生性关系。

参考文献

[1] 潘敏. 商业银行公司治理：一个基于银行业特征的理论分析. 金融研究，2006，3.

[2] Admas, R., Mehran, H.. Is corporate governance different for banking holding companies? . FRBNY Economic Policy Review, 2003, 9.

[3] Baker, G., Hall, B.. CEO incentive and firm size. NBER Working Paper, No. 6868, 1988.

[4] Barro, J., Barro, R.. Pay, performance and turnover of bank CEOs. Journal of Labor Economics, 1990, 8.

[5] Brewer, E., Hunter, W.C., and Jackson, W.E.. Investment opportunity set, product mix, and the relationship between bank CEO compensation and risk-taking. Federal Reserve Bank of Atalanta, Working Paper, 2004.

[6] Chhao Chharia V., Grnistein, Y.. CEO compensation and board structure. World Bank, Working Paper, 2006.

[7] Core, J.E., Guay, W., Larcker, D.F.. Executive equity compensation and incentive: A survey. NBER Working Paper, 2002.

[8] Demsetz, H. , Lehn, K. . The structure of corporate ownership: Causes and consequence. Journal of Political Economy, 1985, 93.

[9] Fama, E. . Agency problems and the theory of the firm. Journal of Political Economy, 1980, 88.

[10] Fama, E. F. , Jensen, M. C. . Separation of ownership and control. Journal of Law and Economics, 1983, 26.

[11] Guay, W. . The sensitivity of CEO wealth to equity risk: An analysis of the magnitude and determinants. Journal of Financial Economics, 1999, 53.

[12] Hall, J. B. . The pay to performance incentives of executive stock options. NBER Working Paper, No. 6674, 1998.

[13] Hall, B. J. , Liebman, J. B. . Are CEOs really paid like bureaucrats? . Quarterly Journal of Economics, 1998, 113 (3) .

[14] Hall, B. , Murphy, K. . Optimal exercise prices for executive stock option. The America Economic Review, 2000, 90 (2) .

[15] Hall, B. , Murphy, K. . Stock options for undiversified executives. Harvard University Working Paper, 2000.

[16] Harjoto, M. A. , Mullineaux, D. J. . CEO compensation and the transformation of banking. Journal of Financial Research, 2003.

[17] Houston, J. F. , James, C. . CEO compensation and bank risk: Is compensation in banking structured to promote risk taking? Journal of Monetary Economics, 1995, 36.

[18] Jensen, M. C. , and Meckling, W. H. . Theory of the firm: Managerial behavior, agency costs, and ownership structure. Journal of Financial Economics, 1976, 3 (4) .

[19] Jensen, M. , Murphy K. J. . Performance pay and top-management incentives. Journal of Political Economy, 1990, 98.

[20] John, T. A. , and John, K. . Top-management compensation and capital structure. Journal of Finance, 1993, 48 (3) .

[21] John, K. , Qian, Y. . Incentive feature in CEO compensation in the banking industry. FRBNY Economic Policy Review, 2003, 9.

[22] Levine, R. . The corporate governance of banks. The Global Corporate Governance Forum, Discussion Paper, 2003, 3.

[23] Macy, J. , O'Hara, M. . The corporate governance of banks. FRBNY Economic Policy Review, 2003, 1.

[24] Mehran, H. . Executive compensation structure, ownership, and firm performance. Journal of Financial Economics, 1995, 38 (2).

[25] Schaefer S. . The dependence of pay-performance sensitivity on the size of the firm. The Review of Economics and Statistics, 1998, 80.

[26] Smith, C. , Stulz, R. . The determinants of firm's hedging policies. Journal of Financial and Quantitative Analysis, 1985, 20.

[27] Smith, C. , Watts, C. . The investment opportunity set and corporate financing, dividends, and compensation policies. Journal of Financial Economics, 1992, 32.

[28] Yermack, D. . Do corporations award CEO stocking options effectively? . Journal of Financial Economics, 1995, 39.

股权结构与公司绩效

——基于产权要素的实证分析

● 杨忠诚[1]   王宗军[2]

（1，2 华中科技大学管理学院 武汉 430074）

【摘 要】本文从终极产权的角度研究了股权结构与公司绩效的关系，实证结果发现终极控股股东持股比例与公司绩效呈显著的"U"型关系，流通 A 股与公司绩效之间不存在显著的关系，股权集中度 CR-5 指数与公司绩效呈显著的倒"U"型关系。

【关键词】产权 公司绩效 流通 A 股 股权集中度

一、引言

自 1932 年 Berle 与 Means 的经典论著《现代公司与私有财产》问世以来，企业的所有权与控制权及其经营绩效之间的关系就成为研究的一个热点。我国学者对股权结构和公司绩效的众多研究成果都是按照股权结构的传统分类进行的，即将中国上市公司的股权结构分为国有股、法人股、流通股和外资股等，在此分类的基础上研究股权结构与公司绩效的关系（Xu & Wang，1997；Sun，Tong 与 Tong，2002）。这种股权分类方式的一个重要缺陷是它没能清楚地表明法人股本身的所有权属性：作为具有法人地位的企业或经济实体，这些法人股东究竟是国有的还是非国有的不得而知，这些法人股东很可能是由中央或地方政府最终控制的企业或机构。将国家控制的法人股作为一个独立的控股主体独立于国家之外的做法势必使许多股权结构对企业绩效影响的研究结论值得怀疑。

鉴于以法人股为基础的实证研究的种种缺陷，本文按照 La Porta 等（1999）提出的终极产权理论，用国有终极控制权与非国有终极控制权这两个相对应的概念来重新划分中国上市公司的股本结构，并在此基础上研究股权结构对公司绩效的影响。国有终极控制权包括终极控股人为国有机构、央企、地方政府和高校，非国有终极控制权包括终极控制人为民营企业、外资企业、集体组织和社会团体等类型。本文的主要贡献在于，在终极控制权的基础上，对上市公司不同类型的控股主体及其绩效差异做了一次系统的实证研究，并发现不同的控股主体对公司绩效的影响有着显著的差异。

二、理论分析与假设

1. 国有终极控股与公司绩效

一般认为，国有股对公司绩效存在侵蚀作用。首先，国有股股东除了国有资产保值增值这一经济目标外，往往还有保证充分就业、维持物价稳定等政治目标（许小年等，2000）。其次，国有股代表很难真正成为对国有资产保值增值负责的国有股权持有主体，造成了国有股权人格化代表的缺位，导致公司的

"内部人控制"，使得经理人员的行为偏离公司价值最大化（何浚，1998；张维迎，1999）。再次，国有股在总体上比重大，且不能在证券市场上自由流通，因此很难通过代理权竞争、接管等外部治理机制对内部人控制形成有效约束（何浚，1998；杜莹，刘立国，2002）。由于上述三个方面的原因，在国有股存在的情况下，公司治理机制难以顺畅运行，因此，现有的多数理论和实证研究认为，公司绩效与国有股比例负相关（陈晓，江东，2000；曹红辉，2003）。

但也有一部分学者认为国有股可能对公司绩效提高有推动作用（周业安，1999；于东智，2001；吴淑琨，2002）。持这种观点的学者认为，政府对国有企业有着特殊的偏爱，特别是对于一些大型重点国有企业，政府往往会给予政策支持，并在其资源使用上提供特殊优惠。田利辉（2005）认为，理性的政府对于其所有的企业同时有政治利益和经济利益的索求，可以通过政治干预的"攫取之手"（grabbing hand）和监督经理及优惠待遇的"帮助之手"（helping hand）来追求其效用的最大化。干预、监督和优待这三种途径的选择与实现幅度随着国家持股的比例而变化，从而产生了"U"型曲线。

本文认为当政府的"帮助之手"大于"攫取之手"时，国有股有利于公司绩效的提高；当"攫取之手"大于"帮助之手"时，国有股对公司绩效有负作用。据此，本文提出以下假设：

假设1：国有终极控股比例与公司绩效之间存在"U"型曲线关系。

2. 私人终极控股与公司绩效

一般认为，私人终极控股股东的存在有利于公司绩效的提升。首先，私人终极控股股东不以追求市场短期价差为目的，而是更关注公司中长期的经营发展情况，注重公司绩效水平的不断提高。其次，私人终极控股股东主体明确，具有更强的"经济人"特征。他们在利益的驱动下，能够关心公司的具体经营，上市公司内部监管机制相对比较有效，从而有利于上市公司绩效提升。再次，私人终极控股股东是公司的第一大股东，无法通过卖出手中股票"用脚投票"，从而"用手投票"。私人终极控股股东确保了其在董事会中拥有席位，因而有能力更换公司管理层队伍，这样他们就可以通过直接控制来保证经理人员按股东利益原则行事。由此可见，私人终极控股股东不仅有动机，而且有足够的能力来监督和控制企业管理人员，他们能够通过恰当的监管来保证公司绩效水平。

总体而言，私人终极控股股东对上市公司具有更大的监控动力和能力，他们的"积极监督"有助于公司绩效的提高。但是，对于私人终极控股股东来说，如果其持股份额较高，有可能会对公司绩效具有侵蚀效应（许小年，王燕，1997；吴淑琨，2002）。因此，本文有以下假设：

假设2：私人终极控股有利于公司绩效的提高，但当私人终极控股比例超出一定水平后，与公司绩效负相关。

3. 流通A股与公司绩效

流通A股对上市公司绩效的影响，一般是通过股票市场的价格信号和接管控制功能来实现的。因为我国证券市场缺乏一个有效的外部并购市场，国有股"一股独大"，流通A股比例很小，流通A股持有者大多是广大的中小股东，他们因持股比例较小，往往追求的是短期股票买卖价差，而非着眼于公司长期发展所带来的股息收入，具有很强的投机性。这些情况都限制了流通股对公司绩效的作用，所以国内许多实证研究认为流通股比例与公司绩效之间不存在显著相关关系（许小年，王燕，1997；杜莹，刘立国，2002）。随着我国上市公司股权分置改革的进行，流通A股的比例越来越大，股东在上市公司经营不善的情况下，可以"用脚投票"，抛出股票，导致股价大幅下跌，这会增大上市公司被兼并收购的可能性，能够对公司高级管理层产生一定的压力，从而促使他们改进经营管理、提高公司绩效。鉴于我国目前流通A股比例偏低，本文假定：

假设3：流通A股比例与公司绩效之间不存在显著关系。

4. 股权集中度与公司绩效

由于存在监督成本和"搭便车"现象，股权分散化对公司绩效会造成不利的影响。在股权相对分散的情况下，个人股东一般会采取"搭便车"行为，他们缺乏足够的能力和动力参与企业的管理、约束经营者的行为，结果导致股东对企业的监控不力，不利于公司绩效水平的提升。在股权相对集中的情况下，大多数股份由几个大股东所拥有，他们有动力和能力对经营者进行有效的直接约束，可以提高公司的监管效率，有助于公司绩效的提高。但股权过于集中，大股东很可能利用手中的控制权进行"隧道行为"（tunnelling），掠夺其他中小股东，也不利于公司绩效和治理效率的提高。因此，本文提出以下假设：

假设4：股权集中度与公司绩效之间存在倒"U"型曲线关系。

三、研究设计

1. 研究变量

（1）绩效变量。本文从公司的盈利能力、资产管理能力、偿债能力及成长能力四个方面选取了每股收益、主营业务利润率、净资产收益率、总资产利润率、应收账款周转率、存货周转率、总资产周转率、流动比率、资产负债率、净利润增长率、净资产增长率、总资产增长率共12个指标，然后用主成分法在累计贡献率大于85%的情况下，从12个变量中获取一个综合绩效指标 F。

（2）股权结构变量。股权结构变量分为两类：一类是持股比例与公司绩效的关系，本文主要衡量终极控股股东持股比例和流通A股比例与综合绩效 F 的关系；另一类是股权集中度与公司绩效的关系，本文用CR-5指数表示股权集中度，衡量CR-5指数与综合绩效 F 的关系。

（3）控制变量。

公司规模变量（size），本文选用公司资产总额的自然对数作为公司规模变量。

公司上市年数（age），本文选用公司上市年数的自然对数作为公司上市年数的变量。

机构投资者虚拟变量（INN），公司前十大股东中如果存在机构投资者，则 INN ＝1，否则 INN ＝0。

终极控股类型虚拟变量（UC），终极控股股东如果是国有终极控股，则 UC ＝1；如果是私人终极控股，则 UC ＝0。

终极控股股东主体虚拟变量（$IDEN_i$，$i=0，1，2，3，4$），$i=0，1，2，3，4$ 分别表示终极控股股东是高校、国有资产管理机构、央企、地方政府和私人。如果样本公司属于国有资产管理机构，则 $IDEN_1=1$，否则 $IDEN_1=0$，其他终极控股股东类型虚拟变量依此类推。

行业虚拟变量（$INDUMM_i$，$i=1，2，3$），本文考察了四组行业变量，即农林渔业、制造业、生物制造业和房地产业。当样本公司属于农林渔业，则 $INDUMM_1=1$，否则 $INDUMM_1=0$，其他行业依此类推。

2. 研究模型

考虑到个体变量对绩效的影响，采用固定效应面板数据模型进行分析，基本的回归模型是：$Y_{it}=\alpha_i+\beta X_{it}+\gamma Z_{it}+\varepsilon_{it}$，其中 Y 是被解释变量，X 是解释变量，Z 是控制变量，ε 是误差项，下标 i，t 表示第 i 个公司在 t 年的观察值。

3. 数据来源

本文以2002年12月31日前的深沪两市上市公司为样本，以2003—2006年的平衡数据为窗口。在样本中剔除ST公司、PT公司、金融类上市公司和数据不完整及数值异常的上市公司样本，总样本436家，年度观测值1 744个。数据主要来源于CCER数据库，其他部分数据来自上市公司年报。

四、实证结果

1. 描述性统计分析

表1是变量描述性统计结果。公司综合绩效（F）的均值为0.018。终极控股股东持股比例（X_{11}）均值为0.421，最高持股比例（0.85）和最低持股比例（0.07）相差较大，流通A股比例（X_{12}）均值为0.404，既有全流通股，也有的流通A股比例极低（0.026）。股权集中度比较高，均值为0.575，最大值是最小值的8倍。总体而言，变量均值都比较接近样本中位数。

表1   **变量描述型统计**

	均值	标准差	最小值	最大值	中位数
F	0.018	1.127	-6.794	7.621	0.014
X_{11}	0.421	0.167	0.070	0.850	0.410
X_{12}	0.404	0.143	0.026	1	0.389
X_{13}	0.575	0.138	0.121	0.957	0.591
age	1.977	0.472	0	2.833	2.079
size	21.368	0.934	18.616	25.741	21.287

表2表示的是样本在2003—2006年综合绩效指标和股权结构指标均值的变化。综合绩效指标（F）在稳步上升，在2006年有所下降；终极控股股东持股比例（X_{11}）、CR-5指数（X_{13}）都在稳步下降，流通A股比例（X_{12}）在上升，从变化趋势分析，股权结构正向着更加合理的方向转变。

表2   **2003—2006年变量均值**

	2003年	2004年	2005年	2006年
F	-0.009	0.016	0.057	0.006
X_{11}	0.448	0.441	0.424	0.371
X_{12}	0.370	0.376	0.394	0.474
X_{13}	0.600	0.597	0.584	0.517
age	1.732	1.918	2.067	2.193
size	21.241	21.348	21.430	21.476

2. 实证结果

表3是股权结构与公司综合绩效的回归结果。模型1和模型2是在终极控股类型不同的条件下终极控股股东持股比例（X_{11}）与公司综合绩效的回归结果，结果显示终极控股股东持股比例与公司绩效显著正相关，并且终极控股股东持股比例与公司绩效存在显著的正"U"型关系，国有终极控股（UC）对公司绩效有显著的负面影响。模型3和模型4是在终极控股主体不同的条件下终极控股股东持股比例（X_{11}）与公司综合绩效的回归结果，结果表明终极控股股东持股比例与公司绩效显著正相关，并且终极控股股东持股比例与公司绩效存在显著的正"U"型关系，控股主体对公司绩效有不同的影响，对公司绩效影响最

大的是私人终极控股股东（IDEN$_4$），私人终极控股对公司绩效有显著的正面影响，回归系数在1%水平显著，其次是央企（IDEN$_2$），央企终极控股与公司绩效在5%的水平下显著。模型5到模型8是流通A股与公司绩效的回归结果，结果表明流通A股与公司绩效不存在显著的线性相关与非线性相关，国有终极控股（UC）对公司绩效有显著的负相关关系，私人终极控股主体（IDEN$_4$）与公司绩效之间存在显著的正相关关系（显著性水平为1%），央企控股主体（IDEN$_2$）与公司绩效之间也存在显著的正相关关系（显著性水平为1%），国有机构终极控股主体（IDEN$_1$）在10%的水平与公司绩效正相关，而地方政府控股主体（IDEN$_3$）与公司绩效不存在显著的关系。模型9和模型10是在国有终极控股的情况下，股权集中度（CR-5指数）与公司绩效的回归结果，结果显示CR-5指数与公司绩效存在显著的倒"U"型关系，国有终极控股（UC）对公司绩效有显著的负面影响。模型11和模型12是在不同终极控股主体的条件下，CR-5指数与公司绩效的回归结果，结果表明CR-5指数与公司绩效呈显著的倒"U"型关系，不同的终极控股主体对公司绩效也有不同的影响，私人终极控股主体和央企控股主体对公司绩效有显著的正面影响，显著性水平为1%，其次是国有机构终极控股主体，地方政府终极控股主体与公司绩效无显著相关关系。综合可知，假设1至假设4均成立。在所有股权结构与公司绩效回归模型中，上市公司年数、机构投资者和公司规模对公司绩效都有显著的正面影响，在行业虚拟变量中，制造业虚拟变量对公司绩效无显著相关性关系，其余的行业虚拟变量对公司绩效具有显著的正面影响（表3中没有报告）。

表3　　　　　　　　　　　　　　　　　　　　股权结构与公司绩效回归结果

	模型1	模型2	模型3	模型4	模型5	模型6	模型7	模型8	模型9	模型10	模型11	模型12
cons	-7.141***	-6.727***	-7.226***	-6.859***	-7.236***	-7.075***	-7.267***	-7.135***	-7.396***	-7.675***	-7.516***	-7.872***
	(-24.76)	(-22.45)	(-24.98)	(-23.04)	(-24.69)	(-22.41)	(-24.79)	(-22.86)	(-25.33)	(-23.80)	(-25.48)	(-24.36)
X_{11}	0.4049***	-1.012***	0.367***	-1.055***								
	(6.29)	(-2.93)	(5.43)	(-3.07)								
$X_{11} \times X_{11}$		1.657***		1.661***								
		(4.14)		(4.20)								
X_{12}					-0.109	-0.438	-0.102	-0.388				
					(-1.44)	(-1.33)	(-1.36)	(-1.21)				
$X_{12} \times X_{12}$						0.368		0.331				
						(0.97)		(0.89)				
X_{13}									0.427***	1.059***	0.403***	1.318***
									(5.88)	(2.83)	(5.23)	(3.52)
$X_{13} \times X_{13}$										-0.534*		-0.798***
										(-1.74)		(-2.58)
uc	-0.127***	-0.134***			-0.102***	-0.106***			-0.116***	-0.109***		
	(-5.46)	(-5.6)			(-4.37)	(-4.43)			(-5.10)	(-4.75)		
IDEN$_1$			0.04	0.073			0.097*	0.096*			0.089	0.100
			(0.75)	(1.33)			(1.70)	(1.67)			(1.52)	(1.72)
IDEN$_2$			0.096*	0.119**			0.183***	0.190***			0.173***	0.172***
			(1.90)	(2.28)			(3.38)	(3.48)			(3.13)	(3.09)
IDEN$_3$			-0.022	0.0005			0.039	0.047			0.054	0.053
			(-0.50)	(0.01)			(0.81)	(0.95)			(1.11)	(1.05)
IDEN$_4$			0.129***	0.157***			0.164***	0.173***			0.184***	0.176***
			(2.89)	(3.31)			(3.25)	(3.41)			(3.67)	(3.44)
Wald	863.15	859.91	889.28	885.31	815.45	780.73	849.52	813.22	844.45	856.01	870.60	881.32

（注：＊、＊＊、＊＊＊分别表示显著性水平为10%,5%和1%,括号内为 T 值）

五、结论与分析

本文实证结果发现，我国上市公司的股权结构正朝着合理的方向转变。终极控股股东持股比例与公司绩效呈显著的"U"型关系，流通A股与公司绩效之间不存在显著的关系，股权集中度CR-5指数与公司绩效呈显著的倒"U"型关系，但不同的终极控制权和终极控股主体对公司绩效的影响也不一样，国有终极控股对公司绩效有显著的负面影响，在不同的终极控股主体中，私人终极控股主体对公司绩效影响最大，两者在1%的水平显著正相关，其次是央企终极控股主体，再次是国有机构终极控股主体，最后是地方政府终极控股主体。理论上的原因在于私人产权公司经营和激励机制较灵活，更容易适应竞争。根据La Porta（1999）"终极产权论"，中央企业直接控股的方式缩短了金字塔式权力结构中的控制链，其产生的代理成本也较小。国有资产管理机构代表国家履行国有资产出资人的职责，对国资委负有保值和增值责任，因而它们的绩效要强于地方政府管理的企业业绩。

研究结果对我国目前进行的产权改革和公司治理改革有一定的启示意义。在目前进行的关系国计民生的国有产权改革中，不能盲目地进行国有股减持，虽然国有终极控股对公司绩效有负面影响，但盲目进行国有股减持会导致走向"U"型曲线的底部，减损企业价值和降低投资者的回报，所以我们应该采取辩证的态度看待国有产权效用问题。股权分置改革的进行，有利于流通股的增加，增强了对公司管理层的外部约束，有助于公司绩效的提高。适度的股权集中度有利于公司绩效的提高，这为我国的公司股权治理改革提供了经验证据和借鉴意义。

参考文献

[1] Sun Qian, Wilson Tong, and Jing Tong. How does government ownership affect firm performance? Evidence from china's privatization experience. Journal of Business Finance & Accounting, 2002, 29（1/2）.

[2] La Porta, Rafael, Florencio Lopez-de-Silanes, and Andrei Shleifer. Corporate ownership around the world. Journal of Finance, 1999, 2.

[3] 许小年，王燕. 公司治理结构：中国的实践与美国的经验. 北京：中国人民大学出版社，2000.

[4] 何浚. 上市公司治理结构的实证分析. 经济研究，1998，5.

[5] 张维迎. 企业理论与中国企业改革. 北京：北京大学出版社，1999.

[6] 杜莹，刘立国. 股权结构与公司治理效率. 管理世界，2002，11.

[7] 陈晓，江东. 股权多元化、公司业绩与行业竞争性. 经济研究，2000，8.

[8] 曹红辉. 股权结构、产权约束与公司治理. 北京：北京大学出版社，2003.

[9] 周业安. 金融抑制对中国企业融资能力影响的实证研究. 经济研究，1999，2.

[10] 于东智. 董事会行为、治理效率和公司绩效——基于中国上市公司的实证分析. 管理世界，2001，2.

[11] 吴淑琨. 股权结构与公司绩效的U型关系研究——1997—2000年上市公司的实证研究. 中国工业经济，2002，1.

[12] 田利辉. 国有股权对上市公司绩效影响：U型曲线和政府股东两手论. 经济研究，2005，8.

国有股权、现金股利与公司治理[*]

● 罗　宏

（西南财经大学会计学院　成都　610074）

【摘　要】现金股利作为能够对公司治理和公司价值产生重要影响的财务事项，已经得到财务经济学领域的广泛关注。本文对国有股权与现金股利政策的关系进行了实证检验。研究发现，国有股比例与现金股利支付水平呈显著的 U 型关系，这与国有股权与公司价值之间的 U 型关系相一致，表明当政府持股达到一定规模，作为大股东的政府可能更愿意对公司实施公司治理投入，从而实施有利于降低公司代理冲突、支付更多现金股利的分配方案。

【关键词】国有股　现金股利　公司治理

一、问题的提出

代理问题是公司治理的核心，代理问题的产生源于现代公司制企业中所有权与经营权的分离。由于我国上市公司的治理具有明显的转轨经济特性，在对数量众多、规模庞大的国有企业进行改造和重组时，由于法律体系不完善和监督力度的薄弱，经理层利用计划经济解体后留下的真空对企业实行强有力的控制，在某种程度上成为实际的企业所有者，出现了较为严重的代理人行为。平新乔等（2003）研究发现，中国国有企业的代理成本，相当于 60% ～70% 的利润潜力。也就是说，在现存的国有企业体制下，代理成本使企业效率只达到了 30% ～40%。周立（2002）和王满四（2004）针对股东与经营者之间的代理冲突，验证了在我国自由现金流代理问题的存在，特别是约束机制对公司治理的正面效用没有得到充分发挥，导致了严重的代理问题。

降低代理冲突的机制包括激励和约束机制。激励机制即通常所谓的经理激励报酬。约束机制分外部机制和内部机制两类，前者包括产品市场、资本市场、经理市场，因此又称为市场约束；内部约束则包括机构持股、管理层持股、负债和现金股利（Claire, Marlin et al., 1999）。但是在我国，由于市场机制的不健全，来自市场的力量难以对公司内部人产生约束，在这样的背景下，包括现金股利在内的内部约束机制的作用就显得十分重要。

二、文献回顾与研究假设

近年来，基于公司治理从代理成本角度解析公司股利分配行为的理论得到了诸多学者的关注。首先将代理成本理论应用于股利政策研究的是 Rozeff（1982）。他认为，股利的支付一方面能降低代理成本，另

＊ 本文为作者主持的国家社科基金青年项目"管理层代理动机与国有企业收益分配研究"（07CJY013）的阶段性成果。

一方面会增加交易成本；公司股利发放率的确定是在这两种成本之间进行权衡。Easterbrook（1984）认为发放现金股利有调整负债比率的作用：公司支付股利使得公司未来必然面临在资本市场筹集新的资金，当公司融资时，来自资金供给者的监督无疑使得股东的监督成本大为降低。Jensen（1986）提出了自由现金流量假说：存在大量自由现金流的公司，将倾向于通过接受具有负净现值的投资方案而导致过度投资，此时股利的分配由于降低了经营者可支配的自由现金流从而削弱了其过度投资的能力，有益于公司价值的提升。沿着 Jensen 的思路，此后的许多学者从实证角度验证了股利分配对于公司治理和公司价值的意义（Lang & Litzenberger，1989；Agrawal & Jayaraman，1994；Lamont，1997；Lie，2000；Ghose，2005）。

王信（2002）认为股利的代理理论比较符合中国的情况，能够较好地解释 A 股上市公司的低派现行为。杨熠、沈艺峰（2004）对比了信号传递理论和自由现金流量假说在上市公司现金股利发放行为中的解释力，结果表明自由现金流量假说较信号传递理论更能解释现金股利公告的市场行为。李增泉、孙铮和任强（2004）的研究表明当所有权安排有利于保护投资者权益时，上市公司倾向于分配更多的现金股利，而且只有当所有权安排不利于保护投资者权益时，是否分配现金股利才会引起完全不同的市场反应。这些研究虽然结论有所区别，却都认为代理问题和公司治理结构是影响上市公司股利政策的重要因素，这一点显然有其积极意义。

也就是说，现金股利作为能够对公司治理和公司价值产生重要影响的财务事项，已经得到了财务经济学领域的广泛关注。然而，国有股权背景下现金股利的治理效应，即国有股权与现金股利政策的关系仍未得到学者们的重视，迄今为止，在我国尚无研究国有股权、现金股利政策与公司治理效应关系的经验证据，也还没有对国有股权在现金股利发挥公司治理效应、提升公司价值方面可能扮演的角色做出清晰的解释。

国有股权的治理效率也是当今经济学领域研究的一个热点。Megginson & Netter（2001）、Djankov & Murrel（2002）回顾了世界各国不同所有制公司绩效的实证研究文献，认为在总体上，国有企业较私有企业效益低下。根据 Roland（2000）的总结，转轨经济中国有企业治理的根本问题在于政府干预的低效率。这种低效率一方面是由于政府可能出于政治目的对企业经营进行干预，例如，为了保障社会就业，强迫企业接收更多的雇员。另外，即使政府对企业的干预是以效率作为出发点，但由于政府在与国有企业的契约关系中，同时扮演"裁判员"与"运动员"的双重角色，而在与私有企业的契约关系中，却只作为"裁判员"，所以政府对国有企业的承诺要比对私有企业的承诺更容易失约，国有企业中普遍存在的"棘轮效应"（ratchet effect）和预算软约束（soft budgets）就是其具体的表现形式。当然，私有企业也可能同样存在棘轮效应与预算软约束问题，但是由于政府对私有企业干预的成本要显著高于国有企业，从而私有企业遇到的上述问题往往要比国有企业轻微得多（Shleifer & Vishny，1994）。

然而，一些研究却得出了与之不同的结论。吴淑琨（2002）认为当国有股比例较低时，由于动力问题而缺乏对公司的有效监督，一旦国有股比例上升到一定程度后，随着重视程度的提高和监控的加强，会有助于公司绩效的改善。郎咸平（2004）认为国有股与业绩之间呈现了"U"型的关系，认为国有企业能创造出不低于民营企业的绩效。田利辉（2005）发现国家持股规模和公司业绩的关系是一条左高右低并且先升后降不对称的"U"型曲线。作者认为国有股权对公司绩效具有两面性的影响：作为事实上的国有股东，政府存在着政治和经济双重利益，从而既通过政治干预获取公司财富，又借助公司治理和优惠待遇提升公司价值。从这些研究我们不难看出国有股权相对于公司治理（公司价值）而言，具有积极的一面。

由于国有股权与公司治理效率之间存在两面性，我们推测国有股对现金股利支付比率的影响同样具有两面性。当国有股比例较低时，由于缺乏监管的动力，加之对企业的政治干预、公司严重的内部人控制等问题导致较为严重的利益侵占，公司缺乏通过现金股利降低代理成本的动机，则现金股利支付水平较低；而一旦国有股比例超过某一水平时，政府可能重视公司价值的提升，这就存在分配现金股利的动机。于是，我们提出研究假设，国有股的比例与现金股利支付水平呈"U"型关系，即现金股利支付水平开始随国有股比例的提高而减少，而后又随着国有股比例的提高而增加。

三、研究设计

（一）样本选择与数据来源

本文选择 2001—2004 年在深市和沪市上市交易的所有分配现金股利的 A 股公司为初选样本。鉴于中小企业板启动时间较短，加之企业规模等因素的区别，本研究样本不包括中小企业板上市公司的数据；由于金融行业经营业务和财务表现的特殊性，本文将金融行业上市公司的数据从初选样本中剔除；在使用其他数据补漏措施未果的情况下，剔除了相关数据缺失的样本。经过以上步骤后，最后得到在沪市和深市主板上市、资料齐全的非金融类上市公司的所有数据，共 2 457 个观察值。这些观察值的年度与行业分布详见表 1。

表 1   样本的行业及年度分布情况

行业	2001 年	2002 年	2003 年	2004 年	合计
A 农林牧渔业	15	11	8	17	51
B 采掘业	12	14	17	20	63
C 制造业	365	315	345	381	1 406
D 电力、煤气及水	37	34	37	45	153
E 建筑业	8	6	13	12	39
F 交通运输、仓储业	31	28	31	41	131
G 信息技术业	31	32	32	34	129
H 批发和零售贸易	45	37	37	43	162
J 房地产业	19	20	17	26	82
K 社会服务业	23	26	18	22	89
L 传播与文化产业	6	4	4	2	16
M 综合类	44	33	26	33	136
合计	636	560	585	676	2 457

本研究的财务数据和市场交易数据来源于国泰君安公司 CSMAR 年报财务与交易数据库，有关财务指标则根据其提供的数据进行计算得出。数据补漏则主要涉及深圳、上海证券交易所网站和其他证券类网络媒体。

（二）检验模型与变量说明

1. 检验模型

为了检验以上提出的假设，本文使用以下回归模型：

$$DIVIDEND = \alpha + \beta_1 NATIONAL + \beta_2 NATIONAL^2 + \beta_3 EPS + \beta_4 NEPS + \beta_5 MPS + \beta_6 DEBT + \beta_7 GROW +$$

$$\beta_8 LIQUID + \beta_9 LNASSET + \sum_{i=10}^{20} \beta_i INDU_i + \sum_{j=21}^{23} \beta_j YEAR_j + \varepsilon$$

2. 变量说明

（1）被解释变量。被解释变量为 DIVIDEND。该变量为每股现金股利，反映公司当年现金股利支付水平。

（2）解释变量。解释变量为 NATIONAL，即国有股权的比例。

（3）控制变量。为保证本研究结果的可靠性，我们对可能影响公司现金股利支付水平的因素进行了控制，主要控制变量包括：

盈利能力指标（EPS），预期 EPS 变量的回归系数为正。

每股未分配利润（NEPS），一般而言，公司盈利能力越强，累计未分配利润越多，分配现金股利的比率就越高，故预期 NEPS 的回归系数为正。

每股货币资金（MPS），为年末货币资金与总股数的比值。一般来说，资金越充裕，分配现金股利的可能性越大，故预期该变量的回归系数为正。

公司负债率（DEBT），即年末负债总额与资产总额的比值，该变量的回归系数预期为负。

流动比率（LIQUID），表示公司年末流动资产与流动负债的比率，预期该变量的回归系数为正。

成长性指标（GROW），用净利润增长率代替，预期该变量的回归系数为正。

公司规模指标（LNASSET），即公司年末总资产账面价值的对数值，预期该变量的回归系数为正。

行业控制变量（IND），由于不同行业在宏观经济环境中所处的地位不同，在行业性质、成长周期等方面存在差异，公司在作出股利分配决策方面有所区别，故本文使用行业哑变量控制行业因素的影响。我们使用中国证监会 13 个行业的分类办法，使用 11 个行业哑变量（本研究不包括金融业）。IND 具体的取值方法为如果公司属于某行业，则取值为 1，否则取值为 0。

年份控制变量（YEAR），由于宏观经济环境的变化，不同年份的股利政策可能存在差异。为控制宏观经济环境对股利政策的影响，我们在回归模型中加进了年份哑变量。

3. 主要变量描述性统计

表 2 对各主要变量进行了描述性统计。从表 2 我们可以看出，国有股比例的均值为 0.35，中位数为 0.38，表明国有股在我国的绝对优势地位。从表 2 还可以发现，分配现金股利公司每股现金股利均值为 0.14 元，中位数为 0.1 元，每股收益（EPS）的均值为 0.29 元，中位数为 0.24 元，表明从整体上看，观察样本每股收益中有大约一半的收益作为现金股利分配给了投资者。每股未分配利润（NEPS）的均值为 0.41 元，中位数为 0.32 元，最大值为 3.06 元，而最小值仅为 - 3.69 元，说明不同公司之间每股未分配利润存在较大的差异。每股货币资金（MPS）的均值为 1.29 元，中位数为 0.96 元，最大值为 11.47 元，而最小值为 0，反映不同公司之间资金的丰寡程度完全不同，有的公司资金充裕，而个别公司资金十分紧张。公司负债率（DEBT）的均值为 0.42，中位数为 0.41，最大值为 0.95，而最小值为 0.01，说明样本公司负债率平均为 42%，表明这些上市公司整体负债水平不高，但个别公司负债率明显偏高，财务风险较大，而有的公司负债率很低，未能很好利用财务杠杆收益。成长性指标净利润增长率（GROW）的均值为 0.43%，反映分配现金股利公司整体的成长能力不强，而且不同公司成长性差异较大。流动比率 LIQUID 的均值为 1.88，中位数为 1.46，最大值为 41.97，最小值为 0.11，说明从整体上看，我国上市公司流动资产对流动负债具有一定的保障，但不同公司存在明显不同。公司规模指标 LNASSET 的均值为 21.34，中位数为 21.20。

表 2　　　　　　　　　　　　　　　　　　　主要变量描述性统计

	Mean	Median	Maximum	Minimum	Std. Dev.	Observations
DIVIDEND	0.14	0.10	1.00	0.00	0.11	2 457
NATIONAL	0.35	0.38	0.85	0.00	0.27	2 457
EPS	0.29	0.24	2.41	-2.71	0.23	2 457
NEPS	0.41	0.32	3.06	-3.69	0.39	2 457
MPS	1.29	0.96	11.47	0.00	1.15	2 457
DEBT	0.42	0.41	0.95	0.01	0.16	2 457
GROW	0.43	0.09	149.24	-11.47	3.91	2 457
LIQUID	1.88	1.46	41.97	0.11	1.80	2 457
LNASSET	21.34	21.20	26.85	18.78	0.92	2 457

四、实证结果与分析

1. 每股现金股利与国有股权关系的多元回归分析

表 3 报告了每股现金股利与国有股权关系的回归结果。表 3 中 NATIONAL 的系数显著为负，NATIONAL^2 的系数显著为正，显著性水平均在 1% 之内。说明国有股比例与每股现金股利之间呈显著的"U"型关系，即首先随着国有股比例的增加，每股现金股利降低，当国有股比例达到一定水平后，每股现金股利随着国有股的增加而上升。与本文假设相符。也就是说，当政府持股比例较小，只是公司小股东的时候，随着持股比例的增大，每股现金股利下降。然而，如果政府持股足够多，国有股比例与每股现金股利之间的关系就出现了拐点。当政府是大股东时，每股现金股利随着国有股的增加而升高；在边际效用上，国有股比例的增加对每股现金股利水平产生了正的影响。这一拐点出现在 33.64%，是监管当局和证券市场一般所认同的相对控股范围，这说明当政府成为控股股东的时候，国有持股有一定的正面边际效用。在特定的股权结构下，对于公司现金股利的分配水平而言，较多的国有持股好于较少的国有持股。

控制变量的回归结果反映出每股收益 EPS 与每股现金股利呈显著性正相关关系，与我们的预期一致。从回归系数来看，明显高于每股未分配利润、每股货币资金等变量的回归系数，表明盈利能力是决定公司现金股利支付水平的重要因素。每股未分配利润 NEPS 的回归系数均显著为负，与我们的预期不同。说明目前上市公司每股未分配利润越多的公司，分配现金股利的水平越低，这在一定程度上可能与公司的财务政策有关，累计未分配利润多可能表明公司倾向采用积累的财务政策，积累的未分配利润未予以分配。

每股货币资金 MPS 与每股现金股利呈显著正相关关系，与我们的预期相符。表明资金充裕的公司倾向于分配更多的现金股利，即公司现金股利支付水平受制于公司资金状况。公司负债率 DEBT 与每股现金股利呈显著负相关关系，与我们的预期相符。说明公司负债率越高，财务压力越大，融资受限，这时公司支付更少的现金股利。流动比率 LIQUID 与每股现金股利正相关，符合我们的预期，但这种关系不具有统计上的显著性。以上三个变量的回归结果说明，公司分配现金股利的多少除受制于公司盈利能力外，公司财务状况的好坏，即资金的充裕程度、负债水平的高低和流动性的强弱均是影响每股现金股利水平的重要因素。

表3 每股现金股利与国有股权的回归结果

变量	预期符号	回归系数	t 值（经 white 方差修正）
NATIONAL	−	− 0.074***	− 3.012
NATIONAL^2	+	0.111***	3.027
EPS	+	0.3***	12.110
NEPS	+	− 0.056***	− 5.834
MPS	+	0.006**	2.259
DEBT	−	− 0.077***	− 4.728
LIQUID	+	0.002	1.017
GROW	−	− 0.001*	− 1.789
LNASSET	+	0.005*	1.944
INDU	+／−	控制	
YEAR	+／−	控制	
C		− 0.017	− 0.363
R^2		0.349	
Adj-R^2		0.343	
F 检验的 p 值		0.000	
D. W 值		1.975	
观察值		2457	
极值点（%）		33.64	

（注：＊＊＊表示在 1% 水平显著；＊＊表示在 5% 水平显著；＊表示在 10% 水平显著）

公司成长指标 GROW 与每股现金股利呈显著负相关关系，与我们的预期不相符。其中的原因可能在于公司成长能力越强，公司所需要的资金越多，这时公司分配现金股利就有所减少。公司规模指标 LNASSET 的回归系数为正，且能够通过显著性检验，说明规模越大的公司分配现金股利越多，与我们的预期一致。这些控制变量的回归结果说明 2001 年以来，公司分配现金股利并不是完全盲目的，公司一般都根据公司盈利能力和财务状况，考虑到公司规模和在资本市场上的形象，选择分配现金股利的水平，也就是说公司的现金股利政策是比较理性的。

2. 稳健性测试

为保证本文研究的可靠性，我们对以上研究进行相应的稳健性测试。影响研究结论最重要的因素是因变量——现金股利支付水平的选择，为此，本文增加股利支付率和股利报酬率，分别作为因变量重新进行分析，以考察模型的稳健性。之所以选择这两个指标，是因为股利支付率和股利报酬率能够分别从收益的支付比率和股价的支付比例角度衡量股利支付率。股利支付率（PAYOUT$_1$）为每股现金股利与每股收益的比值，反映收益中用以分配现金股利的比例；股利报酬率（PAYOUT$_2$）为每股现金股利与每股市价的比值，反映相对于公司当期的股价而言公司分配现金股利的水平，该指标对于投资者而言能够从公司股利支付水平角度衡量其来自于股利的报酬水平。

以股利支付率和股利报酬率为因变量，本文使用前面构建的模型对国有股与现金股利支付水平的关系重新进行了回归分析，检验能否得到相同的结论，模型的具体变量及检验结果详见表4。国有股比例在两个不同被解释变量所构成的模型中仍然表现出与现金股利支付水平之间明显的"U"型关系。说明随着国有股比例的提高，公司现金股利支付水平首先会下降，而达到一定程度后，现金股利支付水平会随着国有股比例的增加而上升。

表4　　　　　　　　　　　　稳健性测试：现金股利与国有股权

变量	因变量：$PAYOUT_1$		因变量：$PAYOUT_2$	
	回归系数	t 值	回归系数	t 值
NATIONAL	-0.337^*	-1.811	-0.010^{***}	-2.771
NATIONAL^2	0.661^{**}	2.328	0.017^{***}	3.280
EPS	-0.402^{***}	-3.918	0.016^{***}	7.360
NEPS	-0.126^{***}	-3.603	-0.005^{***}	-5.134
MPS	0.015	1.522	-0.001^{***}	-3.056
DEBT	-0.467^{***}	-3.683	-0.009^{***}	-4.072
GROW	-0.002	-0.906	0.000	-1.171
LIQUID	0.001	0.183	0.000	1.101
LNASSET	-0.002	-0.125	0.003^{***}	8.046
INDU	控制		控制	
YEAR	控制		控制	
C	0.850^{***}	2.883	-0.047^{***}	-6.796
R^2	0.057		0.212	
Adj-R^2	0.048		0.204	
D.W 值	2.003		1.987	
F 检验的 p 值	0.000		0.000	

（注：以上 t 值为经 white（1980）方差修正后的 t 值；＊＊＊表示在1%水平显著；＊＊表示在5%水平显著；＊表示在10%水平显著）

3. 国有股权与公司价值的实证检验

从以上分析我们发现国有股权与公司现金股利支付水平呈显著的"U"型关系。也就是说，当政府持股比例较小，只是公司小股东的时候，随着持股比例的增大，现金股利支付水平下降。如果政府持股足够多，国有股比例与每股现金股利之间的关系就出现了拐点。出现这样的情况，我们认为是源于政府在不同持股比例时的不同表现：当政府持股比例不大时，政府或其执行机关可以进行强势的行政干预，却不愿意进行过多的公司治理投入，此时政府的行为不利于公司价值的提高，例如减少现金股利的支付，使得内部人有更多利益侵占的机会；当政府是大股东时，政府可能更愿意对公司实施政策性的扶助和更多的公司治理投入，从而实施有利于降低公司代理冲突、增加公司价值的行为，例如选择支付更多现金股利的分配方案。为了验证这样的推论，我们利用本文的研究样本进一步对国有股与公司价值的关系进行了检验，验证随着国有股的变动，公司治理效应是否相应发生变动。国有股权与公司价值关系的回归结果详见表5。在

表 5 中，我们使用主营业务资产利润率（CROA）度量公司价值。主营业务资产利润率（CROA）与一般的利润指标有所区别。主营业务是公司具有持续性的业务，是公司价值增长的重要基础，加之受到盈余管理的影响较小，因此，使用主营业务资产利润率能够在一定程度上避免其他利润指标的缺陷，较好体现公司价值的可能水平。其分子为公司主营业务利润，分母为公司年末总资产。

表5　　　　　　　　　　　　　　　　国有股权与公司市场价值的回归结果

被解释变量：CROA

变量	预测符号	系数	t 值	p 值
NATIONAL	−	− 0.072	− 5.406	0.000***
NATIONAL^2	+	0.106	5.535	0.000***
DEBT	+	− 0.070	− 10.624	0.000***
GROW	+	0.001	2.524	0.012**
LNASSET	+	0.007	5.775	0.000***
INDU		控制	控制	控制
YEAR		控制	控制	控制
C		− 0.068	− 2.721	0.006***
R^2		0.126	F	18.413
Adj-R^2		0.119	P（F-stat）	0.000***
D.W 值		1.986	VIF	<2

（说明：***、**、*分别表示在 99%、95% 和 90% 置信水平显著，$N = 2\ 457$）

从表 5 可以看出，NATIONAL 的系数显著为负，NATIONAL^2 的系数显著为正，表明国有股比例与公司价值呈"U"型关系，与我们的预期一致。也就是说，当政府持股比例较小，只是公司小股东的时候，随着持股比例的增大，公司价值下降。当政府是大股东时，公司价值随着国有股的增加而升高；在边际效用上，国有股比例的增加对公司价值水平产生了正的影响。这一拐点出现在 34% 的相对控股范围，与国有股权和现金股利关系的拐点相符，说明当政府成为控股股东的时候，国有股可以有一定的正面边际效用。这也从另一个角度证明，国有股权与现金股利政策之间两面关系的存在，即国有股权达到一定规模后，公司存在通过现金股利政策缓解公司代理冲突、提升公司价值的动机。

五、研究结论及其意义

本文以 2001—2004 年分配现金股利公司为样本，发现国有股比例与现金股利支付水平（每股现金股利、股利支付率、股利报酬率）呈显著的"U"型关系，这表明当政府持股比例较小、只是公司小股东的时候，随着持股比例的增大，现金股利支付水平下降。如果政府持股足够多，国有股比例与每股现金股利之间的关系就出现了拐点。出现这样的情况，我们认为是源于政府在不同持股比例时的不同表现：当政府持股比例不大时，政府或其执行机关可以进行强势的行政干预，却不愿意进行过多的公司治理投入，此时政府的行为不利于公司价值的提高，例如减少现金股利的支付，使得内部人有更多利益侵占的机会；当政府是大股东时，政府可能更愿意对公司实施政策性的扶助和更多的公司治理投入，从而实施有利于降低公司代理冲突、增加公司价值的行为，例如选择支付更多现金股利的分配方案，这从一个侧面说明国有股可以有一定的正面边际效用。这也对盲目进行的国有股减持提供了有益的启示。

本文就国有股权与公司价值之间"U"型关系的结论，从另一个角度证实了国有股权背景下，现金股利发挥公司治理效应、提升公司价值的条件。也就是说，在最初，随着国有股权的增加，公司现金股利的支付水平下降，此时的公司价值也呈现下降的趋势；而一旦国有股权达到一定水平（相对控股以上）后，随着国有股权的上升，此时的现金股利支付水平开始上升，同时公司价值也呈现出上升趋势，这表明在国有上市公司中，要充分发挥现金股利的治理效应，提升公司价值，至少保持国有股权的相对控股是一个重要的条件。

此外，本文各控制变量回归结果的分析表明，公司分配现金股利的多少除受制于公司盈利能力外，资金充裕程度、负债水平高低和流动性强弱等公司财务状况的好坏，公司成长性的高低和公司规模的大小均是影响现金股利支付水平的重要因素。说明 2001 年以来，公司分配现金股利并不是完全盲目的，公司一般都根据公司盈利能力和财务状况，考虑到公司规模和在资本市场上的形象，选择分配现金股利的水平，这也反映出我国上市公司现金股利政策渐趋理性的基本事实。

参考文献

［1］ Claire E. Crutchley, Marlin R. H. Jensen, John S. Jahera, and Jennie E. Raymond. Agency problems and the simultaneity of financial decision making：The role of institutional ownership. International Review of Financial Analysis, 1999, 82.

［2］ Djankov Simeon, and Peter Murrell. Enterprise Restructuring in Transition：A quantitative survey. Journal of Economic Literature, 2002, 40.

［3］ Easterbrook Frank H.. Two agency-cost explanations of dividends. American Economic Review, 1984, 74.

［4］ Jensen M. . Agency costs of free cash flow, corporate finance, and takeover. American Economic Review, 1986, 76.

［5］ La Porta, R., Lopez-de-Silanes, F., Shleifer, A., and Vishny, R.. Agency problems and dividend policies around the world. The Journal of Finance, 2000, 1.

［6］ Lamont, Owen. Cash flow and investment：Evidence from internal capital markets. The Journal of Finance, 1997, 52.

［7］ Lang H. P., Robert H. Litzenberger. Dividend announcements：Cash flow signalling vs. free cash flow hypotheses. Journal of Financial Economics, 1989, 24.

［8］ Megginson William L., Jeffery M. Netter. From state to market：A survey of empirical studies on privatization. Journal of Economic Literature, 2001, 39.

［9］ Rozeff S. Growth. Beta and agency costs as determinants of dividend payout ratios. Journal of Financial Research, 1982, 5.

［10］ Shleifer A., Vishny R.. Politicians and firms. Quarterly Journal of Economics, 1994, 4.

［11］ Ghose, S.. Corporate governance and over-investment by the U. S. Oil Industry. Working paper, 2005, http：//www. ssrn. com.

［12］ 郎咸平. 国有绩效分析和职业经理人制度的建立. 东方早报, 2004-09-17.

［13］ 李增泉，孙铮，任强. 所有权安排与现金股利政策——来自我国上市公司的经验证据. 中国会计与财务研究, 2004, 4.

［14］ 吕长江，王克敏. 上市公司股利政策的实证分析. 经济研究, 1999, 12.

［15］平新乔，范瑛，郝朝艳．中国国有企业代理成本的实证分析．经济研究，2003，11.

［16］田利辉．国有股权对上市公司绩效影响的"U"型曲线和政府股东两手论．经济研究，2005，10.

［17］王满四．上市公司自由现金流效应实证分析．证券市场导报，2004，8.

［18］王信．从代理理论看上市公司的派现行为．金融研究，2002，9.

［19］吴淑琨．股权结构与公司绩效的"U"型关系研究．中国工业经济，2002，1.

［20］杨熠，沈艺峰．现金股利：传递信号还是起监督治理作用．中国会计评论，2004，1.

［21］原红旗．中国上市公司股利政策分析．北京：中国财经出版社，2004.

［22］周立．自由现金流代理问题的验证．中国软科学，2002，8.

对我国企业会计准则执行机制有效性的调查分析[*]

● 刘慧凤

（山东大学管理学院 济南 250100）

【摘 要】 会计准则执行的保障机制由强制实施制度的威慑机制、市场需求的激励机制、公司会计治理机制，以及会计资源的支持机制四个基本要素构成。会计准则执行机制的有效性是指这些保障机制为会计准则遵从提供的保障程度或水平。本文首先对会计准则执行机制的作用机理进行理论分析，然后采取调查研究的方法，归纳了企业界会计人员对我国会计准则执行机制的评价。结果基本肯定了我国会计准则执行机制的有效性，但是也反映了其存在的缺陷，通过对各种会计准则执行机制的作用力进行排序，可以解释企业执行会计准则的制度博弈行为。

【关键词】 会计准则 执行机制 有效性 评价

自 2007 年 1 月 1 日，我国新的企业会计准则开始在上市公司执行。新会计准则是否能够起到规范企业会计核算行为、提高财务报告质量的作用，在很大程度上受制于现行的会计准则执行机制。但国内理论界尚无关于会计准则执行机制系统评价的研究文献。对会计准则执行机制的评价包括两个层次：一是企业界对会计准则执行机制的评价；二是根据会计准则执行结果，对会计准则执行机制的社会评价。本文采取调查研究的方法，采集了企业界意见，对我国会计准则执行机制的有效性进行了初步评价。

一、企业会计准则执行机制的基本要素

机制（mechanism）来源于希腊文"mechane"，原本指机器构造和运行原理，意指机器的构成以及在运转过程中各个零部件之间的相互联系、互为作用关系及其运作方式。后来，自然科学和社会科学通过类比方式使用"机制"一词，表示一个系统内部各要素相互联系、相互作用、保障系统功能发挥作用的运行方式。以此类推，会计准则执行机制是指嵌入财务会计运行系统中，保障会计准则功能发挥的各种制约因素相互作用、相互联系的作用方式。尽管财政部非常重视会计准则实施（执行）机制建设①，但是，至今财政部并未界定什么是会计准则实施或执行机制。刘慧凤提出了企业会计准则执行机制的基本框架，会计准则执行机制由目标机制、保障机制和评价机制构成。其中保障机制由制度的威慑机制、市场需求激

＊ 本文是山东大学青年成长基金课题"高质量会计准则执行机制研究"的阶段性成果。

① 财政部长前助理冯淑萍（《会计研究》2003 年第 2 期第 7 页）提出："会计标准本身的国际化与强化会计标准的执行机制应当并举。"会计司司长刘玉廷则直接指出（《会计研究》2004 年第 3 期第 6 页）："从某种意义上，准则实施比准则制定更有难度。我们要通过强化会计监管、推进会计人员继续教育、提高职业道德等有效措施和多种形式，使各方真正了解、熟悉、掌握会计准则的原则、内容和方法，并严格按会计准则进行会计处理。"

励机制、公司激励与监督机制和资源支持机制构成。会计准则及其保障机制嵌入企业会计运行情境之中，构成了会计准则执行的情境结构①。

社会学家吉登斯在"结构二重性"假设基础上提出的结构化理论指出：由规则、市场结构以及二者所决定的资源构成的结构因素与行动在时空脉络中互动，结构约束着行动者的行动；行动者具有主动性，也在改变着结构。借鉴该理论思想，笔者提出会计准则执行的四个情境要素是制度、市场需求、公司治理和资源能力。这四个要素是结构化理论三要素在会计中的具体应用。根据结构化因素与会计准则执行之间的关系，我们建立一个企业会计准则执行的分析框架，如图1所示。

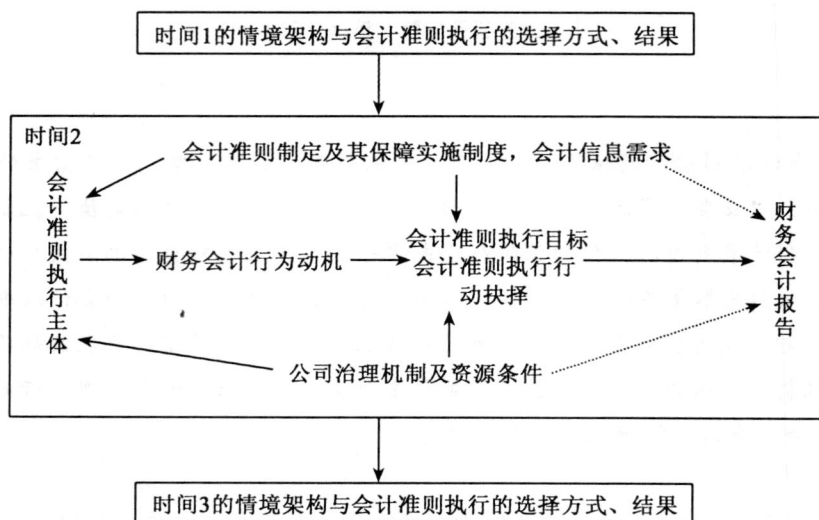

图1　情境—过程视角下会计准则执行的分析框架

会计准则执行机制正是蕴含在结构化要素中。会计准则作为一种会计技术规范，具有自我实施的能力，但由于信息不对称，存在不被遵从的风险。保障实施的宏观制度安排蕴含着威慑机制；会计信息需求蕴含着会计准则执行的市场激励机制；公司治理蕴含着会计激励和监督机制；资源影响企业执行会计准则的能力，蕴含着支持机制。会计准则执行机制通过改变企业执行会计准则的效用和心理而作用于企业财务会计行为，影响财务报告质量。

二、会计准则执行机制基本要素②作用机理的理论分析

会计准则强制执行的法律制度通过事前预警机制，启动法律风险机制，形成对会计行动者的威慑。会计监管部门通过事前、事中和事后的监督检查、处罚，支持会计准则及相关法律的贯彻实施。司法制度是通过事后法院审判对违规者进行处罚，落实法律风险，从事实上改变企业财务报告收益，是一种事后实施机制。事实上，强制执行机制具体作用的方式有两种：一是改变企业会计准则执行的预期效用；二是影响企业会计决策者的心理，产生"分离效应"和"羊群效应"。从这两个角度分析，我国企业会计准则强制

---

① 刘慧凤. 企业会计准则执行机制框架的构建. 经济管理，2007，8：77.

② 会计准则制定程序和质量是影响会计准则执行的重要因素。但是，目前新的会计准则已经颁布，我们暂且不讨论会计准则自身对会计准则执行的影响，而重点分析在会计准则一定的情况下，保障机制的有效性如何影响会计准则的执行。

执行机制存在一定局限性①。

市场会计信息需求激励主要是通过评价机制和价格机制。会计信息需求者、中介机构对会计信息进行质量评价和使用，通过信誉机制和价格机制改变企业的收益函数，影响企业的证券价格和市场筹资成本，激励企业主动遵从会计准则，提高财务报告质量。同时，市场评价机制也会产生参照点框架效应，对企业会计行为产生激励。

有效的会计信息需求激励是一种自发的激励机制，其有效发挥作用需要一定的条件，这些条件即使是现在发达的资本市场也不完全具备。另外，市场具有短视效应，可能出现市场激励的负效应，发生市场机制失灵。黄世忠和陈建明在《美国财务舞弊症结探究》一文②十分清楚地刻画了市场盈余预测诱发参照点框架效应对上市公司会计行为的负效激励："华尔街著名投资银行的财务分析师通过行业前景展望、企业财务分析、与高管人员交谈等手段，对股票交易比较活跃的上市公司的盈利前景，按照季度和年度进行预测并计算每股税后利润，形成对这些上市公司的盈利预期。如果上市公司公布的每股税后利润（通常剔除非经营性损益的影响）达到华尔街的盈利预测，则其股票价格便会上扬，否则，便会遭到华尔街严厉的惩罚。最为典型的是 IBM 公司，因某一季度报告的每股税后利润（EPS）比华尔街财务分析师预期的少一分钱，导致一天内股票价格下跌了 6%，市值损失数十亿美元。久而久之，这种盈利预期机制使华尔街形成了'顺我者昌，逆我者亡'的霸气。其结果是显而易见的，上市公司的高管人员千方百计迎合华尔街的盈利预期。"

新兴市场的有效性比成熟市场，机制失灵程度更高。因此，在新兴市场中政府常采取替代市场需求机制的会计监管措施，即替代性会计监管。替代性监管应该遵循管制性激励的原则，否则会因为会计监管措施不当引起政府监管失灵。平新乔（2003）数理分析的结论是，中国上市公司的虚报发生的区域为 $t \in [t_0 - b (1+t) /2pn (3+2m/n), t_0 + b (1+t) /2pn]$，虚假信息的区域长度与真实业绩 t 和得益系数 b 成正比，与监管力度 p、对上市公司和中介的惩罚力度 m 及 n 成反比，虚报信息披露事件发生的区域与政府监管机构发布的上市公司再融资资格 t_0 有关，但是虚假信息的区域长度与再融资资格 t_0 无关③。吴文锋（2005）和姜国华、王汉生（2005）的实证研究也指出我国资本市场的融资和 ST 政策对企业会计报告行为产生激励作用。刘慧凤指出，这是因为替代性监管政策诱发了企业参照点框架效应的反应，表明我国资本市场替代性监管政策缺乏激励相容④。

公司要通过设计激励机制和监督机制构造管理者的经济行为及会计行为的选择空间，以保障公司决策的效率和会计信息的质量，对管理者的利益激励具有会计激励效应。无论是将管理层的收益与会计业绩挂钩还是与股价挂钩，都会产生会计激励效应，当然不同激励方式的会计激励后果不同。在管理层的利益与股东利益激励相容的情况下，为了股东利益最大化的借口降低了管理层操纵会计信息的心理压力。红利计划假设⑤、股权激励与会计舞弊相关性研究已经证明了这一点。我国会计学者王华、庄学敏的问卷调查⑥表明，有 26.79% 的被调查者认为企业虚报利润的动机是为了单位负责人自身的利益，13.82% 的回答是应对上级考评，合计与负责人相关因素为 40.61%。根据前景理论分析，在企业经营环境恶化时，管理层

① 刘慧凤. 企业会计准则强制实施效率的二元分析. 山东大学学报（社科版），2007，3：98.
② 黄世忠，陈建明. 美国财务舞弊症结探究. 会计研究，2002，10：24-25.
③ 平新乔，李自然. 上市公司再融资资格的确定与虚假信息披露. 经济研究，2003，2：62.
④ 刘慧凤. 情境架构下的企业会计准则执行研究. 北京：经济科学出版社，2007：119.
⑤ Healy, P.. The effect of bonus schemes on accounting decisions. Journal of Accounting and Economics，1985，7：85-113.
⑥ 王华，庄学敏. 上市公司会计信息失真的问卷调查分析. 当代财经，2005，1：119-122.

财务压力增大，强化企业激励机制和评价机制的参照点效应，因此，面临财务压力的公司更容易玩会计数字游戏。

公司会计监督机制是一个以企业内部会计监督主体（审计委员会或监事会）为中心，以内部控制和内部审计为基础，以外部审计为业务依托主体的环环相连，在功能上互为补充的制度安排①。也许正是这个原因，国内外对独立董事、外部审计与财务报告质量关系的检验并未得出一致性的意见。Wright 选出34 对行业与规模相当的、质量好和差的公司配对研究，结果表明财务报告质量差的公司，审计委员会中独立董事的比例更低②。Peasnell 等人发现英国公司董事会中外部董事的比例与调高会计盈余的可能性有负向关系，但没有证据表明外部董事影响会计盈余③。而安然、施乐和世界通信等系列会计舞弊案研究表明，独立董事和外部审计都没有发挥应有的会计治理作用。

会计资源是企业为实现财务报告目标可以利用的法律、信息、技术、会计人员能力、事件和各种关系的总称。企业所占有的资源及其会计准则遵从能力决定了企业适应会计准则的变迁能力和实现财务报告目标的能力，影响着财务报告质量。其中，会计人员的职业水平和关系资源具有异质性，对会计准则执行效果有较大影响。如会计人员作为会计准则的执行者，其工作的效率和准确率直接影响了会计准则的遵从成本；会计人员抵制外部压力的心理承受能力和道德水平也是影响财务报告质量的重要因素；会计人员的职业判断能力越高，会计准则执行效果就越好。这是财政部要求实施新会计准则培训工作的主要原因，而关系资源对会计准则执行的影响具有权变性，如企业直接利用关系资源进行盈余管理，提升企业对资本资源的市场竞争能力，但未必提高了会计准则的执行效果。

会计准则执行机制具有嵌入性，发育不平衡，而且各个要素之间相互作用，其方式可能是互补、替代或抵消作用，因此会计准则执行机制呈现整体性结构效应，形成各国或地区会计准则执行行为特点，影响会计准则执行效果。在市场发育的初级阶段，市场不发达，强化制度功能是必然的选择，企业会计行为表现为制度适应或制度博弈，最低质量的财务会计报告成为市场主流。在市场发展的高级阶段，完善的制度和发达的市场成为外在条件，财务会计报告表现为企业间为争夺稀缺资源而进行的市场博弈，主动披露高质量财务报告成为市场的主流。在过渡阶段，制度和市场都进入相对完善期，则处于多因素主导阶段，企业会计行为取决于多方（监管者、投资者、企业竞争者、管理者）的博弈结果，财务会计报告处于低质量和高质量混同均衡阶段。

三、我国企业会计准则执行机制有效性的调查分析

在笔者承担的山东大学青年成长基金课题"高质量会计准则执行研究"的研究过程中，2005—2006年，我们开展了小规模调查研究（调查方式包括问卷调查和会计主管人员访谈，调查企业 51 个，取得调查问卷 55 份，剔除回答不完整问卷和来自同一企业的雷同问卷，取得有效问卷 51 份），得到企业界对会

① 刘慧凤，盖地．公司会计治理与公司治理：嵌入、同构还是交叉？．会计研究，2006，6：15-21.

② Warfield, T. D., John J. Wild, and Kenneth J. Wild. Managerial ownership, accounting choices and informativeness of earnings. Journal of Accounting and Economics，1995，20：61-91.

③ Peasnell, K. V., Pope, P. F., Young, S.. Outsidedirectors, boardeffectiveness, and earnings management. 1998. http：//www. ssrn. com

计准则执行机制的基本评价意见①。

1. 对强制性威慑机制的评价

我们设计了四个问题调查会计人员对我国强制性实施制度威慑力的看法：

问题之一："会计法、证券法和公司法等规定，不遵从会计标准的行为责任人要承担有关行政或法律责任，您如何看待它的威慑力？"反馈问卷统计结果是：选择"很大"的占 21.57%，"较大"的占 43.14%，"不大"的占 35.29%。这说明我国会计管制威慑力的认可比率在 64.71%，而 35.29% 的会计人员并没有感受到较大的威慑力。

问题之二：调查税法实施对企业会计准则遵从的作用。问题是："税法与会计标准有了一定的分离，税务机关的税收监管对会计标准的遵从有影响吗？"结果是：选择"有，但不大"的为 70.59%，选择"没有"的占 3.92%，只有 25.49% 的人认为税法对企业遵从会计准则具有"很大作用"。有的被调查对象进一步说明，税法对会计准则执行具有支持作用，但是由于税务监管范围有限，影响其作用。这既肯定了税法对会计准则执行的强制作用，又暴露了当前存在的问题。

问题之三：考察会计实务中是否存在"分离效应"。问题是："提高有关法律、监管条例等对不遵从会计准则行为的处罚力度和政府部门加大会计检查力度，对提高会计标准遵从率哪一种效果会更好？"可供选择答案包括"处罚力度"、"检查力度"、"其他答案"。选择这三个答案的比率依次为：68.63%、25.49%、5.88%。其实检查率和处罚率有互补关系。因为，罚而不查，不遵从会计准则者无法受到惩罚；查而不罚或轻罚，不能显示强制性制度的威慑力。但调查结果显示，只有 5.88% 的调查对象正确表达这种观点，而重视处罚者接近 70%，这验证了"分离性效应"的存在。

问题之四：考察会计实务中是否存在"羊群效应"。问题是"如果其他公司因为财务作假获得上市筹资或其他利益，您在必要的时候会效仿他们吗？"可选择答案包括"会"、"不会"、"其他答案"。结果是：选择"会"的是 24.49%，"不会"的是 67.35%，在"一定情况下会仿效"的占 8.16%。如果不能有效地打击财务报告舞弊者，有 32.65% 的企业选择仿效舞弊，肯定会大大降低财务报告的整体质量。结果验证了"羊群效应"可能出现及其程度，但出现"羊群效应"的程度不算高，这说明会计实务工作者的道德感和法律意识还是比较强的，这在某种程度上将抑制不遵从会计准则行为的发生。

以上调查结果基本肯定了会计法、证券法和公司法的法律威慑力，肯定了"分离效应"和"羊群效应"的存在。但是，绝大多数人认为税收监管对会计标准的遵从有影响，但作用不大。

2. 对会计信息需求激励机制的评价

规范分析认为，我国资本市场缺乏正向需求激励，即无论是市场自发的价格机制、评价机制还是证监会替代性监管的激励（替代性监管措施具有参照点框架效应，对我国会计准则遵从行为发挥了负效激励），都没有达到促进企业遵从会计准则、提供高质量财务报告的效果。

"您认为我国资本市场股票定价与会计信息披露质量的关系如何？""有人认为证监会对上市融资、特殊处理、退市等监管诱导企业会计作假，你认同这种观点吗？"问卷统计结果显示，认为资本市场定价机制作用很大和较大的为 61.7%，对"会计舞弊受到替代性监管措施诱导"的认同率仅为 40.42%，访谈结果对此却是认同的。

---

① 高质量的会计准则作为一种会计规范，具有使企业认可性执行和畏惧性执行的能力。我们同时调查了企业界对会计准则的看法。有 74.51% 的被调查者认为会计准则和会计制度改革提高了会计标准的严肃性；15.69% 的被调查者认为下降了，因为会计准则改革加大了企业会计政策的选择空间，提高了遵从会计准则的复杂性，这与我国会计人员的职业判断能力和执业环境不匹配。有 90.2% 的被调查者肯定：如果会计实务界代表更多地参与了会计准则的制定过程，会提高实务界对会计准则的认可度，但是此举对提高会计准则的遵从水平的作用并不是很大。

从中可以看出理论分析和调查研究有差异，导致这些差异的原因有两个：一是问卷问题设计不准确，回答者没有领会其中含义；二是，需求激励确实如此，当然，股权分置改革后会有所变化。笔者倾向于前一个原因。

3. 对公司激励与监督机制的评价

在调查"您认为高管人员薪酬是否与企业业绩挂钩对企业会计准则执行的影响"一题时，实务界对薪酬激励与会计准则遵从关系的看法不同：认为"很大"的占 19.61%，"较大"的占 29.41%，"不大"的占 50.98%。这表明公司激励机制的异质性及其对企业会计行为策略的不同影响。而访谈中企业高管认为，个人利益对会计行为有影响，但不是最重要的，因为，高管必须在实现企业计划目标的前提下实现自身利益。因此，笔者大胆推断，在目前的高管人员激励方式下，高管利益与企业利益在上市公司的资本市场表现方面相容，因此高管的利益激励对上市公司虚报具有推动作用。会计人员对企业治理中的内部监督机制与注册会计师监督效率的评价不同，上市公司会计人员对注册会计师作用评价较高（如表1所示）。

表1　　　　　　　　　　　　　会计准则执行机制作用力调查结果

调查项目名称	会计准则	处罚风险	监管手段	会计信息需求	内部会计监督	注册会计师监督	薪酬政策	会计主管水平	关系资源
指数值	7.21	6.73	6.27	5.25	5.21	5.78	4.04	5.29	5.19
排序	1	2	3	6	7	4	9	5	8
机制归类	技术约束规范	威慑机制		需求激励机制	公司会计治理（监督与激励）机制		资源支持机制		

（注：指数值 = $\sum$ 要素赋值 × 该值选择的比例数）

4. 对会计资源的支持机制的评价

我们重点调查了两种资源：关系资源和会计人力资源。其中关系与社会资本具有密切关系，关系或社会资本功能具有正面效应和负面效应二重性。被调查对象都肯定了关系资源的作用。在调查"您认为上市公司在遇到财务困难，难以实现预期的财务目标，影响到企业利益时，寻求大股东、主银行的帮助或政府帮助对缓解监管压力，避免公开造假的作用"这一问题，回收的 47 份有效问卷中，14.89% 的被调查对象回答是"很大"，63.83% 的被调查对象认为"较大"，选择"不大"的占 21.28%。但被调查者对各种关系的作用排序明显不同，体现不同企业占有的关系资源明显不同。具有国有经济背景的企业，政府的影响最大。随着商业银行的股份制改革，贷款、不良资产的控制制度日益完善，银行对企业会计的支持作用在弱化，对会计信息质量的监督作用在增强。而股东，尤其是控股股东自然是企业的重要关系，而随着关联交易的监管越来越深入，一般企业交易关系受到一些上市公司的青睐。

问卷调查对会计人员水平与会计准则遵从的相关性的看法比较分散。访谈结果认为会计主管人员的业务水平不是导致会计信息失真的问题所在，无论多么复杂的会计标准，会计人员都能掌握，会计人员并不愿意为企业利益而违法、违规，他们更倾向于把会计舞弊归因于制度设计和财务压力。这种观点说明了为什么有人对会计主管人员的水平与会计标准遵从关系赋值结果很低，说明了加强对会计人员监管的重要性。

5. 会计准则执行机制的结构效应

要求被调查对象按照对会计准则遵从行为的影响力对 9 种具体情境因素赋值，统计结果如表1所示。

从表1中可以看出，排在第 1 位的是会计准则，第 2 位的是外部威慑机制，企业层次的外部监督机制比较强，排第 4 位，但内部监督机制比较弱，排第 7 位。由于企业会计监督机制依赖于其整体效率，所以，企业会计监督机制整体效率并不高。外部需求激励排第6位，其实，市场自发需求激励并不高，而证监会替代性监管激励较高，提高了总体指数值。替代性监管激励是通过诱发参照点框架效应，激励企业财务报告的管理行为。会计主管水平和关系资源属于企业会计资源，是应对制度性管制的力量。从其构成看，关系资源排在第8位，说明它是财务报告管理的备用手段，当企业依赖自身能力、内部资源可以达到预定目标时，不会去费力调动关系资源。高管人员的水平排在第5位，但赋值为9的问卷占总数的17.02%，赋值为9、8、7的合计数占总数的40.42%，赋值为1的占总数的19.15%，赋值为1、2、3的合计数占总数的比例为25.53%，赋值的分散显示对高管人员作用的看法比较复杂。如果企业要应对会计准则的变化，要针对具体会计准则的规定制定博弈策略，调动、利用关系资源，规避会计管制和会计监督的风险，这些无不与会计人员的水平有关。表面上，这种结果减少了企业会计舞弊的现象，但未必会提高财务报告的质量。同时说明，要提高会计准则遵从水平，提高会计人员遵从会计准则的自觉性和强化道德约束很重要。

由于上述我国会计准则执行机制的系统低效和结构效应，我国企业的会计准则执行行为表现出制度博弈特征：（1）最低信息披露，几乎没有自愿信息披露行为出现。（2）会计政策选择表现为针对会计准则的博弈过程。在企业实际业绩难以达到预期目标，威胁到企业财务目标的实现时，企业首先选择利用政府资源或关联企业资源进行盈余管理，而且盈余管理的方式随着会计管制政策的转变而变化。典型案例是关联交易规范的执行过程①。这种行为诱致政府不断进行会计准则和披露制度的变迁，会计准则和披露规范不断细化，由原则导向向规则导向变迁。（3）对会计准则制定保持冷漠。其原因在于所有者缺位，公司激励机制和监督机制不健全，管理层偏好控制权收益和在职消费等隐性收入②。同时，由于会计实务人员对会计准则制定程序公开性关注程度和认同感不高，缺乏参与准则制定的动力和条件。（4）会计舞弊屡禁不止，会计舞弊手段不断翻新。低效的会计准则执行机制，无法杜绝会计舞弊行为，但是在政府会计管制制度变迁过程和政府行为转变过程中，上市公司财务会计舞弊手段出现阶段性特征。

四、主要结论

第一，会计准则执行机制的系统效率决定了财务报告的质量。会计准则执行机制的系统效率不仅与每一种机制的有效性有关，而且要求它们必须具有内在的协调性，作用力方向的一致性。上市公司会计信息披露质量体现了我国会计准则执行机制系统结构的耗散性和会计准则执行机制效率的低效。调查结果表明，我国会计准则执行机制存在着一定的缺陷，且相互作用不协调。

第二，现行机制下，我国上市公司的会计准则执行行为呈现制度博弈的特点。目前我国会计准则和实施制度优先发展，关系资源支持机制较强，其他机制相对落后，会计准则执行机制不能协调作用，因此，企业会计行为表现为制度博弈，即针对会计准则的特点和会计监管制度的博弈。这意味着企业会计行为会随着新准则的修改而变化，出现新的盈余操纵手段。

第三，我国应该从提高企业会计准则执行的能力、压力、动力、支持力、控制力等角度构建一个系统地提高会计准则遵从水平的对策体系。会计系统内的各种机制互为支撑。强制性执行机制存在的局限性对

---

① 我国上市公司最初偏爱的关联交易方式是资产置换，随着2001年财政部对《企业会计准则——非货币交易准则》的修改，限制了资产置换收益确认，资产置换的关联交易方法遭到冷遇，转向关联企业之间的资产买卖。2002年《关联方之间出售资产等有关会计处理的暂行规定》出台，限制了资产出售收益计入当期损益，上市公司又转向利用关联方之间收购和转让股权之类交易，绕开直接资产出售进行利润调节。

② 陈冬华、陈信元、万华林的实证研究发现，我国国有企业对高管人员的薪酬管制、在职消费成为国有企业管理人员的替代性选择，缺乏应有的激励机制。

诚信机制、道德自律等非正式制度和市场机制提出了需求；自发市场机制失灵导致政府替代性监管制度的产生；政府替代性监管失灵又把会计准则遵从约束推向公司治理机制，提高了对公司自我遵从能力的依赖。反过来，如果企业缺乏自我遵从会计准则的激励机制，将加大对强制执行机制的依赖；而强制机制的局限性又决定了对其过度依赖必然无法杜绝会计准则的低水平遵从，乃至不遵从。社会科学的系统机制具有人为设计的特点，通过优化设计，可以改变机制作用方式和效果。要保障新会计准则的有效执行，必须系统改进会计准则执行机制，同时，应该关注内部的协调性，公司会计治理既是会计治理的着力点，也是会计系统研究的重点。

参考文献

[1] 刘慧凤. 企业会计准则执行机制框架的构建. 经济管理，2007，8.

[2] 汤姆·R. 波恩斯等. 结构主义的视野：经济与社会的变迁. 周长城，译. 北京：社会科学文献出版社，2000.

[3] 吴文锋等. 从长期业绩看设置在发行门槛的合理性. 管理世界，2005，5.

[4] 姜国华，王汉生. 上市公司连续两年亏损就应该被"ST"吗？. 经济研究，2005，2.

[5] 黄世忠，陈建明. 美国财务舞弊症结探究. 会计研究，2002，10.

[6] 王华，庄学敏. 上市公司会计信息失真的问卷调查分析. 当代财经，2005，1.

[7] 平新乔、李自然. 上市公司再融资资格的确定与虚假信息披露. 经济研究，2003，2.

[8] 刘慧凤，盖地. 公司会计治理与公司治理：嵌入、同构还是交叉？. 会计研究，2006，6.

[9] 陈冬华，陈信元，万华林. 国有企业中的薪酬管理与在职消费. 经济研究，2005，2.

[10] Healy, P. The effect of bonus schemes on accounting decisions. Journal of Accounting and Economics, 1985, 7.

[11] Warfield, T. D., John J. Wild, and Kenneth J. Wild. Managerial ownership, accounting choices and informativeness of earnings. Journal of Accounting and Economics, 1995, 20.

公司表外负债的界定和治理研究

● 陈　红

（云南财经大学会计学院　昆明　650221）

【摘　要】安然事件爆发以后，表外负债日益成为公众关注的焦点。由于表外负债自身存在的确认难、计量和披露难，会计理论和实务界对公司表外负债的研究一直处于零散和浅显的状态，相对于表内负债而言，可以说是处于一片空白。现实的惨痛教训告诉我们：如果对这些表外负债不进行研究，难免会出现更多的安然悲剧。本文拟针对表外负债的内涵和外延进行确认，通过问卷调查找出目前表外负债运行中存在的各种问题，针对这些问题，提出表外负债的治理措施。

【关键词】安然事件　表外负债　特殊目的实体

表外事项一直都是全世界各国的会计机构和专家学者长期致力研究的一个问题。英国的 ASC 早在 1988 年就专门公布了一份题为《对特殊目的的交易进行会计处理》的征求意见稿，美国的证券交易委员会除了于 2000 年 8 月 10 日正式通过了修改后的《信息公平披露法》外，还专门颁布了一项规定，该规定要求上市公司披露那些可能对公司财务状况造成重大影响的表外交易、表外安排和表外债务，说明表外交易的性质和目的，其财务影响以及其在流动性、资金来源、市场风险或信贷风险方面的意义。从 FASB 和 IASC 这两个世界著名会计机构所在国对表外信息的关注可以看出它们对信息披露的要求已经开始由会计表内转到表外。但令人遗憾的是，就在美国修改《信息公平披露法》不久的 2001 年 12 月 2 日，世界能源巨擘——安然公司突然宣布申请破产保护，申请破产的资产总额高达 498 亿美元，成为美国有史以来最大的破产案。导致安然公司破产的一个罪魁祸首就是表外交易的巨额表外负债。无独有偶，20 世纪 30 年代臭名昭著的麦肯希-罗宾逊（McKesson & Robbins）案件也采用了通过关联交易、高估资产或隐瞒负债、操纵利润的手段。这就要求我们对表外负债高度关注，在利用好它为我们服务的同时，又要避免被它所伤害。

一、公司表外负债的界定

表外负债是一种和传统负债完全不同的负债，所以我们在对其进行定义时就要注意以下两点：它是一种负债，所以，表外负债的出现会导致未来经济利益流出企业；这种负债存在确认、计量等方面的困难，所以，它通常被纳入表外进行反映。

（一）表外负债的内涵界定

公司表外负债是与公司表内负债相对应的一个概念，它主要是指那些已经成为或有可能成为公司的负债，但按照现行的会计准则制度规定和受其他因素的影响而未能在公司资产负债表中得到反映的负债。从其内容上看，它主要包括表外筹资和不确定性负债。从其范围上看，可以说是除了在三大会计主表以外的其他媒介中披露的负债都是表外负债，具体的就是应该在财务报表附注和其他财务报告中披露的负债。不管表外负债如何定义，但有两点是可以肯定的：第一，公司表外负债的行为并不都是蓄意违法的结果，绝大多数表外负债是当前的法律法规所允许的，即使没有明文规定允许，但至少也是没有明确规定禁止的；第二，绝大多数公司表外负债行为的发生是企业从事经营活动的自然结果。表外负债具有以下特征。

1. 表外负债确认方面的特征

多数表外负债是一种正在履行或即将履行以及可能履行的合约。公司表外负债和表内负债相比一个最大的特点就是它发生的不确定性，特别是它的结果具有不确定性。这种不确定性表现在是否需要偿还以及偿还对象和时间等方面都不确定，这是因为表外负债通常只能由未来发生的事项所确定，也就是表外负债发生时，并不能够明确地知道其结果，而且也是难于证实的。随着不确定性程度在未来的降低，甚至接近于消除，不确定性负债的结果才能逐渐显露。表外负债的不确定性既受内生不确定性的影响，又受外生不确定性的影响。如资产证券化、售后资产的回租、附有追索权的应收账款出售、环境负债、物价变动负债、未决诉讼和质量担保负债等的不确定性就是既有企业自身经济业务的不确定性，同时又有会计准则本身规范的不确定性。正因为这样，表外负债的确认就不像表内负债那样容易和清晰。表外负债确认本身的困难，最终导致其内容的不确定性增大。

2. 表外负债计量方面的特征

表外负债由于受到许多条件的限制，导致它在计量方面具有极大的不确定性，也就是其金额更多地需要进行估计。除此之外，这种不确定性一方面表现在计量手段的不确定性，即它除了用货币进行计量外，还可以用非货币的手段进行计量；另一方面，表外负债的许多指标除了财务指标外，还有一些非财务指标，所以说表外负债在计量方面处处充满了不确定性。

3. 表外负债披露方面的特征

（1）表外负债可以把非货币化或非数量化会计信息纳入披露范围。

（2）表外负债披露由于没有固定的媒介、固定的格式、固定的项目和固定的填列方法，因而可以反映企业发生的特殊经济业务。

（3）表外负债反映的会计信息着重在揭示未来将会发生的信息，它更多的是要遵循现实成本原则，所以它能反映负债主体和经济环境发生变动等复杂情况下的会计信息。

（二）公司表外负债的外延界定

1. 表外融资负债

表外融资是指不需要在资产负债表上体现的债务融资方式。它具有灵活性、隐蔽性和风险性，表外融资具体包括以下几种：（1）租赁。以租赁形式形成的表外融资包括：经营租赁、长期租赁、售后资产回租三种方式。（2）附有追索权的应收账款出售。（3）资产证券化。（4）未合并实体。未合并实体的融资方式主要有未合并的子公司、合营企业、特别目的的实体三种方式。（5）项目融资。（6）研究与开发安排。（7）项目筹资协议。（8）售后资产回购。（9）加工装配。（10）补偿贸易。（11）应付债券的视同清偿等。

2. 不确定性负债

不确定性负债的特点主要包括：一是结果的不确定性；二是计量的不确定性；三是发生的不确定性。具体包括：（1）或有负债产生的表外负债；（2）金融工具产生的表外负债；（3）资产重组引发的负债，通常有四种方式：承担债务式、购买式、吸收股份式、控股式；（4）关联交易引发的负债；（5）环境负债；（6）人力资源负债；（7）币值变动负债；（8）无形资产负债——负商誉；（9）可赎回的优先股；（10）应付退休金，等等。

二、表外负债存在的弊端分析

1. 企业的诚信受到影响

企业如果过分运用表外融资，而又不对之进行详细披露，那么会使得公司财务失去透明度和公信力，在欺骗社会公众的同时，也会把自己推向崩溃的边缘，安然公司便是一个鲜明的例证。而对于像环境负债、币值变动负债等不确定性负债，如果企业没有事先对这些负债进行预测和披露，那么投资人和社会公众就有理由相信该企业在进行信息披露的时候是在有选择地披露那些对企业有利的信息，而把那些会导致企业股价下跌的信息有意隐蔽起来。这样就违反了信息充分披露的原则，导致企业的社会公信度降低。

2. 所有者的风险加大

第一，表外融资没有在资产负债表中反映，也就是说公司表外融资增加的负债被隐蔽起来，导致所有者无法辨清企业经营前景，使得所有者对经营者的业绩很难做出正确的评价，特别是对于一些影响较大的或有负债、环境负债，它们日后的发生对企业往往是一场灾难；第二，由于表外融资不受负债比例的限制，当企业的投资收益率低于债务成本率时，经营者仍可能采用表外融资来筹集资金，以获得较宽松的财务环境，并由所有者来承担最后沉重的债务负担，这就加大了所有者的风险；第三，表外债权人有可能利用较高的收费标准掠走表内债权人可能得到的本息，特别是当表外筹资费用较高时就会造成企业亏损或利润的减少，相应会使本属于表内债权人的利益得以减少；第四，利用表外负债进行筹资，虽然可以使表外债权人能够收取较高的资金使用费，但其本金却处于无保障的状态，因为对于债权人来说表外负债相比表内是一种处于地下状态的债务，故其受法律保护的程度就相对较低；第五，表外负债的灵活性和会计准则的滞后性，已经使得监管者越来越难于应付日益复杂而且愈来愈巧妙的表外负债方式。加之表外负债的隐蔽性和不确定性更加大了市场监管者的难度，使其在依据现有规则进行监管时，要么因情况不明而无从下手，要么因规则的限制而无可奈何。

三、当前公司表外负债研究存在的问题

美国财政部副部长助理罗伯特·N. 里德在参加 2003 年中国会计改革与发展国际研讨会上做的主题发言（《美国会计准则是如何制定的》）中专门提到了表外负债的问题①，他指出："表外负债问题正如安然公司的负债一样，是一个非常敏感的话题。安然公司的（许多）负债都没有在资产负债表上出现，这使它的股价一直很高。但当这些表外负债出现时，公司的股价开始下跌，整个公司也垮掉了。"为了弄清楚我国会计实务界对表外负债的认识程度，本人专门做了一个调查。以下的论述就是结合本人的调查结论进行展开的。

这次问卷调查共发出 250 份问卷，收回有效问卷 133 份，占发出样本的 53.2%，可以说本次问卷调查基本上是成功的。现对样本构成情况分析如下：

本次调查主要是针对云南省的会计人员进行的。人员年龄构成方面，30~40 岁的占 61.72%，40~50 岁的占 28.60%，两者合计占 90.32%。在职称方面，中级职称的占 92.5%，高级职称的占 3%。学历方面，大学本科学历占 54.9%，大学专科学历占 33.8%，两者合计占 88.7%。在职务构成方面，会计机构

---

① 财政部会计司. 积极开展国际协议完善我国会计准则体系. 大连：东北财经大学出版社，2004：110.

负责人占52.6%，会计人员占28.6%。以上这些数据表明接受本次问卷调查的人员中多数受过正规良好的教育，对于会计理论掌握较好，在企业中担任中高层岗位，并且具有多年的工作经验和比较丰富的实践经验。因此，他们对表外负债在企业中的情况以及在报表中的披露，都应该有比较真实可靠的了解。

（一）会计界对表外负债的认识有待提高

本次调查中，对于表外负债的理解程度，我设定了四个答案：很清楚、清楚、了解、不清楚，其中回答很清楚的占有效资料的10.5%、清楚的占33.8%、了解的占31.6%、不清楚的占23.3%、未回答的占0.8%。从中可以看出，我国会计人员对什么是表外负债的理解情况一般，具有清楚以上理解程度的占的44%，了解程度以下的占的56%。至于目前对于表外负债概念的来源，在回答的人员中，主要集中于会计准则、书本、实践经验、会计人员的交流。

（二）会计界对表外负债信息的看法参差不齐

1. 实际工作中遇到的表外负债情况少

对于实际工作中是否遇到表外负债，回答没有遇到的约有52.6%，遇到的37.6%、不清楚的7.5%、未回答的占2.3%。

2. 需要披露的表外负债类别主要涉及我国会计准则中已经有规范的部分

对于需要披露的表外负债的种类，本人设计了30种表外负债，按选择人数多少进行排序，选择需要披露的表外负债的种类有：未决诉讼产生的表外负债54.89%、产品质量担保产生的负债54.89%、贷款担保产生的负债54.89%、商业票据贴现产生的负债54.89%、赠品和购物优待券产生的负债54.89%、关联交易引发的负债38.35%、经营租赁36.1%、资产重组引发的负债35.34%、无形资产负债25.56%、售后资产回租21.1%、补偿贸易产生的负债21.1%、加工装配产生的负债18.8%、可赎回的优先股18.8%、附有追索权的应收账款出售16.54%、商品期货产生的负债15.4%、金融远期合约产生的负债15.4%、金融期货合约产生的负债15.4%、金融期权产生的负债15.4%、金融互换产生的负债15.4%、清理被污染土地、空气、水等资源的负债13.53%、违反环境法律和规范可能遭受的污染赔偿与罚款支出13.53%、人力资源负债13.53%、物价变动形成的负债11.28%、研究与开发安排11.28%、应付退休金11.28%、未合并实体10.52%、资产证券化9.02%、产品融资协议9.02%、项目融资9.02%、应付债券的视同清偿7.5%。

3. 会计界对表外负债的类别认识趋向多元化

对于被调查者所在企业是否存在表外负债，大约有25.6%的人回答有表外负债存在，51.1%的人回答表外负债不存在，还有15%的人回答不清楚，没有回答的占8.3%。说明大多数人不清楚或不认为本企业存在表外负债。至于单位表外负债的类别，有64.66%没有回答；在回答的人中，结果趋向多元化。按照回答的比例依次排序是：贷款担保产生的负债80.85%、商业票据贴现产生的负债63.83%、产品质量担保产生的负债57.45%、未决诉讼产生的表外负债48.94%、关联交易引发的负债48.94%、经营租赁产生的负债42.55%、清理被污染土地、空气、水等资源的负债42.55%、违反环境法律和规范可能遭受的污染赔偿与罚款支出34.04%、人力资源负债29.79%、售后资产回租27.66%、资产重组引发的负债25.53%、应付退休金23.4%、加工装配产生的负债23.4%、赠品和购物优待券产生的负债21.27%、未合并实体产生的负债21.27%、商品期货产生的负债19.15%、物价变动形成的负债19.15%、无形资产负债17.02%、附有追索权的应收账款出售17.02%、补偿贸易产生的负债14.89%、金融期货合约产生的负债12.76%、金融期权产生的负债12.76%、资产证券化12.76%、项目融资10.64%、金融远期合约产生的负债10.64%、产品融资协议8.51%、可赎回的优先股8.51%、研究与开发安排8.51%、金融互换产生的负债6.38%、应付债券的视同清偿6.38%。

4. 表外负债的披露情况不容乐观

（1）大多数被调查者认为目前不存在完整的表外信息披露报告体系与表外负债披露报告体系。对于表外负债披露体系，回答有报告体系的占6%，无报告体系的占60.9%。

（2）表外负债披露不够详细。在已经建立表外信息披露报告体系的企业中，披露很详细的占1.5%，详细的占10.5%，简单的占42.1%，未回答的占45.9%。

（3）领导对表外负债披露的重要性认识不够。在调查表领导对表外负债披露的重视程度栏中，有48.1%的人选择了不重视与未回答，有51.9%的人选择领导重视的程度在一般以上。

5. 注册会计师对表外负债的关注度不够

注册会计师在对被调查者所在企业的审计过程中，对表外负债的情况，详细了解的占12%，一般了解的占30.1%，不做了解的占14.3%，未回答的占43.6%；进行表外负债审计的占12%，没有审计的占27.1%，向管理当局建议重视的占17.3%，未回答的占43.6%。

四、加强对表外负债的治理

表外负债的存在是我们谁也无法逃避和回避的现实，我们对它只有通过规范管理，加强治理，将其风险降到最小，使其最大限度地为我们服务。

1. 以原则为导向，建立高质量的含表外负债规范的会计准则体系

对于我国目前会计准则中表外负债规定的满意程度，根据本人的统计，选择有规定但不完善的占57.9%，规定完善的占3.0%，无规定的占17.3%，没有回答的占21.8%，由此可以看出，多数会计认为目前的会计准则对于表外负债有规定，但不完善。考虑到多数人认为表外负债的重要性，以及对会计信息使用者的有用性，我国目前的会计准则中关于表外负债的规定以及其他信息需要进一步完善。表外负债项目由于它们本身的特殊性，即不确定性，加大了对这些负债进行确认、计量和反映的难度，所以对这类负债只能采用以原则为导向的会计准则。

2. 进一步完善会计准则规范

我国自1997年开始发布具体会计准则，以会计标准国际协调为导向之一，使我国制定的具体会计准则已与国际惯例达到了大同小异①。我们虽然充分吸收了国际会计准则的思想，也已制定了涉及期货等衍生金融工具的具体会计准则②，但总的来看，对公司表外负债的确认、计量、披露等问题尚没有形成能付诸实施的具体会计准则。从会计准则制定的前瞻性来考虑，在我国还没有普遍运用表外负债进行资本运作时，应该高瞻远瞩，尽快制定规范表外融资和不确定性负债的具体会计准则，充分吸收国际会计准则和美国针对安然事件已取得的经验，防患于未然。

3. 尽快制定特殊事项的会计准则

安然事件发生后，安达信首席执行官乔·贝拉尔迪诺（Norris，2002）在接受记者的采访时，曾发出这样的感慨："安达信无权迫使客户披露特别目的实体（SPE）的风险和损失，客户常说，准则并没有要求对此给予披露，你不能要求我遵循更高的标准。"安然丑闻初露端倪时，在安达信的倡议下，"五大"的首席执行官2001年12月发表了一份联合声明。该声明指出美国的会计准则至少存在三个方面的弊端，

---

① 盖地. 大同小异：中国企业会计标准与国际会计准则，会计研究，2001，7：31.
② 企业会计准则22号——金融工具确认和计量；企业会计准则23号——金融资产转移；企业会计准则24号——套期保值；企业会计准则37号——金融工具列报。

其中一个最大的弊端就是对管理交易、特殊目的实体、金融工具市场风险（包括能源合同）的披露要求含糊其辞，缺乏明确指导。对有些特殊项目，即使已经制定出了会计准则，但对它们如何进行披露也没有一致的说法。我国到目前为止所出台的准则主要还是对那些能够准确确认、计量和报告的经济事项进行规范，而对那些难于规范的表外融资和不确定性负债就一直没有进行较系统的研究，更谈不上进行规范了。因此，我们应尽快出台相关准则和制度，避免企业有漏洞可钻。

4. 制定表外负债的分析评价体系

传统的财务理论对公司偿债能力的分析评价主要是集中在表内这部分，由于表内负债仅仅只是负债的一个方面，所以如果仅仅通过对表内负债的分析就代表整个企业的负债情况，那难免有以偏概全，只见树木不见森林的嫌疑。关于资产负债表，巴林银行董事长彼得·巴林曾认为资产负债表没有什么用，因为它的组成在短期内就可能发生重大的变化，因此，彼得·巴林说道，别以为披露更多资产负债表的数据，就能增加对一个集团的了解，那真是幼稚无知。在这里我们暂且不去考虑这句话的科学合理性，但有一点可以肯定的是要准确判断一个公司的负债情况，必须将该公司的表内、表外负债全部纳入其中进行考虑，也就是要根据企业的需要专门编制一套针对表外融资和不确定性负债的评价体系。在这套评价指标体系中要对有表外负债的企业专门设置一套评价指标，针对表外融资和不确定性负债的特点分别制定不同的评价标准。

5. 加强对表外负债的审计

瓦茨（Watts）和齐默尔曼（Zimmerman）认为审计是为了降低代理成本而设计的一种工具，有效的审计能够增加管理者提供的财务报告的可信度[①]。事实证明，加强对公司表外负债的审计是很有必要的，但现实的情况是注册会计师对这方面的关注程度却不够。本人的问卷调查显示：注册会计师对于企业的表外负债侧重于了解，而相关审计却做得不多，亟待加强。

五、加强对公司表外负债的信息披露

（一）公司表外负债披露的压力和动因

安然事件发生后，2002 年 7 月 25 日美国国会通过了 Sarbanes-Oxley Aact of 2002，在第四章"强化财务信息披露"第 401 节"定期报告中的披露"第 J 款中专门规定了资产负债表的表外业务——SEC 将出台规定，要求上市公司申报的年度报告和季度报告中披露所有重大的资产负债表外业务、合同、义务（包括或有义务）。表外负债信息披露对会计信息使用者的影响是很大的。本人的问卷调查显示：对于表外负债信息披露对会计信息使用者的影响方面，认为很有影响的占 16.5%，有影响的占 63.9%，一般的占 6.8%，而认为没有影响的只占 0.8%，另外有 12.0% 没有回答。为此，调查表中有 54.1% 的人选择表外负债信息应当披露，25.6% 的人选择可以披露。

（1）外部压力的增大会迫使公司披露表外负债的信息。调查结果显示，外部压力促成公司进行表外负债披露的占 38.63%。

（2）表外负债的披露可以为公司发展提供很好的决策依据。调查结果显示，认为表外负债的披露可以为公司发展提供决策依据的占 52.27%。

（3）表外负债的披露可使公司目前的融资行为合法化。调查结果显示，认为表外负债的披露可以使公司目前的融资行为合法化的占 40.9%。

---

① 瓦茨（Watts），齐默尔曼（Zimmerman）. 实证会计理论. 大连：东北财经大学出版社，1999：122.

（4）表外负债的披露将吸引更多的注意力到与之相关的领域中。调查结果显示，认为表外负债的披露可以吸引更多的注意力到与之相关的领域中的占9%。

（5）表外负债的披露可以提升公司形象。调查结果显示，认为表外负债的披露可以提升公司形象的占32.95%。

（6）表外负债的披露将对股价产生正面影响。调查结果显示，认为表外负债的披露可以对股价产生正面影响的占17.04%。

（7）表外负债披露将会给公司赢得更多的政治利益。调查结果显示，认为表外负债的披露可以给公司赢得更多的政治利益的占10.2%。

（8）表外负债披露可以赢得竞争优势。由于会计准则和制度的不硬性要求，许多公司都不披露表外负债。调查结果显示，认为表外负债的披露可以给公司赢得竞争优势的占21.59%。

（9）股东和其他利益相关者有权知道公司表内和表外的所有相关信息。调查结果显示，认为股东和其他利益相关者有权知道表外负债信息的占34%。

（10）表外负债披露可以告诉人们公司已经取得的成就。调查结果显示，有11.36%的人认为披露表外负债可以告诉人们公司已经取得的成就。

（11）其他方面的预防披露。调查结果显示，有15.9%的人认为披露表外负债有此功效。

（二）制约公司表外负债披露的因素

（1）不利于提升公司形象。有很大一部分人士（占调查的49.43%）担忧过多地披露公司的表外负债，特别是不确定性负债可能会给公司的形象带来不好的影响。

（2）一些公司存在等待和观望的心理。由于一方面当前的会计准则和制度没有要求对表外负债进行披露，另一方面进行表外负债披露的公司还不多，所以许多公司（有26.44%的调查对象持这种观点）对是否进行表外披露仍然持一种观望和等待的态度。

（3）表外负债信息披露的成本大。表外负债特别是人力资源负债、环境负债、无形资产负债等不确定性负债本身存在确认、计量等诸多问题，所以披露这些负债所要耗费的成本不亚于表内负债（有20.69%的调查对象持这种观点）。

（4）对公司表外负债数据获取能力的困难大于表内数据。由于表外负债本身所具有的确认的不确定性、计量的模糊性等特点，在获取数据的时候其难度要远远大于表内负债（有31.03%的调查对象持这种观点）。

（5）公司出于保密的需要而不愿披露表外负债。负债是企业所承担的需要用其未来的资源偿还的债务。负债对所有者而言意味着未来资源的流出，对管理者来说它增大了经营风险，对竞争对手来说是攻击对方的一个极好材料。由于这些特点，公司一般不太愿意对外公布表外负债的信息（有37.93%的调查对象持这种观点）。

（6）信息使用者缺乏表外负债这方面信息的需求。由于信息使用者长期形成的表内信息偏好和表内信息的路径依赖，表外负债一直被广大信息使用者所忽视。长此以往表外负债也就变成了次要信息的代名词（有20.69%的调查对象持这种观点）。

（7）会计准则和制度对表外负债披露的要求一直很缺乏。多年来会计准则制定者对表内信息比较重视，但对表外信息就缺乏关注。相比表内负债而言，表外负债除了或有负债在准则中有所规范以外，其他的负债就基本没有被纳入其中（有34.48%的调查对象持这种观点）。

（8）许多公司从没有想过要披露表外负债的信息。由于会计准则本身缺乏对表外负债的披露要求，信息使用人自身也对表外负债的需求不强，加之表外负债披露的难度和成本偏大等原因，许多公司从来就没有想过要披露表外负债的信息（有 12.64% 的调查对象持这种观点）。

（9）对会计信息披露领域的重要程度，表外负债信息的排序较低。调查显示，许多会计人员在进行会计信息披露的时候，最为重视的就是表内信息的披露，然后是表外资产，而表外负债往往被排在了最后（有 19.54% 的调查对象将表外负债信息排在了信息披露的末尾）。

（三）遵循"实质重于形式"的原则

针对现行财务报告存在的不足，有学者①提出要进一步完善信息披露规范体系，他们认为信息披露不应以数量来衡量，而应从这些信息披露对投资者及报表使用者的实用性、可理解性来考虑。安然的披露虽然多，但即使是专业人士也不能真正理解，其繁琐的财务数据，连标准普尔公司负责财务分析的专业人员都无法弄清数据的来源，更何况普通的投资者。因此，披露应强调反映交易的实质，要披露其风险所在，使投资者通过披露了解交易的实质及风险。本人认为对于表外负债在披露的时候遵循实质重于形式的原则比表内信息还要更加有意义。

（四）实行全面披露制度

对表外信息的披露有学者②认为"引入事项法，完全按事项来报告，或许能在一定程度上有助于问题（表外事项）的解决"。本人认为在进行表外负债披露的时候，可能要区别情况进行对待。对于表外负债中的表外融资及一些或有负债，如果能够进行确认的话，就将它们纳入表内进行规范；相反，对于那些无法在表内进行确认的不确定性负债则只能在表外进行披露。

（五）建立对称的表外负债披露的激励约束机制

表外负债的披露更多地要采用激励与约束的方式进行。我们要鼓励公司积极披露表外相关的负债信息。在具体运作时可将披露了表外负债的公司纳入第一批进行公布，并且在诚信度评价方面给予必要的加分，财务分析师在进行分析时在同等情况下也要对此给予充分的肯定。但如果仅仅靠公司的自愿进行披露，由于受诸多因素的限制，许多公司未必会对其表外负债进行披露。因此，这就要求对表外负债的披露通过准则和制度的方式进行规范。只有几方面都进行努力，表外负债的信息披露才会得到很好的执行。

正如通用电子（GE）、通用汽车（GM）、微软、思科（Cisco）、摩根、陶氏化学（Dow Chemical）及辉瑞药厂（Pfizer）等知名企业的高级财务主管在国际财务主管协会（Financial Executive International）重要议题委员会（Task Force Member）上提出的建议时指出，要改善财务报表的质量，除了要加速准则制定外，应建立以公允为基础的会计原则，同时也应鼓励企业自愿披露业绩指标。

（六）公司表外负债披露的难点

表外负债披露的重要性已被大多数人所认识。在本人所发的调查表中回答表外负债信息有用的占72%，部分有用的占 22.6%，没有用处的只占 5.4%。这说明公司应当进行表外信息披露，表外信息披露有很强的市场需求。但是，为什么目前实际进行了表外负债信息披露的企业很少（调查只有 6%）？而且在这些已经披露的企业中，很多只是简单的披露，披露的深度与广度都不够。据分析，造成披露的广度与深度受限的主要影响因素分别为：界定难（占 28.7%）、操作难（占 13.8%）、计量难（占 34.48%）、披露难（占 22.98%）。根据表外负债的情况，本人认为在对它进行具体披露的时候可按表外负债的形成

---

① 张为国等．后安然时代．北京：中国财经出版社，2003：45.
② 葛家澍，刘峰．会计理论．北京：中国财经出版社，2003：121.

分为两大类进行。第一类，表外融资，具体包括：（1）租赁：①经营租赁；②长期租赁；③售后资产回租；（2）附有追索权的应收账款出售；（3）资产证券化；（4）未合并实体：①未合并的子公司；②合营企业；③特别目的实体（SPE）；（5）项目融资；（6）研究与开发安排；（7）产品融资协议；（8）加工装配；（9）补偿贸易；（10）应付债券的视同清偿，等等。第二类，不确定性负债，具体包括：（1）或有负债产生的表外负债；（2）金融工具产生的表外负债；（3）资产重组引发的负债；（4）关联交易引发的负债；（5）环境负债；（6）人力资源负债；（7）币值变动负债；（8）无形资产负债——负商誉；（9）可赎回的优先股，等等。

（七）披露方式

1. 在报表附注中披露的表外负债及披露方式

（1）经营租赁产生的负债。 年末余额——

租赁单位	租赁日	到期日	年租金	币种	总金额	租赁条件
——	——	——	——	——	——	——

（2）售后资产回租产生的负债。 年末余额——

租赁单位	租赁日	到期日	年租金	币种	总金额	租赁条件
——	——	——	——	——	——	——

（3）附有追索权的应收账款出售所产生的负债。 年末余额——

收受单位	付款单位	到期日	年利息	币种	总金额	出售条件
——	——	——	——	——	——	——

（4）资产证券化。 年末余额——

资产名称	受让单位	证券名称	到期日	年利率	应计利息	总金额
——	——	——	——	——	——	——

（5）未合并实体产生的债务。 年末余额——

被合并单位	被合并单位承担的债务	到期日	年利息	总金额
——	——	——	——	——

（6）项目融资产生的债务。 年末余额——

贷款单位	融资日	到期日	年利息	币种	金额	融资条件
——	——	——	——	——	——	——

（7）研究与开发安排产生的债务。 年末余额——

研究与开发安排内容	参与单位	借款金额	到期日	年利率	应计利息	总金额
——	——	——	——	——	——	——

（8）产品融资协议产生的债务。 年末余额——

购买方	融资日	到期日	年利息	总金额
——	——	——	——	——

（9）加工装配。 年末余额——

委托方	到期日	加工金额
——	——	——

（10）补偿贸易。 年末余额——

购买方	融资日	到期日	年利息	总金额
——	——	——	——	——

（11）未决诉讼产生的表外负债。 涉及金额——

诉讼方	诉讼日	判决日
——	——	——

总金额

——

（12）产品质量担保。 担保金额——

产品种类	到期日
——	——

总金额

——

（13）贷款担保。 担保金额——

产品种类	到期日
——	——

总金额

——

（14）商业票据贴现。 期末余额——

承兑方	票据种类	到期日	利息
——	——	——	——

总金额

——

（15）赠品和购物优待券。 涉及金额——

产品种类	到期日
——	——

总金额

——

（16）金融远期合约。 涉及金额——

产品种类	到期日
——	——

总金额

——

（17）金融期货合约。 涉及金额——

产品种类	到期日
——	——

总金额

——

（18）金融期权。 涉及金额——

产品种类	到期日
——	——

总金额

——

（19）金融互换。 涉及金额——

产品种类	到期日
——	——

总金额

——

（20）商品期货。 涉及金额——

产品种类	到期日
——	——

总金额

——

（21）资产重组引发的负债。 时涉金额——

债权方	到期日	利息
——	——	——

总金额

——

（22）关联交易引发的负债。 涉及金额——

债权方	到期日	利息
——	——	——

总金额

——

（23）清理被污染土地、空气、水等资源的负债。 涉及金额——

清理对象	截止日	总金额
——	——	——

法律依据

——

（24）违反环境法律和规范可能遭受的污染赔偿与罚款支出。 涉及金额——

内容　　截止日　　总金额 ... 法律依据
——　　——　　—— ... ————

(25) 人力资源负债。 期末余额——计算依据
标准数　　现有数　　差额

(26) 物价变动形成的负债。 期末余额——计算依据
①持有货币数　　物价上涨率　　货币购买力下跌数 计算依据
②期末债权数　　物价上涨率　　应收款项的贬值数 计算依据
③期末债务数　　物价上涨率　　应付款项的升值数 计算依据

(27) 无形资产负债。 期末余额——计算依据
公允价　　购买价　　差额

(28) 可赎回的优先股。 期末余额——差额
优先股面值　　回购价格

(29) 应付退休金。 期末余额——当年的金额
本金　　利息

(30) 应付债券的视同清偿。 期末余额——当年提存的金额
本金　　利息

2. 报表附注披露时的文字说明

由于表外负债的特殊性，对它除了需要进行上述的基本披露外，还需要针对它的特点进行文字补充说明，这样才能充分满足信息使用人的需要。

参考文献

[1] 孙铮. 论证券市场管理中的会计规范. 上海：上海财经大学出版社，1996.

[2] 张为国等. 后安然时代. 北京：中国财经出版社，2003.

[3] 吴联生. 上市公司会计报告研究. 大连：东北财经大学出版社，2001.

[4] 耿建新，徐经长. 衍生金融工具会计新论. 北京：中国人民大学出版社，2002.

[5] 孟凡利. 环境会计研究. 大连：东北财经大学出版社，1999.

[6] 葛家澍，陈少华. 改进企业财务报告问题研究. 北京：中国财经出版社，2002.

[7] 孙菊生. 表外筹资会计问题研究. 北京：中国财政经济出版社，2000.

[8] 陈敏. 论企业表外筹资. 会计研究，1995，11.

[9] 黄世忠. 安然丑闻及其审计. 经济活页文选，2002，5.

[10] 杜兴强. 现行财务会计与报告的缺陷及改进. 财会通讯，2004，5.

［11］朱海林．金融工具会计论．北京：中国财政经济出版社，2000．

［12］许家林．表外融资与或有负债辨析．财会月刊，2002，9．

［13］沈征．英国会计准则委员会对表外筹资问题的限制及其借鉴．现代财经，1998，2．

［14］王志丽．美国的表外筹资及我国的借鉴．四川会计，1996，8．

［15］ Mark P. Bauman. The impact and valuation of off-balance-sheet activities concealed by equity method accounting. Accounting Horizons, 2003, 17 (4).

［16］ Afshad J. Irani, Irene Karamanou. Regulation fair disclosure analyst following, and analyst forecast dispersion. Accounting Horizons, 2003, 17 (1).

［17］ Laureen A. Maines, Eli Bartov, and Patricia M. Fairfield. Recommendations on disclosure of nonfinancial performance measures A. A. A. financial accounting standards committee. Accounting Horizons, 2002, 16 (4).

［18］ Shyam Sunder. Knowing what others know: Common knowledge, accounting, and capital markets. Accounting Horizons, 2004, 16 (4).

［19］ Roger C. Graham, Raymond D. King, and Cameron K. J. Morrill. Decision usefulness of alternative joint venture reporting methods. Accounting Horizons, 2003, 17 (3).

［20］ Ross L. Watts. Conservatism in accounting part I: Explanations and implications. Accounting Horizons, 2003, 17 (3).

现代企业成本管理运行模式研究

● 胡国强[1]　程　锋[2]

（1，2　广西财经学院会计系　南宁　530003）

【摘　要】现代企业成本管理运行模式一般包括以下五个环节：成本管理环境分析是对成本管理活动主体的战略、战术和信息等影响因素进行分析；战略层面成本管理运行模式的设计是从战略的层面对企业产品或劳务的目标成本进行设定以及对实现目标成本的方案进行配置；战术层面成本管理运行模式的实施和控制是从战术的层面对战略层面设计的成本管理运行模式方案实施与控制；成本管理运行模式的业绩评价是结合成本管理运行模式的实施对成本管理运行模式各个环节进行动态的衡量，考核其目标完成程度的一种价值判断过程；成本管理运行模式的信息支持是为成本管理运行模式各环节提供增加决策正确性的成本信息。

【关键词】成本管理　运行模式　业绩评价　信息支持

现代企业成本管理运行模式实际上就是现代企业产品或劳务成本的"筑入"程序（或模式）。现代企业产品或劳务成本的"筑入"程序一般包括对成本管理环境进行分析、从战略层面对成本管理运行模式进行设计、从战术层面对已设计的成本管理运行模式实施和控制、对成本管理运行模式的业绩进行评价和从信息的层面对成本管理运行模式的运行过程提供信息支持五个方面。

一、成本管理环境分析

成本管理活动是在一定的环境中进行的，成本管理环境是客观存在的，是围绕成本管理活动这一主体并对其有直接或间接作用和影响的各种客观因素的总和。从影响成本管理不同层面的角度划分，成本管理环境可分为战略环境、战术环境和信息环境。

1. 成本管理的战略环境

成本管理的战略环境主要是指企业所处的成本战略管理环境，具体包括以下五个方面：

（1）企业所处外部环境的机会、威胁和所处内部环境的优势、劣势；

（2）企业所处行业的新进入者的威胁、替代产品服务的威胁、现有竞争者间的争夺以及买方与卖方的砍价能力等基本竞争作用力现状；

（3）企业外部价值链状况，即企业的供应商价值链状况、购买商价值链状况和所处行业价值链状况三个方面；

（4）企业内部价值链状况，即企业内部的基础设施、人力资源管理以及产品开发、供应、生产、销售、一般管理、后勤服务等状况；

（5）企业总体竞争战略、一般竞争战略、业务战略三个方面的战略定位情况。

2. 成本管理的战术环境

成本管理的战术环境主要是指企业所处的成本战术管理环境，具体体现在企业的产品决策、产品设计、生产方式、生产工艺和管理因素五个方面：

（1）产品决策是生产作业战略决策在产品层次上的具体化，它根据企业生产作业目标即"生产什么、生产多少"而展开，具体又可以分为产品品种决策、产品产量决策和产品质量决策。

（2）产品设计主要包括创意产生、概念选择、技术设计、成本设计等几个方面。

（3）生产方式是指合理组织生产力的方式，如福特生产方式、丰田生产方式等①。不同的生产方式，其劳动者、劳动工具、劳动对象和信息的配置水平与整合方式也不同。

（4）生产工艺是生产的准备阶段，其内容包括生产工艺方案设计、生产工艺路线设计和生产工艺规程编制三个方面。

（5）管理因素是指企业的生产管理因素，具体主要包括生产管理当局的理念、员工的协作意识、信息化水平和企业组织类型等。

3. 成本管理的信息环境

成本管理的信息环境是指与企业成本管理信息活动有关的一切自然、社会和心理因素的总和。企业成本管理总是在一定的环境中，外界环境及其变化的客观信息，通过各种各样的信息媒介作用于成本管理主体，在成本管理主体的大脑中形成了一个虚拟的"环境影响"，并产生相应的反应，以适应环境的变化，控制环境的发展。因此，成本管理的信息环境是成本管理主体作用于成本管理客体的产物。成本管理的信息环境作为一个系统由四种基本要素构成：

（1）成本信息。成本信息构成成本管理信息环境的基础，是成本管理的信息环境系统的对象性要素。

（2）成本管理主体。成本管理主体是成本管理信息环境的主体，是成本管理信息环境系统的主导性要素，具有产生成本信息、传递成本信息、接收成本信息的功能。

（3）成本信息技术。在成本管理信息环境中主要表现为各种各样的成本信息媒介，是成本管理信息环境系统中必不可少的成本信息处理、存储、传递手段的基础。

（4）成本信息管理。成本信息管理是成本信息发挥作用、成本管理主体利用成本信息、成本信息技术高速发展的一个关键因素。成本信息管理是应用系统理论将成本信息环境各构成要素结合起来的有效途径。

二、战略层面成本管理运行模式的设计

战略层面成本管理运行模式设计包括两个方面的内容：其一是从战略的层面对企业产品或劳务的目标成本进行设定；其二是对实现目标成本的方案进行设计。

1. 目标成本的设定

目标成本的设定，简单地考虑就是根据调查来的市场价格减去企业要求的目标利润倒推出企业产品或劳务的目标成本。但是，一个企业确定其产品或劳务的目标成本并不是那么简单，在产品或劳务的目标成本设定的过程中，必须考虑企业在行业、市场和生产三个层面的目标成本。

（1）行业层面上的目标成本设定。在成本管理环境分析的基础上，特别是对企业成本管理战略环境的分析，从行业层面对企业产品或劳务的目标成本进行设定。在设定时，首先通过对行业所处生命周期阶段的分析，以及现有和潜在的竞争对手、客户、供应商、替代品、价值链和成本动因的分析，可以了解自身在行业中的成本优势，以决定自己是否进入或固守或退出某个行业，以及根据总体竞争战略（发展型

---

① 陈荣秋，周水银. 生产运作管理的理论与实践. 北京：中国人民大学出版社，2002：45.

的竞争战略、稳定型的竞争战略和紧缩型的竞争战略）采用什么样的行业成本竞争战略。其次采用价值链、成本动因、行业生命周期、五种力量分析、目标成本管理等分析工具，进行目标成本设定。

（2）市场层面上的目标成本设定。在设定行业层面的目标成本以后，通过对企业所处的市场环境和自身能力的分析，对市场层面的企业产品或劳务的目标成本进行第二次设定（或第一次修订），即对企业将要生产的产品进行市场定位。只有对产品进行正确的定位，才能正确地制定出产品的市场成本竞争战略①。在设定时，采用BCG矩阵分析法、GE矩阵分析法和产品寿命周期分析法等工具对某个产品进行市场定位，比如用BCG法可以分析出产品属于明星产品或问号产品或金牛产品或瘦狗产品，用GE法或产品寿命周期分析法可以分析出产品在市场上的地位，进而设定市场层面的目标成本。

（3）生产层面上的目标成本设定。任何企业都是"在一个特定产业内的各种活动的组合"，是"用来进行设计、生产、营销、交货以及对产品起辅助作用的各种活动的组合"②。所以，在设定行业层面和市场层面的目标成本以后，通过对企业产品所处的市场环境、产品的生命周期以及企业自身能力的分析，对生产层面的企业产品或劳务的目标成本进行第三次设定（或第二次修订），即对某种产品的具体成本竞争战略进行抉择，进而从成本的角度对生产作业系统进行战略决策，即制定生产作业系统的目标、产品决策、生产作业战略方案的确定以及产品的设计。从产品生产的层面看，这些决策是产品的决策和设计；从成本的层面看，这些决策是对产品成本的决策和设定。在设定时，首先，采用价值链分析法和成本动因分析法对企业自身与竞争对手进行分析；其次，采用成本规划和作业成本管理确定产品的目标成本；最后，采用预算管理和责任成本管理对成本进行有效控制。

2. 实现目标成本方案的设计

实现目标成本方案的设计主要通过设计、改善和创新企业的生产作业系统来实现企业从行业、市场、生产三个层面综合考虑设定的目标成本，方案的设计包括生产作业系统的特征分析、产品目标成本的分解、利用成本管理工具进行成本"筑入"和方案的评价与选择四个基本环节。

（1）对生产作业系统的特征进行分析。企业根据产品或劳务对生产作业系统进行规划，生产作业系统的规划具体包括生产方式、生产工艺、生产作业和工厂布置四个环节。实现目标成本方案的配制正是对生产作业系统规划从成本"筑入"视角的反映，是从产品的生产方式、生产工艺、生产作业和工厂布置等环节对产品成本的分解和再设计。产品决策决定生产方式的选择，生产方式决定生产工艺的选择，生产工艺决定生产作业的设计，生产作业决定工厂布置，所以，实现目标成本方案的设计在进行产品成本分解和再设计之前，必须对不同的产品的生产方式、生产工艺、生产作业和工厂布置的特征进行分析，这是实现目标成本方案设计的前提。

（2）对产品目标成本进行分解。对产品目标成本进行分解就是对生产层面设定的产品目标成本进行分解，不同的生产作业系统均按产品形成过程——按产品结构——按作业三个步骤分解，只是在分解的过程中的具体要求不同而已。

①按产品形成过程分解。按产品形成过程分解，首先是把目标成本分配到供应过程、生产过程和销售过程，形成各个过程的目标成本；然后再把目标成本分配到产品所经过的各个工序，形成各个工序的目标成本。

②按产品结构分解。按产品结构分解主要是把生产过程的目标成本分解成各种零部件成本和总装成本，分配到各个责任中心。

---

① 产品竞争战略有总成本领先战略、差异化战略和目标集聚战略三种，不论哪种竞争战略，成本是不可忽视的重要因素。即使在差异化战略下，必须对成本进行策划，以便让歧异收入大于歧异成本，同时也为取得"理想的竞争优势"打下基础。

② 迈克尔·波特著. 竞争战略. 陈小悦，译. 北京：华夏出版社，1997：36.

③按作业分解。按作业分解主要是把各工序的目标成本分配到每个工作地的各项作业上，形成目标作业成本。

（3）选择成本管理工具进行成本"筑入"。主要是根据不同的生产作业系统的特征，选择不同的成本管理方法和工业工程技术。

①可供选择的成本管理方法。可供选择的成本管理方法有目标成本管理、作业成本管理、标准成本管理、预算管理、经济批量成本管理、责任成本管理、质量成本管理等。

②可供选择的工业工程技术。可供选择的工业工程技术有：流水生产线和成组流水线等大量制造技术，JIT和看板控制等精益制造技术，MRPⅡ、ERP、CAD、CAPP、CAM、CAE、CAPP等计算机集成制造技术，以及敏捷制造技术和大量定制技术等。

（4）方案的评价与选择。对不同生产方式下的实现目标成本方案做出选择、改进或重新设计的决策。以上实现目标成本方案的设计过程如图1所示。

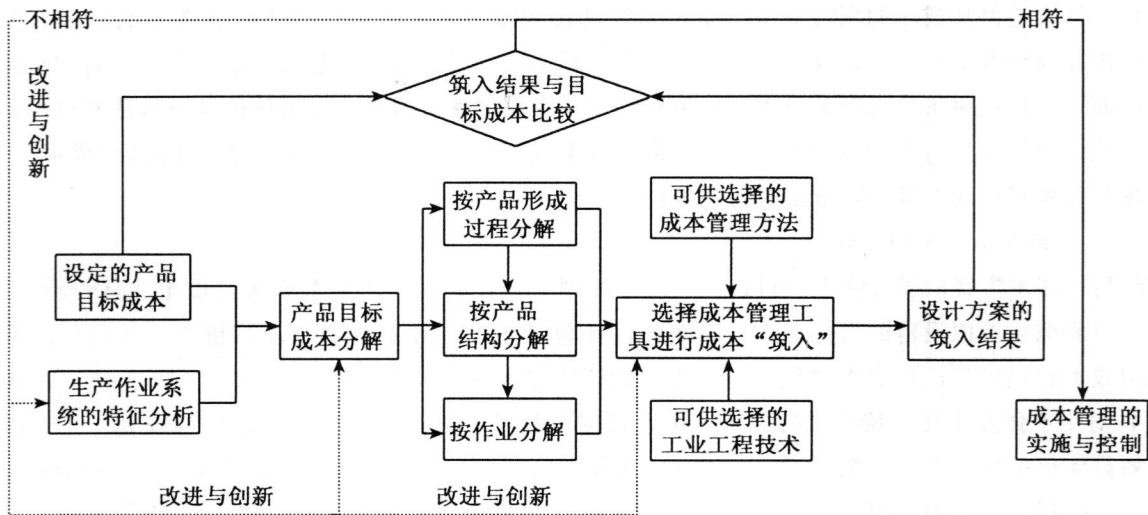

图1　实现目标成本方案的设计过程图

三、战术层面成本管理运行模式的实施和控制

战术层面成本管理运行模式的实施和控制的实质是从战术的层面对战略层面设计的成本管理运行模式方案实施与控制，也就是对设定的目标成本和实现目标成本方案实施与控制，一般包括组织结构调整、资源配置、责任中心划分、实施计划制定、实施过程控制、信息的传输和反馈六个方面。

1. 组织结构调整

要想让成本管理运行模式按计划实施并达到预期目标，必须要有相应的组织结构。组织结构很大程度上决定了目标和政策是如何建立的，同时决定了资源的配置，所以，成本管理运行模式实施的组织结构调整是至关重要的。成本管理运行模式是企业管理的组成部分，但又有其特殊性，所以，成本管理运行模式的组织结构不可能也不必要再另外设置一套组织结构，理性的选择是在充分利用企业已有组织结构的基础上，增设一些组织结构。增设专门的组织结构，在其形式上以活动型组织为主，以固定型组织为辅；在其结构上以开拓型战略组织为主，以分析型组织为辅。在调整成本管理运行模式实施的组织结构时应遵循全面完整性和精干高效性的统一、统一性和灵活性的统一，以及原则性和人本性的统一原则。

2. 资源配置

成本管理运行模式的实施与控制离不开资源配置作保证，成本管理运行模式有效的实施反过来又能保证企业资源有效的配置并创造新的资源，使企业资源增值。所以，合理地分配企业有限的资源是成本管理运行模式实施与控制的前提，也是实现成本管理运行模式预期目标的保证，其内容包括以下三个。

（1）企业资源的内容。企业资源是指企业用于行动及计划推行所需的财力资源、物力资源、人力资源、信息资源、关系资源和技术资源等。其具体内容包括采购与供应能力、生产能力和产品竞争力、市场和促销能力、财务能力、人力资源能力、技术开发能力、经营管理能力、信息收集和加工处理能力、时间把握能力、其他无形资源把握能力等。

（2）资源配置的原则。为了使企业资源得到合理有效的利用，有助于成本管理运行模式的实施和目标的实现，资源配置时应遵循整体性、重点性、风险性、例外性等原则。

（3）资源配置方式。不同的资源配置方式直接影响到企业成本管理运行模式的实施，直接影响到企业价值链活动各环节的运行成本，进而影响到企业成本管理运行模式对实际成本的"筑入"。成本管理运行模式在战略层面是对企业产品或劳务成本的一种模拟"筑入"，在战术层面对企业产品或劳务成本的一种实际"筑入"。"筑入"的目的是从战略和战术的层面保证企业价值的提升。成本管理运行模式是为企业生产产品或提供劳务方面的价值链活动进行设计和定位，同时也形成企业生产产品或提供劳务的"成本链"，所以，企业资源按照价值链的构成进行配置比较合理。

3. 责任中心划分

在企业组织结构调整与资源配置完毕以后，接下来就是根据企业组织结构和生产作业系统的特点划分责任中心，责任中心是成本管理运行模式实施的主体，在成本管理运行模式实施的过程中发挥着至关重要的作用。成本管理运行模式包括活动责任中心和固定责任中心两种形式：活动责任中心主要解决成本管理运行模式实施过程中的疑难问题，应该由技术骨干组成，该责任中心随着问题的解决而解散；固定责任中心是成本管理运行模式实施的执行者和责任的承担者。企业组织结构和生产作业系统的特点是责任中心划分决定性因素，责任中心划分的重点包括划分的原则和划分方法，责任中心的划分应遵循可控性、反馈性、一致性和责权利相结合等原则，责任中心的划分方法有自下而上和自上而下两种方法。

4. 实施计划制定

在责任中心划分的基础上制定企业的成本管理运行模式实施计划，以保证企业的成本"筑入"按预定目标实现。成本管理运行模式实施计划制定的思路是：首先，根据战略层面成本管理运行模式确定的目标和标准制定企业成本管理运行模式的总体计划；其次，把总体计划指标分配给各个一级责任中心，接着一级责任中心再把计划指标分配给各自管辖的二级责任中心，二级责任中心再把自己的计划指标分配给各自管辖的三级责任中心，依此类推下去，一直把计划指标分配到企业最基本也是最小的责任中心，各责任中心根据各自计划来约束各自的成本"筑入"。

5. 实施过程控制

要想让成本管理运行模式实施按计划运行，必然要对成本管理运行模式的实施进行控制。成本管理运行模式实施的控制是各责任中心运用一定的成本管理工具对实施过程中的成本"筑入"活动进行控制，以便让成本管理运行模式按既定的方案运行，最终实现预定的目标。

（1）控制原则。一般要遵循重要性、灵活性、成本效益性等原则。

（2）控制过程。控制过程一般运用闭环控制和防护性控制的原理，融合目标成本管理、标准成本管理、作业成本管理和责任成本管理的控制机制，按照以下几个步骤进行：第一，根据成本管理运行模式实施计划，运用目标成本管理的原理，确定各责任中心的成本"筑入"目标；第二，各责任中心根据各自的成本"筑入"目标，运用标准成本管理的原理，制定本中心各个环节和下属责任中心的控制标准，如果属于最基本的责任中心，就对本中心各个环节制定控制标准；第三，各责任中心根据本中心各个环节的特点和控制标准，确定目标达成的控制措施和工具；第四，运用责任成本管理的原理，各责任中心对本中心各个环节和下属责任中心进行成本管理运行模式评价，并上报成本管理运行模式实施报告，接受上一级责任中心的评价。

6. 信息的传输和反馈

信息的传输和反馈，对于成本管理运行模式的实施与控制以及结果的评价是必要的，也是必需的。只有及时、可靠、相关的成本管理运行模式过程和结果的信息，在不同级或同级责任中心之间传输和反馈，才能对成本管理运行模式的实施过程进行有效的控制，以及对成本管理运行模式的运行结果进行有效的评价。

四、成本管理运行模式的业绩评价

成本管理运行模式必须建立一套有效的业绩评价机制，成本管理运行模式的业绩评价是结合成本管理运行模式的实施，以企业战略为导向，通过科学设计财务与非财务相结合的评价指标及标准，采用专门的方法，对成本管理运行模式各个环节进行动态的衡量，考核其目标完成程度的一种价值判断过程。成本管理运行模式的业绩评价的步骤主要包括：第一，确定评价主体与客体；第二，确定评价目标；第三，设计评价指标体系；第四，确定评价标准；第五，收集评价信息；第六，编制评价报告等。

1. 确定评价主体与客体

成本管理运行模式的业绩评价是企业业绩评价的组成部分，其评价主体和客体与企业业绩评价一样分为两个层次：第一个层次，作为企业组织，在两权分离后，所有者及董事会经营者的业绩进行评价和考核。因此，所有者及董事会就成为业绩评价的主体，经营者的经营行为和经营成果则成为业绩评价的客体。第二个层次，大型企业内部客观存在的不同管理层次的划分，导致高层管理者对中低层管理者及雇员的业绩评价和考核。因此，任何上一级的管理者都可能成为业绩评价的主体，相应下一级的经营行为和经营结果则成为业绩评价的客体。具体到第二个层次还可以再细分为两个层次：第一个层次，企业内部客观存在的不同管理层次的划分和不同层次的责任中心建立，导致上一级管理者对其下一级管理者以及上一级责任中心对其下一级责任中心的业绩评价和考核，任何上一级的管理者都可能成为业绩评价的主体，相应下一级的经营行为和经营结果则成为业绩评价的客体。第二个层次，责任中心内部责权利关系的客观存在，导致各责任中心内部的评价和考核，责任中心的负责人就成为本责任中心的评价主体，责任中心成员的经营行为和经营结果则成为业绩评价的客体；另一方面，责任中心内部还存在着互评，责任中心的每一个人也就成为评价其他人员的评价主体，责任中心的其他人员的经营行为和经营结果则成为业绩评价的客体。

2. 确定评价目标

成本管理运行模式的评价目标是成本管理运行模式系统运行的指南和目的，它服务于企业战略目标。成本管理运行模式的评价，一定要处理好与企业战略目标之间的关系。成本管理系统的有效运行是企业战略目标实现的保证，所以，成本管理运行模式的评价目标，在战略层面应当有助于企业竞争优势的取得和保持，在战术层面应当有助于企业成本竞争优势的取得和保持，在操作层面应当有助于成本管理运行模式的实施与控制。

3. 设计评价指标体系

设计评价指标体系要以 EVA 指标作为战略层面成本管理运行模式业绩评价的核心指标，吸收传统财务业绩指标体系中合理的成分，运用 BSC 的原理和方法，构建多元化综合性的成本管理运行模式业绩评价指标体系。

4. 确定评价标准

评价标准的确定可以借鉴标杆管理法。所谓标杆管理法，也叫标杆瞄准，"是持续不断地进行比较分析、制定赶超计划并实施执行的过程"①。标杆管理法可以按照不同的分类标准来进行区分，按照标杆的来源可以划分为内部标杆管理法和竞争标杆管理法，按照标杆的内容可以划分为职能标杆管理法和流程标杆管理法。

5. 收集评价信息

成本管理运行模式实施的业绩是成本管理运行模式评价的依据，应先对成本管理系统的运行过程和结果的资料进行收集和分类，然后分析、评价各指标的实际值和权重与该指标的标准值及权重之间的差异，并找出产生差异的原因。

6. 编制评价报告

由评价主体综合各种影响目标实现的因素，得出评价结论，提出下一步的改进方案，并形成书面评价报告。

五、成本管理运行模式的信息支持

成本管理运行模式信息支持系统是对成本管理运行模式各环节相关信息进行收集、处理和输出的管理信息系统，其功能是为成本管理运行模式各环节提供增加决策正确性的成本信息。成本管理运行模式信息支持系统有信息收集、处理和输出三个子系统。

1. 成本管理运行模式信息收集子系统

成本管理运行模式信息收集的目标在于以较低的成本、准确及时地为特定的成本信息处理系统提供支持。信息的来源不外乎两个方面：公司内部和公司外部。公司内部的信息主要来自于会计信息系统和企业其他部门的信息系统；公司外部的信息范围比较广泛，例如供应商信息系统、客户信息系统以及同行业的信息系统等。为了保证系统输出的信息质量，在收集成本信息时必须选好信息源，只有信息源可靠，才能保证信息的真实。对于内部信息的收集，要对信息收集的时间、数量、口径、内容、频率等做出具体规定，并在加工处理前进行复核校正。对于外部信息的收集，要审查信息的提供单位是否可靠，对于重要的成本信息，可以通过不同途径取得，并进行相互比较核对，从中选择比较可靠的信息。成本管理运行模式信息收集系统收集一切与企业成本管理活动有关的信息。按信息的来源划分，它应包括内部信息收集模块、外部信息收集模块和调研模块。

2. 成本管理运行模式信息处理子系统

成本管理运行模式信息处理的目标在于以较低的成本、准确及时地为特定的成本信息输出系统提供支持。成本信息资料收集以后，必须经过加工处理才能成为有用的信息。信息加工处理包括逻辑处理和运算两个内容。信息的逻辑处理要经过变换、排序、核对、合并、更新等步骤。成本信息的加工处理是成本管理运行模式信息支持系统的关键环节，必须按照统一规定的程序和方法，不得随意变更，力求做到信息处理规范化。同时，随着成本管理的发展，运算的内容日趋复杂，由简单的算术运算转为复杂的数学模型求解，为成本管理的优化提供更多信息资源。信息处理可以按照用途不同分为决策型的信息处理、实施控制型的信息处理和评价型的信息处理三类，该系统主要包括操作模块、分析预测模块、存储模块和检索模块。

---

① H. 詹姆斯·哈里顿，詹姆斯·S. 哈里顿著. 标杆管理——瞄准并超越一流企业. 欧阳袖，张海蓉，译. 北京：中信出版社，2003：15.

3. 成本管理运行模式信息输出子系统

成本管理运行模式信息输出的目标在于以较低的成本、准确及时地为成本管理模式运行的特定环节或方面提供信息支持。信息通过加工处理，符合规定的质量要求，就要以一定形式输出，以供成本管理各部门应用。输出的信息内容一般包括成本管理运行模式决策、实施与控制、业绩评价信息，输出的信息在接收部门运用后还要形成信息反馈传输到成本管理部门，根据反馈信息，分析差异，找出原因，发出新的调控指令，以保证成本管理运行模式目标的实现。这种新的指令信息又输入成本管理运行模式信息收集系统，从而使成本管理运行模式信息支持系统形成一个循环。该系统分为成本核算信息输出模块、成本控制信息输出模块和成本决策信息输出模块。

综合以上对收集、处理和输出三个层面（或环节）的流程阐述，成本管理运行模式信息管理总体流程如图 2 所示。

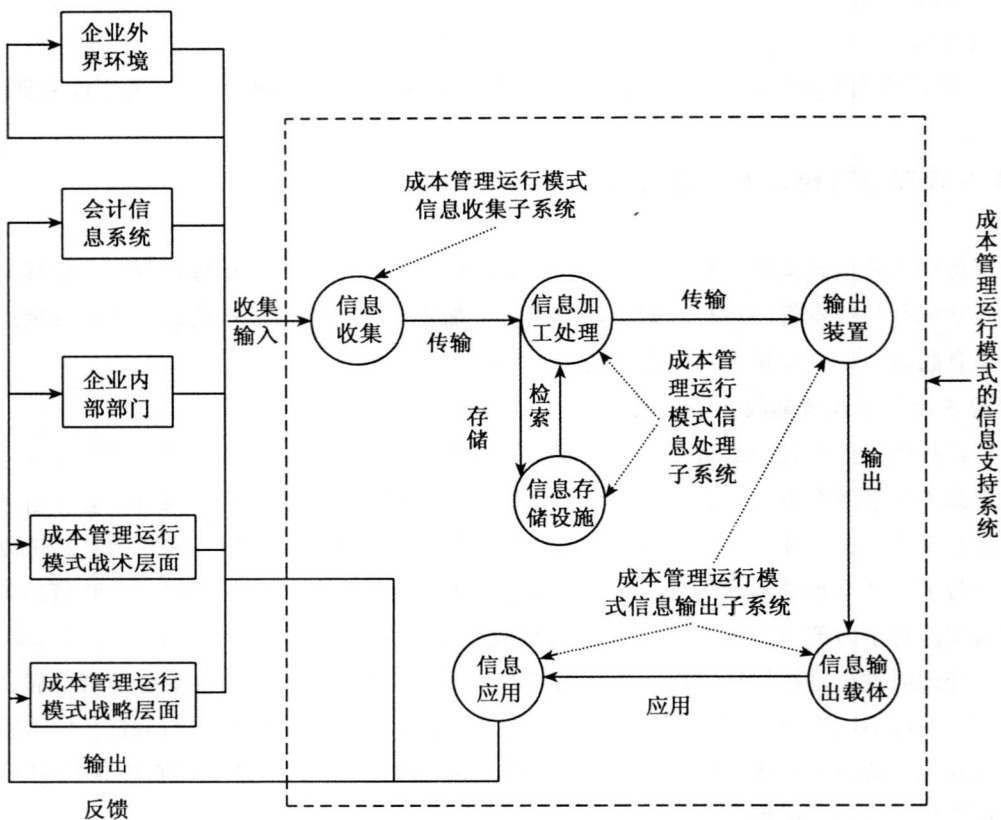

图 2　成本管理运行模式信息管理总体流程

参考文献

[1] 陈荣秋，周水银．生产运作管理的理论与实践．北京：中国人民大学出版社，2002.

[2] 迈克尔·波特著．竞争战略．陈小悦，译．北京：华夏出版社，1997.

[3] H. 詹姆斯·哈里顿，詹姆斯·S. 哈里顿著．标杆管理——瞄准并超越一流企业．欧阳袖，张海蓉，译．北京：中信出版社，2003.

[4] 罗伯特·S. 卡普兰，罗宾·库珀著．成本与效益．张初愚，张倩，译．北京：中国人民大学出版社，2006.

［5］凯瑟林娜·斯腾詹，乔·斯腾詹著．成本管理精要．吕洪雁，译．北京：中国人民大学出版社，2004．

［6］门田安弘著．大野语录．李伟，李晴，译．北京：东方出版社，2005．

［7］王玖河．精益生产方式下的质量控制研究．科技与管理，2002，2．

［8］今井正明著．现场改善——低成本管理方法．华经，译．北京：机械工业出版社，2000．

［9］宋克勤．生产运作管理教程．上海：上海财经大学出版社，2002．

［10］胡国强．成本工程管理论．北京：中国财政经济出版社，2006．

人力资源产权归属问题研究[*]

——基于劳动力发展权

● 王玉敏

（武汉大学经济与管理学院　武汉　430072）

【摘　要】人力资源会计理论的研究与发展，不能没有经济学的支援，特别是劳动力产权理论的支援。在劳动力产权的权利结构中，不仅存在着所有权、支配权、使用权和收益权，还存在着劳动力发展权。因此，劳动力产权的交易过程有其复杂性和特殊性，在劳动力外部市场上，劳动力表现为商品的性质；在内部市场上，劳动力表现为资本的特性。本文采用产权经济学的分析方法，对人力资源会计中人力资源的产权归属问题进行了回答。

【关键词】劳动力发展权　人力资源会计　人力资源产权

一、引　言

目前，我国会计学界对人力资源会计的研究日趋深入，在取得了丰富的研究成果的同时，还有许多难点问题有待突破。在会计模式上有三种人力资源会计模式，即人力资源成本会计、人力资源价值会计和劳动者权益会计，存在着对人力资源进行确认与计量、推广与操作对传统工资理论的冲击等难点问题。所有这些问题首先同理论的成熟与否密切相关，其次才是在实践中的推广运用。在西方，人力资源会计首先是适应人力资源管理的需要而产生的，它被看做管理会计的一个分支。人力资源会计理论作为会计理论体系中的一部分，应该符合会计的本质要求。"会计和审计都是产权结构变化的产物，是为监督企业契约签订和执行而产生的，会计存在和发展的根本使命在于：反映产权结构、体现产权关系、维护产权意志。"[①] 人力资源作为最积极、最活跃的特殊生产要素，把它纳入会计理论的研究视野势在必然。当前，学术界对人力资源会计的研究主要集中在对人力资源的确认、计量、记录和报告等方面，对人力资源会计的基础理论、人力资源产权结构及产权归属问题研究甚少，学术界一般是套用物质资产产权结构进行研究，不同之处仅在于人力资源的所有权不能转让。本文从会计的本质理论入手，运用产权经济学的分析方法，结合劳动力产权理论的特征，特别是劳动力发展权，对人力资源产权特征进行分析[②]。

＊ 本文是国家社会科学基金"知识经济时代资源开发体系的创新与人力资本测度模型研究"（编号：01CJY005）的系列论文之一。

① 伍中信. 产权与会计. 上海：立信会计出版社，1998：2-7.

② 威廉·配第在其古典政治经济学经典著作《政治算术》（1696 年）中首先提出人力资源的概念，人力资源既可理解为客体劳动能力（劳动力），也可理解为主体有劳动能力的人。本文人力资源概念指劳动者的劳动力这一客体。人力资源或劳动力的主体劳动者，涵盖所有劳动者，包含普通劳动者和具有高素质的劳动者、经理人员等。

二、劳动力产权及其交易特征

根据产权的一般权利结构，产权是人们围绕财产（或财富）而确立的权利关系，它由产权主体、产权客体和围绕财产所发生的责、权、利关系三部分组成。对于现实经济社会中的任一财富客体，财富主体围绕财富客体而形成的权利（法律或习俗意义上的权利），均可归为三大类权利，即现期的接受权—行为权—预期的接受权。其中，现期的接受权包括所有权，行为权包括占有、支配或使用权、转让权、经营管理权、处置权等；预期的接受权包括股票期权、企业解散时的清偿权等①。

传统的劳动力产权理论认为，劳动力产权主要包括所有权、支配权、使用权和收益权等，其中劳动力的所有权是不能交易的。我们认为在现代市场经济中，劳动力产权也存在着三元权利结构，即现期的接受权—行为权—预期的接受权。其中，行为权包括支配权、使用权和发展权等；劳动力发展权是劳动力财富产权区别于其他财产权利的主要特征。

由于劳动力天然地与其主体不可分离，劳动力无论是在现期还是在预期均表现为永远只能归其主体劳动者所有。在这个意义上，现期和预期的接受权重合，并表现为劳动力的所有权。劳动力产权中任何一项权利的交易，对于交易的一方劳动者，同时对交易的结果享有现期和预期的接受权，这显然没有排斥劳动力成为资本的可能性。劳动力产权交易表现出如下特征：

（1）传统的理论仍然起着很重要的作用，但不完善。按照传统的产权理论，劳动力的所有者与企业在劳动力市场上，参照产权交易的规则达成契约，劳动者便可获得一份合同工资，合同工资由劳动力的边际生产力决定。当劳动者通过外部市场进入企业后，这一产权交易已经一次性地完成了，剩下的只是监督执行了，这样在外部市场上就再也见不到劳动者的踪迹了。建立在传统经济理论基础上的会计理论与实务，关于劳动用工方面，只是向外部市场提供了工资成本信息，而没有反映人力资源产权主体及其价值变化的信息；而在外部资本市场上，总是有资本所有者或债权人在活动，对企业施加直接或间接的影响，因此，承担受托责任的会计只对所有者与债权人负责。

（2）由于劳动力发展权的存在，对于产权主体劳动者来说，产权交易的结果还存在着发展工资的特征。发展的劳动力产权理论告诉我们，现代企业使用劳动力的真实过程是一个劳动力在发展中被消费的动态过程②。这个动态过程被分裂为使用和发展两个子过程，二者交错进行，或者同时叠加，如边干边学和在职培训的过程。这样在劳动者的人力资源中，既有存量部分，还有增量部分，增量部分的交易会给劳动者带来发展工资。发展工资的表现形式多种多样，如奖金、能力工资、工龄工资、股票期权和劳动力股等③，它是由企业内部决定的，是由内部劳动力市场决定的。

发展劳动力的途径，既有传统的经验累积法，更有现代教育和职业技术培训的方法，从一定意义上讲，后者正在起着第一位的作用。基于发展的劳动力产权理论认为，对于已经进行了劳动力产权交易的双方（劳动者和用工单位），均应参与劳动能力（劳动力）的发展过程，同时，双方均有权从其发展结果中获取产权权益④。人力资源会计首先要明确产权交易双方的权益要求。

（3）人力资源价值是企业与劳动者的共同产出价值。传统的经济理论告诉我们，企业的主要功能是

---

① 王玉敏，郭胜伟，杨先华．产权的权利结构论———一个认识产权问题的新视角．科技进步与对策，1999，3：103-105．

② 王玉敏．坚持和发展马克思关于劳动力产权的思想．经济评论，1998，4：126-127．

③ 王玉敏．劳动还能致富吗？//王珏．分配制度十人谈．南宁：广西人民出版社，1998：183．

④ 王玉敏．坚持和发展马克思关于劳动力产权的思想．经济评论，1998，4：126-127．

生产产品、创造价值。基于发展权的劳动力产权理论则告诉人们，企业不仅生产了产品，创造了价值，而且还发展了劳动力，从而也创造了人力资源价值。前一种价值由传统的会计理论加以反映和保护；后一种价值却因为具有与相应的主体（劳动者）不可分离的属性而常常被人们忽视，以至于现行的会计理论也未对此加以反映，劳动力产权交易双方的产权权益未能完全明确得到反映和保护。近年来，不断发生专有技术人才流失给企业带来巨大经济损失的纠纷，实质是劳动力产权交易双方的权益没有得到明确和保护所致。可见，人力资源会计不是可有可无的小事，这就要求人力资源会计理论不仅要反映和保护劳动者的产权权益，而且也要反映和维护企业作为一个法人财产权的产权权益。

（4）劳动力产权的特殊性决定了一个完整的劳动力市场必然包括两个市场：外部劳动力市场和内部劳动力市场，二者缺一不可，而且后者越来越起着更重要的作用。内部劳动力市场是劳动力作为生产要素区别于其他生产要素市场的重要特征，从一定意义上讲，其他生产要素不存在企业内部市场。传统的产权经济学认为，配置资源的方式主要有市场配置、企业配置和政府配置。其中企业配置资源的方式是市场的替代物，企业从市场上通过供求关系取得各种生产要素后，各种生产要素被组合在企业中，由企业经理或管理者支配、使用，企业内部是用计划的方式来配置资源，而不是市场的方式。

内部劳动力市场存在并发挥越来越重要的作用是由于以下两个原因：存在着劳动力的替换成本，保持较为稳定的劳动力队伍是企业提高人力资本投资回报的一种手段；外部劳动力市场上存在着劳动力产权交易双方的信息不对称。人力资源价值具有不确定性，外部市场定价不一定是有效的，存在风险。大量的实证研究表明，大部分劳动力资源实际上是在内部劳动力市场上进行配置的。在美国，拥有目前工作已超过25年时间的职工约占到全部职工的25％；在法国、德国和日本，劳动者拥有稳定工作的倾向更加明显。

（5）劳动力产权交易运行的最终结果是劳动力成为资本，劳动力产权主体——劳动者能否分享企业利润是劳动力成为资本的重要标志之一。劳动力产权中引入了发展权的概念之后，其产权交易的结果表现为价值不断增值的过程，合同工资由外部劳动力市场决定，发展工资由内部市场决定，这已经接近资本的性质。现代产权理论与现代契约理论承认，人力资本与非人力资本所有者都有平等的权利索取企业剩余，这种可能性若要转化为现实性，则要通过所有企业参与人之间显性或隐性的谈判，还要取决于当时的经济环境或制度环境。随着知识经济的来临，劳动力要素在诸种生产要素中的地位与作用日益提高，越来越成为第一位的生产要素，现代法制环境日益健全，为劳动者创造了良好的博弈环境，从而为劳动力资本化创造了现实的条件。由此可见，劳动力成为资本是劳动力产权交易运行的最终结果。劳动力在内部市场上成为资本，是在传统经济理论基础上的开拓与创新。

目前的会计基础理论都建立在传统经济理论基础之上，人力资源会计理论应当充分考虑新经济理论的特点，在这一基础上才有可能走出人力资源会计研究的困境。一个明显发展趋势是，人们越来越需要人力资源的会计信息，包括内部劳动力市场上的信息，以保护现有投资者和劳动者的产权权益，以及吸引潜在投资者和潜在劳动者的加入。

三、对会计等式的经济学分析

1. 传统会计等式的经济学分析

对会计恒等式"资产＝债权人权益＋所有者权益"，如果从产权权利结构模型的角度来理解，等式左边体现了产权的行为权，右边则体现的是接受权（包括现期和预期）；如果把企业资产的物质形态作为产权的客体，则体现了所有权与经营管理权"二权分离"的传统产权理论模式。当然作为出资者的债权人或所有者对自己的债券或股票拥有完整的产权（包括行为权与接受权），债券和股票只不过是企业资产的价值形态，它是出资人与企业之间进行产权交易的结果，出资人反过来通过股票市场或债券市场对企业进行监督或控制，从而确保出资者进行产权交易的权益不至于受损害。我们可以进一步理解会计等式所反映的产权交易特点。

（1）关于企业法人产权的认识。企业法人产权是以企业法人为主体享有的对企业资产的权利。企业法人产权形成的前提在于，代理者（董事会）必须依法事先承诺对委托者的财产责任。企业法人产权的独立性、完整性除体现在法律制度上的规定外，在经济上体现为所有者作为出资者一旦将资产委托出去，便不能凭所有权（如股权）任意分割企业法人资产，企业法人产权的完整性不依所有权的变更而有所变化。企业法人产权最主要的作用是对企业法人资产整体在市场交易中的支配权，企业法人产权是法律上肯定企业成为独立商品生产经营者法人的最基本的依据，就是说，企业法人产权是规定企业法人成为市场行为者的制度基础。因此，企业法人产权作为财产权利，其主要存在和运行形态是价值形式，其运动的基本目的是盈利，即价值增值。

（2）该会计等式所反映的产权交易场所是外部市场。按照传统产权经济学的理解，企业是市场的替代物，企业内部采用计划调拨方式来配置资源，因此从严格意义上讲，企业内部是不存在市场的（劳动力要素除外）。从会计理论的发展史来看，该会计等式也是股东、债权人与企业主体在外部市场上长期进行产权交易、产权博弈的结果，它反映了各产权主体保护自身权益的平等要求。

（3）该会计等式反映了进行产权交易的前提是必须有利益分立的产权主体，这些主体之间存在着对立与合作的关系，也就是说，只要市场存在，就必然有矛盾对立的主体，在外部市场上存在的利益分立的产权主体分别是企业法人主体与债权主体，企业法人主体与所有权主体。

（4）该会计等式给定了企业的唯一功能是创造产品或价值。关于这一点，可以从传统会计理论或传统经济理论中得到说明。传统经济理论的经济人假设与传统企业目标定位是相一致的。企业围绕"股东财富最大化"、"企业价值最大化"这些代表资本利益的目标，以对资本利益的保护、资本权利的维护为中心。松下幸之助认为，企业不仅创造了产品而且创造了"人"，企业提升了人力资源的价值。作为反映产权结构、保护产权意志的传统会计方程式，却把人力资源排斥在会计视野之外，见不到人的踪影，显然是不合理的。

通过以上对会计等式的经济学分析，我们认为，该会计等式只是反映了外部市场上生产要素的产权交易特征。由于劳动力要素天然地与其主体不可分离的属性，企业内部始终存在着劳动力主体与企业法人主体的对立，也就始终存在着内部劳动力市场。而传统的经济理论与会计理论忽略了这一点，作为一个完整的劳动力市场，应该包括外部市场和内部市场两部分。因此，一个完整的会计理论也应该反映其内部市场上的产权交易特征。

2. 基于劳动力发展权的人力资源会计等式的产权经济学分析

基于发展权的劳动力产权理论告诉我们，企业的功能并不是唯一的，除了创造产品或价值，同时也创造了人力资源价值①。企业当期创造的人力资源价值（实体是提高的劳动能力），可以在以后的各会计期间创造产品价值，具有累积性向前扩展的效应。人力资源价值是内部市场上劳动力产权主体与企业法人产权主体进行产权交易的又一成果。这样，作为产权交易主体的劳动者与企业法人之间必然会产生反映和保护各自交易成果的合理要求，从会计理论的角度来讲，就是要分享人力资源价值的增量，于是在内部市场上，人力资源会计便存在着这样一个会计方程式：

人力资产 = 劳动者权益 + 企业法人权益

---

① 王玉敏，杨先华. 论劳动力产权中的劳动力发展权. 经济评论，1997，2：71-74.

该等式反映了传统市场交易概念体系中一个极为重要的子交易过程，特征如下：

（1）劳动力发展权交易发生在内部劳动力市场上。

（2）人力资产的投资者既有劳动者，又有企业法人，二者对人力资产的增值均有所贡献。

（3）内部劳动力市场上，始终存在着利益分立的产权主体劳动者与企业法人。

（4）劳动者存在着对企业的投资，从而劳动者分享企业的利润是逻辑的必然。

（5）企业法人存在着对人力资产的投资，理应分享一定的权益。由于人力资源与其主体存在着天然的不可分离的属性，所以企业法人分享权益的主要方式是通过一定时间范围内的劳动合约。

（6）会计对发生在内部市场上劳动力产权交易的反映，主要应是确认、计量和报告人力资源价值的增值部分，我们认为人力资源价值会计的研究方向主要应该是价值增量方向，而不是价值存量方向。

（7）该会计等式右边强调了两个产权主体的产权权益，从而解决了人力资源产权归属问题，劳动者和企业法人对人力资源价值享有产权权益。只有明确界定人力资源产权，才能构建人力资源财务会计理论框架，才能正确反映和保护人力资源产权权益，促进人力资源产权交易。相反，如果人力资源的产权界定不清晰，投资者的合法权益得不到保障，或者只是强调了某一方的利益，那就会增加交易费用，减少投资者的投资热情，阻碍甚至阻止劳动力产权交易的发生。

（8）根据委托—代理理论，企业法人实际上是外部市场所有权人的代理者，企业法人产权主体是连接外部与内部市场上产权主体的中间人，也是桥梁与纽带，不过劳动力产权主体没有与外部市场产权主体发生直接的、面对面的交易，只是间接地与他们发生交易，这应该是劳动分工与交易扩展和深化的必然结果。因此，完整地反映企业产权交易需要以下两个会计等式：

$$资产 = 债权人权益 + 所有者权益 \qquad (1)$$
$$人力资产 = 劳动者权益 + 企业法人权益 \qquad (2)$$

式（1）是传统的会计等式，资产由企业法人实际控制；式（2）表示的是人力资产由企业法人与劳动者共同控制。

企业里某一人力资源价值量可由劳动者在各个连续会计期间的总劳动收入量的累积来计量。此总收入量的大小一方面反映了该劳动者在企业里生产经验积累的程度与劳动能力的大小，即专有人力资本的大小；另一方面，在一定程度上又反映了该劳动者对企业现有生产经营资本（有形的物力资本与无形的经营资本）的累积贡献程度。这两个方面的资本在以后会计期间均能为企业增值服务，因此以此方法确定的人力资本量为参照系来推进劳动者参与企业利润的分享。至于劳动者的收入构成和劳动者分享企业利润的比例，按照劳动力产权交易规则及其过程，均含有谈判和市场决定的因素，更为重要的因素是由企业内部的动态过程决定的。

四、结论

人力资源会计在理论发展过程中遇到了重重困难，在推广过程中的难度超过了人们的预想。本文从会计本质理论入手，运用产权经济学的方法，结合劳动力产权交易的复杂特征，对会计等式进行了经济学分析，从而得出了以下三点结论：人力资源会计理论首先要向财务会计方向发展；人力资源价值会计应该朝反映人力资源价值增值的方向发展；人力资源会计实务不仅要反映和保护企业法人的产权权益，同时也要反映和保护劳动者的产权权益。

参考文献

［1］ 杨小凯著．当代经济学与中国经济．北京：中国社会科学出版社，1997．

［2］ 汪丁丁著．在经济学与哲学之间．北京：中国社会科学出版社，1997．

［3］ 张维迎著．博弈论与信息经济学．上海：上海三联书店，上海人民出版社，1996．

［4］ 费方域著．企业的产权分析．上海：上海三联书店，上海人民出版社，1996．

［5］ Y. 巴泽尔著．产权的经济分析．费方域，段毅才，译．上海：上海三联书店，上海人民出版社，1997．

［6］ R. 科斯，A. 阿尔钦，D. 诺斯等著．财产权利与制度变迁——产权学派与新制度学派译文集．上海：上海三联书店，上海人民出版社，1994．

［7］ 罗伯特·考特，托马斯·尤伦著．法和经济学．张军等，译．上海：上海三联书店，上海人民出版社，1994．

［8］ 夏勇著．人权概念起源．北京：中国政法大学出版社，1992．

［9］ A. J. M. 米尔恩著．人的权利与人的多样性——人权哲学．夏勇，张志铭，译．北京：中国大百科全书出版社，1995．

［10］ 伍中信．产权与会计．上海：立信会计出版社，1998．

［11］ 孔祥国．经济发展中的人力资本．长沙：湖南出版社，1997．

［12］ 阎达五，徐国君．关于人力资源会计的框架——以劳动者权益会计为中心．会计研究，1996，11．

［13］ 郑兴山，唐山虎．企业治理结构的变迁：一个基于产权博弈的观点．上海管理科学，2003，3．

［14］ 孙丽虹，杨燕英．从企业产权制度建设上推进企业治理结构的完善．中央财经大学学报，2003，2．

［15］ 王秀丽，徐枞巍，张绍俊．共同治理逻辑下的人力资本研究．会计研究，2005，8．

［16］ 沈越．美德公司治理结构中领导体制比较．北京师范大学学报（社会科学版），2003，4．

心理预期对农产品供应链稳定性影响研究[*]

● 赵晓飞[1,2]

（1　湖北大学商学院　武汉　430062；2　华中农业大学经济管理学院　武汉　430074）

【摘　要】本文探讨了基于非对称信息下"农产品龙头企业—农业合作组织"的二级农产品供应链稳定性问题，研究表明：除了利益因素硬性机制影响供应链稳定外，农产品供应链成员对客观自然状态认识的心理预期软性机制也会对供应链稳定性造成影响。在非对称信息的条件下，只有 Nash 均衡下心理预期不会对农产品供应链稳定性的造成影响，Stackelberg 均衡和 Pareto 均衡下心理预期变化都会对农产品供应链稳定性的造成影响，因此，农产品龙头企业与农业合作组织要在公平分配利益的基础上加强沟通，强化信任机制的建立，以促进农产品供应链稳定发展。

【关键词】农产品供应链　稳定性　心理预期

一、引　言

随着我国新农村建设的不断深入，以供应链的思想解决我国农业发展当中遇到的问题逐渐得到了学术界的重视，农产品供应链是由农民（农产品生产者）、农产品采购加工企业和农产品分销、零售商及物流配送业等"从田头到餐桌"上下游企业构成的网链式体系。现代农产品供应链模式是以市场为导向，以消费者需求为中心，由农产品生产商、农产品（食品）加工商、食品分销商、零售商等合作伙伴构成的战略联盟①。其核心在于通过供应链成员间的密切合作，以最小的成本为客户提供最大的价值和最好的服务，从而提高整个供应链的运行效率和经济收益，并通过一定的利益分配机制使供应链所有成员的经济效益得到提高。

我国农产品供应链的研究始于农业产业链的研究，二者表面上非常相似，但还是有区别，农业产业链更倾向于"纵向一体化"，而农产品供应链更倾向于通过长期契约实现"虚拟一体化"②，隐含着动态联盟的思想。

王凯等③（2004）根据谁做"龙头"及其所带动的参与者的不同，将我国农业产业链组织形式分为："龙头"企业带动型、专业市场带动型、中介组织带动型和其他模式。其中，中介组织带动型是对"龙头"企业带动型、专业市场带动型的扬弃，它通过把分散的农户组织起来保护了农户的利益，并能进行规模生产达到规模效益，代表了未来发展的方向。因此，本文的研究对象主要集中在"农业合作组织—农产品龙头企业"这种模式。

＊　本文为国家自然基金"农产品营销渠道变革与模式选择研究"（编号：70773046）的阶段性成果。
①　徐进. 农产品供应链——食品安全的保障. 中国物流与采购，2005，7：68.
②　王国才. 供应链管理与农业产业链关系初探. 科学与科学技术管理，2003，4：48-49.
③　王凯，颜加勇. 中国农业产业链的组织形式. 现代经济探讨，2004，11：28-32.

实践表明，在构建供应链的初始阶段，总有一个企业充当发起者，成为供应链的核心企业，如果将农产品供应链看作一种动态联盟的话，核心企业就是整个供应链的盟主（农产品龙头企业），非核心企业则是供应链的盟友（农业合作组织），但是，盟主（农产品龙头企业）的这种领导地位也有可能会损害盟友的利益，产生不平等的合作协议，使供应链的整体效率降低，甚至解体，因此，任何一条供应链上的核心企业都必须认真考虑本链上其他成员的利益①。同时，随着供应链合作关系的不断深入，成员的力量必然发生变化，利益分配将出现改变，合作关系也将因此发生改变，但变化的最重要动因之一在于利益分配的公平性和合理性。因此，建立良好的利益分配机制是供应链协调稳定发展必须解决的关键问题之一，这可以说是供应链保持良性发展的根本机制或硬性机制。

另一方面，由于农产品龙头企业和农业合作组织在各种策略情况下的利益理性预期不一，利己主义的动机必然驱使它们追逐更大的利益，一旦它们预期在将来某种情况下的收益优于（或劣于）现状的话，它们会毫不犹豫地采用新的策略，其策略的变化轻则改变链条结构，重则退出供应链，致使供应链解体。因此，农产品龙头企业和农业合作组织对合作困难、未来前景等的心理预期也是影响供应链稳定的因素，这可以说是软性机制。

基于以上的分析，笔者认为，利益分配是农产品供应链稳定与否的根本基础，但是又受到心理预期等因素的影响，心理预期通过利益分配起作用，利益分配又影响心理预期，它们交互影响供应链的稳定。把心理预期因素考虑进农产品供应链稳定性的研究目前还是空白。鉴于此，本文把心理预期引入农产品供应链利益分配的模型中，探讨基于 Stackelberg 均衡下、Nash 均衡下和 Pareto 均衡②下"农业合作组织—农产品龙头企业"二级农产品供应链的稳定性问题。

二、提出假设

农产品供应链稳定性实质上是供应链成员之间利益博弈结果的一种外显形态，影响稳定性的根本原因在于利益分配，而利益分配又通过成员之间的博弈实现。在供应链组建和运行的不同阶段，博弈主要有以农产品龙头企业为主的序列博弈（Stackelberg 均衡）、农产品龙头企业与农业合作组织同等地位的同时博弈（Nash 均衡）以及农产品龙头企业与农业合作组织相互合作的帕累托（Pareto 均衡）博弈，其中前两种为非合作策略下的博弈，后一种为合作策略下的博弈③。为了便于分析和说明问题，我们做如下假设：

（1）假定在考虑期内，农业合作组织的努力水平是一维的，设为 $t_c, t_c \in A$（A 表示农业合作组织努力水平的集合），相应的努力成本为 $C_c(t_c)$，且 $C_c'(t_c) > 0, C_c''(t_c) > 0$；同理，设农产品龙头企业努力水平为 t_G，相应的努力成本为 $C_G(t_G)$，且 $C_G'(t_G) > 0, C_G''(t_G) > 0$。

（2）设农产品供应链创造的总收益为：$R = f_G(t_G) + f_c(t_c) + \varepsilon$，其中 $f_G(t_G)$ 和 $f_c(t_c)$ 分别为农产品龙头企业和农业合作组织对总收益的贡献，且均随努力的增加而增加，但增速在不断减缓，即 $f_c'(t_G) > 0, f_c''(t_G) < 0, f_c'(t_c) > 0, f_c''(t_c) < 0$，$\varepsilon$ 是不受农产品龙头企业和农业合作组织控制的外生随机变量，$\varepsilon \sim N(\mu, \sigma^2)$，$\mu_G$，$\mu_c$ 分别是农产品龙头企业和农业合作组织对 ε 均值的估计，它们可以反映农产品龙头企业和农业合作组织在信息不对称条件下对于合作中可能遇到的困难的估计，也可以看成是农产品龙头企业和农业合作组织对自然状态 ε 的心理预期。一般良好的状态即与较大的估计值对应并意味着较小的困难④。σ^2 为市场风险，

---

① 张敏. 基于核心企业的农产品供应链分析. 物流技术，2004，5：91-94.
② 实际上，三种模型下的均衡也代表了农产品供应链发展的不同阶段。
③ 李亚东. 动态联盟收益分配问题的博弈研究. 工业工程，2006，5：15-18.
④ 黄深泽. 心理预期对战略联盟稳定性的影响. 科技与管理，2005，4：67-69.

代表供应链总收益的波动大小。

（3）设农产品供应链事前利润分配合同中规定农业合作组织享有线性提成计划，因此，农业合作组织的收益为：$S = S_0 + \beta R$，其中 S_0 为农业合作组织固定报酬，可以理解为市场保护价下农业合作组织的所得，β 为收益分成系数或者激励强度（$0 \leqslant \beta \leqslant 1$）。$\beta = 0$ 意味着农业合作组织不承担风险；$\beta = 1$ 意味着农业合作组织承担全部的风险。

（4）供应链双方是信息不对称的，t_G，t_C 具有不可证实性，故 $f_G（t_G）$ 和 $f_C（t_C）$ 也具有不可证实性。

（5）在非对称信息下，农产品龙头企业与农业合作组织的事前合同以总收益 R 为基础，于是农产品龙头企业所得收益为 $\pi = R - C_G（t_G）- S$，相应的农产品龙头企业效用函数为 $V（\pi）$。农业合作组织所得收益为 $w = S - C_C（t_C）$，相应的农业合作组织效用函数为 $U（w）$。由于随机因素 ε 的作用，R，π，S，w 均服从正态分布。

（6）农产品龙头企业是风险中性的，农业合作组织是风险规避的。

三、讨论与分析

如上所述，影响农产品供应链稳定性的根本原因在于利益分配，因此，我们可通过研究利益分配来探讨农产品供应链的稳定性，下面分三种情况分别讨论。

1. Stackelberg 均衡下心理预期对农产品供应链稳定性影响

Stackelberg 博弈是假设在最初形成农产品供应链时，农产品龙头企业和农业合作组织存在着领导者与跟随者的关系，它们之间的博弈为序列非合作动态博弈，这种博弈的结果就是 Stackelberg 均衡。博弈过程为：首先农产品龙头企业通过调整自身的努力和契约的内容（确定 β）来追求自身收益的最大化，然后农业合作组织根据契约追求自身收益的最大化并决定自身努力。在此过程中农产品龙头企业作为供应链的领导者审时度势地决定是否签约以及签约的内容，但其在追求自身利润最大化的过程中受到农业合作组织的个人理性 IR 约束和农业合作组织的激励相容 IC 约束。设农业合作组织的保留收入为 w_0，相应的保留效用为 $U（w_0）$，根据 Stackelberg 博弈思想，农产品供应链利润分配的一般模型可描述如下：

$$\max_{t_G, t_C} E[V(R - C_G(t_G) - S)]$$

$$\text{S. t. } E[U(S - C_C(t_C))] \geqslant U(w_0) \tag{1}$$

$$\max_{t_C} E[U(S - C_C(t_C))]$$

农产品供应链在其整个生命周期中必然面临着市场风险，由上述假定，农产品龙头企业为风险中性，即农产品龙头企业的期望效用等于期望收入，不存在风险成本；而农业合作组织为风险规避，即收益风险会给其带来额外的风险成本，假设农业合作组织效用函数具有不变绝对的风险规避特征，则农业合作组织的风险成本为[1]：$C_C^R（w）= \dfrac{1}{2}\rho\beta^2 \text{Var}（S）= \dfrac{1}{2}\rho\beta^2\sigma^2$，$\rho$ 为农业合作组织的风险规避系数。于是上述一般模型（1）的等价形式为：

$$\max_{t_G, s_0, \beta}[(1 - \beta)(f_G(t_G) + f_C(t_C) + \mu_G) - C_G(t_G) - S_0] \tag{2}$$

$$\text{S. t. } S_0 + \beta[f_G(t_G) + f_C(t_C) + \mu_C] - \frac{1}{2}\rho\beta^2\sigma^2 - C_C(t_C) \geqslant w_0 \tag{3}$$

---

① 郑文军等．敏捷虚拟企业利润分配机制研究．管理工程学报，2001，1：26-28.

$$t_c \in \arg\max\left[S_0 + \beta(f_G(t_G) + f_c(t_c) + \mu_c) - \frac{1}{2}\rho\beta^2\sigma^2 - C_c(t_c)\right] \tag{4}$$

在非对称信息条件下，由于农业合作组织的努力水平 t_c 是不可以观察到的，对式（4）对 t_c 求极值可得：

$$\beta f_c'(t_c) = C_c'(t_c) \tag{5}$$

将式（3）中 S_0 代入式（2），结合式（5）并对 β 求导，可得：

$$\beta = \frac{f_c'(t_c)\dfrac{\partial t_c}{\partial \beta} + (\mu_c - \mu_G)}{\rho\sigma^2 + f_c'(t_c)\dfrac{\partial t_c}{\partial \beta}} \tag{6}$$

从式（6）可以看出，如果不考虑预期因素，即 $\mu_G = \mu_c$ 时，那么收益分成系数（β）与努力程度（t_c）和农业合作组织对供应链的边际贡献（$f_c'(t_c)$）成正相关关系，与农业合作组织的风险规避度（ρ）和市场风险（σ^2）成负相关关系。也就是说农业合作组织的努力水平 t_c 越大，$f_c'(t_c)$ 越大，收益分成系数 β 越大，农产品龙头企业要给农业合作组织多分成，否则供应链将不稳定；农业合作组织的风险规避度 ρ 和市场风险 σ^2 越大，农产品龙头企业要给农业合作组织少分成，否则，高市场风险必定导致农业合作组织高规避度，供应链关系则不稳定。以上这些因素可以看作影响供应链稳定的硬性机制。

但在不对称信息条件下，随着农产品供应链合作关系的深入，农产品龙头企业和农业合作组织的心理预期都会发生变化[①]。由式（6）可以看出，农产品龙头企业和农业合作组织的心理预期 μ_G，μ_c 差异（$|\mu_G - \mu_c|$）也会影响供应链利益分配，进而影响供应链的稳定性，主要表现为：

（1）若 $\mu_G > \mu_c + f_c'(t_c)\dfrac{\partial t_c}{\partial \beta}$ 时，那么，$\beta < 0$。此时农产品龙头企业应采取负激励措施才能使自己追求得到自身效用最大化，而对于农业合作组织来说，就意味着贡献越多收入越少，此时农业合作组织的最优策略是使产出为零来换取固定报酬，这就损害了农产品龙头企业的利益，这种供应链就难以维持。

（2）若 $\mu_G < \mu_c - \rho\beta^2$ 时，$\beta > 1$，就是说此时农产品龙头企业要拿出比产出大的份额来激励农业合作组织才能使自身效用达到最大化，如果农产品龙头企业追求效用最大化就会损害自身的利益，这种供应链也难以维持长久。

（3）若 $\mu_c - \rho\beta^2 < \mu_G < \mu_c + f_c'(t_c)\dfrac{\partial t_c}{\partial \beta}$ 时，$0 < \beta < 1$，起初农产品龙头企业和农业合作组织的心理预期分别为 μ_G^0，μ_c^0，农产品供应链契约为 β_0，合作的过程中农产品龙头企业和农业合作组织的心理预期发生变化，变成 μ_G，μ_c，并且 $\mu_c - \mu_G > \mu_c^0 - \mu_G^0$，此时，农产品龙头企业为了追求自身效用最大化就要将契约改为 β，由式（6）知，$\beta > \beta_0$，合同尚未完成时，农产品龙头企业可能无法更改契约，但当一个合同完成后，由于农产品龙头企业要追求自身效用最大化，就必定采用新的契约 β，由于 $\beta > \beta_0$，农业合作组织在双方的心理预期变化时承担更大的风险，又由于我们假定农业合作组织是风险规避，就会引起农业合作组织的心理变化，进而影响到下一个合同能否续约，使供应链关系出现不稳定。

2. Nash 均衡下心理预期对农产品供应链稳定性影响

随着农业合作组织的核心竞争力增强，供应链中农产品龙头企业和农业合作组织的关系也将相应发生变化。农业合作组织将不再满足于由农产品龙头企业单独制定供应链利益分配比例，它将利用不断增强的谈判能力追求自身收益的最大化，因此形成了农产品龙头企业与农业合作组织同等地位下的同时非合作动

---

① 黄深泽. 心理预期对战略联盟稳定性的影响. 科技与管理，2005，4：67-69.

态博弈，博弈的结果是 Nash 均衡。博弈过程为：首先农产品龙头企业和农业合作组织通过谈判确定一个双方认可的利润分配比例，然后在确定的利润分配比例下，各自采取非合作策略以追求自身收益的最大化。

我们采用逆推法，首先在确定的利润分配比例下，农产品龙头企业与农业合作组织实现最优：

$$\frac{\partial G}{\partial t_G} = [(1-\beta)(f_G(t_G) + f_C(t_C) + \mu_G) - C_G(t_G) - S_0]' |_{t_G} = (1-\beta)f_G'(t_G) - C_G'(t_G) = 0 \quad (7)$$

$$\frac{\partial C}{\partial t_C} = [S_0 + \beta(f_G(t_G) + f_C(t_C) + \mu_C) - \frac{1}{2}\rho\beta^2\sigma^2 - C_C(t_C)]' |_{t_C} = \beta f_C'(t_C) - C_C'(t_C) = 0 \quad (8)$$

由式（7）、式（8）可以得出农产品龙头企业和农业合作组织的最优努力程度 t_G^0、t_C^0；其次分析供应链的第一阶段，即农产品龙头企业与农业合作组织通过谈判确定最优的利润分配比例。这一步实际上就是确定农产品龙头企业和农业合作组织在最优努力下追求供应链总收益最大，而此时供应链的总收益 R 既是 t_G^0，t_C^0 的函数，也是 β 的函数。通过式（9）确定最优的 β：

$$\frac{\partial R}{\partial \beta} = \frac{\partial G}{\partial t_G^0} \frac{\partial t_G^0}{\partial \beta} + \frac{\partial C}{\partial t_C^0} \frac{\partial t_C^0}{\partial \beta} = 0 \quad (9)$$

结合式（7）、（8）、（9）可以看出，最优的 β 与农产品龙头企业和农业合作组织的预期 μ_G，μ_C 没有关系，只与它们的努力程度 t_G，t_C 有关，也就是说在 Nash 均衡模型下，供应链利益分配系数 β 与预期没有关系，供应链的稳定只与双方的努力程度相关。阮平南等①（2007）通过具体的计算得出，Nash 均衡下，两合作企业中某一企业的分配系数随其自身的边际贡献（$f_C'(t_C)$）即努力程度的增大而增大②，而与双方心理预期无关。

3. *Pareto* 均衡下心理预期对农产品供应链稳定性影响

Pareto 博弈是农产品龙头企业与农业合作组织的合作博弈。博弈过程为：农产品龙头企业和农业合作组织通过谈判形成 Nash 谈判解，确定相应的利润分配比例，然后在这一契约的基础上，各企业采取最优努力来保证集体收益期望的最大化，这种协同方案形成的必要条件是合作后所获得的收益必须大于任何非合作策略下的收益。

首先，在确定利润分配比例下，农产品龙头企业和农业合作组织在采取合作策略时的最优问题为：

$$\frac{\partial R}{\partial t_G} = f_G'(t_G) - C_G'(t_G) = 0 \quad (10)$$

$$\frac{\partial R}{\partial t_C} = f_C'(t_C) - C_C'(t_C) = 0 \quad (11)$$

由式（10）和式（11）联立可得农产品龙头企业与农业合作组织的最优努力水平 t_G^1，t_C^1，可以证明 $t_G^1 > t_G^0$，$t_C^1 > t_C^0$，在 Pareto 方案中，双方为了农产品供应链总收益最大化会加强合作，这为供应链的稳定奠定了一定的基础。

其次，农产品龙头企业与农业合作组织要通过谈判来确定最终分配比例 β，称为 Nash 谈判解。Nash 谈判解生成必须满足以下条件：（1）农产品龙头企业与农业合作组织合作策略下的收益不能低于不合作策略下收益，即 $\Delta G_p = G_p - \max(G_S, G_N) \geq 0$，$\Delta C_p = C_p - \max(C_S, C_N) \geq 0$（其中 G_P，C_p 代表合作策略下收益，G_S，G_N，C_S，C_N 代表非合作策略下收益）；（2）合作时 Nash 谈判解存在，即 $\max(\Delta G_p \cdot \Delta C_p)$ 存在。

令 $Z(\beta) = \Delta G_p \cdot \Delta C_p$，并设 $\max(G_S, G_N) = G_i$，$\max(C_S, C_N) = C_i$，由于 $Z(\beta)$ 是 β 的函数，求其最大值，

---

① 阮平南，黄蕾. 基于博弈的企业合作机理和稳定性研究. 浙江工商大学学报，2007，2：66-70.

② 因为 $f_C'(t_C) > 0$，即边际贡献是努力程度的增函数。

即：

$$\frac{\partial Z}{\partial \beta} = \left[\left((1-\beta)R^1 - S_0 - C_G(t_G^1) - G_i \right) \left(\beta R^1 - C_C(t_C^1) + S_0 - \frac{1}{2}\rho\beta^2\sigma^2 - C_i \right) \right]\big|_{\beta}^{'} = 0 \qquad (12)$$

其中，$R^1 = f_G(t_G^1) + f_C(t_C^1) + \varepsilon$，由式（12）可得到关于 β 的一元二次方程，且方程 β^2 系数是 $\frac{3}{2}\rho\sigma^2$，β 的解是关于 R^1 和其他因素的线性形式，因此 β 与最优合作总收益 R^1 有关，与供应链双方心理预期同方向变化，即双方心理预期越不一致，β 变化的范围越大，这时一定会出现农产品龙头企业改变契约的冲动，又由于我们假定农业合作组织是风险规避，就会引起农业合作组织的心理变化，产生机会主义行为，使农产品供应链关系出现不稳定。

四、结论与建议

通过以上分析我们可知，在不对称信息条件下，农产品供应链稳定不仅会受到农业合作组织边际贡献大小、风险规避程度、市场风险大小等直接经济利益的影响，同时还会受到双方对客观自然状态的心理预期因素的影响。因此，可从以上两方面来提高农产品供应链的稳定性。

1. 建立公平有效的利益分配机制和科学的农产品供应链绩效评价体系

通过上述分析可以看出，农产品供应链的利益分配主要是依照贡献大小（$f_C'(t_C)$）进行的，农产品供应链稳定性在很大程度上取决于这种利益分配是否公平合理。为此，要考虑制定合理的利益分配机制，保证利益分配的公平性，为长期合作打下良好的基础。在实践中可按照互惠互利、合理化、风险利益均衡、绩效递增等原则建立农产品供应链利益分配机制[1]。但同时，公平合理的分配是需要公平有效的绩效评价平台作支撑的，因此，建立科学的农产品供应链绩效评价体系，可以清楚地认识各成员自身的资本为整个供应链收益所起到的促进作用，明确分辨各成员在整个供应链获利过程中所作出的贡献，从而能够以此为依据，更加公平有效地进行利益分配，进而保证农产品供应链的稳定运行。

2. 发挥核心企业的"信息中心"作用和政府的"信息中介"作用

核心企业的"信息中心"作用突出表现在通过协调供应链上的信息流，使农产品市场需求信息准确及时地到达供应链中的相关节点，使农业生产更有计划性，从而减少农民的市场风险[2]。核心企业需具有一定的规模和影响力、较强的产品和市场开拓能力与较高的商业信誉，这是供应链长期稳定的必备条件。另一方面，政府在促进供应链合作方面也应发挥一定的"信息中介"作用，如政府可通过建立农产品信息披露制度和产品质量检测中心，来缓解农产品供应链中信息不对称以及由此带来的机会主义行为。

3. 建立有效的信息共享与信任机制

由以上分析知，在 Stackelberg 均衡和 Pareto 均衡中，心理预期变化都会对农产品供应链稳定性造成影响，而造成这种现象的原因主要在于供应链合作中存在的沟通障碍使得成员阻止信息的共享和知识的交流，破坏了供应链的价值创造，动摇了合作基础[3]，因此，在农产品供应链中引入沟通与信任机制就非常必要[4]，大量的研究都将信任视为影响合作的关键因素。合作不但依赖于不同个体的合作目标和希望，也依赖于相互的合作预期，这一切都建立在相互信任的基础上。Tregurtha 和 Vink（2002）通过对南非农村

---

① 陈震红，董俊武. 战略联盟伙伴的冲突管理. 科学学与科学技术管理，2004，3：106-109.

② 张敏. 基于核心企业的农产品供应链分析. 物流技术，2004，5：91-94.

③ Ming Zeng, Chen XiaoPing. Achieving cooperation in multiparty alliances: A social dilemma approach to partnership management. Academy of Management Review, 2003, 28 (4): 587-605.

④ Cremer, D. D.. Trust and fear of exploitation in a public goods dilemma. Current Psychology, 1999, 18 (2): 64.

农产品生产者与销售者的合作情况研究也表明,双方的信任关系比正式的法律制度在保证稳定性方面更有效率。要建立有效的信任机制的一个重要前提就是要保持良好的信息共享,信息共享实际上降低了双方心理预期的不一致性(即 $|\mu_G - \mu_C|$ 变小),成员之间在一定时期内,通过共享信息,实现风险共担、共同获利的合作关系。根据我国目前农产品供应链发展现状,可考虑通过运用电子商务技术来建立双方的信任①,以创造新的经济价值,形成利益共同体,促进农产品供应链的稳定发展。

参考文献

[1] 张维迎. 博弈论与信息经济学. 上海:上海人民出版社,2001.

[2] 单汨源,彭忆. 战略联盟的稳定性分析. 管理工程学报,2000,3.

[3] 王勇,陈俊芳,孟梅. 非对称信息的供应链联盟关系与合作机制研究. 科技进步与对策,2003,12.

[4] 韩建军,郭耀煌. 基于事前协商的动态联盟利润分配机制. 西南交通大学学报,2003,6.

[5] Karl Morasch. Strategic alliance as Stackelberg cartels-concept and equilibrium alliance structure. International Journal of Industrial Organization,2000,18.

[6] 王侃. 供应链上企业间的利润分配模型研究. 武汉理工大学学报,2004,7.

---

① 马林,沈祖志. 基于供应链的农产品产销策略联盟构建分析. 华南农业大学学报(社科版),2004,4:63-66.

价值链的演进与价值创造

● 潘旭明[1]　颜　安[2]

（1，2　西南财经大学工商管理学院　成都　610074）

【摘　要】 价值链作为研究企业竞争优势的基本分析工具，一经提出就得到了众多学者的关注。本文在追述价值链理论演进的基础上，分析了传统价值链的解构、价值网络的形成以及价值创造方式的转变，并探讨了企业价值链的分层、重构以及价值链的模块化耦合等问题。

【关键词】 价值网络　价值链分层　价值链重构　价值模块耦合

一、价值链理论的演进

1. 作业链与价值链

自 20 世纪 30 年代科勒（Kohler, Eric L.）的作业会计思想被引入会计与管理之后，价值管理就逐渐成为企业管理的重要主题。特别是 20 世纪 80 年代后期以来，经济全球化进程的加快以及全球市场从卖方市场向买方市场的转变，投资者对股东价值回报的执著追求使得价值管理（value based management）成为企业管理者的核心课题。

可以这样说，价值链管理的思想来源于作业成本法（activity based costing）。作业成本法将企业的生产经营活动视为前后连贯的作业链，认为凡是能够产生和增加顾客价值的作业才是有效作业，不增加价值的作业则是无效作业。但是，并非无效作业就应该完全取缔，而是继续运转一些维持企业正常运营的有用作业。所以，作业成本法要求，应对企业的各项作业进行不断的优化组合，努力减少各环节的无效作业，使之接近于零；对于有效作业，则尽可能减少完成每一作业的资源消耗，提高其投入产出比例。由此可见，作业成本法关注的重点是企业内部各项作业的具体成本及其动因，因而是一种成本导向的企业内部价值链管理，对企业外部价值链的管理尚未进入其研究的视野。

除了科勒的作业成本法外，迈克尔·波特（Michael E. Porter）的竞争优势理论也对价值链管理作出了重要的贡献。他认为："将企业作为一个整体来看无法认识竞争优势，竞争优势来源于企业在设计、生产、营销、交货等过程及辅助过程中所进行的许多相互分离的活动。"并进一步指出："就竞争的角度而言，企业产生的最终价值是买方愿意为企业提供给他们的产品所支付的价格，如果企业所得的价值超过创造产品所花费的各种成本，那么企业就有盈利。"[1] 为了系统地考察企业的所有活动及其相互作用，了解企业竞争优势的来源，迈克尔·波特引入价值链作为分析的基本工具。对于采用成本领先战略的企业，他认为应分析企业各项活动的成本并与竞争者进行对比，而"成本分析的起点是确定企业的价值链，并把营业成本和资产分配到各种价值活动中去……企业的成本地位源于其价值活动的成本行为，而成本行为又

---

① 迈克尔·波特. 竞争优势. 陈小悦，译. 北京：华夏出版社，1997：33-36.

取决于影响成本的一些结构性因素——成本驱动因素"[1]。对于采用差异化战略的企业，他认为："当一个企业能够为买方提供一些独特的、对买方来说其价值不仅仅是价格低廉的东西时，这个企业就具有了区别于其竞争厂商的经营歧异性……如果企业获得的溢价超出为经营歧异性而追加的费用，那么经营歧异性就会使企业获得出色的业绩。"他进一步指出，从企业整体的角度是不能理解歧异性的，"经营歧异性来自企业的价值链，实际上任何一种价值活动都是歧异性的一个潜在来源，例如原材料的采购和其他投入就能够通过影响最终产品的性能并由此而影响经营歧异性"[2]。

事实上，作业链与价值链是相互关联的，作业链是价值链的载体，随着作业活动的推移，价值在企业内部积累和转移，形成价值传递系统。不过，与作业链管理相比，波特所倡导的价值链管理不仅对企业的主要活动给予更为深入的关注，而且将企业的各项支持活动也纳入了价值链管理的范畴，并运用价值链具体分析企业的竞争优势。但不可否认的是，波特所倡导的价值链管理仍然将关注的重点局限在企业内部流程的优化与成本控制等具体问题上，因而仍然是一种封闭的内部价值链管理。

2. 价值链的解构与价值网络

随着市场竞争越来越激烈，任何企业都很难将价值链的所有环节做到最优，由此导致了传统价值链的解构。价值链的解构就是将企业"供"、"产"、"销"链条上的活动分解开来，从中选择那些本企业具有竞争优势的环节加以保留，把其他不具备竞争优势的环节交给最佳的合作伙伴，或通过市场交易获得该种活动。原始价值链经过这样的解构，原来拥有整个链条的企业可能只会保有其中一个或几个环节，然后通过与其他企业的协作完成整个产品的生产和销售。例如，美国福特汽车公司在推出新车 Festiva 时，就是采取在美国设计，由日本的马自达公司生产发动机，然后在韩国的制造厂生产其他零部件并进行装配，最后再运往美国和世界市场上销售。由此可见，企业的价值链不是孤立存在的，企业价值链体现在价值系统中，单个企业的价值链是镶嵌在更大范围的价值链系统之中的，企业要获取并保持竞争优势不仅要理解企业自身的价值链，而且要理解企业价值链所处的价值链系统。整个价值链系统包括提供原材料和零部件的供应商价值链、企业价值链、渠道价值链和顾客价值链，如图1所示。企业的竞争优势与企业协调管理整个价值链系统的能力成正比例关系，企业可以通过最优化或协调与外部的联系来创造竞争优势。

图 1　价值链系统

Gulati 等人[3]（2000）指出，越来越多的企业处于网络组织之中，该网络不仅有供应商、顾客，同时还有竞争对手。维系网络存在的联系跨越产业甚至国界，包括战略联盟、合作伙伴、长期供买等合作关系。价值网络的本质是在专业化分工的生产服务模式下，通过一定的价值传递机制，在相应的治理框架下，由处于价值链上不同阶段和相对固化的彼此具有某种专用资产的企业及相关利益体组合在一起，共同为顾客创造价值。产品或服务的价值是由每个价值网络的成员创造并由价值网络整合而成的，每一个网络成员创造的价值都是最终价值的不可分割的一部分。因此，价值网络是由利益相关者之间相互影响而形成的价值生成、分配、转移和使用的关系及其结构。价值网络潜在地为企业提供获取信息、资源、市场、技

①　迈克尔·波特. 竞争优势. 陈小悦，译. 北京：华夏出版社，1997：61-69.
②　迈克尔·波特. 竞争优势. 陈小悦，译. 北京：华夏出版社，1997：123.
③　Gulati，R.，Nohria，N.，and Zaheer，A.. Strategic networks. Strategic Management Journal，2000，21（3）：203-216.

术以及通过学习得到规模和范围经济的可能性，并帮助企业实现战略目标。

事实上，价值网络的思想打破了传统价值链的线性思维和价值活动顺序分离的机械模式，围绕顾客价值重构原有价值链，使价值链各个环节以及各个不同主体按照整体价值最优的原则相互衔接融合以及动态互动。利益主体在关注自身价值的同时，更加关注价值网络上各节点间的联系，打破价值链各环节间的壁垒，提高价值网络在主体之间相互作用及其对价值创造的推动作用。

二、企业价值创造方式的转变

随着企业生产方式的转变和顾客消费方式的转变，价值创造的方式也发生了巨大的变化。在传统工业经济时代，制造商的利润来源于产品的生产和销售，然而，如果一个行业里的每个企业都采用同样的方式进行竞争，那么一个公司能够使自己的产品与众不同的唯一方式就是，在成本和质量方面领先。但是，如果这个行业里所有的制造商都想在成本和质量方面领先，该行业就会变成一个无利润区[①]。随着现有产品价值的干涸，那些仍在为市场份额奋斗的制造商将面临这样一种情况：在销售收入增加的同时，利润却在下降，即"增产不增收"。

事实上，随着竞争的日趋激烈，利润在价值链中的分布出现了不均衡的现象，如图2所示。一方面，出现了利润从制造环节向销售环节转移的趋势。李海舰、原磊（2005）认为，"在大多数价值链中，制造环节已成为一种典型的无利润区，利润从产品的制造环节转向销售环节，价值创造主体和价值获取主体发生了分离……一般而言，如果把制造和销售作为一个完整的价值链，制造环节只获得利润的10%，而90%的利润则在销售环节实现"[②]。为什么利润会从产品的制造环节向销售环节转移？他们认为，在短缺经济时代，资源配置偏向制造环节，是一个生产至上的时代。从价值链的角度来看，是制造商做链主，制造型企业整合销售型企业，因而实现了规模经济的大型企业往往就是获取利润最丰厚的企业。但是进入过剩经济时代，流通在国民经济中处于中心位置。从价值链的角度来看，是销售商做链主，销售型企业整合生产型企业，因而导致利润从产品的制造环节向销售环节转移。另一方面，在制造业内部，也出现了利润从制造环节向研发环节、服务环节转移的趋势。这是因为随着生活水平的提高，人们的个性化需求越来越明显，导致对产品的异质化要求越来越高，而研发和服务才是产品异质化的关键环节。

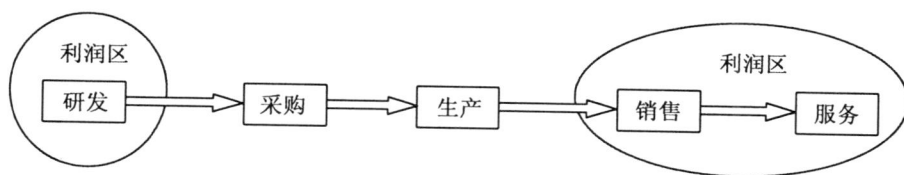

图2　利润在价值链中的转移

价值创造方式的转变要求企业具有超前的眼光，能够预见利润在价值链中的转移趋势并适时地调整企业的战略。例如，美国通用电气公司的发展战略就经历了三次转变：第一次，1981年韦尔奇上任时，通用电气是一个规模庞大的多元化制造公司，但许多产品市场份额很小。当时市场份额就意味着利润，于是他提出"不是第一，就是第二"的战略。第二次，进入20世纪80年代中期，市场份额与利润之间的关系逐渐减弱，在很多情况下，甚至出现市场份额与利润相背离，这时韦尔奇适时地提出"高效率市场

①　亚德里安·J. 斯莱沃斯基. 发现利润区. 北京：中信出版社，2000：87.
②　李海舰，原磊. 基于价值层面的利润转移研究. 中国工业经济，2005：81-90.

份额"战略。第三次，到了 20 世纪 90 年代初，韦尔奇意识到，即使是高市场份额和高生产率，也不能保证持续的利润增长。经过调查发现客户的偏好发生了变化，从对产品技术性能的重视转变到重视购买的产品能否解决企业存在的问题，因此韦尔奇提出，不能只卖产品，应当将产品放到客户的整体经济系统中进行考虑，即"卖解决问题的方案"。三次战略调整使通用电气公司的市场价值从韦尔奇 1981 年就任首席执行官时的 130 亿美元，增加到 1996 年底的 1 620 亿美元。

三、价值链分层、重构与价值创造

1. 价值链的分层与价值创造

约翰·C. 奥瑞克等①将企业的价值链分解为三个层次（如图 3 所示）：（1）物质价值链——价值链的实物形态反映，包括物流供应和生产制造环节，物质价值链是企业内部或企业之间实物的位移或变形。因此，"致力于物质商品生产销售的企业呈现出资本密集型特征……其结果是，规模经济和资本效率成为此类企业的主要驱动因素"。（2）交易价值链——企业与供应商或客户由于供需而发生的交换活动，具体指为获得原材料或出售商品而产生的信息流动。随着近年来网络技术的飞速发展，"企业可以考虑建立基于互联网的交易平台，进行超越企业边界的信息资源整合，以增强信息的规模效益"。（3）知识价值链——企业通过无形的知识过程，提升产品价值，并通过产品溢价销售使企业从市场中赚取额外的利润。"为提高投资回报，很多企业已经开始考虑以知识资产来代替物质资产……企业可以将更多的信息与物质产品打包在一起销售给顾客，以实现企业经营的差异化。"

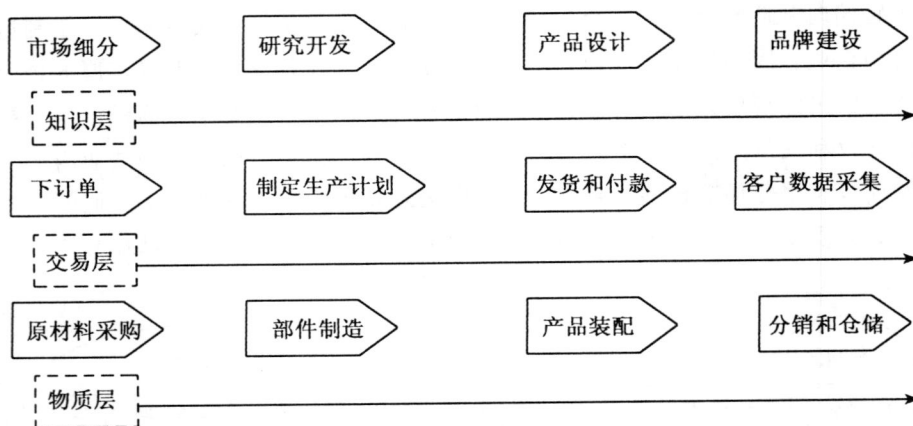

图 3　价值链的分层

需要指出的是，在价值链的三个层次中，特别值得关注的是交易层与知识层，因为在大多数情况下，能够形成企业核心能力（core competence）、维持企业持续竞争优势的关键不是土地、劳动、资本等传统要素，而是知识、技术、社会资本等无形资源②。其中，企业掌握的知识特别是隐形知识（tacit knowledge）尤为关键，企业对知识的吸收、传递、转化和应用的能力，是其竞争差异的根本所在③。通

①　John C. Aurik, Gillis J. Jonk, Robert E. Willen. Rebuilding the corporate genome: Unlocking the real value of your business. New York : John Wiley & Sons, 2003: 30-58.

②　Prahalad, C. K. , Hamel, G. . The core competency of the corporation. Harvard Business Review, 1990, 68 (3): 79-91.

③　Grant, R. M. . Toward a knowledge-based theory of the firm. Strategic Management Journal , 1996, 17: 109-122.

过对企业价值链的分层，还有利于找出对企业最具有价值增值潜力的环节，并把该环节作为企业的核心环节而加以发扬光大，甚至将该环节从企业中独立出去，形成价值模块。

2. 价值链的重构与价值创造

（1）改变价值链的方向。任何企业都处于特定的产业链中，产业链具有前后业务交替关系和价值传递关系。传统的价值链开始于公司的资产和核心能力，然后逐步转向投入要素、产品生产、销售渠道，最后才是客户。这种分析思路存在以下缺陷：①该方法实际上是以企业为中心，否定了企业价值的获取最终取决于客户要求的事实，容易造成企业对业务的选择不当。②该方法往往将增加销售收入和扩展市场份额作为企业的主要目标，忽视了总收入增长并不必然导致利润的增长。③该方法有时会过分关注企业内部价值链的分析，而不能站在更高的角度审视应为客户服务的范围。

事实上，对企业价值链的分析思路采取反向的方式往往更好（如图4所示）。这是因为：①对企业价值链的分析应以满足顾客的需要为出发点，分析顾客购买企业产品主要是为了获取什么利益，在此基础上考虑如何组织生产，如何选择分销渠道，并最终确定企业应该配备的资产特征和核心专长。②价值链分析的范围不应局限于行业内部，而应跨越行业来看待价值链的重构过程①。

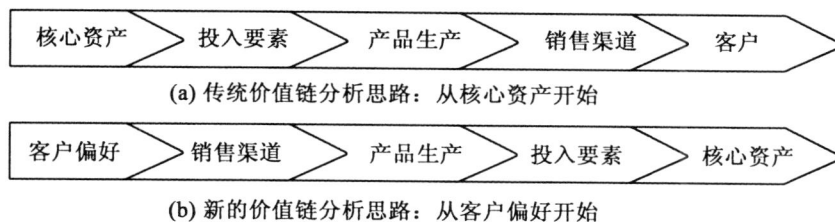

(a) 传统价值链分析思路：从核心资产开始

核心资产 ＞ 投入要素 ＞ 产品生产 ＞ 销售渠道 ＞ 客户

(b) 新的价值链分析思路：从客户偏好开始

客户偏好 ＞ 销售渠道 ＞ 产品生产 ＞ 投入要素 ＞ 核心资产

图4　两种价值链分析思路的比较

价值链分析思路的转变实质上体现了企业将对竞争者的关注转移到对顾客的关注上来，将顾客作为战略选择和实施的出发点与归属点。这是因为在超竞争环境下，企业只有和顾客一道才能创造出独特的价值。

（2）基于能力要素的重构。随着科技进步及网络经济时代的来临，企业面临的产业环境越来越复杂，对企业各项能力的要求也越来越高，在这种情况下企业很难完全依靠自身将整个价值链的各个环节都做到最优。企业对价值链管理的重心就逐步由企业内部价值链延伸至企业外部价值链，通过依靠与其他企业的合作来获得竞争优势。一般而言，通常企业会先对处于同一价值链的其他企业进行优化组合，然后再考虑进行跨链合作。例如，大企业集中精力于附加值高的价值环节，而把低附加值的环节外包出去，小企业则把握价值链上的特定环节，发展成高度专业化的公司。在此基础上，企业还可以跨越价值链进行重构，即企业将自身价值链的某个环节（能力要素）拿出来与本产业以外的其他企业进行组合形成一种新的生产能力。例如，飞利浦家用电器公司将自己生产的一款咖啡机拿出来，通过与咖啡销售商 Douwe-Egbert 联手，共同为顾客创造了一种独特的"咖啡体验"。其方法是将 Douwe-Egbert 公司生产的一种特制咖啡放入飞利浦家用电器公司生产的一款有圆滑流行外观的咖啡机，可以煮出一种与众不同的带一层奶油泡沫的浓香咖啡。Douwe-Egbert 公司还专门为此咖啡机开发了小袋装咖啡以方便顾客。上述合作意味着两家公司将其各自能为顾客提供独特价值的能力要素进行了整合。严格地说，正是能力的有限性导致了几乎所有的企业必须与外部企业建立联系，以获取自己所需的但是被其他企业所拥有的能力，以便完成整个价值增值

---

① 潘旭明．基于价值链重构的竞争优势分析．郑州航空管理学院学报，2004，2：21-23.

活动①。

值得注意的是，价值链的重构应当居于能力要素层次而不是公司层次。正如 Prahalad & Hamel② 在他们的核心竞争力框架中明确指出的，基于战略业务单元的公司战略存在着一些弊端，这些弊端主要体现在：投资不足（能力要素管理者没有意识到他们应该为某个能力要素优势的发挥负责）、资源限制（有才能的人没有从事核心能力要素的开发工作）和革新的阻碍（在缺乏对主要能力要素的认知的情况下盲目进行无用的革新）。为了避免出现战略选择上的困难，企业应该致力于从单个能力要素而不是从全部产出上获得价值补偿。

四、价值模块耦合与价值创造

1. 价值链节点的模块化

价值链的分解过程，其实就是价值链节点的模块化过程。模块化作为一种有效地组织复杂产品生产过程的方法具有很长的历史。"模块化使得公司能够控制日益增长的复杂技术，通过把产品分解成子系统，即模块，设计师、生产者和使用者都获得了很大的灵活性。不同的公司可以分别负责不同的模块。"事实上，模块化在计算机行业已经取得了巨大的成功，在计算机行业，由于"存在着很高的技术不确定性，设计师开发和测试各种试验模块的次数越多，灵活性越大，行业就越能更快地发展"③。

可以这样说，模块化思维最初来源于生产过程中产品的可分割性。我们知道，按工艺过程的特点可以将生产分成两种形式：一种是流程式生产，另一种是加工装配式生产。流程式生产是指原材料连续地按照一定工艺顺序流动，在运动中不断改变形态和性能，最后形成产品的生产方式（如化工、炼油、冶金等行业）。这种生产方式由于生产设施地理位置集中，生产过程具有连续性，所以一般不适于采用模块化方法组织生产。加工装配式生产是指产品由多种零部件组装而成（如汽车、飞机、计算机等），构成产品的零部件可以在不同地区，甚至不同国家制造。这种生产由于涉及大量的零部件，为了简化生产过程中的计划、协调等工作，将由众多零件组装成的具有一定功能的部件作为一个模块，产品由具有不同功能的模块装配而成。例如，计算机就是由主板、CPU、内存、硬盘、显卡、显示器等模块组成的。

今天，模块化已经超越了传统简化生产组织的要求。竞争环境和竞争基础的变化迫使企业必须组建或参与一个价值创造网络来进行新的行之有效的竞争。模块化生产组织方式从表面上看只是公司适应日益增长的复杂技术发展变化的需要，但实质上，模块化不仅仅只是加速了变革的步伐，更为重要的是还改变了公司之间的关系（Baldwin & Clark，1997）。梅塞德斯-奔驰公司（Mercedes-Benz）在这方面做出了很好的示范效应，当该公司在美国的亚拉巴马开办新的赛车装配厂时，公司的管理层意识到，汽车的复杂性要求这个工厂在开发新产品时必须依赖一项复杂的计划对由数以百计的供应商所组成的网络进行控制，而且还要保持相当的存货作为缓冲。这势必要花费很多的精力和成本，于是他们绕过了直接管理整个供应系统的做法，而将这个供应系统分解为一套生产模块系统。例如，汽车的驾驶室（包括操纵系统、安全气囊、空调系统等）作为一个独立的模块交由隶属于通用汽车公司的德尔菲工厂（Delphi）开发和生产。德尔菲工厂依据奔驰给出的标准进行产品开发和生产，形成了包括几十家供应商的网络，并最终生产出赛车所需

① Richard, N., and Langolis Anand. Transaction-cost economics in real time. Corporate & Industrial Change, 1992, 1 (1): 99-129.

② Prahalad, C. K., and Hamel Gary. The core competency of the corporation. Harvard Business Review, 1990, 68 (3): 79-91.

③ Carliss Y. Baldwin, Kim B. Clark. Managing in an age of modularity. Harvard Business Review, 1997, 75 (5): 84-93.

的模块。

2. 价值模块之间的耦合

价值链的某些环节经过价值链的分解形成价值模块后，为了保证整个价值创造系统的有效性，各模块之间的耦合问题就显得尤为重要。简单地说，对象之间的耦合就是对象之间的相互依赖性。从技术的角度看，耦合是程序结构中各个模块之间相互关联的度量，它取决于各个模块之间联系的方式、耦合的作用和模块间信息传递的数量，如图5所示。

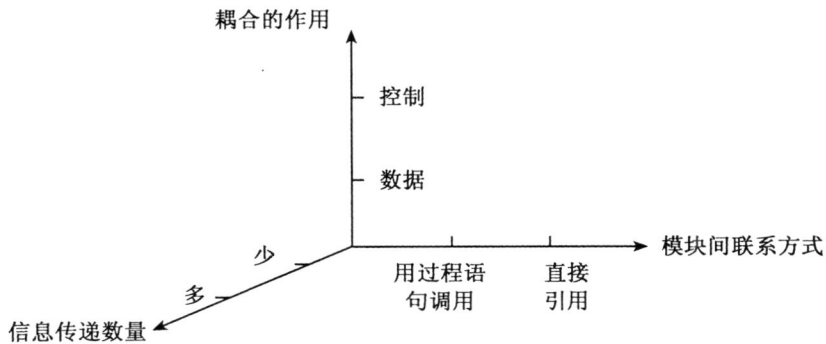

图5　影响模块间耦合的因素

在影响模块耦合的因素中，联系方式可以分为"直接引用"和"用过程语句调用"。直接引用是指一个模块直接存取另一个模块的某些信息，这种联系方式将导致复杂性显著上升。而用过程语句调用，则是通过模块的名字调用整个模块，模块之间的耦合程度比较低。其次，模块之间来往信息既可以作为数据使用，也可以作为控制信息使用，一般来说，作为控制信息使用耦合程度较高。最后，模块之间传递的信息量越大，它们之间的耦合程度越高。

从模块间相互作用的程度来看，耦合可以分为紧密耦合和松散耦合。*XML Schema：The W3C's Object-oriented Descriptions for XML* 一书（O'Reilly 公司 2002 年出版）的作者 Eric Van der Vlist 用下列比喻来描述这两类耦合之间的差异：打开墙上的开关接通电灯就是紧耦合系统，而利用电话订购书就是松耦合系统。在紧耦合系统中，你直接控制操作。紧耦合系统通常比较快、也安全，传输误差的风险非常低；松耦合系统通常比较容易出错，但比较灵活。当你用电话通话时对方职员可能会听错你要订购书的 ISSN 编号，或者在输入时出错，但如果你不记得 ISSN 编号，你可以告诉对方职员，你要一本由一名有荷兰名字的人写的有关 3W 联盟的 XML 范式的新书。

从价值创造的角度来看，价值模块之间耦合的实质是模块之间的一种互动过程，在这个过程中，模块之间彼此交换价值或共同创造价值。高迪靳等学者①②在研究价值网络时认为，两个价值节点彼此之间的互动过程是一个价值交换的过程，这种价值交换过程作用于节点行动者的价值界面，即两个节点行动者在价值网络中的联系路径。事实上，企业是一个价值创造系统，在这个系统中，各利益相关者共同形成一种商业生态系统。扬西蒂和莱温③指出，大多数公司依附于某个商业生态系统，而该系统往往超越了公司所

---

① Gordijn, Jaap, and Yao-Hua Tan. A design methodology for modeling trustworthy value webs. International Journal of Electronic Commerce, 2005, 9 (3): 31-48.

② Das, T. K., and Bing-Sheng Teng. Between trust and control: Developing confidence in partner cooperation in alliances. Academy of Management Review, 1998, 23 (3): 491-512.

③ 马可·扬西蒂，罗伊·莱温. 制定战略：从商业生态系统出发. 哈佛商业评论（中文版），2004，4：236-264.

属行业的界限。传统的价值链由供应商和分销商组成，它们直接参与产品和服务的生产与提供，而商业生态系统中的许多公司则在传统价值链之外，价值的创造和流动分布在整个商业生态系统之中。

五、对我国企业的启示

（1）从关注作业链管理转向关注价值链管理。长期以来，我国企业都重视作业成本，注重提高每项作业的投入产出比例。价值链管理则要求企业注重获取竞争优势，认为竞争优势来源于企业价值链的各个环节，企业不仅可以通过成本领先获得竞争优势，而且可以通过为买方提供独特的而不仅仅是价格低廉的东西来获得差异化优势。

（2）从关注单一价值链转向关注价值链系统。市场竞争使得一个企业很难在价值链的所有环节都具有竞争优势，由此导致了传统价值链的解构。企业要获取并保持竞争优势不仅要理解企业自身的价值链，而且也要理解企业价值链所处的价值链系统。价值链系统强调由处于价值链不同阶段的企业组合在一起，共同为顾客创造价值。

（3）从关注制造环节转向关注研发和销售服务环节。随着竞争的日趋激烈，利润在价值链中的分布出现了不均衡的现象，即利润从制造环节向上游的研发环节和下游的销售服务环节转移，这是因为研发和服务才是产品异质化的关键环节。为此，要求企业具有超前的眼光，能够预见利润在价值链中的转移趋势并适时地调整企业的战略。

（4）从关注物质价值链转向关注交易价值链和知识价值链。多年来，我国企业习惯于注重原材料采购、部件制造、产品装配等物质价值链，而往往忽视客户数据采集等交易价值链，以及研究开发、品牌建设等知识价值链。事实上，交易价值链和知识价值链才是企业获取竞争优势的基础。通过对企业价值链的分层，有利于找出对企业最具有价值增值潜力的环节，并把该环节作为企业的核心环节而加以发扬光大。

（5）从关注单一价值链节点转向关注价值链节点间的模块化耦合。随着产品复杂性和技术不确定性的上升，模块化生产组织方式不仅能够较好地适应复杂技术发展的需要，而且还改变了公司之间的关系。价值链节点形成的模块与其他模块进行耦合实质就是模块之间的一种互动过程，通过这种互动达到彼此交换价值或共同创造价值的目的。

参考文献

[1] 迈克尔·波特. 竞争优势. 陈小悦, 译. 北京：华夏出版社, 1997.
[2] 亚德里安·J·斯莱沃斯基. 发现利润区. 北京：中信出版社, 2000.
[3] 李海舰, 原磊. 基于价值层面的利润转移研究. 中国工业经济, 2005.
[4] 马可·扬西蒂, 罗伊·莱温. 制定战略：从商业生态系统出发. 哈佛商业评论, 2004.

企业渠道影响策略选择研究[*]

——基于粮油营销渠道的实证分析

● 张均涛[1]   胡华平[2]   李崇光[3]

（1，2，3 华中农业大学经济管理学院   武汉   430070）

【摘 要】面对经济全球化的冲击，粮油生产企业如何选择合适的渠道影响策略，构建独特的渠道系统，从而获得竞争优势，成为人们关心的问题。实证研究表明，在低度信任的渠道系统中，粮油供应商的信息交换、建议和请求策略对经销商的满意度没有显著影响，承诺和威胁策略对经销商的满意度有显著负影响，法律策略对经销商的满意度有显著正影响；在高度信任的渠道系统中，粮油供应商的信息交换和建议策略对经销商的满意度有显著正影响，请求、承诺、威胁和法律策略对经销商的满意度没有显著影响。因此，粮油生产企业应该结合自己所处的渠道情景选择渠道影响策略。

【关键词】渠道影响策略   渠道满意   渠道信任   策略选择

一、导 言

当今世界经济全球化趋势日益明显，市场竞争日趋激烈。农业也不例外，主要农产品如粮食、食用油等受全球化竞争的冲击也越来越大。在这种背景下，农业企业必须选择恰当的竞争战略和营销策略，才能立于不败之地。Rosenbloom（1999）曾指出，全球经济中通过价格策略赋予的持久竞争优势甚至比通过产品策略获取的灵活性更少，促销已经成为持续竞争优势的不牢靠的策略，而渠道策略是一种基于关系和人以及需要一个组织结构的长期策略，对于竞争对手来讲，营销渠道在短期内难以模仿，对于获取竞争优势来说，它比其他要素更能提供潜在力量。因此，如何选择渠道策略，构建渠道竞争优势成为人们关心的问题。

自 20 世纪 70 年代以来，渠道研究的重心转向渠道行为理论，渠道影响策略逐渐成为渠道策略研究的重要方面。当企业通过沟通促使其渠道伙伴承担原本不该其承担的特定活动时，就可以说前者对后者使用了影响策略。使用影响策略的企业被称为"源企业"，受影响策略指导的企业被称为"目标企业"[①]（Frazier & Rody，1991）。"源企业"所使用的影响策略将在很大程度上决定着渠道成员的态度、满意程度与整个渠道系统的绩效（Frazier，1983；Boyle et al.，1992）。在使用影响策略的过程中，"源企业"将不

＊ 本文受国家自然科学基金（批准号：70773046）和教育部博士点基金（批准号：2005.0504014）的资助。

① Frazier，G. L.，and Rody，R. C.．The use of influence strategies in interfirm relationships in industrial product channels. Journal of Marketing，1991：52-69.

断地平衡两个目标：修正"目标企业"的行为并保证其满意①（Ruekert & Churchill，1984）。满意是渠道关系中重要的行为结果（Robicheaux & El-Ansary，1975；Dwyer，1980；Frazier，1983；Andaleeb，1996）。渠道成员的满意将导致彼此间更加团结、合作，更多的参与，更少的关系中止、冲突、诉讼和更有效率的渠道（Hunt & Nevin，1974；Lusch，1976；Schul，1985）。可见，渠道影响策略确实是一种重要的渠道策略，在企业构建渠道竞争优势的过程中起着非常突出的作用。

一般来说，渠道影响策略主要有六种：信息交换（information exchange）、建议（recommendation）、请求（request）、承诺（promise）、威胁（threat）和诉诸法律（legal plea）。只有在不同的渠道情景中选择了合乎实际的策略，才能使渠道成员更加满意、渠道系统更有效率。而随着市场的发展和竞争结构的改变，营销渠道成员之间的关系正从交易型向伙伴型关系方向发展，渠道成员之间的信任作为一种"黏合剂"和"润滑剂"，在维系健康的渠道关系过程中起到了关键作用（Morgan & Hunt，1994；Arino，2001）。有关渠道关系的研究表明，信任对关系各方的行为有着显著的中介作用（Andaleeb，1995；Lusch & Brown，1996）。因此，处在高度信任渠道关系中的"源企业"选择的渠道影响策略与处在低度信任渠道关系中的"源企业"选择的策略会有所不同。

然而，现有研究多只探讨了渠道影响策略与权力来源、依赖性、渠道成员满意度、渠道绩效等变量的相互关系，很少涉及具体情景中渠道影响策略的选择问题。因此，本研究基于武汉市粮油经销商感知渠道影响策略调查所得的数据，分析不同信任程度下供应商选择的渠道影响策略对经销商渠道满意的具体影响，找出不同关系状态中供应商应该选择的最优策略组合，对推动"本土化"的农产品营销理论研究和提高我国农业企业竞争力都有一定现实意义。

二、文献回顾与研究假设

1. 渠道影响策略的内涵

渠道影响策略通常被定义为企业使用的一系列影响其他渠道成员行为的沟通策略。"源企业"使用渠道影响策略被认为是其利用渠道权力的表现（Frazier，1984）。因此，渠道影响策略也被认为是行使渠道权力来源（Gaski，1986）。Frazier 和 Summers②（1984）根据渠道权力的来源因素，以及实践中渠道成员对渠道权力的运用，将渠道影响策略分为信息交换、建议、请求、承诺、威胁、诉诸法律六种。

信息交换策略是指"源企业"就整体经营形势和市场信息与"目标企业"进行分享和讨论，以期让"目标企业"在观念上认识到自己利润最大化的最佳经营策略，从而达到改变"目标企业"行为的目的。信息交换作为一种沟通方式，"源企业"对"目标企业"的信息交换过程就是对"目标企业"行为的影响过程，不过这种影响是间接的，"目标企业"在这种情况下行为的改变是一种主动积极的行为调整。

建议策略是指"源企业"强调"目标企业"如果能遵循其建议或决策，从事特定的活动，则"目标企业"要么能避开不利局面，要么能获取有利形势。与信息交换策略相反，建议策略是"源企业"让"目标企业"明确其行为的实质。因此，"目标企业"往往更愿意接受建议策略，而且一旦被有效运用，其有效改变行为所需的时间较少。

请求策略是指"源企业"在没有任何奖赏或者惩罚措施的情况下要求"目标企业"按照自己的意愿

① Ruekert, R. W. , Churchill, G. A.. Reliability and validity of alternate measure of channel member satisfaction. Journal of Marketing Research, 1984: 226-233.

② Frazier, G. L. , Summers, J. O.. Interfirm influence strategies and their application in distribution channels. Journal of Marketing, 1984: 43-55.

行事。"目标企业"被提醒遵循"源企业"的请求，即使它们知道这些改变不是它们想做的，或者这些要求不带有任何威胁、承诺、法律的因素。这种情况下"目标企业"遵循"源企业"要求的激励来自其对渠道互惠关系的认同。

承诺策略，也叫奖赏策略，是指"源企业"对按照其意愿行事的"目标企业"给予特殊的奖赏。它不同于建议策略，是一种直接的影响行为。有效运用承诺策略需要仔细考虑提供的奖赏的多少，如果"目标企业"改变某种行为所耗费的成本高于"源企业"给予的奖赏，则这种承诺策略是很难实施的。

威胁策略是指"源企业"告知"目标企业"，如果其不遵从自己的意愿行事，就会对其采取负面性的制裁行动。威胁策略成功与否依赖于威胁信息的可靠性和惩罚的严重程度，也就是"目标企业"不遵从"源企业"意愿受到的惩罚与"目标企业"遵从"源企业"意愿的成本的比较。

诉诸法律是指"源企业"主张以正式的法律契约来规定或要求"目标企业"必须执行某些特定的行为。这种策略能产生一种长远持续的作用，并且不需要额外的监督。但如果"目标企业"认为合同是不明确的，就会有抵抗情绪，这种情况下就需要额外的监督。当法律行为带有威胁的意味时，它可能会产生负面作用，加剧渠道冲突，增加潜在的监督成本，甚至使"目标企业"退出渠道关系。

2. 渠道影响策略的分类

对于以上六种影响策略，一些研究学者进行了归类。Frazier 和 Summers（1984）将其归纳为需要改变对方观念的影响策略和不需要改变对方观念的影响策略，前者包括信息交换和建议策略，后者包括请求、承诺、威胁和法律策略。"源企业"在考虑选择影响策略时，首先要明确影响策略的主要目的就是调整渠道成员的行为，而改变渠道成员行为的方法主要有两种：一是通过改变对方的观念后间接改变对方的行为，这种情况下对方行为的改变是自愿的；二是在不改变渠道成员观念的情况下直接改变渠道成员的行为，这种行为改变是非自愿的。

遵循这一思路，在随后的研究中 Frazier 和 Summers[1] 将上述六种策略重新进行了划分，把它们归为强制性影响策略和非强制性影响策略，前者包括承诺、威胁、法律策略，后者包括信息交换、建议、请求策略。这一分类方法得到了 Kale（1986）的支持。此后，Mohr 和 Nevin（1990）基于 Frazier 和 Summers 的思想，也对影响策略进行了分类。他们将其归为直接影响策略和间接影响策略，前者包括建议、要求、承诺和法律策略，后者则只包括信息交换策略。

但与上面分类有些不同的是，Geyskens 等[2]在综合分析了 1970—1996 年有关渠道成员行为决策的研究后，将影响策略分为渠道成员间的威胁、承诺或保证以及渠道成员间的非强制策略三种类型：渠道成员间的威胁（partner's use of threats）表示对其他成员的欲望与目标的抑制，即以处罚方式来抑制成员的欲望与目标，如处罚权（punishment power）与负面约束力（negative sanctions）等；渠道成员间的承诺或保证（partner's use of promises）表示可以为其他成员带来偶发性利益的行为，即以奖赏方式鼓励成员相互间带来偶发性利益的行为，如成员间奖励（reward）与诱导（temptations）等；渠道成员间的非强制策略（partner's use of non-coercive influence strategies）是指不具强制力的行为，如信息交换（information exchange）、企业策略讨论（discussion of business strategies）以及彼此间的请求（requests）等。

本研究将渠道影响策略归为强制性影响策略和非强制性影响策略。强制性影响策略是指借助相关的强迫力量去实现的一种影响策略，包括承诺、威胁、法律等手段。比如威胁策略，"源企业"可能预先威胁

① Frazier, G. L. , Summers, J. O. . Perceptions of interfirm power and its use within a franchise channel of distribution. Journal of Marketing Research, 1986, 1: 69-76.

② Geyskens Inge, Steenkamp, Jan-Benedict E. M. , Kumar Nirmalya. A meta-analysis of satisfaction in marketing channel relationships. Journal of Marketing Research, 1999, 2: 223-238.

"目标企业"，如果它没有遵从"源企业"的意愿，"源企业"将运用各种惩罚手段来对"目标企业"实施制裁。这种情况下，"目标企业"往往是迫于"源企业"的威胁而不得不遵从"源企业"的意愿。但这种遵从只是行为上的，是被动服从，"目标企业"自身的态度和价值观并没有改变。因此，其影响是短期的、立竿见影的，一旦威胁或者惩罚取消，"目标企业"的行为马上就会恢复到以前的状态。非强制性影响策略包括信息交换、建议、请求等手段，是指"目标企业"基于对"源企业"的认可而主动遵从"源企业"的意愿，它是一种主动的服从。在这种情况下，"目标企业"的行为改变是持续长久的，但它需要一定的时间才能发生作用，不像强制性影响策略能即刻收到预期的效果。

3. 渠道满意度

自 Cardozo（1965）首次将满意度的观点引入营销领域以来，有关满意度的研究已经成为渠道研究中最热点的领域之一。1970—1996 年，约有 71 篇文献在其渠道关系模型中运用了满意度这个概念。迄今为止，多数研究表明，渠道满意对减少渠道冲突、促进渠道合作、提高渠道绩效有着积极的意义。如 Lusch（1976）认为满意度能缩小渠道成员之间的分歧，减少非建设性冲突，从而提高渠道效率。Schul 等（1985）则发现，对交易伙伴的渠道满意度将影响渠道关系的长度和品质。而 Mohr 和 Nevin（1990）则指出，一个对供应商满意度高的分销商相比满意度比较低的分销商来说，会希望与供应商进行更多的交易。

那么，什么是渠道满意呢？一般认为，渠道满意是指企业在评价其与其他企业工作关系的各个方面之后产生的一种积极的情感状态（Frazier, Gill & Kale, 1989；Gaski & Nevin, 1985），显然，渠道满意是一个多维概念。因而，渠道研究中对满意度衡量多是从多个维度进行的，其中有代表性的主要有三种：一是 Ruekert 和 Churchill（1984）通过社会互动、产品、财务和支援四个方面来衡量渠道满意度，其中社会互动是指供应商的销售代表与经销商之间的交互过程，支援是指供应商在广告方面给予经销商的支持情况；二是 Mayo 等（1998）将渠道满意度的衡量维度分为销售援助、促销援助、获利能力、新产品开发、产品品质、服务六个方面，这应该说是最全面的一种衡量方式；三是 Geyskens 和 Steenkamp（2000）将渠道满意度通过经济和社会两个方面来衡量渠道满意度，其中经济满意度被定义为"渠道成员对从渠道关系中获得的经济报酬有正向的情感反应"，社会满意度被定义为"渠道成员对关系的非经济面，在社会心理层面有正向的情感反应"[1]。

本研究将渠道满意度分为经济满意度和社会满意度两个维度。其中，经济满意度的衡量又分为产品、财务、营销支持三个方面。所以本文对于渠道满意度的衡量标准主要有：产品满意（Ruekert & Churchill, 1984；Mayo, Richardson & Simpson, 1998），财务满意（Ruekert & Churchill, 1984；Mayo, Richardson & Simpson, 1998），营销支持满意（Ruekert & Churchill, 1984；Mayo, Richardson & Simpson, 1998）与社会满意度（Ruekert & Churchill, 1984；Geyskens & Steenkamp, 2000）。

4. 渠道影响策略与渠道满意度

在渠道研究中，很多学者探讨了渠道影响策略（或渠道权力因素）和渠道满意度的相互关系。归纳起来，主要有三种观点：一是认为两者没有直接关系。如 Gaski（1986）和 Howell（1987）研究发现，不管是强制性权力因素，还是非强制性权力因素，都对渠道满意度没有显著影响关系。二是认为两者有一定关系。如 Wilkson（1979）认为，虽然强制性权力因素对渠道满意度没有显著影响，但非强制性权力因素对渠道满意度有正的显著影响。Brown 和 Frazier（1978）则发现，直接权力因素对渠道满意度有负的显著影响，间接权力因素对渠道满意度却没有显著影响。Frazier 和 Summers（1986）的研究也得出了同样的结论。三是认为两者之间有很强的相关关系。如 Hunt 和 Nevin（1974）对餐饮特许经营渠道的研究发现，

---

① Geyskens Inge, Steenkamp Jan-Benedict E. M.. Economic and social satisfaction：Measurement and relevance to marketing channel relationships. Journal of Retailing, 2000, 1：11-32.

强制性权力的使用对渠道满意度有负的显著影响，而非强制性权力的使用对渠道满意度有正的显著影响。Brown 和 Lusch（1995）在总结前人研究的基础上，对 1 052 个农用设备分销商进行了调查分析，研究结果显示：强制性权力来源因素与分销商满意度相关系数为 -0.149，非强制性权力来源因素与分销商满意度相关系数为 0.395。此外，Lusch（1976）、Dwyer（1980）以及 Gaski 和 Nevin（1985）的研究也都证实了这个观点。

虽然上述观点不一致甚至相互矛盾，但一般认为最后一种观点最有代表性。本研究也接受此种观点，即强制性影响策略对渠道满意有负面影响，非强制性影响策略对渠道满意有正面影响。正如前文所述，由于渠道系统的复杂性，渠道影响策略对渠道满意感的作用并非完全规律的，诸如渠道信任等因素可能会对两者的关系产生一定调节。

Anderson 和 Narus[1]（1990）在研究企业间的关系时提出，信任是一方相信对方会做出对自己有正面结果的行为，同时也预期对方不会做出导致负面结果的行为。大部分学者在研究制造商与经销商的合作关系时把信任定义为渠道成员一方对另一方所具有的可信性和善意的信念、情感和期望，并认为信任由可信性和善意两个要素构成（Kumar, Scheer & Steenkamp, 1995；Ganesan & Hess, 1997）：可信性（credibility），即信任可以被称做是渠道成员一方对另一方诚实和值得信赖的言语、许诺、陈述的一种期望；善意（benevolence），即信任是渠道成员一方在有风险的条件下对另一方善意动机的一种正面预期。可信性代表对方信守承诺的意愿与能力、在处理和传递商品服务过程中表现出的可靠性以及在相关行为上的可预测性；善意代表对方愿意通过做出超越单纯利润动机的某些牺牲来表达真诚的关心（己方利益）的意图和特性。

在低度信任的渠道系统中，由于"目标企业"和"源企业"的关系十分松散，"目标企业"对"源企业"的信息交换、建议和请求等策略很可能会置之不理。同时，由于彼此缺乏可信和善意，对对方的行为不断猜忌和怀疑，"目标企业"对"源企业"的强制性影响策略多会反感甚至抵制。所以，"源企业"的强制性影响策略对"目标企业"的满意度有显著负影响，而非强制性影响策略对"目标企业"的满意度几乎没有影响。基于此，我们提出如下研究假设：

H1a：在低度信任的渠道系统中，"源企业"的信息交换策略对"目标企业"的满意度没有显著影响；

H2a：在低度信任的渠道系统中，"源企业"的建议策略对"目标企业"的满意度没有显著影响；

H3a：在低度信任的渠道系统中，"源企业"的请求策略对"目标企业"的满意度没有显著影响；

H4a：在低度信任的渠道系统中，"源企业"的承诺策略对"目标企业"的满意度有显著负影响；

H5a：在低度信任的渠道系统中，"源企业"的威胁策略对"目标企业"的满意度有显著负影响；

H6a：在低度信任的渠道系统中，"源企业"的法律策略对"目标企业"的满意度有显著负影响。

在高度信任的渠道系统中，"目标企业"基于对"源企业"的可信和善意，对其可能采取的强制性影响策略会有更大程度的理解和容忍，而对其采取的非强制性影响策略会有积极的情感和回应；"源企业"则会最低限度地使用强制性影响策略，而主要依赖非强制性影响策略。所以，"源企业"的强制性影响策略对"目标企业"的满意度几乎没有影响，而非强制性影响策略对"目标企业"的满意度则有显著正影响。基于此，我们提出如下研究假设：

H1b：在高度信任的渠道系统中，"源企业"的信息交换策略对"目标企业"的满意度有显著正影响；

---

① Anderson, James C., and James A. Narus. A model of distributor firm and manufacturer firm working partnerships. Journal of Marketing. 1990, 1: 42-58.

H2b：在高度信任的渠道系统中，"源企业"的建议策略对"目标企业"的满意度有显著正影响；

H3b：在高度信任的渠道系统中，"源企业"的请求策略对"目标企业"的满意度有显著正影响；

H4b：在高度信任的渠道系统中，"源企业"的承诺策略对"目标企业"的满意度没有显著影响；

H5b：在高度信任的渠道系统中，"源企业"的威胁策略对"目标企业"的满意度没有显著影响；

H6b：在高度信任的渠道系统中，"源企业"的法律策略对"目标企业"的满意度没有显著影响。

三、研究设计与调查实施

1. 研究设计

本研究以武汉市粮油经销商与其供应商的关系为研究对象，采用问卷调查法，从经销商的角度了解其感知的供应商采取影响策略的情况、自己的满意度状况以及双方的信任程度。问卷中各研究变量的测量项目均来自以往文献。影响策略量表主要借鉴了 Boyle 等（1992）以及 Bandyopadhyay 和 Robicheaux（1998）的问卷，共设计了 25 个测项，分别是信息交换 4 个测项、建议 4 个测项、请求 4 个测项、承诺 4 个测项、威胁 5 个测项、诉诸法律 4 个测项。满意度量表主要参考了 Ruekert 和 Churchill（1984）、Mayo 等（1998）、Geyskens 和 Steenkamp（2000）的思路，共设计了 13 个测项，此外还专门设计了一个测项来了解被访者的整体满意度。信任量表主要采纳了 Kumar 等（1995）以及 Ganesan 和 Hess（1997）的建议，共设计了 9 个测项，分别是可信性 3 个测项、善意 6 个测项。

为了保证问卷设计的科学性，我们还与 10 名经销商进行了面对面的深度访谈，根据我国企业的实际情况以及语言习惯对各测项进行了适当调整。量表项目的打分采用 5 分李克特量表，1 代表"完全不同意"，5 代表"完全同意"。

2. 调查实施

本次调查的对象为武汉市区的粮油经销商，调查采用面访形式，通过调查员直接入店访谈进行。调查时间为 2007 年 2 月，调查员为华中农业大学经济管理学院的研究生和本科生。为缩小误差，减少同质样本，我们将武汉市区分为汉口、汉阳、武昌、青山和洪山五个区域，样本按人口比例取自这五个区域。上述调查共发放问卷 300 份，剔除漏答关键信息及出现错误信息的问卷，回收有效问卷 224 份，有效回收比例为 74.7%。

四、数据分析与假设检验

1. 数据分组

采用 spss15.0 软件计算每份问卷信任量表的总得分及平均得分，将平均分在 2.5 分及以下的样本归为低度信任组，将平均分在 2.5 分以上的样本归为高度信任组。分组后，低度信任组有 131 个样本，高度信任组有 93 个样本。

2. 信度与效度分析

使用内部一致性来检验各个测量变量的可靠性，表 1 是信度检验的结果。虽然有部分变量（如低度信任组的请求和信息交换）的 Cronbach α 系数较低，但考虑到这些研究变量的测项较少（4 项），所以从整体上来看，各个变量的信度还是可以接受的（Norusis，1990）。

表 1

变量测量的信度检验结果

变 量	测项数目	低度信任组样本的 Cronbach α	高度信任组样本的 Cronbach α
信息交换	4	0.593	0.896
建议	4	0.855	0.835
请求	4	0.686	0.749
承诺	4	0.400	0.661
威胁	5	0.845	0.911
诉诸法律	4	0.781	0.613
经销商满意度	13	0.903	0.909

通过验证性因子分析（confirmatory factor analysis）来检验各个测量变量的效度，结果发现，所有测项在其所测量的变量上的标准化载荷系数均大于 0.70，并在统计上高度显著 $t > 6.79$，各个变量解释的方差都大于 0.5，每个变量解释的方差都明显大于该变量与其他变量的共同方差。这些结果都表明，各测项在其所测量的变量上具有较高的会聚有效性和判别有效性。

3. 假设检验

使用 lisre18.7 软件对渠道影响策略与经销商满意度相互关系的一系列假设进行验证，分析结果如表 2 所示。低度信任组样本数据的拟合度指标为：$\chi^2 = 4.880$（$df = 5$，$p = 0.430$），$GFI = 0.991$，$AGFI = 0.934$，$RMR = 0.024$。高度信任组样本数据的拟合度指标为：$\chi^2 = 7.040$（$df = 5$，$p = 0.218$），$GFI = 0.982$，$AGFI = 0.870$，$RMR = 0.030$，这表明两组数据对假设模型有良好的拟合优度。

表 2

变量间的影响关系及系数估计

路径	低度信任组 标准化估计系数	低度信任组 t 值	高度信任组 标准化估计系数	高度信任组 t 值
信息交换→经销商满意度	0.197	1.235	0.357	1.790*
建议→经销商满意度	− 0.042	0.312	0.455	2.214**
请求→经销商满意度	− 0.027	− 0.224	− 0.660	− 1.311
承诺→经销商满意度	− 0.356	− 2.402**	− 0.102	− 0.726
威胁→经销商满意度	− 0.230	− 1.755*	− 0.259	− 1.204
诉诸法律→经销商满意度	0.456	2.995**	0.222	0.971
GFI	0.991		0.982	
AGFI	0.934		0.870	
RMR	0.024		0.030	
χ^2（df = 5）	4.880		7.040	
	（$p = 0.430$）		（$p = 0.218$）	

（注：* 表示在 0.05 水平显著；** 表示在 0.01 水平显著）

分析结果表明，在低度信任的渠道系统中，粮油供应商的信息交换、建议和请求策略对经销商的满意度没有显著影响，承诺和威胁策略对经销商的满意度有显著负影响，法律策略对经销商的满意度有显著正影响。因此，H1a、H2a、H3a、H4a、H5a 成立，H6a 不成立。可以看到，法律策略对经销商满意度的影响与理论分析相反。这可能是因为"源企业"的法律策略主要是源于双方签订的合同，而合同是双方共同认可和接受的，双方都明白按照合同条款进行交易是维持合作、促进公平的保证，因此一方如果利用合同条款约束另一方的行为，被约束方一般会接受，而且很可能会认为对方的行为是很公正合理的，从而对对方产生积极的情感反馈。

在高度信任的渠道系统中，粮油供应商的信息交换和建议策略对经销商的满意度有显著正影响，请求、承诺、威胁和法律策略对经销商的满意度没有显著影响。因此，H1b、H2b、H4b、H5b、H6b 成立，H3b 不成立。可以看到，请求策略对经销商满意度的影响与理论分析不符。这可能是因为请求策略一般不会伴有任何激励或惩罚，"目标企业"基于信任虽然会遵循"源企业"的请求，但不会带来任何情感上的变化。

五、结论与建议

基于以上分析，可以得出以下结论：第一，在低度信任的渠道系统中，粮油供应商的信息交换、建议和请求策略对经销商的满意度没有显著影响，承诺和威胁策略对经销商的满意度有显著负影响，法律策略对经销商的满意度有显著正影响。第二，在高度信任的渠道系统中，粮油供应商的信息交换和建议策略对经销商的满意度有显著正影响，请求、承诺、威胁和法律策略对经销商的满意度没有显著影响。

因此，面对日益激烈的国际竞争，粮油生产企业要想通过构建独特的渠道系统获得竞争优势，就必须结合具体的渠道情景选择渠道影响策略。在低度信任的渠道系统中，粮油生产企业应最大限度地减少承诺和威胁策略的使用，而重视法律策略的使用。在高度信任的渠道系统中，粮油生产企业应最大限度地使用好信息交换策略和建议策略。

六、研究局限与未来的研究方向

本研究在理论推导和实证分析上虽力求符合科学原则，但由于多方面的原因，研究受到许多的限制，这些局限主要表现在以下方面：一是调查范围的局限。本研究仅对武汉市的粮油经销商进行了调查，没有考虑全国其他城市的情况；仅关注了粮油营销渠道，而没有涉及其他农产品营销渠道；同时，样本数量也很有限，可能存在统计误差，这些都决定了对本研究结论的推广需持谨慎态度。二是研究模型的局限。虽然本研究通过实证分析论述了在不同信任程度下粮油供应商的渠道影响策略对经销商满意度的具体影响，明确了不同信任程度下粮油供应商应该选择的最优策略组合，但并没有探索其他变量（如外部环境、渠道结构、成员权力等）的中介作用。以上这些不足将是今后研究的主要方向。

参考文献

[1] Bert Rosenbloom. Marketing channels: A management view (6th ed.). Chicago: The Dryden Press, 1999.

[2] Morgan, Robert M., Hunt, Shelby D.. The commitment-trust theory of relationship marketing. Journal of Marketing. 1994, 3.

[3] Arino, A., Torre J., Ring S. P.. Relational quality: Managing trust in corporate alliances. California Management Review, 2001.

[4] Andaleeb, S. S.. Dependence relations and the moderating role of trust: Implications for behavioral intentions

in marketing channels. International Journal of Research in Marketing, 1995, 2.

[5] Lusch, Robert F. , and Brown, James R. . Inter-dependency, contracting, and relational behavior in marketing channels. Journal of Marketing, 1996, 4.

[6] 庄贵军. 权力，冲突与合作：西方的渠道行为理论. 北京工商大学学报，2000，1.

[7] Bandyopadhyay, Soumava, Robicheaux, Robert A. . A cross-cultural study of influence strategies and satisfaction in marketing channels. Journal of Marketing Communications, 1998, 4.

[8] Norusis, M. J. . SPSS statistics guide. Chicago：SPSS, Inc. , 1990.

创新用户社区的运行机制及其管理研究[*]

● 王永贵[1]   高忠义[2]   马剑虹[3]

（1 南京大学商学院   南京   210095；2 韩国又松大学 Solbridge 国际商学院   大田；3 天津天服三悦进出口公司   天津   300123）

【摘 要】在产品或服务开发过程中，创新用户社区的作用正日益受到越来越多的关注，理解创新用户社区的运行机制，更好地对创新用户社区进行管理，是亟待解决的一个理论与现实问题。本文在对国际上有关用户创新社区的文献进行梳理和归纳的基础上，结合成功企业的管理实践，深入剖析了创新用户社区的内涵，揭示出创新用户社区的运行机制，归纳出用户创新和免费公开创新信息的动机，开发出创新用户社区的运行机制与管理框架模型，提出了对创新用户社区进行有效管理的建议。

【关键词】创新用户社区   创新动机   免费公开

一、引 言

随着顾客角色的转变，越来越多的证据表明：用户创新已经成为一种十分普遍的社会现象，并构成了企业创新的重要源泉[1][2][3]。相应的，随着网络技术的飞速发展及其在管理中的有效运用，创新用户社区在用户创新管理中所发挥的作用也日益明显：用户不仅可以在社区中得到实现创新所需要的帮助和免费获取公开的创新信息，而且还可以在虚拟社区的互动中更有效地实现用户创新。事实上，现实世界中有许多软件产品的开发，都是用户在社区中独自完成并进行扩散的，创新用户社区成为企业竞争优势的重要来源。正是基于这些原因，目前有关创新用户社区的研究与探索才如火如荼。

二、创新用户社区的内涵与价值

尽管国内外已经有不少有关用户创新的研究，但到目前为止，理论界尚未就创新用户社区的准确内涵达成共识。不过，现有文献中有关"社区"的内涵的探讨却有很多，但不同界定或内涵之间的差别较大。

1. 社区与创新用户社区的内涵

在众多有关社区的界定中，Sarason 和 McMillan 等人的观点很具有代表性。Sarason 指出，用户社区应

＊ 本文系国家自然科学基金项目（70672018）和（70472052）的阶段性成果。

① Von Hippel, E.. The dominant role of users in the semiconductor and electronic subassembly process innovation. Transactions on Engineering Management, 1977, 5：60-71.

② Shah, S.. Sources and patters of innovation in a consumer products field：Innovations in sporting equipment. Working paper, No. 4105, MIT Sloan School of Management, 2000.

③ Von Hippel, E.. Democratizing innovation：The evolving phenomenon of user innovation. Journal für Betriebswirtschaft, 2005, 55：63-78.

该具有以下三大基本特征：社区成员与团体内其他成员具有相似的看法；社区成员都承认团体内成员之间的相互关系；社区成员都认为他们属于一个可靠而稳定的组织。以此为基础，McMillan 和 Chavis 在对各种"社区"的界定进行比较的基础上，给出了一个相对更加全面、更加准确的社区定义，并立足于以下四个关键特征来界定社区：成员关系——社区成员都有一种归属感；影响力——社区成员都有一种与社区有关的感觉；满足感——社区可以使其成员得到回报，每个社区成员都可以满足自身的需求；情感联系——社区成员都具有相同或类似的历史背景①。因此，本文认为创新用户社区是由某种产品（或服务）的用户所组成的一种社会团体，其社区成员主要是一些创新用户，他们对产品（或服务）进行创新，并免费向他人公开创新及其相关信息。根据这一界定，创新用户社区既可以是社区成员彼此之间相互认识、经常见面的传统社区，也可以是基于网络的彼此之间互不相识、素未谋面的虚拟社区。

2. 创新用户社区的战略价值

迄今为止，已经有无数证据表明：创新用户社区在产品的创新与改进过程中扮演着举足轻重的角色②③。而且，也有研究指出，在当今的超强竞争时代中，创新用户社区在用户创新和企业创新过程中的作用正变得越来越大，而且所受的关注程度也越来越大。归纳来看，通过建立和有效管理创新用户社区，企业可以获得如下竞争优势：（1）通过社区用户之间的知识共享，用户可以即时了解和接触新产品的特性，对其进行试用并在试用中发现问题，从而确保企业可以及时做出改进或调整；（2）企业也可以对用户的创新成果进行挑选，把用户的想法或创新运用到未来的产品开发之中，并通过销售"顾客认为物有所值或物超所值"的产品而获取溢价④。同时，在创新社区内，用户还可以获得在产品使用过程中可能遇到的问题的解决方案，并在需要帮助时可以迅速地得到别人的免费帮助。此外，创新用户社区的存在和有效管理，还有助于忠诚用户的培育与顾客满意度的提升，而且不少用户愿意为存在高效用户社区的产品或服务支付溢价。由此不难理解，创新用户社区对企业竞争优势而言所具有的战略价值。可以说，未来的竞争是能否开发和交付可以更好地满足顾客深层次需求的产品与服务的竞争，而创新用户社区在很多情况下都是企业在这一竞争中能否获得成功的关键所在。

三、创新用户社区的运行机制

鉴于创新用户社区在促进用户创新和提高企业竞争力方面都具有不可忽视的战略价值，那么就很有必要进一步探索创新用户社区正常运行的机制，深入挖掘用户创新社区得以正常运行的深层次原因。实际上，从上述有关创新用户社区的内涵不难发现，创新用户社区得以正常运行的首要条件，就是拥有创新动机和富有创新性的社区成员——创新用户；其次，创新用户社区的运行显然也离不开乐于免费公开创新及其相关信息的用户以及促使这些用户免费公开相关信息的动机。可以说，只有具备了上述这两个基本条件，创新用户社区才有可能正常运行。迄今为止，对社区内用户进行创新并免费公开创新及相关信息动机的研究相当多，但尚未发现对这一主题进行分类整理的研究。下面就分别对用户创新的动机和免费公开创

① McMillan, D. W., Chavis, D. M.. Sense of community: A definition and theory. Journal of community psychology, 1986, 14（1）: 6-23.

② Morrison, P. D., Roberts J. H., and Von Hippel, E.. Determinants of user innovation and innovation sharing in a local market. Management Science, 2000, 46: 1 513-1 527.

③ Franke, N., Shah, S.. How communities support innovation activities: An exploration of assistance and sharing among end-users. Research Policy, 2003, 32: 157-178.

④ Jeppesen, L. B., Frederiksen, L.. Why firm-established user communities work for innovation: The personal attributes of innovative users in the case of computer-controlled music instruments. Journal of Economic Literature, 2004, 13: 51-53.

新及相关信息的动机逐一进行深入剖析，希望读者能从分类整理和分析中得到更深层次的理解。

1. 用户进行创新的动机

Von Hippel 指出，当创新所获得的收益高于所付出的成本时，用户就有足够的动机进行创新 ①。

（1）用户期望从创新获得利益。很多研究表明用户创新是一种利益驱动的行为。用户进行创新也希望能从创新中获得利益。例如，一个用户企业自己创新了一种产品的加工设备，生产出一种新的产品线，并保持商业秘密，从中获得利益，如果生产商进行创新的话，它们就会把这种创新通过销售创新产品扩散给其他人，用户企业就不可能获得很多利益。熊彼特认为，成功的创新者可以从对自己的创新暂时的垄断控制中获得回报；而且，这种创新能力会进一步发挥杠杆作用，使创新者在市场中占有优势，创新者可以从自己的创新中获取暂时利润或"经济租金"。

类似地，就消费品领域中的用户创新而言，相关研究也表明了创新用户获取收益的几种方式：①从个人的直接使用中获得利益，即通过自己的创新能更好地完成用户自己想要完成的事情，这也是最直接的获益方式；②通过创新获得荣誉；③通过申请专利和转让获得收益；④自己转为制造商，通过生产、销售所创新的产品而获得利益。无独有偶，Lüthje 也在对运动相关产品的创新用户特征的研究中指出：创新用户也可从创新过程中获益，并获得解决问题的乐趣 ②。显然，这更多的是从心理上获得满足。换句话说，用户创新的收益，既可以是直接的经济收益，也可以是无形的社会收益、心理收益或情感收益等。但无论是哪一种收益形式，获取利益都是用户创新的根本动机。

（2）用户的需求不能得到满足。顾客需求的异质化程度越来越高，这已是一个不争的事实，再加上生产商无法准确了解顾客的需求，顾客的很多需求都没得到满足 ③。由于企业主要是靠销售产品来获利的，通过大规模生产、以较低的成本来满足大多数人的需求；尤其当用户刚刚出现某种需求时，由于市场小、充满着不确定性，所以生产商往往未必愿意在承担很大风险的情况下大规模生产这种产品。所以，用户需求得不到充分满足是用户创新的直接动机。

（3）信息的黏性。2005 年，Hippel 在深入研究的基础上又进一步指出，成功创新需要两种主要类型的信息，一种是关于需求和使用情况的信息（由用户产生），而另外一种是关于解决问题的信息（由生产商产生），由于信息具有黏性④（sticky），要把上述这两种信息结合到一起的成本是很高的。用户掌握着有关自己的需求的更准确、更具体的信息，在创新所要求的技术与成本不是很高的情况下，用户就会表现出自己创新的倾向。所以，从信息黏性的角度来看，用户创新具有很强的经济性与合理性。

从上面的分析可以看出用户进行创新有足够的动机。创新用户社区正常运行的第一个条件已经具备了。

2. 用户创新并免费公开创新及相关信息的动机

有很多学者对用户创新并免费公开信息的动机做了深入研究，表1列出了一些有代表性的研究内容与结论。根据马斯洛五层次的需求论和 Deci 对于内部和外部因素的比较分析，作者把用户免费公开创新及

---

① Von Hippel, E.. Innovation by user communities：Learning from open-source software. MIT Sloan Management Review, 2001, 42（4）：82-86.

② Lüthje, C.. Characteristics of innovation users in a consumer goods field an empirical study of sport-related product consumers. Technovation, 2004, 24：683-695.

③ Franke, N., Von Hipple, E.. Satisfying heterogeneous user needs via innovation toolkits：The case of apache security software. Research Policy, 2003, 32：1 199-1 215.

④ Von Hippel（1994）指出，信息黏性是指信息从一个地方转移到另外一个地方以供使用所产生的增量成本。这种成本越高，信息黏性也就越强；成本越低，信息黏性也就越弱。信息黏性的强弱，概括而言主要与这三种因素有关：①信息本身的性质；②信息转移的数量；③信息需求者和提供者的性质。

相关信息的动机分为内部动机和外部动机，如图 1 所示。内部动机是与心理相关的动机，而外部动机是与环境有关的动机 ①，以下就对各种动机的内容及驱动因素分别进行阐述。

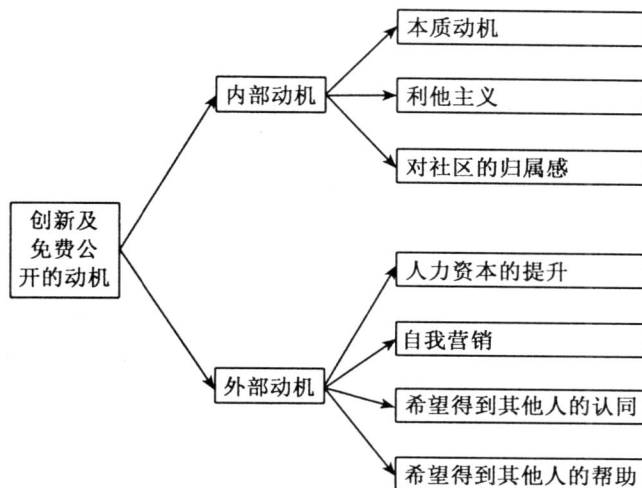

图 1　用户创新并免费公开创新及相关信息的动机分类示意图

（1）内部动机。内部动机是与心理相关的动机，主要有本质（intrinisic）动机、利他主义、对社区的归属感。

表 1　　　　　　　　用户创新并免费公开创新及相关信息的动机的相关研究

研究	领域	涉及的动机（因素）	主要研究内容及结论
Lakhani and Von Hippel(2000)	Apache 软件支持社区	用户自愿参加这样的开发系统的动机有：①从自己改进的软件中直接获利，更符合自己的需求；②进行这样工作本身的乐趣；③作出高质量贡献，声誉的提高。信息提供者愿意帮助别人的动机主要包括：①利他主义；②对社区的支持；③信息提供者声誉的提高；④期望得到别人的帮助	研究发现，经常提供和搜寻信息的人更加专业，有更长的论坛使用经验，从样本数据来看他们浏览网站主要是为了学习。对于信息提供者的动机，主要从以下几个方面来进行：期望得到别人的帮助、对社团的归属感、获得荣誉、一些本质的回报、是自己工作的一部分。对这些条目的回答都趋于中间值，对"期望获得别人帮助"这个问题的同意程度最高

①　Deci，E. Intrinsic motivation. New York：Plenum Press，1975：121.

研究	领域	涉及的动机(因素)	主要研究内容及结论
Hars and Ou (2002)	Linux 操作系统用户社区	用户加入开源软件的开发中来的动机:内部动机包括本质动机(胜任感、满足感、完成编程的成就感);利他主义;对社区的归属感。外部动机包括未来的回报(从销售相关产品和服务中获利、人力资本的提升、自我营销、其他人的认可);个人对新软件的需求	把用户参与开源软件开发工作的动机分为内部动机和外部动机,把创新用户分为学生和兴趣爱好者、付薪水的和合同的设计人员与开源软件的职业开发人员。研究的结果表明:学生和兴趣爱好者参与开发的动机主要是内部动机(愿意帮助别人和社区的归属感);付薪水的和合同的设计人员的动机主要是从销售相关产品和服务中获利;开源软件的职业开发人员的动机是自我营销和个人对新软件的需求
Franke and Shah (2003)	滑翔机社区、超级滑雪社区、残疾人赛车社区等	向别人提供帮助的动机:和别人一起工作的乐趣;帮助别人符合社会的道德准则;互惠(希望将来会得到别人的帮助);本质动机	分别从四个用户自发组成的社区的研究中得出:创新者至少得到过别人3次以上的帮助,也会通过社区内的其他成员的关系得到社区以外人的帮助。研究结果发现基于社区的动机要明显高于个人的供给;如果社区内的竞争强度越大的话,社区内成员相互帮助的可能性就越小。最后提出免费提供帮助的动机主要是:①与其他人一起工作获得乐趣;②社区的准则支持向别人免费提供帮助;③帮助社区内的其他人是我应该做的
Jeppesen and Molin (2003)	电脑游戏用户社区	用户在线进行游戏开发并免费公开的动机:本质动机(玩游戏的内部动机);社会动机(得到其他人的认同)	对用户在游戏软件在线开发的过程中进行学习、交互、开发的过程及其特征进行了深入研究。用户在开发过程中充分利用创新工具箱,在其他人的帮助下成功进行开发。把用户的学习分为低水平的学习(在现有的解决方案的基础上对开发过程中的困难进行讨论学习)和高水平的学习(对企业提供的解决方案进行讨论)
Jeppesen and Frederiksen(2004)	计算机控制的音乐设备	文章提出了四个假设,假设1:在公司建立的用户社区内的创新者可能是业余爱好者。假设2a:在公司建立的用户社区内的创新者可能是受其他用户的认同的激励;假设2b:在公司建立的用户社区内的创新者可能是受公司的认同的激励。假设3:在公司建立的用户社区内的创新者会趋于表现出领先用户的特征	通过以下三个方面来探讨用户的个人特征和他们参加用户社区的动机:①与工作相关的状态;②荣誉机制;③领先用户地位。在对创新用户进行的问卷调查中,各变量间的Probit回归的结果表明:进行创新的用户更有可能是业余爱好者;拒绝了假设"得到其他用户的认同",而"得到公司的认同"这一假设得到支持;"创新用户具有领先用户的特征"这一假设得到支持

第一,本质动机。Deci称本质动机是与生俱来的动机,如对某项工作的胜任感、满足感,从事工作

本身就感到快乐。社区内用户创新并免费公开相关信息很少会得到直接的货币回报，而且，往往所需投入的时间又是很多的，对于社区内进行创新的用户来讲，有很大一部分是源于本质动机。Raymond 就指出在用户参与开源软件开发过程的三个动机中，其中第二个因素就是"享受工作过程本身（本质动机）"；无独有偶，Monday 在研究中也提出参与社区的一个很重要的动机是本质动机。

第二，利他主义（altruism）。利他主义就是社区内的用户有一种愿意帮助别人的想法，但所发生的成本都由自己承担，这种愿意帮助别人的行为是符合社会和社区的道德准则的，这也是用户创新并免费公开的重要动机。Lakhani 和 Von Hippel 在研究用户社区内成员免费提供帮助（公开创新及相关信息）时，也把利他主义看做重要的动机 ①。

第三，对社区的归属感。根据马斯洛的需求层次论，人都有归属和爱的需要。社区的成员都认为是社区的一员，社区的目标和自己的目标是一致的，应该为社区的发展作出自己的贡献，这样用户就会觉得应该进行创新并免费公开相关信息。在很多研究中，这种对社区的归属感就表现为对社区的支持，愿意为社区的发展而努力②。

（2）外部动机。外部动机是与环境有关的动机，包括人力资本的提升、自我营销（self-marketing）、得到其他人（包括公司）的认同和期望得到其他人的帮助（相关创新信息）。

第一，人力资本的提升。参与社区并进行创新的动机可能是为了提升自己的技能，用户进行创新的过程本身也是学习和实践的过程，多参与这样的活动自然也会进一步提升自己的技能。而且在这样的社区中用户可以选择自己感兴趣和有价值的内容进行学习，用户可以真正参与到产品的开发过程中，真正提高自己的技能和知识水平。

第二，自我营销。参与创新的用户可能也会认为进行创新并公开创新信息是一种证明自己能力的有效的方式。通过公开自己的创新，让更多的人知道他们的创新能力，从而在未来的就业中带来更多的价值。用户创新的价值越大，公开的广告效应就越大，而且被厂家看中的可能性也就越大，所以反过来又会激励用户进行创新并公开他们的创新及相关信息。Raymond 也认为在开源软件中免费公开信息的动机是为了在人才市场中增加自己的价值。

第三，希望得到其他人（包括公司）的认同。用户进行创新并公开他们的创新及相关信息可能是出于想得到别人认可和尊重的动机。在很多领域，创新者们争先公开他们的创新，都想成为进行这种创新的第一人，很大一部分就是因为想得到别人的认可和尊重。Lerner 和 Tirole 认为，得到别人的认可是创新并公开信息的主要动机③；而 Jeppesen 和 Frederiksen 在对计算机控制的音乐设备的实证研究中，证明了创新者出于想得到公司认可的动机与用户创新行为之间有显著关系④。可以看出，不管是得到个人还是公司的认可，都是用户创新并公开创新及相关信息的重要动机。

第四，希望得到其他人的帮助（创新及相关信息）。用户创新并免费公开创新及相关信息，是想在自

①　Lakhani, K., Von Hippel, E.. How open source software works："Free" user-to-user assistance. Research Policy, 2003, 32 (6)：923-943.

②　Lakhani, K., Von Hippel, E.. How open source software works："Free" user-ot-user assistance. Research Policy, 2003, 32 (6)：923-943.

③　Lerner, J., Tirole, J.. Some simple economics of open source. Journal of Industrial Economics, 2002, 50 (2)：197-234.

④　Jeppesen, L. B., Frederiksen, L.. Why firm-established user communities work of innovation：The personal attributes of innovative users in the case of computer-controlled muse instruments. Journal of Economic Literature, 2004.

己需要帮助时，也同样会得到其他人的帮助。这实际是按一般交换理论①进行解释的，当向别人提供帮助时，同时会认为别人也会提供相应的帮助作为交换；从另一方面讲，当别人需要帮助时，他也会认为应该向其他人免费提供帮助（公开创新及相关信息），这样的循环就会促进社区成员更加主动地创新并公开创新及相关信息。Kollock 在对网上公共物品作贡献的动机研究中，提出了四种动机，其中第二种动机就是贡献者希望在需要时能够得到别人的帮助，也是按一般的交换理论来解释的。

3. 用户创新并免费公开创新及相关信息的经济学分析

用户只要认为他们所得的利益高于所付出的成本，他们就会公开创新及相关的成本。无独有偶，Allen 在对集体创新行为所进行的研究中，也发现以赢利为目的的企业免费公开创新及相关信息的动机是：（1）公开创新信息所获得的荣誉足够弥补公开所引起的利润损失；（2）这种创新有很多人知道，保密的成本很高；（3）自己进行的创新，是最适合自己的，别人也很难得到同样的利益；（4）获得另外的价值超过免费公开的损失；（5）通过公开信息可以扩大市场②。很明显，企业都是在比较了得失之后才决定是否要公开创新及相关信息的。

有研究指出，创新用户对其创新基本上有三种获利的方式：（1）通过许可证；（2）保持商业秘密，从自己的使用中获得利益；（3）通过免费公开创新及相关信息获得其他利益③。通过许可证获利的成本很高，而且有很多的实证研究表明效果并不是很好④。对于第二种方法保持商业秘密，创新者可以在创新过程中保持秘密，一旦产品出现在市场，就会被其他人发现，他们就会模仿，保密的效用就不大了。Mansfield（1985）在对美国的 100 家样本企业进行研究时发现这种方法的作用也是很有限的⑤。

Harhoff 等提出了两个与公开创新及相关信息成本有关的因素：与知识产权相关的损失；创新扩散的成本。一般来讲，创新的潜在采用者与创新用户的竞争越弱，与知识产权相关的损失就越低⑥。关于社区内的这种竞争关系对用户免费公开（或提供帮助）的可能性的实证研究也表明：社区内成员间竞争关系越强，创新用户免费提供帮助和扩散创新的可能性就越小⑦。当创新者认为，其他人有可能也会具有创新及相关信息的时候，创新者偏向于免费公开信息，Von Hippel 关于用户创新横向网络的研究也认为：有可能其他人会有相似的信息也是创新公开和扩散的一个很重要的因素⑧。当公开创新及相关信息的成本越低时，用户就越有可能公开创新及相关信息。在实际情况中，一些研究也表明社区内用户提供帮助（扩散）的成本是很低的，尤其是在线扩散软件产品的成本更低⑨。

① 交换理论有两种：一种是具体的交换关系，交换双方是相互认识的，关系是固定的；另一种是一般的交换关系，交换对方可能是互相不认识的，交换的对象有可能是不固定的。

② Allen，R. C. . Collective inention. Journal of Economic Behavior and Organization，1983，4（1）：1-24.

③ Von Hippel，E.，Katz，R. . Shifting innovation to users via toolkits. Management Science，2002，48（7）：821-834.

④ Mansfield，E. . How rapidly does new industrial technological leak out？. Journal of Industrial Economics，1985，34：217-223.

⑤ Mansfield，E. . How rapidly does new industrial technological leak out？. Journal of Industrial Economics，1985，34：217-223.

⑥ Harhoff，D.，Henkel，J.，Von Hippel，E. . Profiting from voluntary information spillovers：How users benefit by freely revealing their innovations. Research Policy，2003，32：1 753-1 769.

⑦ Morrison，P. D.，Roberts，J. H.，and Von Hippel，E. . Determinants of user innovation and innovation sharing in a local market. Management Science，2000，46：1 513-1 527.

⑧ Von Hippel，E. . Horizontal innovation networks-by and for users. MIT Sloan School of Management. Working paper，No. 4366-02，2002.

⑨ Franke，N.，Shah，S. . How communities support innovation activities：An exploration of assistance and sharing among end-users Research Policy，2003，32：157-178.

四、创新用户社区的管理建议

在很多产品，尤其是软件产品的开发创新中，创新用户社区都发挥了非常大的作用；与用户进行开发合作，已经成为企业竞争优势的另一来源。在对创新用户社区相关理论进行剖析的基础上，笔者整理出了创新用户社区的运行机制及其管理的逻辑框架如图2所示，并在此基础上提出了更好管理创新用户社区的几点建议：

第一，Jeppesen 和 Frederiksen 的实证研究表明：参与创新用户社区进行创新并免费公开创新及相关信息的用户可能是业余爱好者，而未必是此领域的专家 ①。这些业余爱好者参与社区更多的是源于本质动机，在创新的过程中得到满足感和胜任感，而并不是为了获得某种其他的回报。也有实证研究证明：给予这些本质动机驱动的创新者物质回报，反而会降低他们的创新动力，产生不满意感 。所以，向社区内创新用户提供用户创新工具箱（user innovation toolkit），让用户自行设计、创新，只需要根据用户的需要来适时更新工具箱，这样既可以保持用户的创新动力，又可以保证社区的正常运转。

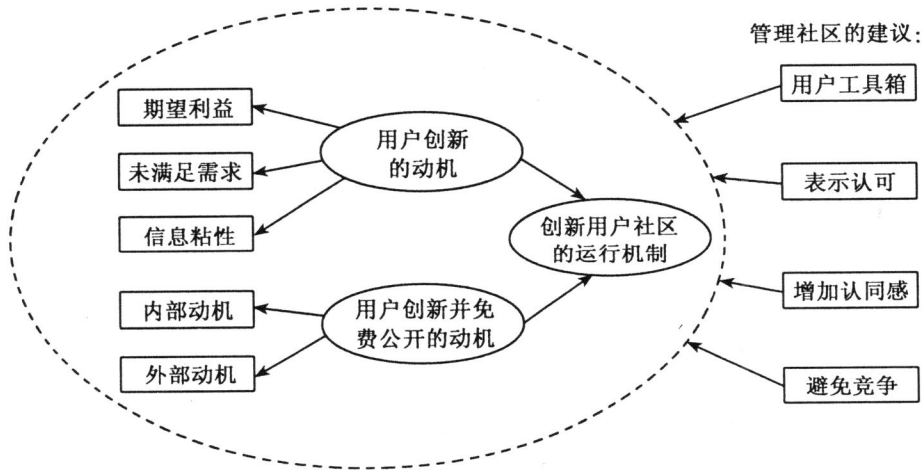

图2　创新用户社区的运行机制及其管理的逻辑框架

第二，根据上面关于动机的分析，想得到其他人（包括相关企业）的尊重也是很重要的动机。根据马斯洛的五层次需求理论，人都有被尊重的需要。有实证研究表明，创新用户想得到公司认可的程度要高于想得到其他用户认可的程度②。公司在对创新用户社区进行管理时，要充分认识创新用户的这种动机，要对进行创新的用户表示认可，对他们的贡献表示感谢，这样可以激发他们继续创新的动力，成为创新用户社区忠实的支持者。

第三，有很多用户参与创新社区的另一个重要动机是对社区的归属感。企业应尽力培育合适的社区文

---

① Jeppesen, L. B., Frederiksen, L.. Why firm-established user communities work for innovation: The personal attributes of innovative users in the case of computer-controlled music instruments. IVS/CBS Working Papers, No. 2004-02, Department of Industrial Economics and Strategy, Copenhagen Business School.

② Jeppesen, L. B., Frederiksen, L.. Why firm-established user communities work for innovation: The personal attributes of innovative users in the case of computer-controlled music instruments. IVS/CBS Working Papers, No. 2004-02, Department of Industrial Economics and Strategy, Copenhagen Business School.

化，争取在价值观层面上得到社区成员的认同，增强成员对社区的认同感，与用户保持长远的合作关系。

第四，本文前面提到的很多实证研究表明：社区内成员间竞争关系越强，创新用户免费提供帮助和扩散创新的可能性就越小。社区内成员的竞争性越强意味着创新用户免费公开的成本就越高，就越不愿意公开。所以，在对用户社区进行管理时要考虑社区内成员间的竞争情况，尽量避免直接的竞争关系。

参考文献

[1] 高忠义，王永贵.用户创新及管理研究现状与展望.外国经济与管理，2006，4.

[2] 王永贵.顾客资源管理.北京：北京大学出版社，2005.

[3] Deci, E.. Intrinsic motivation. New York：Plenum Press, 1975.

[4] Ghosh. R. A.. First monday interview with linus torvalds what motivates free software developers? First Monday, 1998, 3 (3).

[5] Hars, A., Ou, S.. Working for free? Motivations for participating in open-source projects. International Journal of Electronic Commerce, 2002, 6 (3).

[6] Jeppensen, L. B., Molin, M. J.. Consumers as co-developers: Learning and innovation outside the firm. Technology Analysis & Strategic Management, 2003, 15 (3).

[7] Kollock, P.. The economies of online cooperation: Gifts and public goods in cyberspace. London：Routledge, 1999.

[8] Lepper, M. R., Greene, D.. The hidden costs of rewards: New perspectives on psychology of human motivation. Hillsdale：Erlbaum, 1978.

[9] Raymond, E.. The cathedral and the Bazzar. Sebastapol, C. A.：O'Reilly, 1999.

[10] Schumpeter, J. A.. Capitalism, socialism and democracy (3rd ed.). New York：Harper & Row, 1950.

[11] Taylor, C. T., Sillberston, Z. A.. The economic impact of the patent system: A study of the British experience. New York：Cambridge University Press, 1973.

[12] Von Hippel, E.. 技术创新的源泉.柳卸林，译.北京：科学技术文献出版社，1997.

负面口碑对消费者购买决策的影响研究
——以手机为例

● 张广玲[1]   高安宇[2]

(1, 2   武汉大学经济与管理学院   武汉   430072)

【摘　要】尽管口碑传播在消费者的购前和购后决策上起着重要的作用，和此相关的研究却一直比较分散。值得注意的是，研究者们对影响口碑传播效果的因素探讨得比较少，对于负面口碑更是如此。本文的目的就是通过探讨影响负面口碑传播效果的因素来研究这些因素对消费者购买决策过程的影响。研究的结果表明，对手机购买者来说，负面口碑强度、传播者专业程度和关系强度对负面口碑对于消费者购买决策的影响有显著的正向影响，接收者专业程度对因变量的影响不显著。涉入水平对变量间的关系起着较为显著的调节作用，而这种调节作用主要体现在涉入水平越高，自变量对因变量的正向影响越显著。

【关键词】负面口碑强度　关系强度　涉入　购买决策

一、引　言

口碑传播作为影响消费者态度和行为的主要因素之一，对提高组织信息传播能力和效能起着重要的作用，并引起营销学者和实践者的广泛关注。众多研究发现，同正面口碑相比，负面口碑对消费者的影响要强烈得多。有调查表明，满意的消费者会将他们的愉快经历与三个人分享，但是不满意的消费者会将他们不愉快的经历告诉至少 10 个人，而这些被告知者可能会将此事告诉更多的人。中国有句俗话，"好事不出门，坏事传千里"，由此可见负面口碑传播速度之快、负面影响之强。对于企业来说，消费失败不可避免，负面口碑更无法回避。面对到处散布的负面口碑，有的企业无能为力，只能听之任之；有的企业试图压制，但往往适得其反。因此，了解负面口碑的传播机制，进而从源头上预防和减少负面口碑的传播就显得尤为重要。

尽管国外在口碑传播相关方面的研究已经比较充实，但是研究的重心倾向于口碑传播对消费者行为的影响，对作用于口碑（特别是负面口碑）并且影响消费者购买决策的影响因素的研究却不多见。一方面，已有的研究主要关注口碑的正面效应，而对口碑的负面效应的研究相对较少，事实上，与正面口碑相比，负面口碑对消费者态度的形成和行为的改变影响更大。另一方面，口碑传播包含传播的前提和后果，可是研究者们大多研究口碑传播的结果，而很少关注潜在前提对口碑传播的影响。

本文希望对负面口碑对消费者购买决策的前置因素做进一步的探讨，并深入研究涉及水平在其影响过程中的调节作用，旨在让企业更加了解负面口碑对消费者购买决策的影响机制，进而能为事先预防和减少负面口碑的负面影响提供一些有益的参考。本文研究包括以下两个方面：一是探讨和负面口碑信息相关的影响消费者购买决策的因素，建立一个包括多变量前置因素的负面口碑对消费者购买决策影响的整合模型；二是探讨涉入水平在模型中的调节作用。

二、理论背景和研究框架

口碑传播是人类社会最原始的信息流动方式，具有较商业信息来源更高的可信度和说服力，已逐渐成为沟通、消费者行为及创新扩散等研究关注的焦点。我们认为口碑传播至少包括以下几点内容：从对象上看，口碑传播是发生在人与人之间的一种直接或间接的人际沟通行为；从内容上看，口碑传播的是关于特定产品、品牌、企业，以及能够使人联想到上述对象的任何组织或个人信息；从目的上看，口碑沟通的双方或多方没有任何经济性目的。

根据口碑的性质，可以把口碑传播分为正面口碑传播和负面口碑传播。正面口碑传播对提高企业声誉、美化企业形象、增进购买欲望等有积极影响，成为企业营销传播的重要手段。负面口碑传播是顾客彼此间诋毁某企业或产品的一种人际沟通，或是交易不满意或不继续使用某一产品的顾客告知其朋友避开这种不满意经历的行为。对比正面口碑，负面口碑的传播速度更快，影响也更大。研究表明，负面口碑对消费者态度的形成和行为的改变有更为显著的影响，而且负面信息还会抵消正面口碑的积极影响。因此，对于企业和研究者来说，负面口碑更值得关注。

对于口碑的传播机制，即影响口碑传播效果的因素的探索可以追溯到理查德·雷特梅德等人的传播说服理论，他们将影响沟通效果的因素分为三类：信息来源者的因素，如来源者的专业性、亲和力、可信度以及宗教、身份地位等；信息本身的因素，如信息的论点、诉求、结论等；信息接收者的因素，如接收者本身既有的观念、涉入程度、可说服性及人格特质等[1]。

格沃克等人则认为影响信息接收者的购买决策的口碑信息因素包括三个方面：（1）信息来源的特性；（2）搜寻者与来源者的同质性；（3）口碑搜寻者本身的特性，如专业、口碑偏好等[2]。班赛尔等人进一步扩展了格沃克等人的研究架构，从人际沟通的角度，将影响购买决策的口碑因素分为人际间影响力与非人际间的影响力。他们进一步验证了格沃克等人的观点，即信息来源者专业、搜寻者专业、来源者与搜寻者的关系强度等为影响口碑效果的主要因素，来源者与搜寻者之间的关系强度属于人际间影响力，而来源者与搜寻者的专业程度是非人际间的影响力[3]。

笔者认为口碑传播是一种人际沟通与交流，除了沟通双方个人的因素，沟通者之间人际间的影响力对口碑传播效果的影响不容忽视。此外，接收者的涉入程度也是影响口碑传播效果的重要因素，不同的涉入程度下，接收者对口碑的接收程度不一，也会导致口碑的传播效果的差异。因此，本文提出了一个影响负面口碑的因素的整合模型，提取了影响负面口碑的几个关键变量：负面口碑强度、传播者专业程度、接收者专业程度和关系强度，同时将接收者的涉入程度作为对主效应——负面口碑强度、传播者专业程度、接收者专业程度及关系强度与负面口碑对消费者购买决策的影响的关系有调节作用的调节变量，如图1所示。

1. 负面口碑强度

研究表明，重复导致的熟悉感会增加喜爱程度，但是，对于期望达到说服效果的沟通而言，重复似乎

① G. Richard Netemeter, and William O. Bearden. A comparative analysis of two models of behavioral intention. Journal of the Academy of Marketing Science, 1992, 18（1）: 57-76.

② Geok Theng Lau, Sophia Ng. Individual and situational factors influencing negative word-of-mouth behaviour. Canadian Journal of Administrative Sciences, 2001, 18: 163.

③ Bansal, Harvir S., and Peter A. Voyer. Word-of -mouth processes within a services purchase decision context. Journal of Service Research, 2002, 3（2）: 166-177.

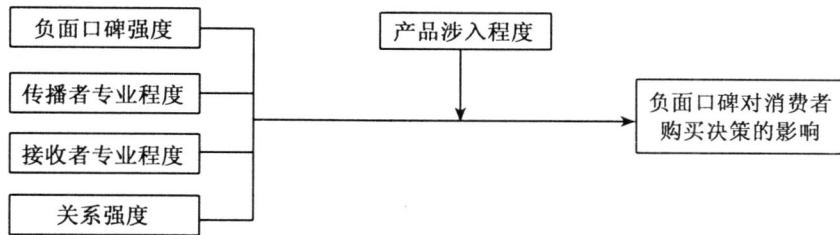

图1　研究模型

对改变人们的态度作用有限。随着信息呈现次数的增加，同意某论点人数也在增加，但当达到一定的呈现次数以后，同意的人反而下降了。不论呈现的论点是被试者希望听到的（即与他们现有的立场差异很小）还是他们不希望听到的（即差异很大），都会出现倒"U"型曲线。

为什么重复对说服力的影响有限呢？我们很容易就能想到，重复可能有两种截然不同的效果：一方面重复为人们提供了机会去仔细考虑沟通的内容，从而强化人们的信息加工；但另一方面，重复也增加了人们的厌倦程度，导致负面的反应。重复有助于强有力的论点，因为它让人们更彻底地对信息进行加工，但却不利于微弱的论点，因为它要么暴露了其中的弱点，要么只是让这些论点更令人讨厌。

负面口碑强度，是指信息传播者向信息接收者传播负面信息时，让接收者知觉到的负面口碑的强烈程度。在实际生活中，当我们在考虑购买某项产品时，尽管我们对于该产品或品牌有或多或少不同程度的认识，而且有一定的先前态度存在，但当我们犹豫不决或因为不确定感而征询他人意见时，若我们经常听到的是该产品的负面意见，我们就会作进一步的考虑，从而增加我们对该产品的不信任感，即使先前对该产品非常喜爱，也可能因此而放弃选择。而且我们听到的负面意见越多，越强大和可信，这种不信任感就越强烈。因此，本研究提出以下假设：

H1：负面口碑信息越强烈，负面口碑对消费者购买决策的影响越大。

2. 传播者专业

传播者专业是指负面口碑的接收者所感知的传播者在特定产品领域所拥有的知识、技能、技术等专业能力。如果信息传播者所从事的职业和消费者购买的产品相关，受过相关的专业训练或者拥有相关的经验，他们的口传信息将会被看做专家意见，是专业的、可靠的信息。专家意见意味着信息来源的正确性，而且往往被认为是有益的劝告，因为消息的接收者通常没有能力来验证信息的可信性。因此，正是专家与众不同的地位和信息的不对称导致了专家意见在消费者心目中占有很重要的地位，专业的口碑对信息接收者的购买决策产生很重要的影响。

此外，如果消费者找到了其心目中专业的传播者，便会希望其对他的购买决策有所影响。据此，我们提出如下假设：

H2：负面口碑信息传播者的专业程度越高，负面口碑对消费者购买决策的影响越大。

3. 接收者专业

接收者的专业能力是指针对某一产品领域，信息接收者所拥有的知识、经验、技术等专业能力的自我主观认定。专业知识和能力常常是接收者在面对相关问题时所突显的需求，当自身拥有的专业知识、经验能力不足以做出适当决策时，消费者会向外搜集口碑信息，降低决策风险。

我们认为，接收者的专业程度与口碑搜寻活动呈倒"U"型关系，亦即当接收者专业能力呈现偏高或偏低时，口碑搜寻的活动会较低；相反，当接收者专业能力中等时，口碑的搜寻活动是最大的。因为当信息接收者的专业能力较高时，口碑信息搜集行为就显得不必要。当专业能力较低时，往往会面临不知如何搜寻相关信息和信息的分析能力较弱的窘境。相反，当口碑接收者拥有适度的能力时，他们更有可能去判断、处理口碑信息，对搜寻成本的感受也较低。

但是，一般而言，信息接收者所具有的专业知识、能力、经验越高，口碑信息对其影响效果会越小。因为接收者会依自己的专业判断去评价分析口碑的信息，且高专业程度的信息接收者会对专业程度相对较低的传播者的口碑信息产生质疑，他们更可能相信自己对产品的理解。此外，有研究证明与对欲购买品牌没有使用经验的人相比，对该品牌有消费经验的人更不容易受到口碑的影响。因此，信息接收者的专业程度与口碑信息影响力会成负向关系。因此，提出如下假设：

H3：负面口碑信息接收者的专业程度越高，负面口碑对消费者购买决策的影响越小。

4. 关系强度

关系强度是指信息接收者所感受到与信息传送者之间的关系紧密程度，是一个包含紧密、亲密、支持和关联的构念。人们之间的各种特定关系是口碑传播产生的原因，无论这个关系是短暂或瞬间即逝的，或持久或是永恒的，所有的口碑传播必然发生在一定的社会关系中。

研究发现关系强度较高者，其口碑效果明显大于关系强度较弱者。因为从口碑传播者来看，关系强度高者更愿意毫无保留地表达其感受与意见，同时，从接收者来看，从关系密切的人所获得的信息被认为更加可靠、可以信赖。因此，人际间的关系程度是决定口碑效果的关键因素。由此，我们提出以下假设：

H4：传播者与接收者的关系强度越强，负面口碑对消费者购买决策的影响越大。

5. 涉入

涉入水平在解释消费者行为方面起着越来越重要的作用，同时也被认为是执行营销战略的主要变量。国外有学者将涉入定义为个人基于本身的需求、价值观及兴趣，对于涉入目标所知觉到的相关程度[1]。在此基础上，本文把消费者对产品的涉入定义为"消费者基于本身的价值需求性、兴趣及自己的价值观，对手机产品所知觉到的相关性及重要性程度"。

一般认为，涉入是一种心理状态，其强度受到某事物与个人需求、价值观及欲达成目标在特定情境下的相关程度的影响，相关性愈强，认知到的自我相关程度会愈高，涉入程度亦随之加深，进而产生一连串关心该事物的后续行为。不同的产品涉入程度会影响消费者对产品信息的态度，以及消费者的购买决策过程。社会判断理论认为某人对某特定事件的"自我涉入"越深，其接受相反意见的空间越小，这是对比效应；而对于与自己有相同认知的意见，自我涉入深的人不但会接受，而且会将它扩大解释，这是同化效应。

针对高、低涉入产品的学习方式与产品采购过程，我们提出低涉入者不如高涉入者产品决策过程来得复杂，低涉入产品的决策模式特征在于问题认知后直接导致选择，选择之后才是一连串的方案评估，信仰、态度及意愿的形成，消费者信仰、态度及意愿的形成是消费行为的结果，但不影响行为。由此可以推知，消费者的产品涉入程度越低，负面信息因素对于负面口碑效果的影响越小。因此，提出以下的假设：

H5：负面口碑强度、传播者专业、接收者专业和关系强度与负面口碑对消费者购买决策的影响之间的关系会因接收者的涉入程度高低而有所不同。

三、研究设计

1. 操作性变量的测量

依据本研究架构，本研究的因变量为"负面口碑对消费者购买决策的影响（IF）"，包括 7 个问项，

---

① Zaichkowsky, J. L.. Measuring the involvement construct. Journal of Consumer Research，1985，12：341-352.

并以李科特 5 点尺度加以衡量。

自变量"负面口碑强度（SNWOM）"是接收者知觉到的负面口碑的强烈程度。由于之前没有学者提出相关类似研究，所以本研究自行开发出包括 5 个问项的测量量表。"传播者专业程度（SE）"是接收者主观感知的传播者的专业程度。关于"专业"的衡量尺度，包括 5 个问项。"接收者专业程度（RE）"是接收者对自我专业能力的主观认定，用 4 个问项来测量。"关系强度（TS）"即传播者与接收者之间的紧密程度和互相了解程度。改变量的衡量方面，有 4 个问项，并以李科特 5 点尺度进行衡量。

调节变量"涉入程度（IV）"采用的是"个人涉入量表"中的 6 个问项，并以李科特五点尺度来衡量。

2. 样本的提取

研究采用抽样调查，以手机行业为调查背景，以手机消费者为调查对象。发出 210 份正式问卷，回收有效问卷 181 份，有效率为 86%。本研究所调查的消费者特征包括填卷者的性别、年龄、教育程度、职业和月支配收入等，回收的有效样本填卷者以学生居多（占 67.6%），少数为外企员工；以男性居多（占 67.0%）；年龄主要分布在 30 岁以下（占 94.1%），且大多是本科及以上学历（占 85.4%）。

3. 数据分析方法

根据研究目的与需要，本研究决定采用 SPSS15.0 作为预调研分析工具。针对正式调查数据，采用结构方程分析方法，利用 AMOS7.0 软件设定模型的合理性并考察各个潜变量间的关系和涉入水平对变量间关系的调节作用。

四、数据分析与结果

1. 预调研与问卷修正

为了保证调查问卷的信度和效度，本研究首先进行了问卷的预测试。预调研的对象为武汉大学经济与管理学院的本科生和研究生，共发放问卷 120 份，回收有效问卷 103 份，并通过预调研的结果和被调查者的意见反馈对问卷进行了修订。

（1）问卷的信度。根据预调查的数据，本文通过 Cronbach α 系数检验量表内部的一致性信度，数据显示，除了负面口碑强度的 Cronbach α 系数为 0.682，属于可接受范围以外，其他所有系数均超过 0.70 且量表总体信度为 0.899，说明本研究的量表具有较好的内部一致信度。

（2）探索性因子分析。本文采用 SPSS15.0 的探索性因子分析对预调研问卷的效度进行检验。KMO 系数为 0.715，并通过了 Bartlett's 球形检验，表明数据具有因子分析的条件。因子分析过程采用主成分因子和方差最大化正交旋转技术。所有问项合成 6 个主因子，累计方差解释率为 65.9%，各主因子测量题项的因子载荷大多在 0.6 以上，而且共同度大于 0.5，这说明问卷对各个构念的测量是比较有效的。

2. 正式调研分析

（1）验证性因子分析。对正式调研的数据，我们首先对测量模型进行验证性因子分析。分析结果如表 1 所示，大多数复平方相关系数为 0.4 ~ 0.8，具有可接受的信度。大多数变量的载荷都在 0.5 以上，在 $p < 0.05$ 的水平显著，说明各变量间具有可接受的收敛效度。

表 1 　　　　　　　　　　　　　　　　验证性因子分析

问项	潜变量					R^2
	SNWOM	SE	RE	TS	IF	
$SNWOM_1$	0.57					0.32
$SNWOM_2$	0.64					0.41
$SNWOM_3$	0.73					0.54
$SNWOM_4$	0.61					0.38
SE_1		0.59				0.35
SE_2		0.64				0.41
SE_3		0.62				0.38
SE_4		0.65				0.42
SE_5		0.69				0.48
RE_1			0.62			0.39
RE_2			0.87			0.76
RE_3			0.56			0.32
RE_4			0.65			0.43
TS_1				0.79		0.62
TS_2				0.85		0.72
TS_3				0.88		0.77
TS_4				0.72		0.52
IF_1					0.61	0.38
IF_2					0.69	0.48
IF_3					0.79	0.63
IF_4					0.69	0.48
IF_5					0.77	0.59
IF_6					0.57	0.32
IF_7					0.54	0.29

（注：模型拟合优度：CMIN = 477. 99，DF = 248，CMIN/DF = 1. 927，RMR = 0. 102，GFI = 0. 911，AGFI = 0. 902，NFI = 0. 912，RFI = 0. 895，CFI = 0. 867，RMSEA = 0. 063)

　　（2）结构模型分析。AMOS7. 0 可用于结构方程模型的参数估计和效果检验。我们通过 AMOS 画出了四个自变量与因变量之间的因果关系路径图，包括回归的标准化系数以及多种拟合指数，如图 2 所示。

　　从拟合效果的指标看，CMIN 与 DF 之比为 1. 927，小于 2，模型应被接受。残差均方根 RMSEA 为 0. 063，接近于 0. 05 的理想水平，拟合优度指数 GFI、调整拟合优度指数 AGFI、规范拟合指数 NFI 均大于 0. 9，相对拟和指数 RFI、比较拟合指数 CFI 接近 0. 9，说明模型与数据的拟合效果总体上还比较好。从路径图中的标准化路径系数来看，除了接收者专业对因变量（负面口碑对消费者购买决策的影响）的影响不显著以外，其他回归系数都通过 99% 的显著性检验，因此，H1、H2、H4 得到了验证，而 H3 没有得到

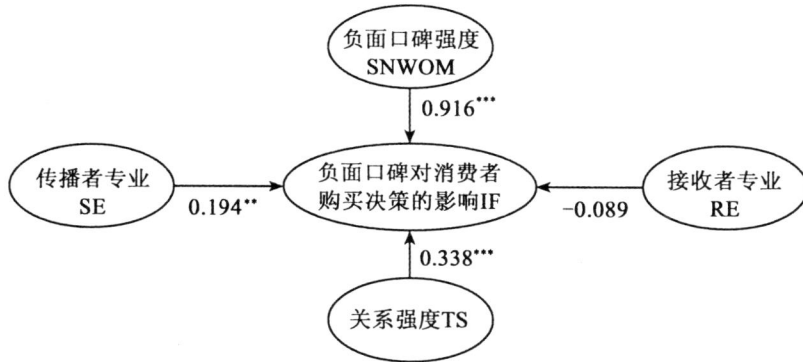

注：＊代表 $p < 0.05$，＊＊代表 $p < 0.01$，＊＊＊代表 $p < 0.001$

拟合指标：CMIN = 477.99，DF = 248，RMR = 0.102，GFI = 0.911，AGFI = 0.902，

NFI = 0.912，RFI = 0.895，CFI = 0.867，RMSEA = 0.063

图 2　因果关系路径图

验证。

（3）涉入的调节作用。为了验证涉入水平对变量间关系的调节作用，我们首先通过 SPSS 中的快速聚类分析把整个样本依据涉入水平变量进行归类，样本自动归并为两类：高涉入水平样本和低涉入水平样本。于是，我们把原始数据依照聚类分析的结果分解为两个子样本，分别验证变量关系的变化。

为了更深入地分析涉入水平对变量间关系的调节作用，我们对不同涉入水平下消费者购买决策模型进行了恒定性检验。恒定性检验是检验模型在不同样本间是否具有显著性差异的方法，包括对模型的变量数、观测变量对其相应结构变量的负载以及结构变量之间的路径系数等方面的检验（杜建刚，范秀成，2006）。我们通过 AMOS7.0 对模型的形态进行检验，结果表明除了卡方值显著外，其他指标均拟合得很好（如表 2 所示），因此可以认为检验模型对不同涉入水平样本具有普遍适用性。

表 2　　　　　　　　　　　　　　　　　　　模型的恒定性检验

原假设	模型拟合优度指标						
	CMIN	DF	p	CMIN/DF	GFI	NFI	RMSEA
模型形态检验	891.40	498	0.00	1.79	0.89	0.86	0.06
因子负荷等同检验	893.77	502	0.00	1.78	0.72	0.55	0.07

接下来我们针对两个样本分别作结构方程分析，以进一步检验各因子负荷在不同涉入水平的样本间是否有显著差异。从表 3 中我们不难发现，不同涉入水平下，变量间的路径系数存在显著差异，这说明不同的涉入水平对变量间的关系起着显著的调节作用。此外，除了 RE（接收者专业）→IF（负面口碑对消费者购买决策的影响）的路径没有通过检验，其他各路径系数均达到显著水平。

表3 涉入水平对路径系数的调节作用

原假设	总样本模型	高涉入样本模型	低涉入样本模型
	标准化路径系数	标准化路径系数	标准化路径系数
SNWOM→IF	0.916***	0.958**	0.046**
SE→IF	0.194**	0.215**	0.107**
RE→IF	−0.089	−0.052	−0.281
TS→IF	0.282***	0.338*	0.210

（注：*代表 $p<0.05$，**代表 $p<0.01$，***代表 $p<0.001$）

通过以上的分析，可以得出以下结论：涉入水平对最终模型起了较为显著的调节作用，相对于低涉入水平，在高涉入水平下，负面口碑强度、传播者专业程度和关系强度对负面口碑影响消费者购买决策的影响更为显著，因此假设5得到验证。

五、研究结论与局限性

1. 研究结论与讨论

本次研究通过对影响负面口碑传播效果因素的探讨，提取了影响负面口碑传播效果的变量，提出了一个影响负面口碑对消费者购买决策影响因素的整合模型，并用实证检验了模型和相关假设。

研究发现，负面口碑的强度越大，传播者的专业程度越高，传播者与接收者的关系越好，负面口碑对消费者的购买决策影响越大。这与以前学者的研究结论是一致的，与我们的预期也是相符的。同时，实证结果验证了涉入程度的调节作用，即在不同的涉入水平下，自变量负面口碑强度、传播者专业和关系强度对因变量（负面口碑对购买决策的影响）的影响效果有显著的不同，具体来说，较高的涉入水平会强化三个自变量对因变量的正向影响，而低涉入水平会弱化自变量对因变量的正向影响。这说明较高涉入水平的消费者更容易受到负面口碑信息的影响。

但是，自变量接收者专业程度与因变量的负向关系并不显著，也就是说当负面口碑发生并以惊人的速度传播开来时，即使信息接收者对某事物非常熟知，依然不会影响负面口碑对消费者购买决策产生的负面效果，或影响很小。相反，如果负面信息越强烈的话，消费者反而越怀疑自己的选择，在经过复杂而"痛苦"的思考后，消费者对某事物的态度往往会发生巨大的转变（也许他们自己并非出于自愿）。这也从另一个角度证明了"消费者的内心在与舆论的对抗中是多么的无奈"。此外，这一结论与国外学者（Gilly 等，1998；Bansal & Voyer，2000）的研究结论有一定的差异，这可能是文化背景的差异造成的。中国特有的服从权威的文化、对群体的强烈归属感等因素都限制了消费者选择产品的自由，在强大的负面口碑导向面前，接收者的专业被置于次要地位，甚至可能被自我怀疑和否定，因此，接收者自己的专业能力并不能阻挠负面口碑的强大影响力。

2. 管理启示

虽然企业要极力减少负面口碑的发生，但是，对大多数企业来说，负面口碑的发生是不可避免的。在负面口碑发生的时候企业不能置之不理，也不能一味地消极应对，那样只会使企业处在被动地位，甚至可能适得其反。因此，在负面口碑发生前进行有效的口碑管理就显得非常重要了。

由于负面口碑通常来自于和信息接收者特征相近的群体，这个群体可能是出于共同的爱好或者共同的价值观念而聚集在一起，群体中的意见领袖通常是在某方面得到大家认同的人（比如专业能力很强），意见领袖的观点通常会对群体成员有重要影响。因此我们可以通过对传播者，特别是"意见领袖"的有效管理和引导来控制负面口碑传播的可能性，或是当负面口碑已经发生时，通过他们的正面影响来减少负面口碑对消费者购买决策的影响，此外，企业可以通过意见领袖建立特定的团体来增强消费者对企业的认同。

事实上，"将顾客投诉视为资本"的观点是有效口碑管理的"最佳实践"。负面口碑往往源于顾客对消费经历的不满意，不满意顾客可能会进行投诉。有效的投诉管理恰恰是企业从源头上扭转负面口碑的重要手段。首先，顾客投诉使企业及时发现并修正产品或服务的失误，使企业有了再次赢得顾客的可能。其次，顾客投诉的妥善处理可为企业提供建立和巩固良好企业形象的素材，投诉后满意的顾客将其投诉经历和满意感受告诉他人的可能性更大。因此，实施有效的口碑管理，就要消除顾客投诉的障碍因素，通过奖励或补偿的方式鼓励顾客投诉，同时，妥善处理顾客投诉，将不满意顾客转化为满意顾客和正面口碑的传播者。

口碑管理固然重要，对企业来说，控制负面口碑的最重要手段依旧是产品或服务的质量管理。为了使顾客持续满意，企业必须通过不断创新来提升产品和服务质量，以满足顾客不断提高的消费预期，减少负面口碑产生的可能性，这才是企业在激烈的市场竞争中的求生之道。

3. 研究局限性与未来的研究方向

本研究主要是以手机行业为研究背景，而行业差异可能导致研究结果的不同。同时，基于时间因素和现实因素，本研究仅在较小的地域进行样本搜集，而不同地域的经济状况、消费水平等可能会影响消费者的购买决策，此外，我们的样本主体是学生，而学生的购买力有限，这两点都会降低本研究对结果的解释力。因此，未来的研究可以在其他行业、更大地域范围以及更广泛的消费者群体内进行。

本研究仅仅考察的是变量间的单项联系，而实际上很多变量之间的影响是交互的。因此，未来的研究可以对自变量之间的交互关系及影响进行更加深入的探讨。在研究方法上，可以引入心理学的许多研究方法来进行模拟研究，相信得到的结果会更具有启发性。

此外，本文研究的是负面口碑对消费者行为的影响，所谓"影响"，其实是消费者对某事物的一种态度。尽管态度在一定程度上可以预测行为，但态度转化为行为往往会受到更多个人或情境因素的干扰，因此，这一点也限制了我们对现实消费行为的解释力。未来的研究可以加入更多的变量来综合考量多种因素对消费者购买决策的影响。

参考文献

[1] 黄英，朱顺德. 二十一世纪的口碑营销及其在中国的发展潜力. 管理现代化，2003，6.

[2] 泰勒，希尔思等. 社会心理学. 北京：北京大学出版社，2005.

[3] Blackwell, D. R., Miniard, P. W., and Engel, J. F.. Consumer behavior, 9th ed., Harcourt, 2001.

[4] Bruce, Money R., Mary C. Gilly, and John L. Graham. Explorations of national culture and word-of-mouth referral behavior in the purchase of industrial services in the United States and Japan. Journal of Marketing, 1998, 62.

[5] Fitzgerald, Bone P.. Word-of-mouth effects on short-term and long-term product judgments. Journal of Business Research, 1995, 32.

[6] Geok Theng Lau, Sophia Ng. Individual and situational factors influencing negative word-of-mouth behaviour. Canadian Journal of Administrative Sciences, 2001, 18.

[7] G. Richard, N., and William, O. B. A comparative analysis of two models of behavioral intention. Journal

of the Academy of Marketing Science, 1992, 18（1）.

［8］ Gilly, Mary C., John L. Graham, Mary Finley Wolfinbarger, and Laura J. Yale. A dyadic study of interpersonal information search. Journal of the Academy of Marketing Science, 1998, 26.

［9］ Hennig-Thurau, T., Gwinner, K. P., and Gremler, D. D. . Understanding relationship marketing outcomes: An integration of relational benefits and relationship quality. Journal of Service Research, 2002, 4.

［10］ Kotler, P. . Marketing management, 11th ed. . New Jersey: Prentice Hall, 2003.

外国户外游憩政策的类型与实践[*]

● 吴承忠

（对外经济贸易大学公共管理学院 北京 100029）

【摘 要】 社会与政治意识形态对休闲政策有着明显影响。反集体主义主张市场优先。勉强的集体主义主张政府提供弹性的部分游憩供应。费边社会主义认为对休闲的公共供应应建立在普遍主义和非市场的基础之上。马克思主义主张实行全面的公共休闲福利政策，反对休闲设施和机会的商业化。国外的游憩政策主要可分为：资源政策、旅游和野生生物政策、海岸游憩政策、海港游憩功能开发政策、筹措资金政策、森林游憩政策、水体游憩政策、乡村游憩政策。

【关键词】 游憩政策 意识形态 户外 国外

一、社会与政治意识形态对休闲政策的影响

1. 反集体主义和市场优先

"持反集体主义思想的人认为休闲是一个私人的领域，由自我动机、自我方向、个体自由和选择等基本要素组成。在这种情形下，公共供应的最小主义者角色被视为政治意愿。"[1] 直到 1975 年英国 "运动和游憩白皮书" 颁布时，该思想还在政坛占统治地位。该白皮书将游憩看做社会服务的总结构中的一部分，也是社区每日需求的一部分。政治家们认为人们理应为自己的普通 "休闲消费" 形式买单。

2. 勉强的集体主义和 "游憩福利"

勉强的集体主义被认为属于实用主义。该主义强调的是 "一个混合的休闲经济"[2]。该主义认为不平等是市场运行不可避免的结果。游憩兴趣的多样性意味着人们的满意不应该被转化成公民权利。"拒绝通过公共投资和供应来保障游憩机会作为一种民权"[3]，而是有弹性地提供部分游憩，实际上可归纳为勉强集体主义的核心理念。

3. 费边社会主义和 "游憩福利"

该主义深入分析了不平等问题。认为游憩不足的问题更多的是基础上的社会结构不平等带来的结果。国家的角色就是要通过共同行动和供应使社会福利最大化，去纠正资本主义市场产生的不平等。该主义对资本主义市场与制度的不平等和无效率进行了批评，主张以需要为基础，来提供社会福利，该思想立足于休闲作为 "公民权" 的信仰[4]。该主义还认为对休闲的公共供应应建立在普遍主义和非市场的基础之上，

＊ 本文是北京市哲学社会科学 "十一五" 规划基金项目（编号：06BdJG088）的阶段性成果。

① Ian Henry. Management and planning in the leisure industries. Hampshire：MacMillan education Ltd. , 1990：154.
② Ian Henry. Management and planning in the leisure industries. Hampshire：MacMillan education Ltd. , 1990：157.
③ Ian Henry. Management and planning in the leisure industries. Hampshire：MacMillan education Ltd. , 1990：159.
④ Ian Henry. Management and planning in the leisure industries. Hampshire：MacMillan education Ltd. , 1990：163.

提出了"机构供应"和"社区游憩"两种渠道。公共服务的机构路径是要在更广泛的范围提供公共服务，如住房、教育、健康、医疗和休闲，以弥补市场产生的不平等，而且十分强调对休闲服务失灵中弱势人群的休闲需要的满足。该主义采取鼓励和保护志愿者组织的政策。社区游憩道路则强调社区团体尤其是休闲参与度低的人群、弱势群体广泛参与社区游憩决策，提高社区游憩管理者的能力，使"游憩管理者必须代表享受休闲的愿望，承担帮助者、咨询者的角色"①。

4. 马克思主义和"作为福利的游憩"

该主义彻底批判了资本主义制度带来的休闲政策的缺点，认为它是建立在资产阶级剥削无产阶级的制度基础之上的，是出于减少统治矛盾的动机。该主义主张实行全面的公共休闲福利政策，反对休闲设施和机会的商业化。在 20 世纪 70 年代以前，波兰、匈牙利等欧洲社会主义国家的休闲供应公共化的程度很高。赫鲁晓夫曾经将全国每个工作周的工作时间由 47.8 小时减少到 41.6 小时②。

5. 女性主义和休闲政策

女性主义反对休闲设施和活动中的父权制现象，主张从家庭主妇和在岗妇女的休闲受限制因素③（包括时间、经济努力、社会观念、活动项目和设施设计、交通等）出发，培养更多女性休闲管理者，实施积极的促进女性休闲需要的政策。

二、游憩政策的类型、功能及案例分析

休闲政策大致可分为：户外游憩政策、运动政策、艺术和娱乐政策、旅游政策、乡村旅游和游憩政策、针对特殊人群的休闲政策等几种类型。本文主要阐述游憩政策的类型、功能与案例。

（一）旅游、休闲与游憩对环境的危害

环境因是旅游、休闲与游憩活动重要的舞台而扮演了重要角色，但这些活动也给环境带来了消极影响。具体而言，与休闲有关的活动会给休闲活动地及全球带来环境方面的负面影响。就休闲活动地而言，危害体现在三个方面：对自然资源的冲击；污染；物理上的冲击④。一些生态系统如阿尔卑斯山山区、热带雨林、湿地、红树林、珊瑚礁、海洋草床，对开发和使用特别脆弱与敏感。游憩活动给全球带来的环境冲击包括三个方面：生物多样性的损失；臭氧层的损耗；气候的变化。出于保护户外游憩资源和自然环境的目的，更好地满足人们对游憩产品的需求，加强户外游憩接待业中的管理和开发的科学性，各级政府对游憩的供给应进行干预，其参与的具体情况因政府机构等级不同有一定的差异（如表 1 所示）。

（二）户外游憩政策的类型与实践

户外游憩包括所有那些以自然和休闲为出发点，但不一定是竞争性或有组织的活动，典型的例子如走路，访问国家公园或乡村公园，森林、海岸、乡村的快乐性活动，非竞赛式的骑车和一些以水为基础的游憩活动，也包括访问农村的遗产和其他吸引物⑤。以下从资源政策、野生生物政策、海岸游憩政策、海港

---

① Anne White. De-stalinization and the house of culture-declining state control over leisure in the USSR, Poland and Hungary, 1953-1989. London: Routledge, 1990: 30.

② Anne White. De-stalinization and the house of culture-declining state control over leisure in the USSR, Poland and Hungary, 1953-1989. London: Routledge, 1990: 20.

③ Ian Henry. Management and planning in the leisure industries. Hampshire: MacMillan Education Ltd., 1990: 171 – 172.

④ John Tribe. The economics of recreation, leisure and tourism. Oxford: Elsevier, 1995: 358.

⑤ A. J. Veal. Leisure and tourism policy and planning. Oxon: CABI Publishing, 2002: 238-244.

游憩开发政策、筹措资金政策、森林游憩政策、水体游憩政策、乡村游憩政策几个方面进行具体分析。

表1 政府对游憩供应干预的参与表

政府层级	功能	例子
中央：政治机构	共同任命，财政分配，长期规划，通常不直接参与管理	户外游憩（署）局/美国
		乡村委员会/英格兰和威尔士、苏格兰
		环境部/英国
		印第安人事务和北美开发部/加拿大（仅管理联邦土地）
		格陵兰管理部/丹麦
		乡村游憩部/荷兰
中央：资源管理	以资源为基础的供应和管理	国家公园服务部/美国
		美国森林服务部/美国
		国家和历史公园部/加拿大
		自然公园部、环境办事处/日本
		文化纪念地/美国
中间的（县、省、州）：资源管理	地点的供应和管理，其中一些是以资源为基础的	县议会/英格兰和威尔士（国家公园管理）
中间的资源管理	仅仅对当地地区的地点的供应和管理（但其中一些被认为是以资源为基础的国家层面）	州/美国
		省/加拿大
		县议会/英格兰和威尔士
特殊的单一资源——以政府和私人的共同体为基础的	中间的和以使用者为方向的资源的供应和管理	德文特河水库顾问办公室（仅顾问）/英格兰
地方政府：资源管理，单一的	为自有地区供应：被散步者用做中间地带	多伦多和地方保护官方/加拿大
共同官方机构	为自有地区供应：已被散步者用做中间地带	东海湾地区公园区/美国
		峡谷地区公园管理局/英格兰

（资料来源：I. G. Simmons. Rural recreation in the industrial world. London：Edward Arnold Ltd. ，1975：222. ）

1. 资源政策

（1）自然资源政策关于户外游憩的原则。户外游憩的活动会给自然资源带来破坏，因此，有必要制定有关户外游憩的政策。户外游憩政策中首先要考虑的是保护自然资源的问题，因而自然资源政策成为休闲政策中要重点关注的一个方面。自然资源政策的制定应遵循的原则可归纳为：第一，环境容量原则（最早在1929年提出该名词）；第二，多方满意原则；第三，专门化原则；第四，可代替性原则；第五，对特定资源特定动机不明确的访问者，可首先为其安排可替代的游憩地；第六，所有事物都是平等的，资源应该被管理以保护其独特的质量。

（2）自然资源政策的战略与行动。自然资源政策的核心和出发点就是要减少人为游憩活动对自然资源的冲击，以对野营地的保护为例，可以有针对性地围绕这一任务核心制定战略和行动方案（如表2所示）。

表2 减少对野营地冲击的战略和行动

战略	可能的行动
减少使用数量	限制进入该地区的团体数量
使用分散法	劝说团体避免在高度受冲击的地区野营
使用核心区划分法	除了指定的地点外，禁止在其他任何地方野营
使用类型	教育宿营者低冲击的技术
地点区位	教育宿营者选择抗冲击力强的地点
地点保护	在宿营地建木质帐篷垫子
修复	关闭和修复已被毁的宿营地

（资料来源：John D. Hutcheson, J. R., Francis P. Noe. Outdoor recreation policy. New York：Greenwood Press, 1990：21. ）

2. 野生生物政策

非洲国家、南亚和俄罗斯的野生生物资源正遭遇前所未有的保护危机。以非洲为例，北非撒哈拉沙漠地区的一些国家由于人口激增、工业生产的资源条件薄弱、自然条件恶劣等因素，农业成为该地区人口主要的谋生产业，这就使土地显得极为稀缺，不得不侵占那些野生物种丰富地区的土地。南部非洲的政策规定：如果环境容量被爆炸式增长的野生动物数量超过，就允许在国家公园内打猎，如津巴布韦的大象的环境容量是 45 000 头①。非洲北部的一些国家采取了更为严厉的保护政策。如 1977 年，肯尼亚政府就禁止"狩猎旅游"这一极具国际市场吸引力的项目，1978 年更宣布野生动物战利品销售为非法行为。虎骨贸易利润的诱惑给印度虎的保护带来了很大困难。印度政府启动了虎保护工程，通过建立保护区来保护濒危的动物。同时，这些国家也建立了大量的动物园来保护野生动物。

3. 海岸游憩政策

我们以加利福尼亚州海岸游憩政策为例说明公共政策在具体的游憩供应环境资源管理中的作用。海岸游憩是该州的海岸地区经济的支柱产业。由于该州 80% 的人口住在离海岸 30 英里的范围内，海岸游憩活动发展成为该州最重要的游憩活动。根据加利福尼亚州可持续研究中心的数据显示，1982 年该地带船产业总值达到 200 亿美元。休闲活动的扩张带来了游憩供应与保护自然环境之间的冲突，也带来了游憩供应与办公用地、工业和能源发展等事业用地的冲突。在这种情况下，政府开始通过公共政策来保证公共游憩权利。1972 年由于对海岸开发用地现状的不满，启动了对该问题的投票动议权。结果，该动议建立了一个暂时的州立海岸委员会来控制 1 000 码海岸地带，同时准备了一个海岸计划。该计划要求所有新的沿海岸的开发应给予公众进入地表和被淹没的海岸土地的制度性权利。随后 4 年里，完成过渡性的国家控制和海岸计划，通过 1976 年加利福尼亚州海岸法令，建立了州委员会和审批程序②。该法案为进行新的开发提供了指南。第 30 条 221 款规定：海前方的土地"适用于游憩用途的"，应该被保护起来用于该用途，除非"目前和可预见的未来公共和商业游憩活动需求"已经在该地区被满足了。同时，该州的海岸资源保护制度建立起来以援助地方社区在与海岸法令目标一致的基础上进行规划和开发活动。通过规划，鼓励那些对海岸非依赖性的产业和部门向内陆地带布局。同时海岸法令的第 30 条 222 款还强调了适于访问者参

① Zbigniew Mieczknowski. Environmental issues of tourism and recreation. Lanham：University Press of America, Inc. , 1995：133.

② John D. Hutcheson, J. R. , Francis P. Noe. Outdoor recreation policy. New York：Greenwood Press, 1990：33.

观和游憩使用的海岸土地在海岸游憩使用开发方面对私人居住、一般产业和商业开发使用有优先权。这些广泛的政策指南给地方和州政府官员在具体操作时留下了很多可钻空子的空间。因为官员们在判断"适合游憩"和"现在和未来的游憩土地需求"方面存在一定困难。该法案的突破在于首次强调了"海岸游憩必须与运输业、捕鱼业和商业、工业活动结合起来考虑"[①]。

4. 海港游憩开发政策

很多在农业和工业时代很著名的海港由于其他交通工具或经济等原因而完全废弃，其中有一些则成功地转化成商业和游憩性钓鱼海港。这些海港的滨水区被餐馆、酒店和其他为访问者服务的设施环绕，如布拉格、波德伽海湾、蒙特利尔等。但是，这类港口仍然面临生产性（运输货物活动）和游憩性消费活动之间的竞争。这在 Los Angeles 港口被海岸委员会批准为管道终点站可以得到证实[②]。海岸游憩委员会对于新的海岸项目的审批过程，致力于开放的海岸工业和商业地区允许游憩活动的进入。

5. 筹措资金政策

由于政府在游憩供应中需要承担的公共开支数额越来越大，政府也需要采取有效措施来筹集游憩资金。有关的政策计划常常包括使用付费策略，以用来援助联邦的、州立的和当地的政府机构，补偿它们的运营成本。例如，联邦政府 1986 年度的预算计划很大程度上依靠已有收费增加和对游憩使用者新开征的收费项目，以产生额外的收入（如表3、表4所示）。1987 年里根政府 15 年来首次提高了国家公园的门票。出于提高管理效率的目的，涨价主要针对那些使用频率高的休闲设施，如大峡谷、黄石公园等。总趋势是使用性收费比例增大。71 个额外地点开征了收费。这些资金被回流到国家公园服务系统，用来管理资源，而不是进入国库。1987 年美国总统户外运动委员会确定为发生于联邦、州和当地公共土地上的户外游憩活动提供 27% 的资金来源[③]。

表3　　　　　　　　　　　　　　　**美国消费税分析摘要**

产品	建议税率（%）	1980 年税收（万美元）	2000 年税收（万美元）	额外负担（%）	付款能力（适宜指数）
背包	4	80	110	2.17	-0.15
野营炉	6	200	24	2.58	-0.15
跨国家的滑雪	5	310	370	nd	-0.29
灯笼	6	260	310	2.58	-0.15
睡袋	6	1150	1350	2.58	-0.15
帐篷	6	1040	1220	2.58	-0.15
折叠露营拖车	1	40	10	1.90	-0.09
卡车露营者	1	70	10	1.95	-0.09
照相装备	7	8260	40490	2.18	-0.13
胶卷	15	22160	67230	1.14	-0.13

---

① Michael Heiman. Costal recreation in California: Policy, management, access. Berkeley: the Regents of the University of California, 1986: 23.

② John D. Hutcheson, J. R., Francis P. Noe. Outdoor recreation policy. New York: Greenwood Press, 1990: 35.

③ John D. Hutcheson, J. R., Francis P. Noe. Outdoor recreation policy. New York: Greenwood Press, 1990: 81.

产品	建议税率（%）	1980 年税收 （万美元）	2000 年税收 （万美元）	额外负担 （%）	付款能力 （适宜指数）
雪地运动车	2	360	10	2.33	nd
摩托车	5	1460	12880	3.20	
四轮驱动工具	1	3630	138160	3.78	
旅行拖车	1	420	1900	1.50	-0.09
发电机房	5	150	3370	2.69	nd

（资料来源：John D. Hutcheson, J. R., Francis P. Noe. Outdoor recreation policy. New York：Greenwood Press, 1990：87. ）

表 4 美国门票费的收入来源

收入 机构	已有领域新增收费（万美元）		以往免费领域新带来的收费（万美元）	
	1980 年	2000 年	1980 年	2000 年
联邦机构	11 090	13 310	41 970	50 360
土地管理署	273	328	300	360
开垦署	15	18	3 300	4 050
航空公司	875	1 050	15 180	18 210
钓鱼和野生服务	5	6	140	170
森林服务	2 755	3 306	20 740	24 880
国家公园服务	7 111	8 533	1 570	1 880

（资料来源：John D. Hutcheson, Francis, J. R. P. Noe. Outdoor recreation Policy. New York：Greenwood Press, 1990：89. ）

此外，各级政府还对拥挤情况下的休闲活动收取费用，以与变化的休闲需求相适应①。

6. 森林游憩政策

1976 年美国森林管理法案（NFMA）要求美国森林服务署（USFS）为每个国家森林准备土地和资源管理计划。该法案要求对计划的开发进行公共干预，要准备环境影响声明（EIS），要根据国家环境政策法案（NEPA）的要求获得公共评论。作为这两个重要法案的结果，森林服务署开发了一个问题驱动规划模型，该模型主要是依靠公共输入。George Hutchinson, Riccardo Scarpa 等学者运用区域旅行成本模型（invidual travel cost models, TCM）详细分析了空间布局对森林游憩政策的影响②。

7. 水体游憩政策

美国军方工程公司是美国最大的户外游憩供应商之一。它以管理和建设水库闻名，又在众多非水库的项目上涉足游憩的规划设计、游憩开发的建设。1986 年美国 462 家水库项目属该公司管理，总游憩时间达到 500 万游憩日③。该公司参与的非水库项目更是不胜枚举。该公司正式从事户外游憩服务的时间不到

---

① John D. Hutcheson, J. R., Francis P. Noe. Outdoor recreation policy. New York：Greenwood Press, 1990：99.

② Nick Hanley, W. Doug ass Shaw. The new economics of outdoor recreation. Cheltenham：Edward Elgar, 2003：139.

③ John D. Hutcheson, J. R., Francis P. Noe. Outdoor recreation policy. New York：Greenwood Press, 1990：179.

50 年。公司业务从最初供应接待设施和服务，扩展到高度发达的游憩区的供应。该公司对游憩设施供应的历史可以分为几个阶段。第一阶段是 20 世纪 30—40 年代。1936 年水灾控制法案规定该公司可以参与防洪目的的大坝建设①。1944 年，美国水灾控制法案授权首席工程师建设、维护、运行在水库区的公共公园和游憩设施，并且有权同意这样的设施的建设、维护和运行。1944 年该法案给了公司和各级政府机构、非营利组织、商业机构开发和维护这样的休闲区的广泛权力。公司经营范围开始扩大。这是游憩开发最初的授权阶段。20 世纪 50—60 年代是第二个阶段。此阶段的主要特征是该公司在直接的水上游憩项目服务和开发上的巨大增长。此时为了回应社会对额外游憩的需求，国家颁布了"1962 年水灾控制法案"。该法案将 1944 年法案中的"水库区"用语改为"水资源开发项目"，这样使该公司可以涉足所有水资源项目中的游憩服务。1965 年通过的"联邦水项目游憩法案"则进一步将游憩功能不再和水库与防洪功能挂钩，而是直接独立出来作为一个项目看待，给联邦政府在游憩机会供应中同样的机会。游憩和钓鱼、野生生命观赏等更受重视，可以和其他项目进行比较来计算经济收益。第三个阶段是 20 世纪 60—70 年代，特征是对保护资源和环境的关注。此阶段最著名的事件②是 1969 年国家环境政策法案（NEPA）宣布了一个国家政策："使用一切可行的方法和措施去形成和维持人与自然在生产中的和谐相处，并满足当代和后代美国人的经济、社会和其他要求。"该法案在以前的水资源项目的管理和规划中增加了社会的、生物的、经济的内容。本阶段，新的多功能规划过程也被水资源委员会（WRC）发展出来，用于引导联邦水资源开发机构的建立和评价。这些指南与原则和标准有关，并将水资源游憩项目分为四个方面的评估账户：国家经济开发账户、国家质量账户、地区经济开发账户、社会效果账户。第四阶段从 20 世纪 80 年代到现在，被称为"当代的立法和管理政策阶段"。20 世纪 80 年代，由于通货膨胀以及财政赤字等原因，里根政府决定减少联邦政府对国家经济和政治生活的干预，尤其降低政府在公共服务上的作用。1986 年水资源开发法案（WRDA）就反映了这一特点。该法案是 16 年中第一个通过的水项目保护立法，使公司的民用项目获得新生。里根政府的一个政策是减少联邦和私人、非联邦公共部门在供应游憩机会方面的竞争。这在公司规划新水资源开发项目的政策上能够得到反映。该政策规定：当游憩利润小于整个利润的50% 的时候，联邦资金应该仅仅被用来支持游憩设施的发展。由于联邦资金的有限性，游憩再次被认为是其他水资源开发产出的"副产品"。实际上该公司在户外游憩领域的业务随着国家政策的倒退也出现了后退的趋势。

8. 乡村游憩政策

乡村游憩可以被解释为相对小规模的团体在乡村所进行的各种休闲活动的总称。乡村地区的游憩活动类型主要包括：走路、徒步旅行、户外游戏、游泳、钓鱼、骑自行车、自然研究（国家公园、自然保护区等）、考古（文化遗产、国家公园）、坐船、航行、乘独木舟、航海、观光、采矿、打猎、骑马、露营、野餐、滑冰、滑雪橇、滑雪、爬山、摩托车运动、水体运动等。从这些类型来看，乡村游憩活动多发生于户外，属于户外游憩活动，但又与户外水体游憩等游憩类型有部分的重叠性。乡村游憩除具备户外游憩活动特征外，最本质的特征是它的区域特性，即发生于乡村。美国、日本、欧洲各国均实行以资源为基础的乡村游憩模式。以加拿大为例，联邦政府对乡村游憩地的发展贡献尤其显著，这种贡献体现在国家公园的设立和建设上。1972 年全国就有 28 个国家公园，占地 130 383 平方公里。大多数国家公园位于偏远地区。加拿大大多数国家公园建立于 1885—1939 年。1967 年后由于公共舆论对印第安事务和北部开发有强大的压力，国家公园建设又得到了复兴。第一个公园是班夫公园（Banff），当时建立的目的是为了保护该地区的温泉。该公园和其他的西部公园最初为联邦政府所有，后来情况有所变化。当时政府对国家公园的设立

① John D. Hutcheson, J. R., Francis P. Noe. Outdoor recreation policy. New York: Greenwood Press, 1990: 181.
② John D. Hutcheson, J. R., Francis P. Noe. Outdoor recreation policy. New York: Greenwood Press, 1990: 184.

采取了很分散的政策，它严格将最好的资源地变成公园用地，所以最初全国国家公园的分布很不均匀。加拿大的国家公园政策规定：国家公园建立的目的是为了永久保护有意义的地理学、地质学、植物学或历史学特征以作为国家遗产，目的为了加拿大人的利益、教育和享受（快乐）。这也招致了很多不满。魁北克省由于有最丰富的高等级资源，拥有最多的国家公园。这种不均可从图1中得到明确反映。这种政策是以资源为基础的国家公园或游憩地政策，而不是以人们需要为基础的游憩地政策。不同省份的国家公园拥有数量与人口和国土面积并不存在直接的比例对应关系，与各省份人们的游憩需要量相比较也不存在直接关系，而直接与高等级自然资源的数量成正比例关系。

国家公园政策强调"由于政策是分散的，不能充分保证真正的目标能达到"的信条，该信条被铭记在《1930年国家公园法案》中，并由此引发了管理中的一些冲突。政府发现国家公园的自然环境因缺乏规划而遭受各种人为活动的破坏，因此采用了分类方法，引入了"分区制"（zoning）的概念，制定了公园的功能区规划政策，以约束开发和管理、经营中的不当行为。该政策宣称："无论什么情况下，都没有例外。"也就是说任何新的国家公园都无一例外地需要遵循政府制定的功能区划分规划。政府还以太平洋边缘国家公园为例进行了试点。特纳·柔瓦国家公园（Terra Nova National Park）被分为两部分：一是自然保护地；二是转换地带。杰斯培（Jasper）国家公园的两个基本地带是野生地带和转换地带。野生地带又被分为：（1）特殊地区，为生态保护地或历史重要特征地，有限制地进入。（2）野外地，允许徒步旅行但没有其他的开发。转换地带被分为自然环境地和已开发地。自然环境地是野生地带和已开发地带的缓冲器。已开发地包括一般乡村游憩区和访问者食宿和服务设施的频繁使用区。沿着高速公路走廊的地区是一般乡村游憩区，包括宿营地、滑雪地和维护设施；外围是访问者食宿和服务设施的频繁使用区；这样规划的目的就是为了保护核心资源区。我们可以从芳迪国家公园的分区制规划发现这一特征和功用（如图2所示）。长远看，人们期望在现有的39个已经被确认的陆地自然区和9个海洋区中都建立一个国家公园。

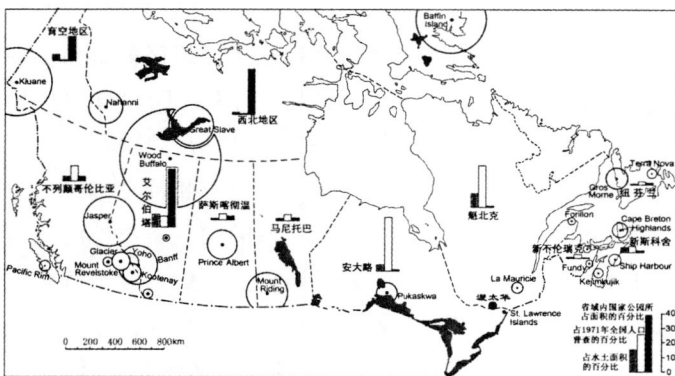

图1　加拿大的国家公园系统

（资料来源：I. G. Simmons. Rural recreation in the industrial world. London：Edward Arnold Ltd.，1975：198.）

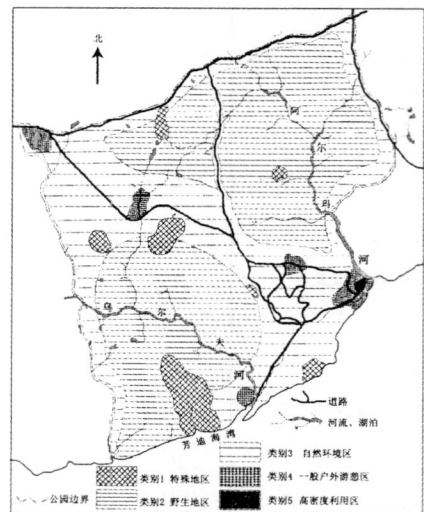

图2　芳迪国家公园的分区制规划

（资料来源：L. G. Simmons. Rural recreation in the industrial world. London：Edward Arnold Ltd.，1975：205.）

参考文献

［1］John D. Hutcheson, J. R. , Francis P. Noe. Outdoor recreation policy. New York: Greenwood Press, 1990.

［2］I. G. Simmons. Rural recreation in the industrial world. London: Edward Arnold Ltd. , 1975.

［3］A. G. Boovaird, M. J. Tricker. Recreation management and pricing. Hampshire: Gower Publishing Company Limited, 1984.

公共营销：基于区域整体利益的旅游目的地营销模式创新研究

● 熊元斌

（武汉大学经济与管理学院　武汉　430072）

【摘　要】旅游目的地是一个区域、一个整体，旅游目的地的特性决定了它的营销与一般旅游产品相比具有显著的不同，它更注重区域的整体利益，注重利益相关者的参与。它是一个以政府为核心主体，整合了行业组织、企业、社区和居民等相关群体与个体而建构的公共营销模式或公共营销组织体系，它营销的客体包含了旅游形象、旅游环境和各类旅游产品，它营销的对象不仅是旅游者，也包括客源地的政府、行业组织、新闻媒体、旅游企业等。这种基于区域整体利益的公共营销模式，是对旅游目的地营销模式的创新和发展，它对于整合旅游目的地的资源，树立旅游目的地整体形象，培育旅游目的地的品牌，增强旅游目的地的市场竞争力，具有重要的意义。

【关键词】区域　旅游目的地　整体利益　公共营销

一、旅游目的地整体营销的必要性

旅游目的地营销就是将旅游目的地作为一个整体产品向目标市场进行整合推广和销售，以满足目标市场需求，从而促进旅游目的地发展和增进社区福利的活动过程。因为目的地是涵盖整个旅游业的空间区域，游客的旅游体验是基于目的地整体而不是单个旅游企业的产品或服务，从目的地角度进行旅游营销既考虑到了游客的心理感受，又在很大程度上符合旅游与旅游业的复杂性质（Richard george，2001）。

过去，人们对旅游目的地营销大多基于微观的视角进行研究，集中探讨旅游企业的成功营运。"虽然所有这些基于不同视角的旅游研究都很有价值，但我们认为，聚焦于整个目的地乃是旅游目的地管理者所必须采纳的整合性视角。如果要想理解、贯通和掌握所有决定一个旅游目的地成功发展的要素，人们必须采纳这一整合性视角。"（J. R. Brent Ritchie，Geoffrey I. Crouch，2003）因此，研究基于区域整体利益的旅游目的地营销，必须从整体性着眼来探讨旅游目的地营销的特点及其规律性。这既是旅游目的地营销发展实践的需要，也是由旅游目的地本身的特性所决定的。

第一，从空间结构而言，旅游目的地具有整体性。旅游目的地首先是一种空间概念，它是一个区域，"可以是一个具体的风景胜地，或者一个城镇，一个国家内的某个地区，整个国家，甚至是地球上一个更大的地方"（霍洛韦，1997）。它是"一个特定的地理区域，被旅游者公认为一个完整的个体，有统一的旅游业管理与规划的政策司法框架，也就是说有统一的目的地管理机构进行管理的区域"（D. 布哈里斯，2000）。旅游目的地是自然形成的区域，它是由旅游资源组合而成的一个整体，这种区域的整体性是不可分割的，尤其不能因行政区划的人为因素而分割。在进行旅游目的地营销的过程中，首先要考虑的就是这种空间特性，要从整体上把握旅游目的地的空间特点、气质、形象及空间吸引范围，然后将旅游目的地作为一个整体产品进行开发、包装，对目标市场进行推广和促销。离开了对旅游目的地空间概念的理解和把握，离开了对旅游目的地空间要素的整合，旅游目的地营销就没有了空间载体，这样，旅游目的地营销就无法正常开展。

第二，从要素构成而言，旅游目的地具有整合性。旅游目的地是游客离开常驻地前往进行观光、度假、休闲娱乐、运动、科考、探险、探亲访友，参加会展和开展商务活动等旅游消费的最终地域或地点，它包含了吃、住、行、游、购、娱等旅游"六要素"，是一个集旅游资源、旅游设施、旅游服务、旅游管理于一体的综合体，是旅游活动要素的一个集群。保继刚（1996）认为，旅游目的地就是"一定空间上的旅游资源与旅游专用设施、旅游基础设施以及相关的其他条件有机的集合起来，就成为旅游者停留和活动的目的地，即旅游地"。张辉（2002）认为旅游目的地是拥有特定性质旅游资源，具备了一定旅游吸引力，能够吸引一定规模数量的旅游者进行旅游活动的特定区域。他提出旅游目的地必须具备的三个条件：一是要拥有一定数量的、可以满足旅游者某些旅游活动需要的旅游资源；二是要拥有各种相适应的旅游设施；三是该地区必须具有一定的旅游需求流量。魏小安和厉新建（2003）指出，旅游目的地最简单的定义就是能够满足旅游者终极目的的地点或主要活动地点。从效用的角度看，旅游目的地是能够使旅游者产生动机，并追求动机实现的各类空间要素的总和。Cooper（1998）把旅游目的地的构成要素归纳为"4A"，即吸引物（attractions）；康乐设施（amenities），如住宿设施、餐饮业、娱乐设施、零售业和其他服务设施；进入设施（access），如交通网络或基础设施；附属设施（ancillary services），如地方旅游组织。王晨光（2005）认为构成旅游目的地的核心要素包括：（1）有独特的旅游吸引物；（2）有足够的市场空间和市场规模支持；（3）能提供系统、完备的旅游设施和旅游服务；（4）要有目的地当地居民的认同、参与并提供各种支持保障；（5）具有一定的可管理性。所以，旅游目的地是把各种资源整合起来进行旅游活动的有机综合体，而进行旅游目的地营销就必须考虑各种旅游要素的整合，才能提高旅游目的地的营销力和竞争力。

第三，从利益目标而言，旅游目的地具有公共性。旅游企业提供单个的产品和服务，目的是为了获得单个产品和服务最大的利润，实现企业自己的利润目标。旅游目的地不是一个单个的产品，也不可能由一个企业来提供，它是一个区域，一个整体。它包含了旅游"六要素"的全部内容，它涉及区域的经济、社会、文化、生态诸方面的因素。因此，旅游目的地营销不仅仅是营销旅游产品本身，也是对目的地整体形象、经济、社会、文化、环境的营销。Richard George（2001）认为目的地营销有六个主要的目标：（1）向旅游者提供信息；（2）向目标市场传播目的地形象；（3）为当地提供便利；（4）提高目的地居民的自豪感；（5）加强国际往来；（6）促销旅游吸引物。这表明，旅游目的地的产品具有公共性，旅游目的地营销的目标也具有公共性，它涉及目的地社区诸多利益相关者的利益，其最终的目的是为了促进目的地区域的整体发展、福利的增进，"提高其居民及其他相关利益者生活幸福和事业成功的程度"，推动经济、社会、文化、环境的全面进步（J. R. Brent Ritchie，Geoffrey I. Crouch，2003）。

第四，从市场关系来看，旅游目的地具有全面性。研究表明，旅游目的地对客源地潜在游客的吸引，首先不是靠单一的产品发生作用的，而是靠目的地整体形象对旅游者产生吸引力的。游客通过对旅游广告、新闻宣传、书籍杂志、电影电视、网络及口碑等众多信息的收集、判断、选择，然后形成对目的地形象的整体认知和基本印象，最后作出购买决策。因此，旅游目的地的整体形象是影响旅游者进行选择的最重要的因素。不仅如此，旅游目的地消费的从众效应也非常明显。如果旅游目的地形象对某个地区产生影响，那么，该地区的居民很可能成为这个旅游目的地的整体客源市场。另外，目的地之间的竞争也是整体性的竞争。它包括旅游目的地在旅游资源、旅游形象、基础设施、服务质量、管理水平、好客程度、经济实力、营销投入等各个方面的整体较量。

综上所述，基于区域整体利益的旅游目的地营销与单一产品的营销具有巨大的差异，它是由旅游目的地本身的特质所决定的，具有客观的必然性。因此，营销旅游目的地，必须从区域的整体利益出发，维护区域的公共利益，实现区域的全面与和谐发展。

二、旅游目的地公共营销模式的构建

1. 旅游目的地公共营销模式的理论与实践基础

（1）概念界定。关于公共营销的概念，国内外并没有明确的界定。我们认为，公共营销是公共组织为实现公共利益的增进和社会的和谐发展，根据目标市场的需求而提供公共产品和服务所进行的市场营销活动，它是公共组织尤其是政府的一种管理职能。公共营销具有四个显著特征：第一，公共营销的对象是公共产品。公共产品是由政府直接投资或组织社会上有关组织或私人进行投资提供给社会使用的公共物品和设施。公共产品具有非竞争性和非排他性的特点，它以零边际成本向人们提供收益，而且没有人会被排除在享用它们之外，使所有消费者都得益，而私人市场不是供给不足就是根本没有供给，或者不能有效率地生产。第二，公共营销的实施主体主要是公共组织，尤其是政府公共部门。公共组织是指为了一定公共目标，向社会提供公共物品和服务，按照一定法律程序而建立起来的组织实体。按照营销大师菲利普·科特勒将社会组织划分为企业、政府和非营利组织的划分标准，公共组织应包括政府与非营利组织。第三，公共营销强调营销活动的非营利性质，注重社会的整体利益、长远利益与和谐发展。第四，公共营销注重社会利益相关者的全面参与和公众积极性作用的发挥。公共营销的作用在于：①提供各种公共产品和服务，满足目标公众的社会需求；②协调与解决团体冲突，建立和谐秩序；③保护自然资源与文化遗产，促进社会的可持续发展。公共营销的目标是实现区域效益的最大化，包括经济效益、社会效益和生态效益，促进区域福利的增进与和谐发展。

旅游目的地公共营销是指为了实现区域旅游目标而将目的地作为一个整体推向旅游市场，以目的地的整体形象和整体实力参与旅游市场竞争的过程。具体而言，是指从满足旅游者和投资者的需求来塑造旅游环境，并把整个旅游环境对外推销，吸引游客前来旅游，吸引投资者前来投资，吸引人才前来就业与居住，从而满足旅游者和投资者需求的一系列与旅游市场有关的活动的总和。旅游目的地公共营销不仅是政府的一种经济职能，而且包括旅游行业协会、社区、媒体等非营利组织的营销活动，还包括企业等私人组织、团体和个人对增强旅游目的地竞争力所作的营销努力，其中政府是目的地公共营销的核心主体。

（2）理论依据。旅游目的地公共营销的生成并非无源之水、无本之木，它有相应的学科理论基础。区域经济学强调区域资源的整合和区域利益的最大化，强调区域投入产出的比例关系和结构的合理性，注重交易成本的降低和区域的比较优势、竞争优势。旅游目的地公共营销本质上是一种经济活动，而且是一种区域经济活动，它必然要求最大限度地降低营销成本，提高效益。注重目的地旅游资源和社会资源的整合，突出本地的地域特色，形成目的地的相对竞争优势，提高目的地的整体竞争力。区域经济学为旅游目的地公共营销提供了经济学基础。市场营销学强调以市场为导向，通过实施有效的营销战略和策略，从而满足目标顾客的需求，最终实现企业的利润目标。在营销学理论中，区域营销学特别强调将区域作为一个整体产品进行推广、销售的理念，并且突出对旅游者、投资者、定居者、就业者的综合营销和全面营销。其指导意义在于，旅游目的地公共营销其实就是区域营销或地域营销，目的就是将目的地作为一个整体产品向外推广和促销，吸引旅游者前来旅游，吸引投资者前来投资，吸引居民前来定居，吸引就业者前来就业、创业，从而促进目的地旅游业发展和社会福利的增进，提高社区居民的生活质量。在营销学的另一个理论中，社会营销学强调如何通过影响和改变人们的传统意识与传统观念，从而引发社会行为变革的思想。它的指导意义就是，在旅游目的地公共营销中，政府等公共组织必须明确认识到自己有责任影响其他相关利益者改变传统的观念和行为，积极参与目的地旅游的营销活动，从而使各利益相关者都成为旅游目的地公共营销的参与者、合作者和利益分享者，共同构成旅游目的地公共营销组织体系。公共管理理论强调公共组织在对公共活动进行管理时，要树立市场意识，把公众当做自己的顾客，注重提供高质量的公共产品和服务，满足目标公众的需求，提高公共管理效率。其指导意义在于，政府或其他公共组织在进行旅游目的地营销活动时，应改变计划经济思维，树立现代市场意识，坚持以市场需求为导向，以旅游形象为卖点，适时向旅游客源市场、旅游投资市场等提供高质量的产品和服务，注重市场促销，提高旅游目的地的管理效率。整合传播理论强调信息传播的整体性、组合性、立体型、全面性，强调信息传播手段、方式的有效配置，强调信息传播效果的最大化。旅游目的地的营销过程实际上就是旅游目的地的信息向外传播、扩散的过程，但这个过程如何更有效果呢？那就是采用整合传播的方式和手段，组合传播资源，将广告、新闻宣传、公共关系、事件、影视、网络、口碑等各种传媒手段有效地实施在旅游目的地的公共营销过程中，从而取得更好的推广效果。这就是整合传播理论在旅游目的地公共营销中的实践应用。可以说，上述理论构成了旅游目的地公共营销的理论基础，它们是旅游目的地公共营销理论体系形成的重要来源。

（3）现实依据。旅游目的地公共营销的生成还有其内在的原因：第一，解决旅游目的地需求的整体性与供给离散性之间的矛盾。旅游目的地是一个针对特定区域的互补性产品集合体，从营销的角度看，必须强调对区域而不是特定集合体内单个要素的促销。而且，由于提供特定旅游产品和服务的私人组织是相互离散的，它们只卖单一具体的产品。为了解决区域旅游需求的整体性与供给的离散性之间的矛盾，在营销过程中需要进行大量的协调工作，包括政府的干预和其他非营利组织的协调。公共营销的这种作用不同于私人部门的营销行为，也不能被私人部门的营销行为所取代。市场对旅游目的地产品的认知度，一定程度上也依赖于公共组织的营销活动。被誉为"旅游王国"的西班牙，年接待外国游客4000多万人而居世界之首，重要原因是以政府为主的公共组织的"精心的、高质量的和有效的宣传"。第二，弱化单个旅游企业营销整个目的地区域的外溢效应。公共产品的非排他性和非竞争性特点，使得私人市场对公共产品的供应不是没有就是不足。私人企业对公共产品的营销也是如此。对于私人组织而言，对公共产品的营销存在外部性，即私人组织进行公共营销时，是将自己的边际投入与边际产出进行比较，其结果与社会边际投入与边际产出的交点不一致，因而无法达到帕累托最优。对旅游目的地的营销也存在这种情形。一个好的目的地形象，会逐步吸引大批游客到区域来旅游，单个旅游企业或与旅游相关的企业、个人都会受益。然而，如果单个企业或个人去营销整个目的地，由于存在外溢效应而不能收到这一行为全部或大部分的回报。因而，作为市场竞争主体的旅游企业，往往只关心自己的形象建设，对大量公益性的形象建设和活动都不会倾心尽力去做。通过以政府为主体而实施公共营销，一定程度上可以弱化这种外溢效应。第三，实现旅游目的地区域代际公平和可持续发展。旅游目的地营销中最困难的问题也许在于对那些不用付费就可获得的公共产品的合理运用，如对某些风景、高山、海洋等进行开发和营销的同时为将来的人们保护资源。当前对资源的过度使用损害了那些可能在未来使用它的人。特别是有些私人组织为了短期的利益而开发和营销资源时，矛盾很容易产生。保持代际公平虽然很困难，但它是实现长期成功和可持续发展的关键，这是公共营销需要努力的重点。第四，建立竞争性旅游目的地区域品牌。不同目的地区域旅游企业之间的竞争在很大程度上取决于旅游目的地的品牌和形象。对于单个企业而言，由于资金、技术、资源、人才等不足，综合实力有限，往往难以树立自己的品牌，在市场竞争中难以发挥优势。旅游目的地区域内政府和旅游行业协会等公共组织，对旅游目的地实施公共营销政策，可以提升旅游目的地区域总体形象，吸引并保留投资，形成区域竞争性旅游品牌。第五，缓解旅游目的地旅游产品供需时空的矛盾。旅游需求的易变性与旅游供给的相对刚性之间的矛盾在目的地区域旅游中表现得很明显，这些是公共营销要解决的问题。旅游黄金周景点过热、交通拥挤等，都会带来负面影响，必须由政府和其他公共组织加以引导，平缓淡旺季的差别。旅游目的地的公共营销者可以采取一定措施将游客从热点引至区域内其他冷、温点及新开发的景点，缓解目的地区域旅游供需的时空矛盾。

2. 旅游目的地公共营销模式的结构体系

（1）谁营销？

也就是确定"谁"是旅游目的地公共营销的主体。在现有的目的地营销组织模式中，主要有企业主体、政府旅游管理部门主体等组织模式（王桂霞、邱艳庭，2005）。这几种主体模式在一定的程度上能够发挥各自的作用，但难以单独实现旅游目的地发展的战略目标。因为单个的组织没有能力独自履行好旅游目的地整体营销的职能。首先，由于旅游目的地具有跨地域性、跨资源性的特征，其营销组织模式必然不是简单的政府主导、企业主导或联合型营销模式，其营销主体应当是一个层次分明、结构合理的组织体系，并应具有综合性、复杂性的特征。其次，与一般产品不同的是，目的地旅游产品是一个综合性的产品集合体，包括了旅游吸引物、旅游环境、基础设施、服务质量、管理水平、社会氛围等诸多要素，它是由旅游目的地的公共组织（政府、行业组织）、私营部门（旅游企业）、社区及居民等相关利益者共同提供，在一定程度上具有"公共物品"的性质。这种产品的生产特点决定了政府、行业组织、企业、社区、媒体、居民等旅游目的地的利益相关者，都有责任参与旅游目的地的营销活动，为旅游目的地的发展贡献力量，同时也共同分享旅游目的地发展所带来的利益成果。所谓旅游目的地利益相关者，就是旅游目的地中与旅游业有关的、由于各种原因享有某种利益的个人或团体。除了政府与旅游企业等主要组织之外，目的地行业组织和社区及当地居民也属于目的地的利益相关者，他们共同分享旅游目的地开发所获得的收益。为了防止这些利益相关者"搭便车（free riding）"——免费享受营销收益，这些利益相关者必须都参与到目的地的营销活动中来。因此，旅游目的地营销组织不只是一个单独的个体，而应是一个利益相关群体（如图 1 所示）。

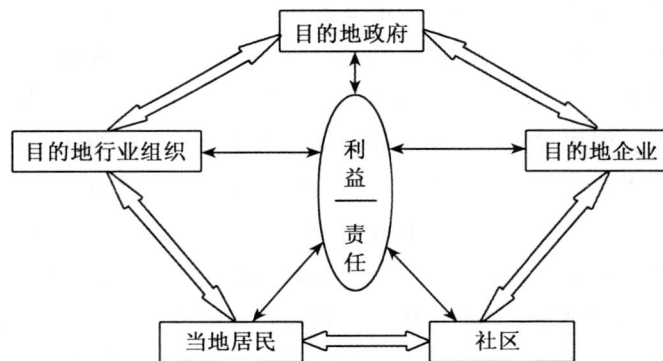

图1　目的地的营销组织——利益相关体

上述利益相关者都是旅游目的地营销的主体之一，但它们的性质、职能、个体存在形式不同，因而它们在旅游目的地公共营销体系中的地位和作用是不同的。明确利益相关者的类型有助于更好地理解各利益相关者在旅游目的地营销中的地位和作用，从而更恰当地处理它们之间的关系。根据各利益相关者与旅游目的地整合营销所产生利益的关联度、影响力的不同，可以将其分为：①核心利益相关者：主要指那些在旅游目的地营销中能够代表区域整体利益、考虑目的地长远发展并具有整合能力的公共组织或群体。它们是旅游目的地整合营销的核心力量。这类组织主要是政府及其旅游行政管理部门。②基本利益相关者：主要指那些与旅游目的地营销活动具有紧密利益关系的组织和群体。在一定的条件下，它们可能考虑和维护旅游目的地的整体利益，但它们更多考虑的是自身个体的直接利益，如旅游相关企业、行业组织等。③延伸利益相关者：主要指那些不一定与旅游目的地营销有直接利益关系，但其态度和行为也对旅游目的地产生一定影响的组织、团体和个人，如社区、媒体和居民等。

由此，我们可以确定，旅游目的地公共营销主体包括了政府、行业组织、企业、社区和居民个体，它们是一个组织体系。其中，政府是核心主体。其主要职能是：制定目的地整体营销战略；制定目的地营销规划和规范；确定营销任务；推广目的地旅游形象和品牌；开发客源市场；维护目的地市场秩序；进行目的地之间的旅游合作；处理目的地营销危机和突发事件等。行业组织和企业是基本主体。行业组织的职责是：制定行业规划和规范；实施行业发展战略；树立和推广行业形象；提供信息服务和行业产品；维护行业市场秩序。旅游企业的职责是合理开发旅游资源，提供高质量的旅游产品和服务；推广和销售旅游产品；对游客进行管理。社区和居民是补充主体。社区的职责是营造旅游环境和氛围，提供相关服务。居民个人的职责是培养自己良好的言行举止，培育热情友好的态度，做好编外导游和义务宣传员的工作，为游客提供力所能及的帮助。特别是目的地社区的名人、明星，要充分利用自己的影响和无形资源，对游客的消费行为施加影响，大力传播旅游目的地的形象。

需要说明的是，由于旅游目的地营销主体多元化，各个营销主体具有不同的利益要求，并且有的利益点是相互冲突的。因此，如何协调和平衡旅游目的地内部各个营销主体的利益，形成合力效应，从整个目的地的层次上有效地对旅游者实施营销成为旅游目的地公共营销组织模式最关键的问题。基本的思路是建立合作营销协调机制。

（2）营销什么？

这也就是确定旅游目的地公共营销的客体。从总体而言，旅游目的地本身就是营销的客体，旅游目的地的公共营销组织和个人根据旅游目的地的发展战略与目标市场的需求，将整个旅游目的地作为一个整体产品对外推广和销售，从而吸引旅游者前来旅游，吸引投资者前来投资，吸引就业者前来就业，吸引移居者前来定居，这一过程就是营销目的地客体的过程。在目的地这一整体产品和产品集合体系中，目的地公共营销组织要营销的主要客体包括：旅游形象、旅游产品（吸引物）、旅游环境，如图2所示。

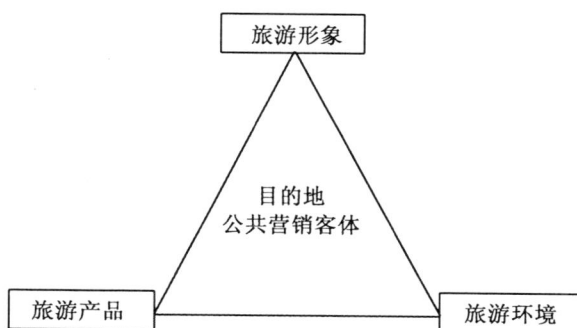

图2　旅游目的地公共营销客体结构图

旅游形象是旅游目的地最重要的吸引要素。潜在游客正是通过对目的地所传播的旅游形象的接收、认知，然后才进行选择并作出旅游决策的，所以，目的地旅游形象是游客"消费"的第一个产品。公共营销组织正是基于旅游形象的这一重要作用，从而对目的地旅游形象进行包装、策划，并通过有效的方式和手段向目标客源市场全面推广和促销的。

旅游产品主要是指旅游者在旅游过程中具体消费的旅游景观、旅游项目、旅游线路等，它们是供旅游者进行观光游览、休闲度假、探亲访友、运动娱乐、科学考察、探秘探险、美食购物、保健康体等的各类旅游吸引物，是旅游活动开展的主要载体。

旅游环境是指适宜于旅游、投资与就业、居住的广义的环境，包括自然环境和社会环境。如目的地的生态状况、自然灾害状况、地理气候状况、社会安全状况、基础设施、经济发展水平、居民好客态度、旅游氛围、旅游法律政策等，都是旅游目的地发展的影响因素（熊元斌、朱静，2006），也是目的地公共营销组织需要向目标市场说明、宣传的重要内容。

在上述目的地营销的客体中，旅游形象的宣传和促销是核心；旅游产品是基础；旅游环境是支撑。三个方面共同构成旅游目的地公共营销的客体系统。

（3）向谁营销？

旅游目的地的消费对象是谁？公共营销组织向谁营销旅游目的地？也就是说谁是旅游目的地的顾客。这要根据旅游目的地本身的资源和价值要求来确认。例如，旅游目的地有丰富的旅游资源，可以开发成特色鲜明的旅游产品，要实现市场价值就必须向目标客源市场进行推广和促销，因此，目标客源市场的潜在游客和相关旅游组织如旅游经营商等就是旅游目的地营销的对象。客源地的旅游经营商等组织之所以成为目的地的营销对象，是因为它们可以为目的地组织当地客源，这些旅游组织事实上成为目的地与客源地之间的一个桥梁，其作用不可低估。目的地对客源地旅游中介组织的推广和促销，能起到很好的吸引、集聚当地游客的作用。再如旅游目的地希望外地的旅游投资商前来投资，那么，这些外地的旅游投资商就成为旅游目的地投资环境的潜在需求者，并可能变成目的地现实投资环境的顾客。同时，当地的行业组织、媒体及政府等，都可能成为旅游目的地促销对象，因为这些组织的行为在相当的程度上能影响当地居民、企业的旅游消费选择，或成为游客，或成为旅游投资者，而且它们也可能成为旅游目的地的营销合作伙伴或战略联盟对象。

所以，旅游目的地公共营销的对象不仅仅是目标市场的潜在游客，还包括了潜在的旅游投资商，当地的政府、行业组织、旅游经营商、媒体等相关潜在顾客。它们是旅游目的地财富的重要来源，也是旅游目的地发展的市场基础，如图3所示。

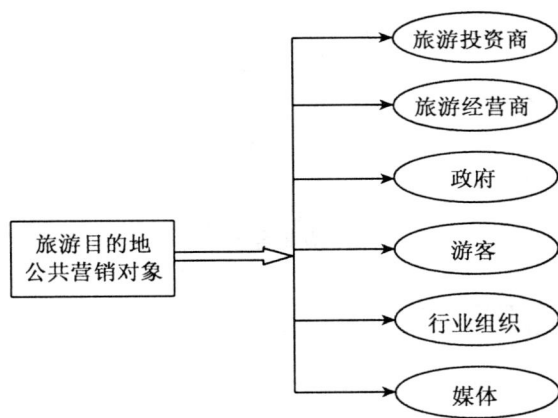

图3　旅游目的地公共营销对象组合图

根据上述分析框架的内容和要求，我们可以对旅游目的地公共营销模式进行初步的概念设计，其基本模型如图4所示。

该模型表明：旅游目的地是一个由主体子系统、客体子系统和对象子系统构成的复杂综合体；上述三个系统要素的存在与互动构成了旅游目的地公共营销模式体系；这一模式的基本内容可用概念性模型予以表述；该模型的内涵是：目的地存在目标市场；目标市场存在潜在需求；目的地根据目标市场需求提供产品；目的地通过实施营销战略与策略满足目标市场需求，并实现利益目标。

220

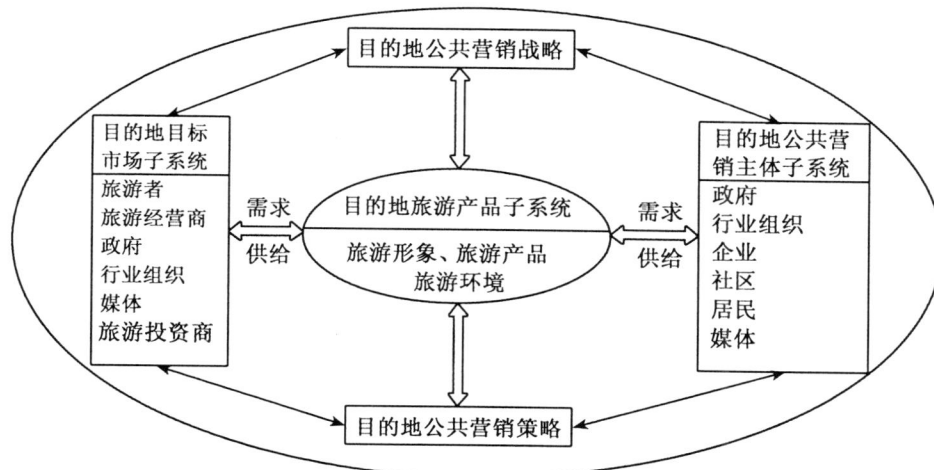

图 4 旅游目的地公共营销模式概念模型图

三、旅游目的地公共营销模式实施策略与过程管理

旅游目的地公共营销模式的创新，有利于目的地旅游形象的塑造、品牌的培育和战略目标的确定；有利于目的地旅游资源的整合、优势互补、利益共享机制的建立；有利于降低目的地营销成本，提高目的地营销效率，提升目的地整体竞争力。要充分发挥旅游目的地公共营销模式的作用，还必须进行必要的程序控制和过程管理。

1. 明确旅游目的地的公共营销战略目标

目的地概念的发展要求区域制定一个旨在培育与开发区域天然的和潜在品性的系统化长期营销战略，而战略制定的关键在于优先确认该区域天然或潜在资源的特点及目标群体。目的地必须不断地创造新价值，这就要求有一个价值增值过程，以开发吸引特定目标群的新利益（Philip Kotler，2001）。

20世纪80年代末和90年代初，英国旅游局（BTA）制定的"增长战略（strategy for growth）"包含旅游营销的战略目标：通过在国际旅游业的成功竞争，为英国赚取尽可能多的外汇；让旅游业在英国遍地开花；让旅游活动一年到头都开展得有声有色；取得的非政府资助要占整个营销开支的67%。波兰开展国际旅游营销的目标在于：在旅游景区向世人树立积极的波兰形象；尽可能优化通过旅游业赚取外汇的环境；改善地区和景区（点）的交通格局；不断增加就业机会；发展"环境友好"型旅游产品以满足当前的市场需求（Francois Vellas & Lionel Becheral，2002）。

总的来说，旅游目的地公共营销的战略目标是整合目的地旅游产品，提升目的地旅游形象，塑造目的地旅游品牌，改善目的地旅游投资环境，营造目的地的旅游氛围，提高目的地的吸引力和竞争力，实现目的地效益的最大化，保持目的地旅游业的可持续发展，提高目的地社区人们的生活质量和福利，实现目的地旅游与社会、经济、文化、环境的和谐发展。

2. 健全公共营销组织体系，完善利益协调机制

旅游目的地是一个复杂的利益综合体，涉及许多利益相关者的利益。一方面，它们是旅游目的地利益的共享者，有责任和义务参与旅游目的地的营销事务，为旅游目的地的营销和发展各尽职责；另一方面，它们在分享旅游目的地的利益时也存在着较大的差别，并且相互之间可能存在着利益矛盾，例如相关行业

行政管理部门之间对旅游资源管理权的争夺；旅游管理部门与社区居民对利益分配的争执；旅游企业与社会公共利益的冲突等，都会对旅游目的地营销的整体效果产生不利的影响。因此，需要根据其在旅游目的地中所处的地位和所起的作用，对营销组织体系内的各利益相关者进行"分类管理"，明确各自的利益和职责，通过建立协商制度来处理利益分配中的矛盾，最终形成良好的利益协调机制。

3. 加强目的地环境审计，制定公共营销规划

旅游目的地的营销同企业产品营销一样，都受到各种环境因素的影响和制约。宏观方面包括人口、经济、社会、文化、政治法律、科学技术、自然地理、国际关系等，微观方面包括客源、竞争者、投资者、中介组织、政府、社区、居民、媒体、目的地自身等。目的地要对营销环境进行科学的评估，明确自己的比较优势和竞争优势。在此基础上，制定出详细的目的地营销规划，用以指导目的地的营销活动。其原因在于：同企业一样，各地都在就资源开展竞争；动态发展的全球性因素对世界各地的各行各业都会产生影响；各地都在竞争旅游者、会议、有教养的居民、工厂、公司总部；它们必须在某些特别方面具有完美或优越的条件；它们必须具有市场意识并且由市场所驱动；它们今天所打造形成的特点将会影响其明天的市场地位；如果它们选错了应当发展的产业，它们将会处于一种与选错产品的公司企业同样的地位（Kotler etal.，1993）。

4. 制定和实施目的地公共营销战略和策略

旅游目的地公共营销战略目标的实现，最终要依靠合适的营销战略和策略的执行和实施。旅游目的地公共营销战略与策略同企业对产品营销的战略和策略相比具有显著的差异。它们特别强调整体性、公共性、长远性、协调性、非营利性的视角，注重目的地整体的、长期的、宏观的利益效果。

旅游目的地公共营销战略包括：整体形象战略（image）、目标市场战略（guest）、合作竞争战略（cooperation），用英文符号表示就是"IGC"战略。整体形象战略就是如何打造、传播统一的、鲜明的目的地旅游形象，提高旅游目的地的吸引力和竞争力，核心是形象定位问题。形象定位必须依据目的地本身独特的自然资源、文化资源、地理环境和市场吸引力来确定，也就是所谓"三脉"，即地脉、文脉和商脉。地脉指自然地理因素，文脉指历史文化因素，商脉指市场需求因素。很多学者在谈到旅游形象定位时，都只强调地脉、文脉而忽视商脉的作用，事实上，商脉强调市场的认同和接受，再好的形象定位如果得不到市场的认同和接受，都毫无意义。所以，只有三者的有机结合，才能形成独特的、有吸引力的旅游形象。同时，旅游形象的传播与推广必须统一，只有以统一主题出现的旅游形象才能对旅游者形成更强的冲击和更大的吸引力。目标市场战略是如何开发、拓展客源市场和投资市场的战略。"没有哪一个目的地可以吸引到所有类型的旅游者，让每一个游客至少来一次只是一种奢望。这一事实的存在，就要求任何一个旅游目的地，一旦清楚地确立了自身的吸引力特色，就应当制定相应的市场营销方案去吸引那些目标市场。"（J. R. Bent Ritchie，Geoffreyl. Crouch，2006）所以，目的地必须对市场进行细分，然后再根据市场规模的大小、可进入性、可盈利性等因素决定是否开发，最后选择和确定目标市场。旅游投资市场的开发也是如此。合作竞争战略就是如何在目的地外部和内部进行合作与竞争的问题。在目的地外部，就是与其他目的地之间进行合作营销，资源优势、市场优势互补，建立战略联盟的关系，共同开发客源市场，共同对外促销。同时，在目的地之间也进行竞争，通过实施差异化战略和"蓝海战略"，创新市场价值，打造竞争优势。在目的地内部，各企业、部门、团体及相关组织和个人，必须进行紧密合作，形成相关利益者价值链，建立产业集群，共同参与目的地营销，共同分享营销利益。目的地内部之间的竞争主要表现为服务意识、服务质量、服务水平、服务环境的竞争。因此，目的地的合作竞争战略是既合作又竞争，在竞争中合作，在合作中竞争。竞争通过"差异化"来实现，合作通过联合来进行。合作竞争的结果是提高了目的地的营销力和整体竞争力。

旅游目的地公共营销策略包括政治营销策略、社会营销策略、文化营销策略、节事会展策略、名人推

广策略、广告宣传策略、网络促销策略、口碑效应策略等。政治营销策略主要指目的地区域政府通过与客源地政府签订合作协议，建立合作关系的行为，也包括政治领导人访问目标市场，开展公共关系活动，推广目的地的宣传行为，还包括采用"大市场营销"策略开发、拓展潜在市场的一系列营销活动。社会营销活动主要是针对目的地区域内部市场进行的营销活动，目的在于影响和改变社区居民的传统观念，积极诱导和引导他们参与目的地旅游营销活动，充分发挥他们作为东道主和利益相关者的作用，促进目的地旅游的快速健康发展。文化营销策略主要是指通过书籍杂志、影视娱乐、戏剧演出等文化载体，广泛宣传、促销旅游目的地的营销活动。尤其是利用影视剧的广泛影响，推动某种消费时尚的形成，如所谓"韩流"就对吸引亚洲等国公民到韩国旅游起到很大的推动作用（Xiong yuanbin，Li sheng，2006）。节事会展策略指目的地通过举办节事、会展活动，制造轰动效应，吸引游客前来观光游览、参与体验以及参加会议、展览，考察商务、投资等的促销活动。一个好的节事或会展活动，能对旅游目的地起到巨大的宣传作用。名人推广策略主要指各种有较大社会影响的人，如影视明星、体育明星、社会名流等，利用自己的社会地位和示范作用，对部分潜在客源市场施加影响。现在有不少国家和地区就是通过选择影视明星、歌星作为自己的旅游形象大使来推销旅游目的地的，收到了很好的效果。广告宣传策略是一种传统的促销方式，它是通过广告媒体，进行广告投入而进行的一种有偿的商业性促销活动，如中国的旅游卫视就经常播放一些旅游目的地的营销广告。另外，通过新闻报道对目的地进行宣传，也是扩大目的地影响的一种好形式。一方面是本地的媒体对外进行宣传报道，另一方面是目的地邀请客源地和其他地区的新闻媒体前来采访、考察，它们的报道可能更客观，更适合客源地居民的口味和偏好，因而也更有权威性和影响力，能收到更好的宣传效果。网络促销策略是利用互联网的广泛影响，在网上进行宣传促销的一种新的方式。随着电子信息技术的发展，网络已成为一种极其重要的传播工具，利用网络进行旅游宣传促销，能起到很好的作用。目前中国政府建立的旅游目的地营销系统（DMS）在网络营销方面进行了有益的探索，现在正在日益完善过程中（李宏，2004）。口碑效应策略是指通过口口相传的方式，将目的地的有关信息传播出去，从而对潜在客源产生一定影响的宣传策略方式。这种方式虽然简单、原始，却具有很强的直接性、可信度。游客通过在目的地旅游，直接与目的地接触，能产生直观的感受和体验。目的地要充分利用游客的这种直观感受和体验，让他们将这种感受和体验带回去并向自己的亲朋好友传播开来，形成口碑效应。目的地的所有人员，包括政府工作人员、企业职工及社区居民等，尤其是与旅游业相关的部门、团体、组织和个人，都是能对游客产生感受和体验的目的地环境要素，其态度、精神面貌和气质、行为等，都会给游客留下或好或坏的印象，如出租车司机、商店宾馆服务员、警察、信息服务站、旅游投诉中心、景区管理人员、公交车服务人员、学校学生等，其友好的态度、好客的精神、服务的质量、管理的水平、环境的好坏等，都会成为游客口碑相传的内容。这对于目的地形象的塑造和传播具有重要的意义。

5. 营销控制与管理

旅游目的地公共营销是一个系统工程，涉及公共投入、公共规范、组织机构设立、利益相关者参与、职责分配、利益分享、社会责任与道德、公共突发事件管理等诸多事务，因此，必须进行目的地公共营销控制和管理。目的在于提高旅游目的地公共营销资源的配置效率，降低营销成本和风险，保障目的地公共营销的顺利进行。主要工作包括：设定控制和管理目标；建立风险评估指标体系；进行营销效果审计；建立营销道德和社会责任体系；协调利益矛盾冲突；强化目的地危机管理等。

总之，随着旅游目的地的发展和竞争的日趋激烈，提升旅游目的地的竞争力非常关键，其核心路径之一就是进行营销模式的创新，建立特色鲜明的、更具效率的旅游目的地营销新模式。公共营销模式就是一种有益的探索。它与单一的企业或政府营销具有显著的不同，它更注重整体利益、长远利益和全民参与。它从利益相关者视角建立起了旅游目的地营销的价值链体系，更注重目的地的可持续发展、整体福利的增进和全员利益共享。因此，旅游目的地公共营销模式在实践上更具有现实意义。同时，在此基础上建构的旅游目的地公共营销理论体系也具有理论拓新价值。

参考文献

[1] J. R. Brent Ritchie，Geoffreyl Crouch. 旅游目的地竞争力管理. 李天元等，译. 天津：南开大学出版社，2006.

[2] 维克多·密德尔敦. 旅游营销学. 北京：中国旅游出版社，2001.

[3] 费汉赛·维拉斯，劳乃尔·贝克勒. 国际旅游业营销. 宜昌：三峡出版社，1999.

[4] 菲力普·科特勒. 旅游市场营销. 北京：旅游教育出版社，2002.

[5] 威廉·瑟厄波德. 全球旅游新论. 北京：旅游教育出版社，1999.

[6] 高静，肖江南，章勇刚. 国外旅游目的地营销研究综述. 旅游学刊，2006，7.

[7] Pike S. Destination image analysis – a review of 142 papers from 1973 to 2000. Tourism Management，2002，23.

[8] Chen，J. S.，Uysal，M.. Market positioning analysis：A hybrid approach. Annals of Tourism Research，2002，29，4.

[9] Seongseop，K. S. S.，Agrusa J.. The positioning of overseas honeymoon destination. Annals of Tourism Research，2005，32.

[10] Kim，S. S.，Chun，H.，Petrick，J.. F，Positioning analysis of overseas golf tour destination by Korean golf tourists. Tourism Management，2005，26.

[11] Beerli A.，Martin J. D.. Factors influencing destination image. Annal of Tourism Research. 2004，31（3）.

[12] Kim H.，Richardson S. L.. Motion picture impacts on destination images. Annals of Tourism Research，2003，30.

[13] Mercille J.. Media effects on image：the case of Tibet. Annals of Tourism Research，2005，32（4）.

[14] Connell J.. Toddlers. Tourism and Tobermory：Destination marketing issues and television-induced tourism. Tourism Management，2005，26.

[15] Lee C. K.，Lee Y. K.，Lee B. K.. Korea's destination image formed by the 2002 world cup. Annals of Tourism Research，2005，32.

[16] Bigne J. E.，Sanchez M. I.，Sanchez J.. Tourism image，evaluation variables and after purcgase behavior：Inter-relationship. Tourism Management，2001，22.

[17] Bramwell B.，Rawding L.. Tourism marketing image of industrial cities. Annals of Tourism Research，1996，23.

[18] Baloglu S.，Mangaloglu M.. Tourism destination image of Turkey，Egypt，Greece，and Italy as perceived by U. S. basedtour operators and travel agents. Tourism Management，2001，22.

[19] Grosspietsch M.. Perceived and projected images of Rwanda：Visitor and international tour operator perspectives. Tourism Management，2006，27.

[20] Cano V.，Prentice R.. Opportunities for endearment to place through electronic'visiting'：WWW homepages and the tourism promotion of Scotland. Tourism Management，1998，19.

[21] Doolin B.，Burgess L.，Cooper J.. Evaluating the use of the web for tourism marketing：A case study from New Zealand. Tourism Management，2002，23.

[22] Wang Y.，Yu Q.，Fesenmaier D. R.. Defining the virtual tourist community：Implications for tourism

marketing. Tourism Management, 2002, 23.

[23] 戴斌. 旅游目的地营销战略初步研究. 旅游研究与实践, 1996, 4.

[24] 王磊. 旅游营销新观念: 旅游目的地营销. 旅游科学, 1999, 4.

[25] 连漪, 马艺芳. 旅游目的地竞争性营销模式. 广西社会科学, 2004, 4.

[26] 谷建慧. 旅游市场营销学. 北京: 旅游教育出版社, 2003.

[27] 崔凤军. 中国传统旅游目的地的创新与发展. 北京: 中国旅游出版社, 2002.

[28] 王晨光. 旅游目的地营销. 北京: 经济科学出版社, 2005.

[29] 熊元斌. 旅游目的地营销策划理论与实务. 武汉: 武汉大学出版社, 2005.

[30] 尹隽. 旅游目的地形象策划. 北京: 中国旅游出版社, 2006.

[31] Brent Ritchie, Geoffrey, J. R. , Crouch, I. . 旅游目的地竞争力管理. 李天元等, 译, 天津: 南开大学出版社, 2006.

[32] 李蕾蕾. 旅游地形象策划: 理论与实务. 广州: 广东旅游出版社, 1999.

[33] D. 布哈里斯. 目的地开发的市场问题. 旅游学刊, 2000, 4.

[34] 保继刚. 旅游地理学. 北京: 高等教育出版社, 1996.

[35] 张辉. 旅游经济论. 北京: 旅游教育出版社, 2002.

[36] 魏小安, 厉新建. 旅游目的地发展十二要素及其内涵. 旅游经理人, 2004, 1.

[37] 维克多·密德尔敦. 旅游营销学. 北京: 中国旅游出版社, 2001.

[38] 菲利普·科特勒. 科特勒看中国与亚洲. 海南: 海南出版社, 2002.

[39] 熊元斌, 朱静. 旅游环境及其构造. 经济评论, 2006, 5.

[40] Francois Vellas, Lionel Becheral. 旅游业市场营销. 北京: 三峡出版社, 2002.

[41] Kolter, P. , haider, D. H. , and Rein, I. . Marketing places: Attracting investment, industry, and tourism to cities, states, and nations. New York: Free Press, 1993.

[42] Xiong Yuanbin, Li sheng. Effect of South Korea pop culture on the potential tourists from mainland China. Chinese Business Review, 2007, 16 (2).

[43] Dr. Dimitrios Buhalis. Marketing the competitive destination of the future. Tourism Management, 2001, 21.

[44] 王桂霞, 邱艳庭. 国内旅游目的地营销主体模式. 商务营销, 2005, 9.

[45] 李宏. 旅游目的地营销系统的构建与运作机制研究. 北京第二外国语学院学报, 2004, 5.

闲游：对旅游者散步行为的定义与研究

● 王艳平

（东北财经大学旅游与酒店管理学院　大连　116025）

【摘　要】旅游者在目的地的散步行为是旅游活动的形式之一，在我国鲜见学者研究之。在旅游活动走向繁荣的过程中，人们普遍关注的是决定旅游发展的大方向、具有框架性结构的一级研究课题。然而，随着这些对这些大问题基本认识的明朗化，人们进而会转向次级以及更为微观的研究领域。旅游者散步行为是自旅游出现以来就有的社会现象，是旅游者行为研究领域中的一个侧面现象。本文以闲游概念定义这一活动，结合日本学者的研究成果，探讨了闲游概念的内涵、作用、基本属性和建设方向。

【关键词】闲游　停靠　位置情报　探索与确认

一、提出问题

在具体的活动日程安排之外，旅游者在目的地或多或少存在着散步行为，这种行为可以称做什么？如果赋予其以散步概念则势必与日常生活中的散步相混淆，除非我们将原有的散步概念改造为生活散步与旅游散步两个子概念。如果仅以散步来认定旅游散步行为，散步的概念不仅大，而且有以旧事物概括新现象之嫌疑，就如电影刚刚进入我国被称为西方皮影一样。虽然人们在认识上喜欢从旧事物的概念集合里寻找出意义最接近的词汇来确定新事物之归属，怀旧风格的学者也可能抱怨一些文章为什么用大家不懂的词汇来描述一个人们知道的现象，也许还持有"词语新作"① 之怀疑。然而，毕竟社会是发展的，由旧事物衍生出来的新事物，虽然目前还没有完全成熟起来脱离母体，但如果用未来应有的概念直接定位，就具有前瞻意义，人们不能在已经看到了新事物的蛛丝马迹之时无言以对，等待社会在将来造出新词。笔者相信，旅游者在目的地的散步行为，不久的将来一定会被概念化，并成为旅游者行为范畴内一个不大但值得研究的分领域。本文欲抛砖引玉，故率先提出且暂以闲游定义这种行为方式。

闲游与休闲旅游在内涵上有一定的关联性，但休闲旅游包含了旅和游两个过程，休闲动机也是贯穿整个旅游过程的，无论是从时间持续长度和空间范围上，还是从心里感受的时空距离上，闲游概念的所指或所能都要比休闲旅游的尺度要小和具体。况且，休闲旅游是相对于观光旅游、度假旅游等大旅游概念才成立的一级性概念，借用之而研究具体层面的闲游现象，肯定有不很合适的地方。随着旅游参与人数的剧增，随着至少是部分旅游者开始注重体验过程中的细腻化，使得原本在总体水平上看似众多的概念，却没有多少可以落在专题领域中，专题旅游者会经常出现找不到恰当词汇来表达自我感觉的情形，研究者也只

① 词语新作（neologism）是心理学的一个专有名词，系指精神病患者主观臆断的造词行为，然而，如今也成为创作、创意人员的能力标准之一。

能用一段话来解释某些现象。从发展的意义上考虑以及从旅游者人数增加和个体旅游者内心世界细腻化两个具体机理上，本文找到了支持提出闲游概念的论据。

二、提出闲游概念的意义

1. 珍惜空间资源

闲游主要依靠步行来实现在旅游地的移动，由于步行速度很慢，可以让旅游者仔细慢品所经过的事物，这样就提示旅游地规划不必非得建设得大而再大，精细建设势必有助于节省可贵的土地资源，如此认识，对改变当今"惟有森林、不见树木"的社会浮躁心理是有积极意义的。为了不让旅游者感到厌倦，要求在旅游路线上可以用文化密度这样的指标来判断线路质量的高低，建设者或者兼顾既有的设施与其他相关的存在来开发，或者在精细上做文章。

2. 为旅游交往找到一个进入口

从感兴趣他山之石到关注他域之人，旅游进入了其物其人的交往时代，旅游一旦从文人墨客的游山玩水发展到甚至是跨国界的大众参与，交往的天地骤然扩容[①]。以往我们关注的是，旅游的本质是什么，人们的旅游动机到底是什么，旅游者体验过程中的内心世界究竟如何，这些古老、沉重而且永恒的疑问，都是在一个抽象人的内心世界里探索，是静态性求本质，很难逻辑地引导研究者进入具有人际意义的旅游交往领域。闲游中旅游者当然是遇物观物、见人而谈，遂心而为的闲游势必有利于促进旅游交往，游客在闲游中是可以与所遇形成善意互动关系的。比起其他旅游活动，旅游交往很明显地较少占用空间、较少消耗资源，很容易进入到旅游社区范畴[②]。可见，提出闲游概念的做法，表明了可以找到目前虽然尚未被广泛认知但其确实存在，而且是距旅游前线很近的切入点，从这些点入手，我们可以很快地进入前线地带，促使旅游研究跟得上实践的发展。

3. 降低认知成本

提出闲游概念的一个重要意义还在于降低认知成本，即研究者和兴趣者之间的交流可以最为效率地进入主题，不必每一次交流前对每一个人都要解释一遍。不提出闲游概念，人们只能是用"走走"、"转转"、"溜达溜达"、"随便看看"、"散散步"等词汇，来表达闲游的那种意境，口语化的词汇虽然生动，但难以让学者起步研究。不在乎名称而在乎内容的观点仅是启动了思考意识，尊重生命和彰显个性的世界主流文化，要求以精辟的词汇来概念化新事物，以便能以很效率的方式让兴趣者尽快来到同一个平台上。在中国期刊网全文数据库中，目前还很难找到关于在旅游地散步行为的论文。

4. 完善旅游体验过程

旅游者在目的地的滞留时间里，会有饭前餐后、到达之初或离开之前等较为零散、没有具体安排的闲暇时段，闲游这个可长可短、很随意的消遣方式，适合于安排这些时段从而完美旅游者的体验质量。大尺度旅游框架下的小尺度休闲，类似这样的细节是战略研究基本定型后的重要研究课题，关注的细节越多，就会有更多的研究者找到可以体现自己风格的位置，旅游者的体验过程就会趋近完美。

三、关于选词闲游的考究

日本有"散策"一词，"散"可以称为是"闲散、漫步走"的意境，"策"则是"方法"，引申为研

---

① 王艳平．休闲旅游：围堵还是推波助澜．旅游学刊，2006，21（12）：6-7.
② 二阶俊博．草根的观光交流．东京：日本观光战略研究所，2005：1-210.

究的意思①，合起来的意思即为散步并对所遇而选择性琢磨，其意境不仅与本文所指一致，而且散策也确实是日本学者研究旅游者行为的关键词之一。

在英语世界里，"walk"即为散步，也有步行者移动（pedestrian movement）、步行者需求（pedestrian demand）的关联说法，或者去街上转转（so go down town）的口语化表述②，这些表达与本文的闲游相近但有些不准确。作为来自法语的外来语，在英语中还有flaneur、flanerie的说法，前者为浪荡者、游手好闲的人，当然也可以翻译为闲游者，后者系指无目的、无聊，这两个词汇显然具有消极、颓废的含义。上述各种表达，要么已有特定内涵，要么缺少旅游地意境的设定，虽然与本文所指的闲游有关联，但不是笔者认为的正指关系。笔者认为，"migratory walk"是不错的表达，"walk"具有散步的意思，而"migratory"有移栖、类似游牧移动的那种意境③，两者结合可以定义为在旅游地的走走停停行为。

笔者在中国期刊网全文数据库上虽然没有搜寻到以闲游为关键词的旅游学术文章，但在旅游实践上确实有类似的表达，比如旅行社在组团管理上，如果出现半日空闲则多打出"自由活动"的牌子，在这个自由活动时间里，多数的旅行成员一般会以闲游的方式打发时间。自由活动毕竟不是旅游研究领域里的特有概念。最近，我国出现了"悠游"一词，虽然该词汇并不流行，也没有来自学者的定义，但从文字本身所呈现的意义上，很有本文闲游概念所指的意境。《城市画报》于2007年出版了"无国界悠游"专辑，悠游选词虽然很精辟，但在英文翻译上也只能用"travel without thinking"来表达，而不能实现一个词或两个词的精辟④。该期杂志的内容主要是推介休闲旅游下的漫游情绪，尺度上还是比本文闲游所指的范畴大，但文中所指旅行框架下的随遇而乐，在某种程度上吻合了笔者的视角。悠游选词虽然不错，但笔者认为，"悠"描述了一种内心感受状态，不如具有时间意义的"闲"字好把握，而且悠游的中文发音有些别扭。

李玉在著书中或许是不十分刻意强调地使用了闲游词汇⑤，"不管是洗浴、是用餐、是窗畔的出神眺望、是园内馆外的信步闲游、是榻榻米上的静坐冥想"，从句子中给出的各种休闲活动中，我们不难发现，眺望和静坐冥想的心理活动成分很高，难以进行深入的科学探讨，而洗浴、用餐已经得到了旅游与酒店管理学术界的重视，闲游则是介乎于这两组概念之间的现象，既有心理成分，也有可捕捉的形式成分，是随后应该进行研究、可以找到学术支点而且目前尚未被学术界确认的概念。

四、闲游的属性：三上氏的观点⑥

闲游选择了步行作为移动工具，其没有强调明确的到达对象物，故很容易区别于旅行，因为旅行会选择最短路径。此外，闲游虽然隐含了"巡"的意思，即要转一圈回来，这一点与日常生活中的散步相同，但闲游中的"游"字提示着移动中认知环境的知识意义，也兼有对自己进行空间定位、获取环境经验而引发下一步行走决定的意义，即旅游者自己通过步行而与环境发生作用，以达到将要与所遇约会的目的，而这些相遇对象在事前有些是知道的，有些则是不知道的，如此的认识也就区分了常规意义的散步行为。日本学者三上纪子等在闲游（散策）领域进行了比较出色的研究，一些观点对我们开拓这一领域的研究

① 程怡，章意锋. 国外社区旅游研究进展. 云南地理环境研究，2007，19（1）：137-141.

② 矫远峰等. 新日汉词典（增订版）. 沈阳：辽宁人民出版社，1997：800-801.

③ Haklay, M., Schelhorn, T., O'Sullivan, D., and Thurstain Goodwin, M.. "So go down town": Simulating pedestrian movement in town centres. Environment and Planning：Planning & Design，2001，28（3）：343-359.

④ 葛传椝等. 新英汉词典. 上海：上海译文出版社，1978：812-813.

⑤ 仇敏业. 无国界悠游. 城市画报，2007，8：22-87.

⑥ 李玉. 温泉文化与贵州旅游. 贵阳：贵州人民出版社，2006：28-29.

很有借鉴意义。

1. 路径不确定

与传统意义上的旅游不同，闲游者的移动路径并不确定，移动中闲游者并不是直接奔向出发前已经想好的那个（些）旅游吸引物，闲游者所到之处与出发前的设想路线并不一致，出发前的设想路线也经常是仅有一个大致方向，这一点类似于旅游期望，闲游线路的具体实现要依赖于移动中的随机决定。

2. 移动中的停靠

闲游一个重要的特征就是移动中会有停靠行为，即在旅游地的散步过程中，人们会不时停止前进而去确认一些对象物，或者探索一些随遇的事物。从动机上看，这种停靠行为源自于闲游者在移动中渴望得到借助外在诱导或外在支持而愉悦（entertainment）的需求，闲游者会根据自身的即时愉悦程度选择停靠时间长短和根据下一步的愉悦期望选择接续的移动方向。闲游者对一个公共空间越熟悉，个人的隐私性越低，而且闲游对象物多是免费的，两个原因使得闲游者一般不会在一个对象物上滞留很长时间，渴望再次受到外界诱导和保持个人空间性的矛盾，促使旅游者会通过走走停停的步行移动方式，实现携带兼具隐私性质的近身空间以实现在公共环境里的愉悦目的。

3. 平日适合闲游

周末旅游者蜂拥而至，平日门可罗雀，这可谓是许多旅游地经营与管理者喜忧交织心情的真实表达。闲游市场多由中老年游人组成，高学历的年轻人也愿意参加进来，他们一般不喜欢选择节假日的热闹场面，混杂氛围是不适合从事闲游活动的。由此看来，闲游概念的提出，也为周末以外日子里游人少的现象提供了概念支点和行动方向。

4. 闲游距离 3 千米

日本学者下村彰男曾提出了温泉街的直线距离不应超过 500 米①，大于这个距离可能让旅游者感到迈步前的心理负担。按照这个距离围成一个四边形区域则有 2 千米的周长，闲游者在绕周的过程中一定会有或多或少的自由行成分，那么总的移动距离就会接近 3 千米。三上纪子借鉴了其他学者（外井哲志等）提出的 2.8 千米、平均步行 30 分钟到一个小时的数据，并实现了周长 2.3 千米范围内的实际调查工作。闲游距离 3 千米的说法，对于我们开展这方面的研究而言，应该是很有参考意义的。

5. 初访者与重游者的行为差别

三上纪子的调查表明，初访者与重游者的闲游行为既有相同之处，也存在着较大的差异，差异主要表现在重游者喜欢在开始和结束的两个时段里多多停靠，而初访者愿意在总耗时中位时刻前的一段时间里多停靠等方面。这样的观点，对于我们在哪里选择既有的文化沉积来开发和在哪里建设新设施，无疑是很明确的启示。

6. 起承转接

闲游具有旅游者利用移动中所遇环境（包括事物）自我编织亲历故事的性质，故此，诗歌创作或音乐创造领域里经常运用的起承转接（合）原则②，在闲游研究中也就拥有了发挥作用的空间。

闲游的起就是要有开始，这个开始可以是指某个空间、某个时点，也当然可以当做某个仪式；闲游中的承可以是指要有继续的路径、有同伴者，也意味着确认以往的经验；闲游中最为重要的是转和接，这两个要点的有无直接影响着旅游者满意度是否能够达到高分，"转"可以认为是闲游中及其过后最为深刻的印象，意味着发现和遭遇，"结"则意味着结束前的终结画面，或者说要有余味。

---

① 三上纪子，田中宏和，柴崎亮介．着眼于行动和体验之接续行为的散策模型化研究（日文）．观光与情报，2006，2（1）：10-21.
② 唐飞，王艳平．温泉酒店的文化、选址与建设思考．东北财经大学学报，2004，6：57-60.

五、提出闲游概念的建设性启示

提出闲游概念可以给予我们一些思考，如果这种思考仅仅是停留在内心世界的苦旅状态上，势必走向了文学、艺术和心理领域，如此这般，可能逐渐远离了科学，笔者虽然基于很大成分的心理因素考虑而提出闲游概念，但闲游中的"游"字提示着笔者要走出内心世界，试图挖掘闲游概念所能提示的关于有形建设的指导意义。诚然，闲游概念在我国还是一个没有被学术界所认知的概念，笔者也仅能就几点发表个人观点。

1. 做巷子、做聚落环路

闲游多发生在旅游目的地的已有聚落空间里，在旅游者集聚区方圆 0.5 平方千米（周长 3 千米左右）范围内，首先需要做的是道路网络化、确立主街、开辟小巷和以旅馆区为核心建设环路。现在许多旅游地确实建设了主街，景观也很出色，什么事都是远远可以望到，一目了然，但小巷的缺失，容易让闲游者不能发现和遭遇旅游地的神秘所在，可谓是有起有承而没有转和接。聚落道路网络化后，可以使得闲游者形成移动回路，不走重复路，改变目前仅中心一条街、里街（与主街概念相对应）被屏蔽等现象。

2. 圈点停靠处

为了使得闲游者在移动中能产生停靠欲望并能够实现驻步，圈点聚落里的要处是十分必要的。聚落开发的主体应该是本地居民，面对十分熟悉的环境，可能觉得什么都不值得拿出来供旅游者欣赏，如此想法也就造成了一味地新建，而建设资金的不足又造成了新建的处处可见破绽。那么聚落中哪些存在是闲游者愿意停靠的对象物，闲而赏月、闲而寻友、闲而步庭、闲而乐月①，苏轼的《记承天寺夜游》提示了我们一些，寺院、亭台、祠堂、古宅院、农家，任何一个旅游地都可以在小空间范围内圈点出那些可以供闲游者累计消磨 1 小时左右的场所集合②。

以乡村旅游为例，概括起来闲游停靠处由以下几部分组成：一是居民日常生活中的重要场所（车站、商业点、寺庙、居所）；二是位于聚落中的生产、议事场所（长者大院、打谷场、村委会、公共水井、村口老树、祠堂）；三是历史遗留（迹）（老井、废矿口、古碑、旧地界）；四是面向旅游者而建的公共场所（步行街、临街建筑小品、旅游者接待中心）。由于闲游是在 3 千米的线路上移动，平均起来每百米应该圈点出一停靠处。停靠处被圈点后，接下来就应该是修整、做好环境清洁工作和开放进入路径。

3. 位置情报服务

闲游是在旅游地的走走停停，移动是在被不十分确切的、变化着的动机所驱动的，移动中经常是受到了诱导而停靠，由此可以想定，闲游者移动中不断有新的信息可接收，闲游者经过判断会得出继续前行或者是停靠的决定。如此分析，围绕闲游者移动特征的位置情报服务就十分重要了。

从发展趋势上看，闲游者应该是携带手机而步行的，或者是佩戴景区配给的接收装置而移动，设想一下，如果每移动几十步，至少收到了关于当前位置、周边有什么的信息，那么必然刺激闲游者的即时心情从而间续地做出决定。类似这样的旅游地内导航（navigate）技术建设，对于我国目前尚属于基层的旅游地而言，虽然可用于建设的财力和技术条件都不十分充裕，但导航机理是不能忽视的。

目前，绝大多数的旅游地沿街道建设了标牌指示系统，应该说标牌指示是目前我们能做的一种导航方式。此外，还有一些我们可以做但还没有被刻意提出来，比如，电力局、民政局、法院等行政机构大楼占据了主街两侧，大型单位沿街道的长而高的围墙，闲游者在这样的环境中移动，耳目难以接收到变化着的

---

① 刘涓涓. 起承转合的逻辑递归. 武汉音乐学院学报，2006，2：37-41.

② 曹津源. 怎一个"闲"了得——苏轼《记承天寺夜游》心绪轨迹探寻. 语文教学通讯，2003，12：30-31.

位置情报，走了几十米，觉得左边还是工厂、机关，右边总是围墙，此时闲游就会变成疾行。相反，步行街的紧密建设，几步一个店铺，闲游者移动起来就很有趣。故此，临街性、可透视（窥视）性、沿街变化性等原则，都可以指导我们在力所能及的范围内建设服务于移动的位置情报服务系统。

4. 为闲游交往提供设施

闲游者是希望能够得到交往机会的，还是以乡村旅游为例，如果村民在栅栏圈起来的院子里侍弄果树，闲游者就可以搭讪，而居民待在家里，大门又没有挂上定点农家乐牌子，闲游者就得不到借口进去访谈。居民为什么要与闲游者对话，要么是正在悠闲地做事，聊天并不影响向行人兜售水果；要么是正在进行日常的休闲活动，聊天就是一种选择。当地政府可以推行"你好"运动，鼓励居民遇到适宜的机会要主动与旅游者攀谈并给予每家每户以资助。可以想象，如果村中的公共浴池免费对村民开放，饭后睡前洗浴的村民多了，浴池前一定会聚集很多人，闲游者经过这里一定会停靠的。

另外，旅游者之间怎样交往也是可以讨论的话题，两个都是匆匆的行者是难以切入话题的，这首先要求提供交往的空间，慢走宽径、停靠点等空间提供了这样的可能。当然，只有空间是不够的，宾馆前厅（lobby）提供了这样的场所，但不认识的客人是默默无话的，因为手中没有道具，没有共同可以探讨的话题，而水果摊前、农贸市场、早市、晚市、露天茶市、停靠点出口的休息亭，在某种意义上就提供了这样的道具。

在城市旅游中，经常是政府和旅游大企业忙于促销和经营，广大居民无缘与旅游者发生关联，如果提倡以街道为单位开展旅游接待事业，势必整个城市会找到无数个支撑点来发展旅游，而且一个街道的长度正好与闲游周长 3 千米指标十分吻合。

为闲游者提供交往机会，让居民得到利益和感到生活的充实，为实现这样的目的，可以通过各种各样的手段，方法繁多并存而结果清晰唯一，这是旅游地活跃化的一个模式。

六、结论

可以说闲游现象自古有之，休闲时代才可能被提升为概念。明确提出闲游为学术概念，意在识别更多的旅游活动，珍惜空间资源，谨慎建设，与先进国家在心态上接轨。闲游路径 3 千米、停靠、位置情报服务等次级概念的讨论，对旅游地社区建设而言，也是十分具有操作性参考意义的。本文中的闲游概念，源自于要研究旅游者散步行为的初衷，也可以解释为要关注以步闲游行为，随着移动手段内涵的变化，相信所讨论的内容也会发生一些变化。

基于模拟技术的
脱硫工程 BOT 项目风险定量分析

● 徐　莉[1]　令狐谦[2]　刘　刚[3]

（1，2　武汉大学经济与管理学院　武汉　430072；3　中南电力设计院工程经济分公司　武汉　430070）

【摘　要】本文根据烟气脱硫工程 BOT 项目的成本与收入分析构建了投资价值模型。通过研究影响投资收益的不确定风险变量的概率分布，借助蒙特卡罗模拟技术，求解出了项目净现值指标的分布函数及其特征值，对脱硫工程 BOT 项目投资风险进行了定量分析。结合最新的数据分析表明，我国脱硫项目面临着较高的投资风险。最后就如何降低其投资风险提出了相应的对策。

【关键词】脱硫工程　风险分析　蒙特卡罗模拟

随着国家"节能减排"政策的深入展开，火电厂脱硫项目已经逐渐形成一个具有一定规模的产业。专家预测，到 2010 年我国电厂烟气脱硫的市场规模有望达到 3 300 亿元以上。脱硫项目的 BOT 管理模式将解决政府和火电厂目前建设脱硫项目资金不足的问题，有助于加快基础设施建设。故国家专门出台了《燃煤发电机组脱硫电价及脱硫设施运行管理办法》、《关于开展火电厂烟气脱硫特许经营试点工作的通知》等文件，希望能促进脱硫项目的 BOT 管理模式。BOT（build-operate-transfer）即"建设—运营—转让"[①]。脱硫特许经营（即 BOT 模式）是指脱硫项目投资者通过契约从发电企业获得特许权，成为特许权所有者之后，有权进行脱硫设施的投资、设计、建设、运营、维护、管理，并享有脱硫电价及脱硫副产物所带来的收益；特许权期满后，将项目设施全部移交给电厂。特许期一般为 10—25 年。

脱硫 BOT 项目规模大、投资多、技术复杂、建设周期长，因此面临着各种风险。脱硫项目是否值得投资以及该管理方式是否能广泛地开展，取决于该项目的盈利程度及其所面临的风险大小是否相当。因此，研究脱硫 BOT 项目的投资风险具有重要的现实意义，能为投资者和国家政策制定者提供理性参考和决策依据。目前对于脱硫项目研究的文献非常之少，林少平[②]对电厂脱硫民营 BOT 方案的可行性进行了定性分析，对脱硫 BOT 项目的投资风险进行定量评估的文献国内基本上还没有。

蒙特卡罗模拟（Monte Carle Simulation）在投资风险定量分析方面是一种非常有效的方法。本文基于蒙特卡罗模拟技术，以 BOT 项目的动态现金流量分析为基础，建立了脱硫 BOT 项目风险定量评估模型，为投资决策者提供参考，也为相似项目的风险定量分析提供了思路和借鉴。

一、火电厂烟气脱硫项目投资价值模型

为了对脱硫工程项目的投资进行风险估计，必须首先确定该项目的风险分析目标变量。一般选取对项

---

①　北京市工程咨询公司．BOT 项目指南．北京：地震出版社，1995：101-127.

②　林少平．民营 BOT：电厂脱硫建设和运营的可行方案．浙江能源，2005，5：41-43.

目经济评价最具有代表性的指标——投资价值、内部收益率、投资回收期等指标进行动态风险分析。本文选取投资价值作为火电建设项目的风险评估目标值。投资价值是经济学家所持有的价值观念，它是指一个项目的公平市场价值，通常由该项目所产生的未来现金流量的现值来计量（即净现值 NPV）①。因此，火电建设项目投资价值可表述为由 BOT 项目净现金流量、期望投资报酬率和项目特许经营期等变量所构成的函数②，即：

$$\mathrm{NPV} = f(\mathrm{NCF}, i, n) = \sum_{t=0}^{n} (\mathrm{CI}_t - \mathrm{CO}_t)(1 + i_0)^{-t} \tag{1}$$

NPV 为净现值；NCF 净现金流量，$\mathrm{NCF} = \mathrm{CI}_t - \mathrm{CO}_t$；$\mathrm{CI}_t$ 为第 t 年的现金流入；CO_t 为第 t 年的现金流出；i_0 为脱硫项目的基准折现率；n 为脱硫项目特许经营期。

由上，构建火电厂烟气脱硫工程项目投资价值模型为：

$$\mathrm{NPV} = \sum_{t=N_i+1}^{n} \{[P_{\mathrm{SO2}} \cdot M \cdot K \cdot (1-R) - a_1 - a_2 a_3] \cdot H - b - T\}(1 + i_0)^{-t} - P_0 \tag{2}$$

式中，P_{SO2} 为国家对每度电的脱硫补贴电价；M 为机组容量；K 为机组台数；R 为厂用电率；a_1、a_2、a_3 分别为每小时消耗石灰石、水和电的费用；H 为发电设备年平均利用小时数；b 为脱硫设备运行的固定成本，包括每年大修费用 b_1、工资和福利 b_2 和其他费用 b_3（包括保险费用、流动资金使用成本、排污费用等）之和，与发电设备年平均利用小时数 H 无关；T 为企业所得税；i_0 为脱硫项目的基准折现率；P_0 为脱硫项目造价；N_i 为项目的建设期；n 为脱硫项目特许经营期。

可见，影响 NPV 大小的不确定因素有项目造价、基准折现率、特许经营期、发电设备年平均利用小时数、厂用电率，石灰石价格、上网电价、税收、脱硫用水价格等。

二、脱硫工程不确定变量的概率分布

通过对 20 个已投运或在建的 $2 \times 300\mathrm{MW}$ 机组，以煤的含硫量为 1% 标准建设的石灰石—石膏法烟气脱硫工程的成本进行统计、计算和分析③，得到我国 $2 \times 300\mathrm{MW}$ 机组烟气脱硫工程最新的各种基础数据如下：

脱硫补贴电价 $P_{\mathrm{SO2}} = 0.015$ 元/度；厂用电率 $R = 6.5\%$；石灰石消耗 $a_1 = 9.2$（元/吨）$\times 60$（吨/h）$= 552$（元/h）；水耗 $a_2 = 2.5$（元/吨）$\times 100$（吨/h）$= 250$（元/h）；脱硫设备每小时耗电量 7500 度/h；项目特许经营期 $n = 20$ 年；基准折现率 $i_0 = 8\%$；国产脱硫工程项目造价：13 000 万元；每年大修费用 $b_1 = 350$ 万元/年；工资和福利 $b_2 = 8$（万元/年·人）$\times 13$（人）$= 104$（万元/年）；税金 $T = $ 增值税及附加税 $T_1 + $ 企业所得税 $T_2 = 765$（万元/年）。

对式（2）中各个不确定因素进行分析可知，由于建设期较短，项目造价基本在可控范围内，相对比较稳定；运营期较长，不可预见因素较多，因此风险主要来自运营期。对运营期动态现金流量影响较大的不确定因素为：（1）发电设备年平均利用小时数 h：由于项目收入与 h 成正比，h 直接决定了项目的盈亏状况；（2）上网电价 $P_{\mathrm{电}}$：为推行节能政策，脱硫设备运行所消耗的电应视为厂用电的一部分，但投资方应向电厂支付相应的发电成本及电厂应得利润，所以耗电单价按上网电价 $P_{\mathrm{电}}$ 计算。由于耗电成本约占总经营成本的 45%，而每小时耗电量基本恒定，故 $P_{\mathrm{电}}$ 的变动会引起经营成本大幅度变动。其他可变因素，

① 骆珣，贾建容．基于蒙特卡洛模拟的火电建设项目投资风险估计．北京工商大学学报（自然科学版），2006，24（3）：66-68.
② 徐莉．技术经济学．武汉：武汉大学出版社，2007：64-70.
③ 廖永进，王力等．火电厂烟气脱硫装置成本费用的研究．电力建设，2007，28：82-86.

如厂用电率、石灰石价格、用水价格等带来的风险都相对较小。

参照火力发电厂的历史资料、数据调研及有关专家咨询意见，经过分析、汇总和归纳相关数据资料后，得出设备年平均利用小时数和上网电价两项不确定变量分别服从以下概率分布模型，并据此确定了其相应的随机抽样计算式。

（1）设备年平均利用小时数 h 服从最小值为 5 000 小时，最大值为 5 600 小时之间的均匀分布。由于均匀分布（最小值 a，最大值 b）的计算式为 $a + \text{RAND}(b - a)$，则设备年平均利用小时数 h 概率分布的随机抽样计算式为 $h = 5000 + 600\text{RAND}()$。其中，RAND（）表示最小值为 0、最大值为 1 的随机数。

（2）经 SPSS 软件检验，耗电单价 $P_{电}$ 服从期望值 μ 为 0.33 元/度，标准差 $\sigma = 0.048$ 元/度的正态分布，由于正态分布（均值 a，标准差 σ）的计算公式为 $\text{NORMINV}(\text{RAND}(), \mu, \sigma)$，则耗电单价 $P_{电}$ 概率分布的随机抽样计算式为 $P_{电} = \text{NORMINV}(\text{RAND}(), 0.33, 0.048)$。

三、脱硫工程 BOT 项目投资风险估计结果分析

在对风险的定量分析方法中，蒙特卡罗模拟方法是美国项目管理学会推荐的一种方法，其模拟过程能反映客观的经济过程[1]。取模拟次数 N 为 2 000，每次模拟试验均可视为是对脱硫项目投资决策过程的一次仿真。经基于蒙特卡罗模拟技术的计算机程序计算，得到 2 000 个模拟结果。对这些结果进行统计分析，整理后的项目 NPV 概率特征值如表 1 所示。

表 1　　　　　　　　　　　　　　　　NPV 概率特征值　　　　　　　　　　　　　　（单位：万元）

期望值	2630	最小值	−4170
标准差	2040	最大值	8630
变异系数	0.78		

将所得的 2 000 个模拟结果输入 SPSS 统计软件中进行检验，检验结果为：按 $\alpha = 0.05$ 水准，总体服从正态分布。因此，项目 NPV 概率密度函数 $f(\text{NPV})$ 可视为期望值 $\mu = 2\,630$，标准差 $\sigma = 2\,040$ 的正态分布概率密度函数。模拟所得的净值 NPV 频数分布如图 1 所示，净现值 NPV 在不同区间的出现频度如图 2 所示。

由上述结果可知：

（1）NPV 为零时，求得风险度为 10.03%，即投资运营商有 89.97% 的机会获得保本，而不出现亏损。

（2）置信度为 95% 时的最小净现值 $\text{NPV}_{\min} = \mu - 1.65\sigma = 2630 - 1.65 \times 2040 = -736$（万元），这表明投资者在置信度为 95% 时，获取最不利的净现值为 −736 万元。

（3）该项目投资价值在 1000 万—5000 万元可能性最大，约为 68.3%；在 6000 万以上的可能性较小，为 4.1%。

（4）不同的投资运营商对待风险的态度不同，假设某一投资商希望至少获取 NPV_0 万元的净现值，则脱硫项目净现值小于 NPV_0 的概率 α 就是风险[2]，可以如下求解：

①　王学强，庄宇．基于蒙特卡罗模拟模型的投资项目风险分析．工业工程，2007，10（5）：93-96.
②　富宁．我国高速公路建设采取 BOT 融资方式的风险评价．公路，2006，4（4）：192-198.

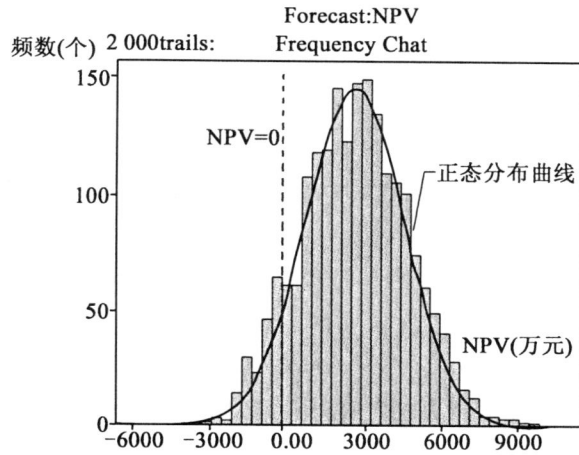

图 1　净现值 NPV 频数分布

注：图 1 为净现值 NPV 的频数分布图以及对应的正态分布概率密度函数图；

横轴表示净现值（单位：万元），纵坐标表示频数（单位：个）；

由图可见，其频率直方图与正态分布概率密度曲线非常地吻合。

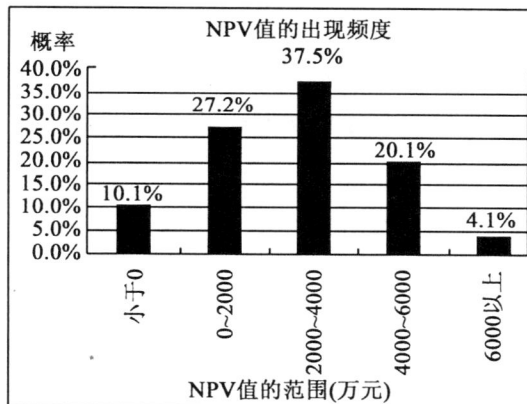

图 2　NPV 值的出现频度

服从正态分布（μ，σ^2）的净现值 NPV $= \mu + \sigma \times X$，其中 X 为服从标准正态分布的随机变量 $X \sim N(0,1)$ 有：

$$\frac{\text{NPV} - \mu}{\sigma} \sim N(0,1)$$

$$P\left[\frac{\text{NPV} - \mu}{\sigma} < \frac{\text{NPV}_0 - \mu}{\sigma}\right] = \alpha(0 < \alpha < 1)$$

在标准正态分布函数表中查出所对应的概率值 α，净现值小于 NPV_0 的概率 α 即表示了投资运营商承受风险的大小。

四、降低脱硫项目投资风险的对策

从蒙特卡罗模拟的结果可见，我国的烟气脱硫 BOT 项目中投资方担负着比较高的风险，这对 BOT 模式的推广和项目的顺利实施都会带来很大的负面影响。采取怎样的风险保障机制，将复杂的风险合理分配给各个参与方，降低投资运营方风险，以保证项目的顺利实施和国家"减排"政策的落实，这是一个急需解决的问题。

首先，上网电量是影响脱硫工程风险的最重要因素，而上网电量又主要取决于发电设备年利用小时数。在一定范围内稳定的设备年利用小时数是保证项目不亏损的前提条件。当 NPV = 0 时，对应的最大负荷利用小时为 5 066 小时，即只有在年利用小时大于 5 066 小时的前提下，投资方才能回收全部投资获得保本。为保证投资方的基本收益，项目公司和火电厂签订合同时，火电厂应在合约保证脱硫设备年利用小时数在 5 060 小时以上，分担上网电量变化带给投资方的风险；否则上网电量带来的高风险将会极大地影响投资者的积极性。

其次是运营期中能源供应带来的风险。保证可靠的能源和动力供应是脱硫设施顺利运行的关键，脱硫设施需要的水、电均由电厂提供，因此项目公司应和电厂签订严密的供应合同，明确、细致地约定电厂提供水、电方面的义务。耗电单价的波动也是引起项目利润变化的重要因素，政府应保证脱硫设备运行的耗电单价维持在某临界值之下，若因通货膨胀等因素或者电煤价格上涨导致上网电价猛涨，政府应向火电厂补贴脱硫用电差价；或者应将耗电单价与脱硫补贴挂钩，若耗电单价增加，相应提高脱硫补贴。

最后，增加脱硫副产品的利用是一个提高项目收益、降低项目经营风险和促进环保的好途径，但从目前来看，电厂的脱硫副产品石膏的利用率还比较小，需要进一步的开发。一方面项目公司应积极研究石膏制品市场，促进石膏的综合利用；另一方面国家应从宏观调控和政策上鼓励脱硫副产品的利用。

参考文献

[1] 薛薇. 统计分析与 SPSS 的应用. 北京：中国人民大学出版社，2001.

[2] 北京市工程咨询公司. BOT 项目指南. 北京：地震出版社，1995.

[3] 林少平. 民营 BOT：电厂脱硫建设和运营的可行方案. 浙江能源，2005，5.

[4] 骆珣，贾建容. 基于蒙特卡罗模拟的火电建设项目投资风险估计. 北京工商大学学报（自然科学版），2006，24（3）.

[5] 徐莉. 技术经济学. 武汉：武汉大学出版社，2007.

[6] 廖永进，王力等. 火电厂烟气脱硫装置成本费用的研究. 电力建设，2007，28.

[7] 王学强，庄宇. 基于蒙特卡罗模拟模型的投资项目风险分析. 工业工程，2007，10（5）.

[8] 蒋根谋，胡振鹏. 基于模拟技术和 AHP 的房地产项目风险的定量评估. 系统工程理论与实践，2007，9.

[9] 富宁. 我国高速公路建设采取 BOT 融资方式的风险评价. 公路，2006，4（4）.

[10] 石道元，常茜惠. 蒙特卡罗模拟技术在投资风险决策中的应用. 中国管理信息化，2007，10（10）.

[11] Yeo, K. T., Robert L. K. Tiong. Positive management of differences for risk reduction in BOT projects. International Journal of Project Management，2000，18.

[12] Chao-Chung Kang, Cheng-Min Feng, Haider A Khan. Risk assessment for build-operate-transfer projects: A dynamic multi-objective programming approach. Computers & Operation Research，2005，32.

[13] Hyun-Ho Choi, Hyo-Nam Cho, Seo J. W.. Risk assessment methodology for underground construction projects. Journal of Construction Engineering and Management, 2004, 130 (2) .

[14] Edouard Kujawski, Gregory A. Miller. Quantitative risk-based analysis for military counterterrorism systems. Systems Engineering, 2007, 10.

[15] Rezaie, K. etc. Using extended Monte Carlo simulation method for the improvement of risk management: Consideration of relationships between uncertainties. Applied Mathematics and Computation, 2007, 190.

[16] Ahmet Oztas, Onder Okmen. Risk analysis in fixed-price design-build construction projects. Building and Environment, 2004, 39.

项目施工阶段业主对监理单位的约束与激励研究

● 张治国[1]   柳瑞禹[2]   邹梅妮[3]

（1   成都信息工程学院电子商务系   成都   610225；2   武汉大学经济与管理学院   武汉   430072；

3   中海石油炼化有限责任公司销售分公司   广州   510240 ）

【摘 要】本文从博弈论的视角对工程监理制度下的业主与监理单位之间的委托代理关系及双方的选择和行为进行了分析，并建立激励模型。研究发现通过利用内外部的约束机制和市场声誉可以有效抑制在不对称信息环境下的道德风险，促使监理单位努力工作，以期为我国监理制度的健康发展提供一点启示。

【关键词】工程监理   委托代理   道德风险   激励模型   最优合同

一、引 言

目前，我国工程项目建设市场的主体主要包括项目业主、承包商和监理单位三方，它们以业主为中心建立起两对委托代理关系：一是业主与承包商之间的委托代理关系；二是业主与监理单位之间的委托代理关系。随着社会的发展和劳动分工的细化，业主一般没有能力自行组织施工，而是通过招投标的方式将建设项目委托给承包商代为施工，这就形成了第一个委托代理关系。建设项目本身所具有的特征，使得业主与承包商在占有的信息上并不对称，具体表现在业主很难观测到承包商的实际建造行为、承包商比业主更能理解工作和环境，这就不能排除承包商为追求自身利益最大化而做出有损于业主的行为。为了解决这种由于信息不对称而产生的代理问题，业主引入了第三方主体监理单位，来监督承包商的行为，这就形成了第二个委托代理关系。监理单位利用自身的知识、经验为业主提供法律、经济、技术等多方面服务，为业主节约建设成本，对承包商进行公平、公正的合理监督，实现业主利益的最大化。

在委托代理关系中，如果代理人的行动不能或难以为委托人观测，那么这种"隐藏行动"就可能产生"道德风险"。当监理的行为同样不能被业主观测到时，业主与监理单位之间就会出现信息不对称，当然业主可以支付一定的信息费来消除信息不对称，但有时成本太昂贵，且有些行为是无法监督的（如监理的智力劳动）。监理单位的责任与义务虽然在业主与监理单位的委托监理合同中有界定，由于未来收益的不确定和合同的不完全性，合同的约束作用是有限的。在追求自身利益最大化的驱使下，监理单位可能选择不努力工作，"道德风险"因此产生。

博弈论是研究对策主体的行为发生直接相互作用时的对策以及这种对策的均衡问题。王艳、黄学军、王浣尘（2003）运用博弈论的方法研究了工程师与承包商之间质量监控的博弈模型，成力为（2001）研究了建筑主体寻租监督的博弈模型。秦旋（2004）研究了在信息对称与信息不对称条件下，业主与工程师之间的动态博弈。本文从业主与监理单位之间的委托代理关系出发，运用博弈论中的"委托代理理论"

分析项目业主对监理单位的约束与激励机制问题，围绕如何制约"道德风险"这个中心问题，从激励机制的设计和"声誉"的威慑力量这两个方面分别予以研究。

二、业主与监理单位的关系分析

在项目建设施工阶段，业主与监理单位之间委托代理关系的发生主要是基于这样一正一反两个因素：一方面，在有限理性和个体能力的约束下，业主不可能单方独立完成所有的工作；另一方面，与业主相比，监理单位是行业内的专业队伍，同样的工作若能由它们来完成，可以极大程度地改进质量、提高工作效率。因此，业主把一部分工作委托和授权给监理单位，只要所得利益不小于自身独立完成所带来的收益与代理成本之和，那么，业主就有积极性寻求这样一种委托代理关系的建立。

可见，委托代理关系的建立，是基于委托人和代理人利益目标的某种一致性。然而，业主和监理单位作为两个独立的经济主体，在利益一致的基础之上，它们的目标却也有相互冲突的一面，即一方的成本是另一方的收益：业主所支付的工资是监理单位的收益，却是它的成本；监理单位的努力有利于业主，却要付出成本。另外，相对于业主而言，监理单位似乎总具有一定的信息优势。信息不对称和利益目标相互冲突同时并存，这就为一系列代理问题的产生创造了条件，逆向选择和道德风险则是其主要表现。本文分析的焦点在于签约之后施工过程中业主与监理单位之间的委托代理行为，因此，道德风险是我们关注的主要问题。

当监理单位的行动不可观测时，道德风险的问题就存在了。如何解决呢？一种方案是在委托监理合同中签订避免道德风险的条款，然而，这个条款能否真正起到作用，关键在于业主能否有效监督监理单位的行为以及监督成本的大小。一般说来，监督的难易主要取决于最终成果与代理人工作情况的相关程度，相关程度越高，实施有效监督的阻力就越小。然而，在业主与监理单位的委托代理关系中，监理单位的产出成果同时受其自身努力水平和外生不可控的随机因素的影响，产出的不确定性使得监督非常困难，或者说监督成本非常高昂，因此，通过这个途径来解决道德风险问题具有很大的局限性。另一种解决方案则是在委托监理合同中设计一定的激励机制，以诱使监理单位最大化自身效用的行为朝着对业主有利的方向进行，这种方案着眼于引发道德风险的内因，且具有较强的现实可操作性，因此是解决问题的有效途径。考虑一个完全竞争的市场环境，通过市场机制的作用（具体表现为"声誉"对监理单位行为的约束）来抑制道德风险的发生，这也是一种十分可行的方法。其他人在决定是否与某个体交易时，会利用其原先的记录和过去履约的历史去考察某些特征，诸如工作能力等，从这种意义上说，监理单位的行为具有一种持久的"记忆"，而声誉的高低则是这种"记忆"的综合结果。因此，当一个良好的声誉带给监理单位的收益比违约行为、偷懒所带来的利益更大时，声誉的损失可以作为一种威慑力量而存在，由此抑制道德风险的发生。

三、激励分析

以 E 表示监理单位所有可供选择的行动的集合，$e \in E$ 表示监理单位一个特定的努力水平。令 θ 是不可控的外生随机变量，Θ 是 θ 的取值范围，θ 在 Θ 上的分布函数和密度函数分别为 $G(\theta)$ 和 $g(\theta)$①。监理单位的努力水平 e 和外生随机变量 θ 共同决定一个可观测的结果 x，即 $x = x(e, \theta)$，这里，x 是一个

---

① 一般假定 θ 为连续变量，如果 θ 是离散的，则 $g(\theta)$ 为概率分布。

向量，包括以货币形式表示的产出成果 π 及其他可观测变量。其中，$\pi = \pi(e, \theta)$，并且，$\frac{\partial \pi}{\partial e} > 0$，$\frac{\partial^2 \pi}{\partial e^2} < 0$，$\frac{\partial \pi}{\partial \theta} > 0$ 即 π 是 e 的严格递增凹函数，是 θ 的严格增函数。业主的问题是设计一个报酬激励机制，根据观测结果 x 决定对监理单位的支付 s，即 $s = s(x)$。令 C 代表以货币形式表示的监理单位努力的成本，$C = C(e)$，并且，$\frac{\partial C}{\partial e} > 0$，$\frac{\partial^2 C}{\partial e^2} > 0$，努力的边际负效用是递增的。假定业主和监理单位的 $V-N-M$ 期望效用函数分别为 $v(\pi - s(x))$ 和 $u(s(x) - C(e))$，且性质如下：$v' > 0$，$v'' \leq 0$；$u' > 0$，$u'' \leq 0$，即业主和监理单位要么是风险规避者（$v'' < 0$，$u'' < 0$），要么是风险中性者（$v'' = 0$，$u'' = 0$）。

在业主与监理单位的委托代理关系中，本文假定作为委托人的业主是风险中性的，而监理单位是风险规避的，这是符合客观实际的。业主与监理单位相比，一般具有冒险精神，而且其收入来源也比较广，可以将风险分散在自己经营的各个方面或前后不同时期内，也有经济实力来承担风险或产量的波动，而对于监理单位来说，劳动所得往往是其收入的主要来源，如果收入剧烈波动，将很难维持正常的经营运作，因而不会愿意过多地承担产量变动的风险。

给定以上关于对待风险态度的假定，帕累托最优风险分担要求监理单位取得固定收入，所有的风险即产量波动由业主承担。然而，这种分配制度只有当不存在道德风险，即在对称信息条件下才是有效的。这时，业主可以观察到监理单位的努力水平，它可以设计"强制合同"迫使监理单位选择对其最有利的努力水平，此时监理单位正好得到略高于其保留效用的净效用。但在不对称信息条件下，监理单位的努力水平是不可观测的。一旦签订了合同，监理单位将付出对自己最有利的努力水平。如果支付与结果无关，即监理单位的收入不取决于它的努力水平，那么，它将付出最低的可能努力。因此，当信息不对称时，有效的激励机制是让监理单位的收入与产出成果相联系。

然而，激励机制的设计似乎陷入一种两难处境：如果让监理单位的收入完全与产出成果挂钩，监理单位将承担过多的由产出波动带来的风险，使得风险在业主和监理单位之间的分配是低效率的；如果让相对爱好风险的业主承担一切风险，监理单位又没有动力努力工作，并且这种偷懒的行为不能被业主及时、完全地发现，因此，生产将是低效率的。可见，比较好的激励机制是让监理单位的收入与产出成果部分挂钩。尽管监理单位的收入只部分依赖于产出成果，但监理单位与业主共同分担了产出波动带来的风险，因而既对监理单位产生激励作用，同时又使其不必承担所有的风险，从而实现了"保险"与"激励"的平衡。

秦旋（2004）在《工程监理制度下的委托代理博弈分析》一文中论证了在对称信息条件下，帕累托最优风险分担和帕累托最优努力水平都是可以实现的；在信息不对称条件下，帕累托最优风险分担和帕累托最优努力水平均无法实现。

当业主不能观测到监理单位的努力水平时，存在两类在对称信息条件下所没有的代理成本：一是由帕累托最优风险分担无法达到而出现的风险成本，另一类是由较低的努力水平导致的期望产出的净损失减去努力成本的节约，称为激励成本。设想除产出 π 外，业主可以观测到另一个变量 z，即 $x = x(\pi, z)$，z 可以是业主对监理单位实施监督从而获取的关于监理单位行动选择的进一步信息，也可以是同一行业其他监理单位的经营业绩，如果 z 能够提供更多的有关 e 或 θ 的信息，则将 z 写入激励合同是有效的，此时，业主对监理单位的奖惩不仅依赖于 π，而且依赖于 z，即最优激励合同为 $s(\pi, z)$，而不是 $s(\pi)$。这样，通过使用 z 所包含的额外信息，业主可以获取更多的关于监理单位行动选择的知识，排除更多的外生因素对推断的干扰，从而使监理单位承担较小的风险，使风险分担更接近于帕累托最优水平，以此节约风险成本。与此同时，将 z 写入激励合同，还可以提高监理单位分享的产出份额 β，从而提高合同的激励强度。z 与 e 或 θ 的相关度越高，包含了 z 的激励合同就越发有利于实现帕累托最优结果。当然，这种激励合同的优化隐含了一个基本前提，即对于变量 z 的观测没有成本，或这种观测成本小于由此带来的代理成本的节约。

四、声誉模型

事实上，业主与监理单位之间的委托代理关系不是一次性的，而是多次性的。与业主依赖于可观测的行动结果来奖惩监理单位的激励机制不同的是，在多次性的委托代理关系中，即使没有激励合同，"时间"本身也可能会解决代理问题。对此，一种理解是：在长期关系中，一方面，外生的不确定可以剔除，业主可以相对准确地从观测到的变量中推断监理单位的努力水平；另一方面，通过长期合同向监理单位提供保险，业主可以免除监理单位的风险。另一种理解则强调监理市场对监理单位行为的约束：在完全竞争的市场环境中，对于监理单位来说，树立一个良好的声誉，有助于日后赢得更多的交易机会和更加丰厚的收入，因此，监理单位在选择现期的行为时，就不得不考虑对于将来的影响，从而抑制"道德风险"的产生。这里，我们侧重于后一种理解，在参考了迈耶和维克斯①的基础上，建立相应的声誉模型予以探讨。

假设 1. 这是一个两阶段的博弈过程（$t = 1.2$），博弈参与方为业主和监理单位。

假设 2. t 阶段监理单位的产出成果 π 与努力水平 e 有如下关系：$\pi_t = e_t + \theta_t + \phi$，其中，$\theta_t$ 代表外生的不确定性因素，ϕ 可以理解为监理单位的工作能力（假定与时间无关）。e_t 是监理单位的私人信息，π_t 是共同信息，θ_t 和 ϕ 是均值为 0 的正态分布随机变量，方差为 σ_θ^2 和 σ_ϕ^2。进一步，假定 θ_1 和 θ_2 是独立分布的，即 $\mathrm{cov}(\theta_1, \theta_2) = 0$。

假设 3. 业主对监理单位采用线性支付合同：$s(\pi) = \alpha + \beta\pi$，其中，$\alpha$ 是监理单位的固定收入，β 是监理单位分享的产出份额，$\beta \in [0, 1]$。

假设 4. 监理单位努力的成本为 $C(e) = \dfrac{1}{2}be^2$，其中，b 代表成本系数。

假设 5. 业主是风险中性的，监理单位是风险规避的，其贴现率为 δ，$0 < \delta < 1$。

监理单位的期望效用函数可以表示为：

$$E(u) = E(s(\pi_1)) - C(e_1) - \frac{1}{2}\rho\beta^2(\sigma_\theta^2 + \theta_\phi^2) + \delta\left[E(s(\pi_2)) - C(e_2) - \frac{1}{2}\rho\beta^2(\sigma_\theta^2 + \sigma_\phi^2)\right]$$

当代理关系持续两个阶段时，在激励合同 $s(\pi) = \alpha + \beta\pi$ 下，根据前面的分析，监理单位在第二阶段将选择 $e_2 = \dfrac{\beta}{b}$ 的努力水平，以最大化自身的期望效用，但是考虑到声誉问题，监理单位在第一阶段的最优努力水平将大于 $\dfrac{\beta}{b}$，这是因为，监理单位在第二阶段所获得报酬依赖于市场对监理单位的工作能力 ϕ 的预期，而 e_1 通过对 π_1 的作用影响这种预期。

$$E(s(\pi_1)) = E(\alpha + \beta\pi_1) = E(\alpha + \beta(e_1 + \theta_1 + \phi_1)) = \alpha + \beta e_1$$

$$E(s(\pi_2) \mid \pi_1) = E((\alpha + \beta\pi_2) \mid \pi_1) = \alpha + \beta(e_2 + E(\phi \mid \pi_1))$$

设 e_1' 为观测到 π_1 时市场对监理单位努力水平的预期，$\phi + \theta_1 = \pi_1 - e_1'$，市场根据 π_1 推断监理单位的工作能力 ϕ，令：

① Meyer, M., J. Vickers. Performance comparison and dynamic incentive. Mimeo, Nuffield College. New York: Oxford University, 1994: 120.

$$\tau = \frac{\text{var}(\phi)}{\text{var}(\phi) + \text{var}(\theta_1)} = \frac{\sigma_\phi^2}{\sigma_\phi^2 + \sigma_\theta^2}$$

其中，τ 表示 ϕ 的方差与 π_1 的方差的比率，$\tau > 0$，且与 ϕ 同方向变化。

根据理性预期公式：

$$E(\phi \mid \pi_1) = (1 - \tau)E(\phi) + \tau(\pi_1 - e_1') = \tau(\pi_1 - e_1')$$

给定 π_1，市场对 ϕ 的预期是先验期望值 $E(\phi)$ 和观测值 $(\pi_1 - e_1')$ 的加权平均，市场根据观测到的信息修正对监理单位工作能力的预期，有关工作能力的不确定性 σ_ϕ^2 越大，修正越多。极端的情况是：如果没有事前的不确定性，即 $\sigma_\phi^2 = 0$，则市场将不修正预期；如果事前的不确定性非常大或者没有外生的不确定性，即 $\sigma_\phi^2 \to \infty$ 或 $\sigma_\theta^2 = 0$，则市场将完全根据观测值修正对 ϕ 的判断。

将 $E(s(\pi_1))$ 和 $E(s(\pi_2) \mid \pi_1)$ 代入 $E(u)$ 的表达式，得到监理单位的期望效用函数如下：

$$E(u) = \alpha + \beta e_1 - C(e_1) - \frac{1}{2}\rho\beta^2(\sigma_\theta^2 + \sigma_\phi^2) + \delta[\alpha + \beta(e_2 + \tau(e_1 + \theta_1 + \phi - e_1')) - C(e_2) - \frac{1}{2}\rho\beta^2(\sigma_\theta^2 + \sigma_\phi^2)]$$

其中，$e_2 = \dfrac{\beta}{b}$，这是因为博弈没有第三阶段，监理单位无需考虑对于声誉的影响，因此在第二阶段会选择最大化自身效用的行为。

根据上述期望效用函数的表达式，监理单位最优化行为的一阶条件是：

$$\beta - C'(e_1) + \delta\tau = 0，\text{即 } C'(e_1) = be_1 = \beta + \delta\tau$$

由此，监理单位在第一阶段最优努力水平为 $e_1 = \dfrac{\beta + \delta\tau}{b} > \dfrac{\beta}{b}$。就是说，出于声誉的考虑，监理单位在第一阶段的最优努力水平严格大于在单阶段模型中的最优努力水平 $\dfrac{\beta}{b}$，且其努力水平与贴现率 δ、ϕ 的方差在 π_1 的方差中所占的比率 τ（即 π_1 所包含的有关 ϕ 的信息量）呈同方向变化。

上述模型假定监理单位只工作两个阶段，一般地，如果监理单位工作 T 个阶段，那么，除最后一阶段的努力水平 e_T 为 $\dfrac{\beta}{b}$，其他所有阶段的努力水平 e_t 均大于 $\dfrac{\beta}{b}$，且 $e_1 > e_2 > \cdots > e_{T-1} > e_T$，这是因为，越接近后期，努力的声誉效应越小，如阶段 1 的努力 e_1 影响所有以后（$T-1$）期的报酬，而阶段（$T-1$）的努力只影响最后一期的报酬。

可以看出，在这种机制的有效约束下，监理单位会付出更大的努力，尽管它随着时间的推进呈现出一定的递减的趋势。

五、结束语

项目施工阶段，在业主与监理单位的委托代理关系中，当监理单位的行为不能完全被业主观测，出现信息不对称时，将会导致"道德风险"的产生。通过以上业主与监理单位之间的委托代理博弈分析可以看出，在信息不对称条件下，通过设计合理的监理合同及外部机制来有效抑制"道德风险"的发生。

（1）内部机制是通过合理设计代理契约，制定激励机制，使监理单位行为目标接近于业主的目标，减少监理单位的机会主义行为，从而使道德风险得以抑制。但是这一机制能否发挥出预期的作用取决于业主所获得的信息的正确性。业主要想提高这一机制的运作有效性，就必须通过相应的手段和成本付出，以获得信息达到使监理单位如实履约的目的。因此，内部机制仅能在一定程度上降低代理关系中的非效率，但其有效性要受到信息费以及由此带来的信息不完全的限制。

（2）在委托代理关系下，业主和监理单位所投入的资本和抵押物的性质是不同的：业主投入的是货币资本和实物资本,这些资本具有可转移性,即随着合同的成立可以脱离所有者;而监理单位投入的是人力资本或智力资本,这些资本与所有者主体不可分离,其所有权和运用的绩效仍掌握在监理单位手中。一旦发生风险,业主损失的是实物性的资产,而监理单位承担的是由声誉的损失所带来的预期未来收益的损失,这种损失是通过市场机制的作用而实现的,这就依赖于一个有效的信息扩散和传导机制。现实中往往因为信息扩散和传导机制的不健全而有效性不足,从而不能对监理单位形成有效的制约,这一点需要引起重视。

(3)解决不对称信息环境下的道德风险,可利用外部竞争的市场机制,通过收益减少、声誉损失等对监理单位形成外在的强制力。模型证明,在这种机制的有效约束下,监理单位会付出更大的努力,尽管它随着时间的推进呈现出一定的递减的趋势。因此,任何短期的机会主义行为的所得都是微不足道的,为长期取得较大利益,监理单位有积极性为自己建立一个良好的声誉。市场声誉约束机制包括监理单位的历史记录、相关政府机构的定期审查、监理工程的业绩、同行的评价。我国急需建立完善有效的监理竞争市场,当声誉不再是道德问题而形成制度时,会改善博弈的均衡结果。

参考文献

[1] 张维迎. 博弈论与信息经济学. 上海:上海人民出版社,2004.

[2] 王艳,黄学军,王浣尘. 工程质量监控的博弈分析. 中国软科学,2003,5.

[3] 王孟钧,王艳. 建筑市场激励机制的博弈分析. 武汉理工大学学报(信息与管理工程版),2001,4.

[4] 成力为. 建筑主体寻租活动的成本-收益分析. 哈尔滨建筑大学学报,2001,5.

[5] 秦旋. 工程监理制度下的委托代理博弈分析. 中国软科学,2004,4.

[6] 梁怀庆,李世蓉,孙本森. 中国建筑市场委托-代理经济学分析. 建筑经济,2004,11.

[7] 姜开峰. 工程项目建设中业主对建设监理的约束与激励. 中国科技信息,2005,15.

[8] 王孟钧,王艳. 建筑市场激励机制的博弈分析. 武汉理工大学学报(信息与管理工程版),2001,4.

[9] Fama,E.. Agency problem and the theory of the firm. Journal of Political Economy,1980,10.

[10] Holmstorm,B.. Managerial incentive problem—a dynamic perspective,in Essaya in Economics and Management in Honour of Lars Wahlbeck. Helsinki:Swedish School of Economics,1982.

[11] Grossman,Sanford and Hart,Oliver. An analysis of the principal agent problem. Econometric,1983,52.

人性假设、组织形式和经济绩效

● 周卫民

（淮阴工学院经济管理学院　淮安　223001）

【摘　要】本文探讨了人性假设对组织形式的影响和柔性组织的效率优势。人性假设的变迁过程影响和决定了组织形式的选择。在"复杂的知识人"人性假设条件下，后现代组织的最大特征就是柔性，柔性组织相对于古典组织和现代组织的不同特点，决定了现代技术条件下柔性组织的效率优势。

【关键词】人性假设　复杂的知识人　柔性组织　经济绩效

一、引　言

复杂性、不确定性是当今社会的一个主要特征。如何应对充满不确定性和高复杂度的社会现实，是当今组织研究的重要课题。但是，现有的组织理论研究却仍停留在常规组织的框架内。现有的管理学理论，特别是它的组织理论，还是沿用传统的思路，即管理控制主义思路，很少有人跳出这个框架去思考适合当代社会现实的组织思路。世界范围内知识时代的全面到来和知识经济浪潮的冲击、组织人口的迅猛扩张、社会与经济任务的繁重、新价值系统的出现等，这些不断出现的新问题正在解体工业社会的传统结构。旧的组织结构和机制已渐渐日薄西山，因为这些机制是为有秩序、变化缓慢及几乎静止的世界设立的。当前组织的含混性、不确定性和不规范性已经成为正常情况，我们必须确立新的工具和新的组织结构以对付这个不断动荡的世界，可以说组织形式的变革是当今社会最为根本的变革。

计算机技术和网络技术正在提供给人们一系列离开办公室的机会，并正在形成一个网络化的社会。20世纪 90 年代中期以后，伴随计算机技术和网络技术的快速发展，人们的工作方式、生活方式、组织方式已经发生了革命性的变化。在欧洲国家，个体职业者在就业人口中所占的比例已经超过了12 ％；在美国，永久性的职业岗位越来越少；在新加坡，家庭企业组织正在受到越来越严重的冲击。不仅生产组织如此，人类的生活组织也经受着同样的冲击和变革。工作群体与非工作群体的界限越来越模糊；个体与组织、组织与环境的关系也在发生巨大的变革；地理空间约束不再成为利益群体形成和扩展的根本性限制因素；权力和权威的含义正在发生历史性的转变，等等。总之，计算机技术和网络技术的发展为已经成熟化的全球化工厂和市场注入了一些新的影响因素，它们的影响也是工厂化模式进入人类生活以来所面临的最严重的挑战。这些挑战是组织理论所面临的最严重的困境和危机，同时也是组织理论发展的新契机。

二、新技术条件下的人性假设及其对组织形式的影响

1. 人性假设的变迁过程和未来趋势

从历史的角度看，人性假设的确是对当时社会时代背景的有效反映，是当时社会经济实践在思维层面的凝结和升华。手工工具时代，要求人与人之间的协作，以便实现更大的经济收益，对人的管理合乎经济人假设。机器工具时代，细致的分工，使人们从工作中回归到社会，要求参与社会交往，符合社会人假设。智力工具时代，人们拥有更多的知识，他们有个人的追求，想要实现自己的抱负和精神价值，满足自我实现人和知识人的假设。

应该说在不同的经济技术条件下，有不同的人性假设。"经济人"假设是从经济角度来探求和满足人进行管理和劳动最主要动机的管理理论。"经济人"经历了斯密的"完全理性经济人"到有限理性经济人的变化。泰罗的科学管理理论就是基于对"经济人"的认识而提出的，奠定了管理理论发展的基础，这是管理学对人性最早的认识。泰罗基于对"经济人"的认识所提出的科学管理理论对调动工人的工作积极性有其积极的意义和作用。"社会人"假设是从心理学、社会学角度研究人的需要和行为。梅奥领导的著名的霍桑实验，提出关于人性的"社会人"认识，使西方管理理论从科学管理的阶段进入行为主义管理的阶段。"自我实现人"假设伴随着马斯洛"需要层次理论"的提出而问世。所谓自我实现，指的是每个人都需要发挥自己的潜力，表现自己的才能；只有个人的潜力充分发挥出来，个人的才能充分表现出来，个人才会感到最大的满足。"复杂人"假设认为人的需要多种多样，是一个错综复杂的动机模式，所以对人的激励与管理方式也应不同；组织所处的内外环境不同，管理手段与方法也不同。其基本思想是权变思想，认为人是"复杂人"，人有不同的需要，参加企业组织是怀有各种各样不同的目的，而有效的管理就要针对不同的人采取不同的管理方式①。

另外，"决策人"假设认为组织是作为决策者的个人所组成的系统，决策是以"有限度的理性"准则来合理选择手段的管理行为。赫伯特·西蒙和巴纳德主要从人的认识和决策能力来认识人的本性。他们认为人是由选择的能力、决定的能力、自由意志组成，但是这种选择能力是有限的。"文化人"假设认为管理不仅要注重社会的契约化、法治化和理性化，更应该注重价值观、道德伦理、群体意识、文化网络和仪式等，以扬弃传统形成新质的管理态势。"经营人"假设认为管理是手段，经营是目的，管理必须寓于经营之中，经营管理者依照其情境所总结的成功经验本质可以揭示管理成功的秘密。"变革人"假设认为组织环境的变化非常迅速，管理要改变被动适应的状况必须进行全面、彻底的变革，其中人的变革是最重要的内容。

19 世纪末以来，企业管理理论和企业管理实践中出现了多种多样的"人性假设"理论和观点，可以看出人性设定与管理模式之间存在着某种内在必然联系。现代的人本思想把人看做追求自我实现、能够自我管理的人，更顺应了这种动态研究的趋势。当前工业时代正在让位于知识时代，事实促使经济学家认识到，未来经济增长和经济效率将更直接地取决于知识与智力的投资，知识要素已成为现代经济增长的核心源泉。在知识员工越来越成为组织主体的背景下，"知识人"假设日益成为现代组织管理的最基本假设。

2. 人性假设的核心内涵和复杂的知识人假设

人性假设即是管理的基本假设，即对于人类本质的认识。有学者认为"人"的质的规定性不是由"人"的自然属性决定的，而是由人所占有的对象来决定的，即"人"是由人所占有的物品所体现出来的

---

① 张军等. 从"经济人"到"知识人"：解读人性假设的历史变迁与经济学研究范式的重构. 经济评论，2004，4：36-42.

人。"人"的自我感觉和心理状态取决于人对物的占有状况和社会对这些占有物的评价。在这个意义上，现代社会结构之中的人不是"真正的人"，而是社会结构的附属品，其存在的方式是权利。现代社会中的个人还被工业化文明的成果所压迫，人成为管理制度的创造物，是被现代文明的产品所异化而存在的。在后现代社会，管理原则、管理艺术、管理制度的游戏规则已经完全不同于从前，知识变成一种"权力话语"①。

其实人的质的规定性由人所占有的对象来决定的命题成立的前提是人的所有物内在的技术性和知识要素的含量决定了人所处的社会阶层和社会地位。自从 20 世纪 70 年代以来，科技进步日渐成为经济发展的决定性因素。这样，原有经济增长模式的内涵必须进行重新界定，以便将关注的焦点从实物资本积累转移到创造新知识和应用新技术上来。

所谓"知识"，是指人类历史上对一切客观事物认识的结晶，是人们通过不断学习、实践所得到的以逻辑形态反映客观世界的、以物化人造物为最终目的的理性认识的总和，是人类所有观念形态的文明的积极成果，其核心包括自然科学、工程技术、管理科学、行为科学以及社会科学等。在后现代社会人的高度分工程度、社会流动性变得极高和知识变成一种"权力话语"的情况下，这既开发出了巨大的社会、组织和个人的潜能，但同时又可能因这种高度分工所形成的分化、高度社会流动性和知识话语权力的重新分布所造成的组织的不稳定，而造成个人异化感的增强和组织内部的动荡，引起严重的社会与组织问题。知识要素在社会发展中的作用和地位越来越重要。

"复杂人"假设是 20 世纪 60 年代末至 70 年代初提出的人性假设。该假设认为人的需要是多种多样的，而且这些需要随着人的发展和生活条件的变化而发生改变。每个人的需要都各不相同，需要的层次也因人而异；人在同一时间可能具有各种需要和动机，它们会发生相互作用并结合成为统一的整体，形成错综复杂的动机模式；人在组织中的工作和生活条件是不断变化的，因而会产生新的需要和动机；由于人的需要不同、能力各异，对不同的管理方式会有不同的反应，因此没有适合于任何组织、任何时间、任何个人的统一的管理方式。在上述假设前提下，要求主管人员必须根据具体的个人的不同，灵活运用不同的管理措施，以达到最佳的管理绩效。

"知识人"同样具有复杂人的人性特征，以知识型员工为例。知识员工所拥有的知识，是具有高度移动性的生产资料。在德鲁克看来，知识员工具有如下特征：知识员工自带生产工具，与组织联系松散；除非把知识应用于工具，否则毫无意义；组织无法有效地监督知识员工；组织无法以薪资赢得员工的忠诚；现代组织不是老板与部属的组织，而是一个团队合作的组织②。有人认为相对于传统工人来说，知识型员工具有自身特点：在素质方面，他们拥有知识资本，具有学习能力，拥有创新能力；在心理方面，他们具有高层次的心理需要和价值追求，蔑视权威，拥有强烈的社会责任感；在劳动方面，他们从事的是复杂性脑力劳动、创新性自主劳动、协作性团队劳动，其劳动过程难以监控，劳动成果难以衡量；在职业方面，他们供不应求，而且流动率很高。

在知识经济时代，知识作为一种资源，已经被提到和资本、土地等一样重要的位置，知识就是财富。在企业中，知识的传播与生产的重要载体就是知识员工。知识员工具有和传统工人不同的特点促使知识员工的管理应该以这个假设为基础：公司需要员工甚于员工需要公司，因为他们具有流动性和自信心。这意味着对他们必须以自愿者的身份来管理。

由此，我们可以抽象出"知识人"假设的主体内容，即在知识经济时代和信息社会中，随着科技和社会生产力的迅猛发展，个人行为动机不再是纯粹单一的心理需要，包括利他动机在内，对不同目标和奖

---

① 罗珉. 西方后现代管理的研究特点. 南开管理评论，2002，5：39-42.

② Peter F. Drucker. Management challenges for the 21st century. New York：Harper & Row Press，1999：121-123.

246

赏有反应的扩充的自我概念，将取代仅仅受自利动机驱使的狭隘的自我概念，这意味着个人心理动机将呈现出结构性与层次性的多元化特点；人们行为的价值标准也将由狭义的经济利益最大化向经济利益、社会利益以及生态利益的综合价值合理化转变；人们的行为目的不仅仅要考虑当前的实际需要，而且要充分考虑未来经济和社会的可持续发展要求；人们在高度关注"人力资本"在经济和社会发展中的重要作用时，也要积极运用"创新知识"及"创新技能"，大力加强对"自然物"与"人造物"的改良和改进，以便使其能更有效地发挥服务功能；最后，人类在寻求自身"全面、自由发展"的同时，还应努力实现人与周边环境的和谐发展。这些都可视为"知识人"假设的主要内容。

因此，"复杂的知识人"假设是基于知识要素的重要性和知识员工的特点而提出的，"复杂的知识人"是个人的自主性和社会的制约性（首要是组织的制约性）两者统一的人。总之，复杂的知识人假设所体现的个体有着鲜明的特点：首先是有着较高的个人素质。企业中的知识型员工一般具有较高的个人素质，拥有较高的学历和其他方面的能力素养，不再是仅仅出卖劳动力的"机械"，不仅对于专业知识，而且对于经济、管理等都有较多的认识，掌握着最新的技术。其次，有很强的自主性。知识型员工不再是传统工厂中大机器的一颗螺丝钉，而是富有活力的有机体上的细胞。与流水线上的操作工人被动地适应设备运转相反，知识型员工更倾向于拥有一个自主的工作环境，不仅不愿意受制于物，而且更强调工作中的自我引导。再次，知识员工本身从事的是有很高价值的创造性劳动。知识型员工从事的不是简单的重复性工作，而是在易变和不完全确定的系统中充分发挥个人的才干和灵感，应对各种可能发生的情况，推动着技术的进步，不断使产品和设备得以更新。这是知识型工人不可替代的原因，也是他们存在的价值所在。最后，从管理的角度看，知识员工的劳动过程很难像传统员工的劳动过程那样加以控制。因为，知识型员工的工作主要是创造性活动，依靠大脑而非肌肉，劳动过程往往是无形的，而且可能发生在每时每刻和任何场所；而且工作并没有固定的流程和步骤，其他人很难知道应该怎样做，固定的劳动规则并不存在。因此，对劳动过程的监控既不可能，也没有意义。由于知识型员工的劳动过程难以监控，其劳动成果依赖很多因素，包括团队的协作，因此其劳动成果的大小难以衡量。总之，这些特点给管理理论、管理实践和组织理论都提出了新的挑战。

三、组织管理理论的变革和组织形式的选择

1. 人性假设视角下组织管理理论的变革历程和主要内容

一般认为，企业规模、制度经历了两次重要变革，目前正处于第三次变革期间。第一次变革发生在19世纪后半叶和20世纪初。其基本特征是：技术进步、公司规模的扩大、公司业务的日益复杂化，导致了由大股东亲自担任高层经理人员、直接驾驭企业的组织制度的方式越来越不能适应新的形势，最终企业管理权和所有权的分离，明确了在企业中专业化管理人员的作用。此次变革，打破了企业家族式、世袭式的管理框架。第二次变革发生在20世纪20年代前后，以福特发明的流水线生产为标志，人类开始了工业生产模式的一次大转变，其生产特点是：少品种大批量的制造模式，企业规模迅猛扩张，它推动了工业化的进程和经济高速发展，为社会提供了大量的质优价廉的制造品；其制度特点是：企业内部按分工的要求设有决策机构、行政机构和职能机构三大块，每一块又具体分成若干部门。在这种组织结构中，高层管理者动用权力对低层管理者进行监督和控制，低层管理者向高层管理者请示、申诉并服从命令。这种变革后形成的企业组织结构被称为科层制的组织结构，其表现形式有职能型（U型）、混合型（H型）、矩阵型（M型）等。现在，我们进入第三个变化阶段：由于信息技术的飞速发展，从部门和职能式的"命令—控制"型组织向知识和专家式的以信息为基础的组织制度过渡。

在这些变化中，企业效率与企业组织形式一直是企业理论的中心研究命题之一，企业的有效发展是一

国或地区经济发展的载体与原动力。20 世纪 50 年代和 60 年代，组织的关键目标是从数量的角度提高生产效率，即通过在明确定义的细分市场中实行专业化生产来做更多相同的事情，这时候的效率大多数是通过标准化而获得的。到了 20 世纪 70 年代，质量标准成为组织效率标准的更加重要的方面。顾客越来越关注产品质量，要求更高层次的服务。进入壁垒的降低和激烈的国际竞争，市场更加开放、竞争程度更深，因此在单一的数量化的效率标准内，不再具有灵活性和松动的可能，进一步的标准化并不能进一步降低成本。这时区别组织和竞争对手的唯一方法是组织的卓越性。现在，柔性成为数量效率和质量标准的必要补充。竞争和绩效标准要求企业在找到提高效率和改进质量的新方法的同时，还要让组织具有柔性。

例如，20 世纪 70 年代石油危机以后，丰田公司倡导了即时生产方式，即柔性生产系统，使得日本汽车工业迅猛发展，很快赶上且超过美国。柔性生产系统的成功是对 20 世纪 50 年代诞生的"下包制"革命性的网络化改造，并迎合了新时代的消费需求层次与结构。正如波特（1999）所揭示的，由于社会分工在各领域的深化，消费需求呈现出个性化、多样化与差异化，市场需求趋于饱和，卖方市场被买方市场取代，需求变得难以预测；同时产业技术创新加快，产品生命周期缩短，商品市场越来越不稳定[1]。因此，不可能再有某个产业的巨大，只可能有某个产品的巨大，竞争有时也不再体现在某个产业上，只能体现在某个产品或某个环节上。而且，竞争方式和手段也朝竞争与合作方向发展，更重要的是"硬"要素与物质资本对企业的重要性相对下降，而"软"要素与非物质资本逐渐成为企业的竞争内核。并且，某些要素和资本也不再由单个独立的企业排他性的独有，而以网络式共享，正是以上这些要素的相互渗透协同演化，催生了一种更为有效的企业组织形式——网络经济。

关于网络经济的效率有学者认为，单个企业只有做生产链或价值链中最具有核心竞争力的环节，再以分工协作的关系联结成最优效率的生产网络。其优势可以概括为三个方面：非一体化下的合作；组织间的协调；超市场的契约。网络经济中企业组织呈现出多样化的外在形式，这些形式的特征集中表现在组织的柔性上。刘东（2007）等认为信息技术与消费者偏好个性化的出现使企业的整体效率的实现成为不可能，企业只有专注于自己擅长的生产链或价值链的一环，把没有效率的生产单位剥离出去，以动态柔性适应快速变化的市场环境，这就是"网络经济"出现的根本原因[2]。

诺斯教授指出："有效率的经济组织是经济增长的关键；一个有效率的经济组织在西欧的发展是西方兴起的原因所在。"[3]诺斯的分析表明了制度环境与经济组织的相互作用对经济发展具有重要影响。"制度环境，是一系列用来建立生产、交换与分配基础的基本的政治、社会和法律基础规则。""组织是一种有目的的实体，创新者用它来使由社会制度结构赋予的机会所确定的财富、收入或其他目标最大化。"[4]在诺斯看来，不同的制度环境提高或降低了交易成本，形成了不同的激励结构，从而导致经济组织在生产交易中的效率差异。

从经济学角度看，决定消费者行为和组织（厂商）行为的一个基本因果机制是效率机制。在生产领域里这一机制的意义是成本的最小化或产出的最大化（这两种表述在数学推理上是同一个道理）。那么，效率机制的含义是什么呢？经济学家的基本假设是：无论是消费者还是组织，他们的行为都为追逐私利的动力所驱使，而达到这一目的的最佳途径就是提高效率，即用最少的投入获得最大的产出。效率实际上是测量分配资源有效性的一个标准。新古典经济学关注的是生产成本最小化，而新制度主义经济学关心的是交易成本最小化，所以在这个意义上两者的解释逻辑是一致的，都是以效率原则解释组织与市场、组织之间

① 迈克尔·波特. 竞争战略. 北京：华夏出版社，1999：66-69.
② 季新野，张杰，刘东. 企业效率来源与组织形式——基于动态演进的视角. 现代管理科学，2007，1：11-12.
③ R. 科斯，A. 阿尔钦，D. 诺斯，等. 财产权利与制度变迁. 上海：上海三联书店，1994：270-275.
④ 道格拉斯·诺斯，罗伯特·托马斯. 西方世界的兴起. 北京：华夏出版社，1989：1-2.

以及组织内部的关系的变化。对实现组织目标效用最大化的效率原则的坚持使经济学家们常常将组织看做一个理性系统。经济组织的效率实现需要在制度环境层次上做出安排，特别是确立产权以便形成一种激励，从而保障经济组织效率目标的实现。

有一些学者从人的认知能力和制度环境的角度来思考组织的绩效：每个人只能掌握不同的知识，因而他们只能专门从事特定的工作。对于人类认知图景而言，共有心智模式或共有知识的主要作用就是对行为层面上的个体活动进行协调。在漫长的演进的社会化过程中，社会成员建立起了相同的认知结构，并形成了各自的行为规律。

首先，制度能够对市场行为体之间的知识进行协调。其次，价格机制会对市场中知识的协调提供帮助，市场中知识的协调是特定市场的制度框架和价格机制共同作用的结果。交易是一个交流的过程，在这个过程中买方和卖方形成了共同的心智模式。在开始时，卖方和买方并没形成"共有知识"，共同交流架构的出现是任何交易行为的前提条件。因为卖方并非总能对买方的问题做出正确估计，买方也并非知晓市场中所有的潜在卖主，因此交易行为总是"不完善的"。价格机制的存在有利于交易过程中共有心智模式的形成。一般而言，市场中形成共有心智模式的交易成本越低，知识在经济中的运用就越有效。博丁·马滕斯探讨了认知能力有限的专业化行为体在市场中面临的知识分类困境。行为体或是运用其大部分认知能力寻求共有知识，和其他行为体形成共有心智模式，或是建立自己专门化的心智模式。行为体最终做出哪种选择将受到交易成本的影响。交易行为的频繁进行以及知识分类的深化将会带来更高的交易收入以及更高的经济绩效。知识的形成、扩散和分类所带来的交易成本或高或低，这要取决于所适用制度的类型及其实施的特征。通过稳定预期，适宜的制度会给交易带来更高的安全性。与此相伴而来的，是较低的交易成本、更高的净收益以及最终更高的经济绩效①。

交易过程中盛行什么样的竞争方式在很大程度上取决于当时盛行的制度。制度不仅决定了竞争的类型，而且决定竞争发生的频率。因此，行为体学习的速度取决于竞争的紧张程度，后者反过来又是由制度框架决定的。由于竞争的存在，行为体面临着潜在利益损失的外部性效果，因而不得不进一步学习以确保其在经济竞争中立于不败之地。技术是作为竞争过程的自发结果而出现的，因为参与经济竞争的组织——公司的主要目的是提高利润。为了实现这个目的，它们尝试了大量的竞争方式，技术只是其中的一种方式而已。公司运用科学知识以及进行一定程度知识创新的目的仅仅是希望可以从中获取收益。因此，技术的更新换代需要得到市场的检验，即必须考虑其经济效益。这就是制度、组织活动和技术的更新换代之间不存在简单因果联系的原因。因此，带来技术应用以及新知识的经济竞争的过程无疑是同市场交易紧密联系在一起的。为了使技术发挥效力，市场中的买方必须具有适当的吸收能力。换句话说，仅仅当新技术（它是卖方之间相互竞争的结果）可以得到买方的使用时，它们才会极大地提升卖方的利润。这种现实对新技术扩散等重要的政策问题具有深远的影响，对世界上的欠发达国家而言，情况尤其如此。仅仅当接受方经历适当的学习过程时，技术的转移才能够实现。因此，交流与各自共有心智模式的形成是使技术得到有效运用的前提条件。

一旦所有的行为体形成相同的心智模式，那么制度体系就可以以一种特别的方式解决各种社会问题。一旦行为体习得了某种解决问题的方式，那么他们就会不自觉地将它运用于其他出现相似问题的情境当中，我们可以称之为"制度框架的递增报酬"。随着时间的推移，制度性路径依赖或许会以一种标准化的方式对经济行为进行规范，使社会进行一种后果难以预想的博弈。只要制度框架和激励结构保持不变，市场互动就会被引入特定的发展方向，特定技术的研发就会得到鼓励。

个体改善经济绩效的能力仰赖于其信念和心智模式，而后者又受到社会累积的知识存量（文化）的影

---

① C. 曼特扎维诺斯，D. 诺斯，S. 沙里克. 学习、制度与经济绩效. 经济社会体制比较，2005，3：103-110.

响；积累起来的知识存量又被置入我们的学习中，并成为路径依赖，即过去对现在和未来的巨大影响的渊源。诺斯（1994）认为制度变迁是一个适应性学习的过程。制度反映了当事人的信念，或者至少反映了制定规则的当事人的信念；信念则反映了当事人的语言和文化传统。学习是个体的心智模式对环境的反馈所作出的适应性调整的过程，也是一个反复"试错"的过程。人类学习的特征既是心智模式的调整过程，又是"表象重述"的过程，从特殊到一般进行概括的能力和应用模拟的能力是这种重述过程的一部分。这种能力不仅是创造性思维的源泉，而且是决定人类决策的意识形态和信念体系的源泉。因此，诺斯认为人类的学习过程决定了制度的演进方式（诺斯，1994）。

新古典分析框架无法处理"报酬递增"的范畴。基于报酬递减的假设，新古典经济学断言，均衡是一种最优结果，而资源的配置也是最优的。但是，诺斯认为制度变迁是人口、知识存量和决定社会激励结构的制度诸因素相互作用的结果，如从动态角度来考察知识、技术、制度和外部性等范畴，就必须将报酬递增机制纳入分析框架。因为知识特别是默示知识的变迁和技术变迁都具有学习效应、演进积累效应等特点，特别是由于外部性的纳入，就必然意味着制度、技术在形成和创新过程中具有外溢的网络效应、协调效应。新古典理论构造的是无摩擦力的、没有制度和没有时间维度的世界，它虽然具有数学的精确和雅致的形式，但它无法适应时间历程中的经济分析的需要。新古典世界是一个确定性的世界，而诺斯注意到现实世界中人类面临着普遍的不确定性，即人类的相互作用以及由此造成的人文环境不确定性和未来的新奇性。因此，在知识要素作用盛行的新技术条件下新古典分析框架无法适应组织理论和实践的需要。

在诺斯的理论中，他特别强调了在不确定性的环境下制度和认知的重要作用，即信息的不完全和认知能力有限的个体，不得不通过"干中学"设定一系列的结构，比如信念、意识形态和制度等，来弱化环境的不确定性，提高认识环境的能力。诺斯（2003）认为，制度构造了人类互动的结构，它能帮助个体形成与他人进行交易的合理预期，是降低不确定性的主要手段。因为制度结构反映了时间进程中积累的社会信念，一旦信念与制度尤其是非正式制度相联系，认知就对制度变迁产生深远的影响。时间是人类的认知过程影响制度演变方式的维度，也就是说，个人、团体和社会所持有的、决定其选择的信念是在时间进程中学习的结果。

诺斯解释制度首先影响经济组织和经济环境，进而影响经济行为，因此制度和效率之间的联系很复杂，且制度规则不是追求的具体目标，因此我们难以确定评估制度效率的标准；鉴于制度间相互依赖的特性，考察整个制度的框架及其长期演变的效率比考察单一制度的效率似乎更合适。

2. 复杂的知识人人性假设前提下组织管理理论对组织形式的选择

当然，诺斯并没有看到网络条件和新技术条件对于组织形式和绩效的深刻影响，他的分析大多局限于大机器生产技术条件下，他对社会经济发展中制度因素的认识也许是正确的，但是他并没有为不同制度条件下的微观组织设计一个可以动态变化、适应制度环境的组织形式。在网络条件下，人类共享知识的能力日益增强，知识的作用使传统的人性假设不适用于新的经济环境和组织形式。在复杂的知识人人性假设条件下，一个具有高度应变能力、以动态形式存在的柔性组织，是效率选择的最终结果。同时，柔性组织也弱化了社会经济发展对制度变迁的依赖。

当前，工业时代正在让位于知识时代，知识时代的商业机构新的基础结构和组织原则使企业对效率的追求方式发生了变化，其主要表现在：传统企业提高效率是通过泰勒式时间研究和动作研究提高单位要素和单位时间的产出率，而柔性企业提高效率的方式是对技术系统的选择，动态柔性组织可以淘汰落后的技术，对技术集合和系统作出最优选择是柔性组织提高效率的根本手段，是对泰勒制的根本挑战。

任何生产方式的变革都是建立在技术革命的基础上的。过去机械动力系统技术促进了传统的专业分工流水线生产方式的发展，而现在电子计算机技术促进了现代弹性生产系统和柔性管理模式的产生。随着柔性组织的兴起，管理方式也逐渐实现了刚性管理向柔性管理的转变。刚性管理以"规章制度为中心"，凭借制度约束、纪律监督、奖惩规则等手段对企业员工进行管理；而"柔性管理"的最大特点，在于它主要不是依靠外力，而是依靠权利平等、民主管理，从内心深处来激发每个员工的内在潜力、主动性和创造精神，使他们能真正做到心情舒畅、不遗余力地为企业不断开拓新的优良业绩。

柔性管理在企业管理中的作用表现在：第一，柔性管理的内在驱动性。柔性管理的最大特点，在于它主要不是依靠权力影响力（如上级的发号施令），而是依赖于员工的心理过程，依赖于从每个员工内心深处激发的主动性、内在潜力和创造精神，因此具有明显的内在驱动性。只有当组织规范内化为员工的自觉认识，组织目标转变为员工的自发行动，这种内在驱动力、自我约束力才会产生。知识经济时代的主要财富来源于知识，而存在于员工头脑中的隐性知识，只有通过"柔性管理"，才能让员工自觉自愿地将自己的知识、思想奉献给企业。第二，柔性管理影响的持久性。柔性管理要求员工把外在的规定转变为内心的承诺，并最终转变为自觉的行动，这一转化过程是需要时间的，加之员工个体差异、组织历史文化传统及周围环境等多种因素的影响，组织目标与个人目标之间往往难以协调。然而，一旦协调一致，便获得相对独立性，对员工具有强大而持久的影响力。

实行柔性管理要实现组织的柔性化。工业经济条件下，企业外部环境相对稳定，管理者为了便于管理，在组织机构的设置上强调稳定性，形成了僵硬的组织结构和死板的制度体系，即刚性组织。虽然这种刚性组织曾为大规模的工业生产立下了汗马功劳，在市场相对稳定、供不应求的情况下体现出了其高效率、低成本的显著优势，但是，在经济发展所导致的企业外部环境多变的情况下，这种稳定不变的组织形式便逐步暴露出其致命的弊端，因为试图使宏观的外界环境适应微观的企业环境是根本不可能的。基于此，进行组织变革，以柔性组织取而代之便成为时代发展的必然。

四、柔性组织的经济绩效

研究者们曾从不同的角度，给组织柔性化下过不同的定义，概括起来，有以下三种：其一，认为是一种多能力；其二，认为是一种平衡能力；其三，认为是一种适应性容纳力和一种多回应能力。因此，从组织能力的角度看，柔性组织是指与动态竞争条件相适应的具有不断适应环境和自我调整能力的组织。柔性包含弹性、灵活性、适应性、多样性、变化性的含义，强调组织的适应环境能力和自我改善能力的形成和提高，强调组织在不断变革创新中的弹性机制的构建和运用。与此相应，柔性组织的基本特征就主要表现为：第一，扁平的层级和弹性领导关系。柔性组织虽可以有正式的组织结构，但为适应市场竞争的需要，灵活性的临时组织增多，使领导关系常有变动和调整，弹性增强。第二，分散决策和员工授权。权力被每个员工或每个团队所拥有，他们获得独立处理问题的能力，独立履行职责的权力，以应付各种突变情况和适应各种变化的条件。第三，对模糊性的高度容纳。各部门间和岗位间的任务、职责分工比较笼统，常常需要通过协调加以明确和调整。第四，结构网络化和自组织单位。柔性组织主要依托于网络，进行各种信息交流活动。在网络中，每一个人都是一个相对独立的单元，柔性组织就是一个网络共同体。第五，再生能力。柔性组织成立的出发点就是为了适应环境的变化，要求构成组织的各要素及其组成方式在不同程度上与环境的变化相同步。总之，柔性组织的特征主要包括扁平的层级、分散决策、对模糊性的高度容纳、员工授权、再生能力和自组织单位。

与古典组织和现代组织相比，柔性组织的特点是：以少层次、网络型的组织结构代替多层次、垂直型组织结构，既提高了信息传递效率，也提高了工作效率；能够加强各部门之间的横向沟通，缩小和消除各部门之间的壁垒；以系统思想为指导，实行综合化管理，提高企业整体的反应灵敏度。古典组织和现代组织的前提是大规模生产，后现代组织的前提是柔性专业化。古典组织和现代组织的前提是技术决定论，后现代组织的前提是通过柔性制造系统和多用途信息系统来选择技术。古典组织和现代组织及其工作的特点是高度差异化、界限分明和缺乏技能，而后现代组织及其工作则具有高度相似化、界限模糊和复合技能的特征。古典组织和现代组织建立在紧密的雇佣关系基础上，后现代组织则发展了更多复杂、分割的关系形式，如转包契约和网络化。柔性是组织卓越性的标志，越来越多的学者认为，企业组织不再来自于专门化的惯例，而是来自于企业的适应能力，即柔性化能力。高绩效表现的企业必须具备极强的柔性化能力。柔性化能力已经成为企业成功的必备条件。当然，柔性企业并不是一种简单的商业时尚，也不是一个所有公司都应尝试的一次的计划；它代表一种根本不同的管理与组织原则，一种不同的指导公司生存的方法。柔性意味着企业强调仅仅一个标准会导致企业进入永无止境的失败循环之中。因此，柔性企业既能促进创造力、创新和速度，又能保持协调、专注和控制。

柔性组织的效率首先表现在学习型组织的能力上。学习型组织就是指具有良好学习功能的组织。从目的上看，它强调培养企业不断改善自身收集、管理与运用知识的能力，形成企业的强大生命力。从过程上看，它强调持续的组织学习，即通过各种途径和方式，不断获取知识，在组织内传递知识并创造出新知识，以增强组织自身能力，提高组织的适应性和效率。从手段上看，它要求有顺畅的信息沟通和交流渠道，实际上就是要求建立系统的企业内外网络，确保能够不断地发现、应用和创造知识与信息。从基础上看，它强调组织中每个员工都应具有强烈的学习愿望，都应拥有个人发展才能的空间，并且能够自觉协调个人发展目标与组织整体目标之间的关系，实现自我超越。通过学习型组织的构建，能够实现员工和组织的共同学习，提高员工和组织的适应环境、自我调整、开拓创新的能力，从而使企业真正具有进行柔性组织的特征。

其次表现在扁平层级的结构上。与学习型组织的构建相适应，柔性组织管理的实现还有赖于扁平型组织结构的建立。扁平型组织结构以网络化为基础、以扁平化为特点，即是以管理信息化、网络化为技术支撑而建立起来的具有快速灵敏市场反应力的组织结构。信息交流和处理技术的自动化、高效化和网络化，有利于提高信息传递效率，减少中间管理环节。

柔性组织主要有虚拟组织和虚拟团队、项目小组、网络组织和无边界组织及自我管理小组等类型。各式各样的虚拟组织和团队是知识创新的源泉，它们努力为企业的发展提供创新性的建议与方案，增强企业的适时学习能力，使企业成为一个真正的学习型企业。虚拟组织和团队的本质特点是以顾客为中心，以机会为基础，具有一整套清晰的、建立在协议基础上的目标。该种组织形式能快速有效地集聚与整合企业内外资源，具有敏锐的市场反应力，可以降低交易时间及成本，减少经营风险。

从组织形式的基础——人性假设的不同类型来看，"复杂的知识人"首先是先进技术和知识要素的所有者，在技术系统和知识要素日益主导生产效率的背景下，在各类人性假设类型中，"知识人"代表着最高的效率。其次，"复杂的知识人"个体错综复杂的动机模式和高层次的动机水平更易形成柔性企业有效的激励模式，这同样容易实现更高的绩效。总之，在"复杂的知识人"假设条件下，柔性组织是一种具有弹性的即具有适应性、创新性、学习性及敏锐性的新型的组织形态，也是在高度复杂和不确定的当今社会最容易实现经济绩效的组织形式。

五、小　结

人性假设是对人的质的规定性的认识，是管理理论、管理实践和组织形式存在的基础，因为人的所有物的技术特性影响甚至决定了人的本质，随着技术的变化，人性假设也会随之发生变化，在新的技术条件下，计算机技术和网络技术的深刻影响下，知识日益成为企业的核心生产要素，"知识人"假设愈加接近后现代公司的人性假设，由于知识人的价值取向多样复杂，"复杂的知识人"就成为我们研究组织形式的人性基础。通过分析知识员工的特征和知识要素的作用特点，归纳出"复杂的知识人"人性假设的个体特点，而在新技术条件下不确定性和复杂的环境中，组织柔性化是组织变革的方向，因此在"复杂的知识人"假设下，柔性组织形式的特点决定了其是企业适应复杂多变的不确定性环境的最佳选择，柔性甚至是卓越企业的标志。柔性企业既满足了企业生产对数量效率的要求，又同时能够实现产品高质量的目标；在市场上能应对激烈的竞争，也能满足多变的消费需求。总之，影响经济绩效的主要因素在于适合不同人性假设的合适的组织形式，在复杂的知识人假设下，柔性企业将始终是经济绩效的代名词。

参考文献

［1］R. 科斯，A. 阿尔钦，D. 诺斯，等 . 财产权利与制度变迁 . 上海：上海三联书店，1994.

［2］道格拉斯·诺斯，罗伯特·托马斯 . 西方世界的兴起 . 北京：华夏出版社，1989.

［3］C. 曼特扎维诺斯，C. 诺斯，S. 沙里克 . 学习、制度与经济绩效 . 经济社会体制比较 . 2005，3.

企业理论的演进及其价值取向

● 黄晓波[1,2]

（1　湖北大学商学院　武汉　430062；2　武汉大学工商管理博士后流动站　武汉　430072）

【摘　要】传统企业理论主要形成和发展于工业经济时代，建立在"自利性假设"和"最大化原则"的基础上，遵循"资本雇佣劳动"的逻辑，财务资本拥有企业的所有权。企业注重生产效率的提高，生产性是企业的本质属性。20 世纪 70 年代以来，随着知识经济的兴起和可持续发展观念逐步深入人心，企业理论正经历着深刻的变革，主要表现在：企业性质理论从生产性到契约性的转变，企业价值创造理论从可变资本创造价值到"广义资本"共同创造价值的转变，企业管理理论从"手段人"到"目的人"的转变。企业理论的演进呈现出公正性、利他性、人本性等价值取向。

【关键词】契约性"广义资本"　"目的人"公正性　利他性　人本性

一、企业性质理论的演进：从生产性到契约性

（一）企业的契约性质

在新古典企业理论中，企业是一个同质的专业化的生产单位，是把一系列同质的投入品（劳动和资本）有效地转化为一系列产出的"生产函数"，生产性是企业的本质属性。新古典企业理论关于企业性质的认识可概括为以下几点：（1）企业的生产性。企业是一个生产单位或生产函数，企业的产量（Q）是企业两大生产要素劳动（L）和资本（K）的函数，即 $Q = Q（L，K）$。（2）企业生产要素的同质性，即只有数量上的区别，没有质量上的差异。（3）企业生产的专业化。企业为了交换而进行生产，企业生产的产品不是供自己消费。（4）企业是一个理性的"经济人"，利润最大化是企业的唯一目标。（5）市场是完全竞争的，生产要素是充分流动的。企业可精确地计算生产要素的投入和产出，可使其边际成本等于边际收益，从而实现利润最大化。新古典经济学家相信，市场价格这只"看不见的手"可实现经济资源的最优配置。

科斯（Ronald H. Coase）对新古典企业理论提出了意义深远的质疑："如果生产是由价格变化指导的，没有组织，生产仍可以进行，我们就不禁要问，组织为什么存在呢？"① 科斯认为，企业在一个专业化交换经济中出现的根本原因是节约交易费用，企业在本质上是对市场的一种替代。科斯指出："市场的运行是有成本的，通过形成一个组织，并允许某个权威（一个'企业家'）来支配资源，就能节约某些市场运

---

① 罗纳德·科斯. 企业的性质//路易斯·普特曼，兰德尔·克罗茨纳. 企业的经济性质. 上海：上海财经大学出版社，2000：78.

行成本。""企业的显著特征是作为价格机制的替代物。"① 1983 年，张五常（Steven N. S. Cheung）进一步在《企业的契约性质》（*The Contractual Nature of the Firm*）中指出，企业本质上是用一种要素契约取代了商品契约。"说一个'企业'取代'市场'是不太正确的，不如说一种契约形式取代另一种契约形式"，"当商品市场发生的交易（定价）费用的节约在边际上等于新兴的要素市场中代理费用（也是交易费用）的增加时，就达到了均衡"②。

20 世纪 90 年代中期，我国经济学家开始探讨企业的性质、企业的最佳契约安排等基本的企业理论问题，以张维迎为代表的学者倡导"资本雇佣劳动"的逻辑。1994 年，张维迎在其博士论文《企业的企业家——契约理论》中，提出并论证了"为什么资本雇佣劳动"。张维迎把科斯开创的企业理论概括为三句话，即企业的契约性、契约的不完备性和企业所有权的重要性。

张维迎严格区分了财产所有权和企业所有权，"财产所有权与'产权'是等价概念，指的是对给定财产的占有权、使用权、收益权和转让权，而企业所有权指的是企业的剩余索取权（residual claim）和剩余控制权（residual rights of control）"③。剩余索取权是指对企业收入在扣除所有固定的合同支付的余额的要求权，剩余控制权是指在契约中没有特别规定的活动的决策权。"企业是一个不完备契约意味着，当不同类型的财产所有者作为参与人组成企业时，每个参与人在什么情况下干什么、得到什么，并没有完全明确说明……要使所有企业成员都得到固定的合同收入是不可能的……契约可以规定所有成员都是剩余索取者（即剩余分享制），但不可能规定企业成员都是固定收入索取者……契约可以规定所有企业成员都有控制权（即控制权分享制），但不能规定没有人有控制权。""（企业所有权）的最优安排决定于每类成员在企业中的相对重要性和对其监督的难易程度……给定契约不可能完备（从而不可能让每个成员对自己的行为完全负责），让最重要、最难监督的成员拥有所有权可以使剩余索取权和剩余控制权达到最大限度的对应，从而带来的外部性最小，企业价值最大。"④ 对企业的所有权实际上是一种"状态依存所有权"（state-contingent ownership），即在不同的状态下，企业为不同的利益相关者所有。

以周其仁为代表的一些学者认为，"资本雇佣劳动"的命题是由含糊的资本概念支撑着，企业是一个人力资本与非人力资本的特别合约，那些消极的物质资本向来都是掌握在拥有企业家人力资本的人手中。周其仁强调人力资本的产权特性，"第一，人力资本天然只能属于个人；第二，人力资本的运用只可'激励'而无法'榨取'"⑤。人力资本的产权特性决定了企业合约的特殊性，决定了激励性契约——企业制度的重要性。张维迎赞同人力资本与其所有者的不可分离性，但却认为正是这种"不可分离性"为"资本雇佣劳动"提供了解释：第一，人力资本与其所有者的不可分离性意味着人力资本容易"偷懒"，而非人力资本与其所有者的可分离性意味着非人力资本容易受到"虐待"；第二，非人力资本与其所有者的可分离性意味着非人力资本可能被其他成员作为"人质"，非人力资本的所有者具有在一定程度上对其他成员提供保险的能力，而人力资本的所有者不具有这种能力；第三，非人力资本所有者的承诺比人力资本所有者的承诺更值得信赖，因为一个只有人力资本而没有非人力资本的人就类似一个没有庙的和尚，怎能得到别人的信赖呢？

杨瑞龙、周业安等在借鉴国外 20 世纪 80 年代兴起的"利益相关者理论"的基础上，指出物质资本和人力资本都是应该得到承认和保护的平等的产权主体，最优的企业治理结构应该是允许众多利益相关者

① 罗纳德·科斯. 企业的性质//盛洪. 现代制度经济学（上卷）. 北京：北京大学出版社，2003：103-117.

② 张五常. 企业的契约性质//盛洪. 现代制度经济学（上卷）. 北京：北京大学出版社，2003：140-156.

③④张维迎. 所有制、治理结构与委托——代理关系//张维迎. 企业理论与中国企业改革. 北京：北京大学出版社，1999：69-96.

⑤ 周其仁. 市场里的企业：一个人力资本与非人力资本的特别合约. 经济研究，1996，6：71-79.

共同治理。张维迎认为，利益相关者模式存在两大局限性，不适合作为公司治理的标准模式：第一，利益相关者模式不能对企业以什么样的目标作为决策目标做出明确的回答。要求经理人对利益相关者负责，实际上把企业由一个经济组织变成了一个政治组织，向所有利益相关者负责的经理人与声称向全体选民负责的政治家具有某种类似性。第二，在利益相关者模式下，无法用统一的指标体系对一个经理人的业绩做出评价。强调经理人对所有利益相关者负责的结果是：企业变得像政府一样，不存在有效的激励机制。

谢德仁对企业这组合约的本质进行了进一步的探究，认为要素所有者转让给企业的是要素使用权，因此，企业是要素使用权交易合约的履行。"要素所有者之间的关于要素使用权交易的不完备合约，其签订构成了要素市场，其履行构成了企业。"① 杨其静在其博士论文《企业家的企业理论》中指出，主流企业理论以股东为代表的投资者作为理论研究的逻辑起点，其本质是资本家的企业理论。但是，分散的资源只有经过企业家的努力才能整合为一个有机整体，企业家是企业最初的中心签约人，是企业天然的逻辑起点。刘长庚、高连水、罗志在对企业的生产性和契约性（交易性）进行整合的基础上，提出了企业的联合产权制度性质理论。

（二）企业的契约关系透视

1. 契约与契约关系

契约（contract）即合同、合约或协议。在法律上，契约关系因个人的自由合意而产生，契约的签订必须依据双方的意志一致同意而成立，缔约双方必须同时受到契约的约束，即"契约是由双方意愿一致而产生的相互间法律关系的一种约定"②。在经济学中，契约的内涵非常宽泛，实际上是将所有的市场交易（人与人之间的关系③）都看成是一种契约关系。市场是商品交易合约，企业是生产要素交易合约。契约是对各种交易活动自由平等的规制，契约是人的自由意志的结果，平等是社会契约的首要条件。自由、平等、互利、诚信是缔约的基本原则。

契约理论的发展经历了三个阶段，即古典契约理论、新古典契约理论和现代契约理论。古典契约思想可追溯到古希腊，在罗马法体系中，规定了契约自由的原则。古典契约理论认为，人是生而平等的，契约是具有自由意志的当事人自主选择的结果，不受任何外来力量的干涉。平等思想和自由观念是古典契约理论的核心。以亚当·斯密为代表的古典经济学家"自由放任"的经济思想和"看不见的手"的经济主张，与古典契约理论是一脉相承的。此外，古典契约是个别的、不连续的、即时的，契约对交易双方的责任、权利和义务作出了明确的规定，一旦交易完成，交易双方的契约关系就不复存在了。

与古典契约不同，新古典契约关系是一种长期的契约关系。新古典契约是抽象的、完全的，"契约条款在事前能明确地写出，在事后能完全地执行。当事人还能够准确地预测在执行契约过程中发生的不测事件，并能对这些事件作出双方同意的处理"④。新古典契约是实现均衡的手段，在供求不平衡时，交易双方可按不同的价格重新签订契约，直到市场均衡为止。

但是，由于社会经济环境的不确定性、人的有限理性，以及信息不完全和不对称，契约总是不完备的。缔约之前，缔约双方不可能完全预见契约期内可能发生的所有情况；缔约过程中，缔约双方不可能用清晰的语言写清楚所有条款；缔约之后，缔约双方可能对契约条款产生分歧。现代契约理论正是从契约的

---

① 谢德仁. 企业的性质：要素使用权交易合约之履行过程. 经济研究，2002，4：84-90.
② 查士丁尼. 法学总论. 北京：商务印书馆，1989：159.
③ 人类的经济活动可以分为两类：一类是生产活动，即人对自然的经济活动；另一类是交易活动，即人对人的经济活动。参见：盛洪. 分工与交易. 上海：上海三联书店、上海人民出版社，1994：88.
④ 科斯，哈特，斯蒂格利茨等. 契约经济学. 北京：经济科学出版社，1999：6-18.

不完全性着手，对企业的契约性质、企业的契约机制等问题进行了深入的研究。

2. 从交易视角看企业的契约关系

（1）交易一般。"交易"（transaction）意指交互影响的活动，是所有不同的人与人之间的交互活动。交易活动与生产活动的区别主要表现在：第一，生产活动的对象是自然界，交易活动的对象是人；第二，生产活动在理论上可以一个人单独进行，交易活动在起码有两个人时才发生；第三，单独的生产活动中没有利益冲突，主要受生产技术的影响和决定，而在交易活动中，利益冲突是不可避免的，所以，制度至关重要。

近代制度经济学的代表人物康芒斯（John R. Commons）把经济关系的本质归结为法律上所有权的交易，"交易是所有权的转移"，"不是实际'交货'那种意义上的'物品交换'，它们是个人与个人之间对物质的东西的未来所有权的让与和取得"，"这些权利的转移，必须按照社会业务规则先在有关方面之间谈判，然后劳动才能生产，或者消费者才能消费，或者商品才会实际交给其他的人"①。

康芒斯把交易分为三种类型：买卖的交易（bargaining transaction）、管理的交易（managerial transaction）和限额的交易（rationing transaction）。买卖的交易即市场交易，表现为平等的市场主体之间的自愿交换。管理的交易即企业内交易，表现为企业长期契约规定的上下级之间的命令和服从关系。限额的交易即政府交易，表现为政府与公民之间的关系。这三种交易分别对应着现代社会中的三种制度安排，即企业、市场和政府，三种交易的不同组合，构成了不同的经济体系②。

（2）基于交易范式的企业契约关系。契约是交易的载体，交易是契约的基本内容。企业的契约关系可分为三类：一是市场交易契约，包括商品市场交易契约、资本市场交易契约和劳动力市场交易契约。商品市场交易契约反映企业与供应商、客户之间的商品购销和货款结算关系；资本市场交易契约反映企业与股东、债权人之间的投融资关系和收益分配关系；劳动力市场交易契约反映企业与员工之间（横向）的劳动雇佣关系。二是企业内交易契约，反映企业内部上下级之间（纵向）以及各部门之间的责、权、利关系。三是企业与政府之间的契约：一方面，政府作为社会事务的管理者，为企业提供了基础设施和安定的环境，企业应向政府纳税，企业与政府之间的这种关系表现为税收契约；另一方面，政府是自然资源的所有者和保护者，企业应向政府支付相应的资源使用费或税金。企业的交易契约类型及其体现的契约关系如表1所示。

表1　　　　　　　　　　　企业的交易契约类型与契约关系

交易类型	契约类型		契约关系
市场交易	市场交易契约	商品市场交易契约	购销关系
		资本市场交易契约	投融资关系
		劳动力市场交易契约	雇佣关系
企业内交易	企业内交易契约	纵向交易契约	隶属关系
		横向交易契约	合作关系
政府交易	政府性交易契约	税收契约	征纳关系

① 康芒斯. 制度经济学（上册）. 北京：商务印书馆，1997：74-86.

② 盛洪认为，计划经济以限额的交易和管理的交易为主，市场经济以买卖的交易为主。参见：盛洪. 分工与交易. 上海：上海三联书店、上海人民出版社，1994：91.

3. 从利益相关者视角看企业的契约关系

（1）利益相关者理论。一般认为，"相关利益"是指在一个企业或一项活动中的利益关系或份额，是一种对应得物或应得权利的要求权。这种相关利益实际上是一种权益，既可以是以投入资本为基础，也可以是以法律或道德为基础；既可以是对财务利益的要求权，也可以是对非财务利益（如工作权利、安全性、环境保护等）的要求权；既可以是法定的权益，也可以是道义上的权益；可以是显性的权益，也可以是潜在的权益。相应地，利益相关者是在企业应享有各种权益的自然人或法人，是那些既对公司享有利害关系又对公司具有影响力的人或社会团体。

1963年，斯坦福研究所（SRI, Stanford Research Institute）首次提出了"利益相关者"（stakeholder）的概念，受到了学术界的关注。从20世纪80年代初开始，西方兴起了利益相关者理论。弗里曼（Freeman）把公司的利益相关者分为对企业拥有所有权的利益相关者（持有公司股票）、与企业在经济上有依赖关系的利益相关者和与企业在社会利益上有关系的利益相关者。弗雷德里克（Frederic）将利益相关者分为直接利益相关者和间接利益相关者，直接利益相关者与企业直接发生市场交易关系，间接利益相关者不与企业发生市场交易关系。查克汉姆（Charkham）按照是否存在交易性的合同关系，将利益相关者分为契约型利益相关者和公众型利益相关者。克拉克森（Clarkson）根据是否自愿在企业承担风险，将利益相关者分为自愿的利益相关者和非自愿的利益相关者；根据与企业联系的紧密性，将利益相关者分为首要的利益相关者和次要的利益相关者。米切尔和伍德（Mitchell & Wood）将利益相关者分为确定性利益相关者、预期性利益相关者和潜在的利益相关者。

20世纪末21世纪初，利益相关者理论受到了我国学者的重视。万建华、戴志望、陈建等把企业利益相关者分为两个层级：第一层级包括财务资本所有者（股东和债权人）、人力资本所有者（经营者与雇员）、政府、供应商和客户等；第二层级包括社会公众、所在社区、环保组织等其他利益相关者。杨瑞龙、周业安对企业利益相关者理论及其运用进行了系统研究，提出了利益相关者合作逻辑下的企业共同治理机制。李心合提出了对利益相关者构成的五种理解：小口径（股东）、小中口径（股东、顾客、员工）、大中口径（股东、顾客、员工、债权人、供应商）、大口径（股东、顾客、员工、债权人、供应商、政府、社区、市场中介组织、财务分析师、舆论影响者、社会公众）、特大口径（除大口径之外，还包括自然环境、人类后代、非人类物种）。王竹泉在对国内外关于利益相关者分类的研究进行了系统梳理的基础上，按是否参与集体选择将利益相关者分为企业内部利益相关者和企业外部利益相关者，并提出了"利益相关者会计"，认为"利益相关者会计"最核心的问题是内部利益相关者的共同利益（包括共同利益总额及共同利益在各内部利益相关者之间的分配）以及外部利益相关者的外部性的确认与计量问题。

总之，利益相关者理论认为，企业的利益相关者不仅包括企业的股东、债权人、雇员、消费者、供应商，也包括政府部门、本地居民和社区等，还包括自然环境、人类后代、非人类物种等受到企业经营活动直接或间接影响的客体。这些利益相关者都对企业的生存和发展注入了一定的专用性投资，或承担了企业的经营风险，为企业经营活动作出了一定的贡献。所以，它们应在企业拥有相应的权益，应从企业得到相应的报酬或补偿。企业不能仅对股东负责，而应对所有利益相关者负责；企业不能只追求利润最大化，而应承担包括经济责任、法律责任、道德责任和慈善责任在内的多项社会责任。20世纪80年代以来，美国29个州相继修改《公司法》，从法律上明确了利益相关者的权益并予以保护。我国《上市公司治理准则》第81条规定："上市公司应尊重银行及其他债权人、职工、消费者、供应商、社区等利益相关者的合法权利。"

（2）基于利益相关者理论的企业契约关系：综合性社会契约。交易是人与人之间的经济活动，交易契约体现了人与人之间的经济关系。企业是一系列交易契约的耦合体①，包括明文规定交易双方权利和义务的显性契约和由交易习惯、社会惯例等规制的隐性契约。企业的交易契约体现了企业与所有利益相关者之间的经济关系。美国管理学家多纳德逊和邓非（Donaldson & Dunfee）将企业与利益相关者之间所遵循的所有契约形式总称为综合性社会契约（integrative social contracts），如表 2 所示。

表2 企业的交易契约与利益相关者

企业的交易契约	利益相关者
商品市场交易契约	供应商、客户
资本市场交易契约	股东、债权人
劳动力市场交易契约	经营管理者、员工
企业内纵向交易契约	领导者与被领导者
企业内横向交易契约	合作单位
政府性交易契约	政府部门（社会管理者、自然资源所有者）

二、企业价值创造理论的演进：从可变资本到"广义资本"

1. "价值"、"财富"和"企业价值"的界定

在日常生活中，人们一般在使用价值的意义上运用价值概念，即"价值"是指"事物的用途或积极作用"。随着劳动产品转化为商品，人们发现一种物品除了能满足个人需要（即有使用价值）外，还能用来交换其他物品（即有交换价值）。亚当·斯密明确地区分了使用价值和交换价值，"价值一词有两个不同的意义。它有时表示特定物品的效用，有时又表示由于占有某物而取得的对他种货物的购买力。前者可叫做使用价值，后者可叫做交换价值"。亚当·斯密指出："劳动是衡量一切商品交换价值的真实尺度。"②这就是劳动价值论。

在政治经济学中，"财富"与"价值"是两个完全不同的概念。活劳动是价值的唯一源泉，但对财富是由哪些生产要素创造的，却存在许多不同的理论观点。不同的经济学家限于所处的时代背景，对此作出了不同的回答。以威廉·配第为代表的重农学派认为，财富是劳动和自然物质相结合的产物，"土地为财富之母，而劳动则为财富之父和能动要素"③。重农主义者认为，农业是财富的源泉，只有农业活动是生产性的，而商业、制造业都是非生产性的。货币本身不是财富，只是财富的衡量标准。随着资本主义制度的形成，资本在财富创造中的作用显现出来。于是，法国经济学家萨伊（J. B. Say）提出了三要素理论，认为商品生产源于三种生产要素，即土地、劳动和资本。19 世纪末 20 世纪初由泰罗（Frederick Taylor）、法约尔（Henri Fayol）等开创的科学管理，大大提高了企业的生产效率。为此，英国经济学家马歇尔（Alfred Marshall）又提出了四要素理论，认为组织是与土地、劳动和资本一样的生产要素。20 世纪科学技术的飞速发展，科学技术在财富创造中的作用逐渐被人们认识到，技术也因此成为了一种生产要素。上述生产要素理论的发展表明，创造财富的生产要素不是一成不变的，随着社会经济环境的变化，人们对创

---

① 雷光勇修正了企业是一系列契约的联结或组合的说法，认为"联结"与"组合"有拼凑之意，而"耦合"可以表达出企业是具有生命力的有机体。参见：雷光勇. 会计契约论. 北京：中国财政经济出版社，2004：156.

② 亚当·斯密. 国民财富的性质和原因的研究（上卷）. 北京：商务印书馆，1972：25-26.

③ 威廉·配第. 赋税论——献给英明人士. 北京：商务印书馆，1963：71.

造财富生产要素的认识也会发生相应的变化。在上述生产要素理论中，"土地"这一生产要素实际上是一切自然资源的载体，代表一切能够被人类认识和利用的自然资源①。所以，可以认为，在现代社会，财富的生产过程是自然过程、人类过程和社会过程的统一，劳动、资本、技术、组织、自然资源和生态环境等是创造财富所必需的要素。

本文所讲的价值创造理论不是有关"商品价值"决定理论，而是指"企业价值"决定理论。"企业价值"是企业创造的财富，一般是指企业的利润②或绩效。企业价值创造理论研究的主要问题是企业财富或利润是如何产生的，又如何得以长期维持。

2. 企业价值创造理论的演进

马克思对剩余价值和利润的性质进行了区分，剩余价值是可变资本的产物，利润则被看做全部预付资本的产物。同时，马克思指出，剩余价值是利润的转化形式，"剩余价值，作为全部预付资本的这样一种观念上的产物，取得了利润这个转化形式"③。所以，尽管剩余价值和利润的性质不一样，但从企业层面上看，马克思所说的"剩余价值"的总和，也可看做"企业价值"。根据马克思的论述，资本不同组成部分在资本价值增值过程中执行着不同的职能：变为生产资料的那部分资本（不变资本）在生产过程中并不改变自己的价值量，其价值转移到产品中去了；变为劳动力的那部分资本（可变资本）在生产过程中改变了自己的价值量，产生了剩余价值。显然，在马克思看来，企业价值是由劳动力（可变资本）创造的。

穆勒把企业的利润分成三个部分：一是资本利息，二是冒风险的代价，三是管理人员的报酬，或监督工资，或经理工资。尽管穆勒所讲的"利润"并不是严格意义上的利润，但这三个构成部分表明，利润来源于物质资本、机会成本和人力资本。

弗兰克·奈特（Frank H. Knight）在1921年出版的《风险、不确定性与利润》（*Risk, Uncertainty and Profit*）一书中提出了"风险"理论，认为"利润实际上与经济变化有密切的联系……利润则显然是风险的结果，而且只是不可能度量的那种风险的结果"④。

在熊彼特看来，利润来源于企业家的创新。"企业家在变化不定的情况下作出的决定证明是成功的时候（利润）才出现，与所运用的资本多少没有确定的关系。""一旦企业家的作用已经完成，利润就会立即从企业家的手中溜走。"⑤

彭罗斯（Penrose）强调企业成长的内生性，强调企业内部的组织创造是企业成长的源泉。同时，彭罗斯也没有忽视外部环境对企业成长的影响。她认为，企业生产的根本问题在于有效地组织内部资源和外部资源以创造利润。钱德勒（Chandler）通过对美国大企业组织结构的转变的深入分析发现，组织结构对于更有效地利用企业资源具有决定性的意义，并最终决定企业的绩效。企业价值创造取决于资源的配置，依赖于企业家"利用企业的组织能力、设施和资本而制定战略，并为了实现战略而对资本、技术、管理能力、产品特性等各种资源重新进行设置"的能力⑥。普拉哈拉德（C. K. Prahalad）和哈默尔（Gary Hamel）认为核心能力导致了公司间绩效的差异，核心能力是企业价值的源泉。埃里克森、米克尔森等认

---

① 参见：滕泰. 新财富论. 上海：上海财经大学出版社，2006：22-23.

② 在财务会计中，利润被明确地界定为收入与费用之间的差额，但在西方经济理论发展史中，对"利润"有各不相同的表述，如"报酬"、"绩效"、"企业成长"等概念都在一定程度上表达了"利润"的意思。这给下文的论述带来了一定的困难。参见：弗兰克·H. 奈特. 风险、不确定性与利润. 上海：上海商务印书馆，2006：20-45.

③ 马克思. 资本论（第三卷）. 北京：人民出版社，1975：44.

④ 弗兰克·H. 奈特. 风险、不确定性与利润. 上海：上海商务印书馆，2006：44-45.

⑤ 转引自：阎建军，杨复兴. 企业价值创造理论探析. 经济问题探索，2004，1：47-49.

⑥ 参见：贺小刚. 企业家能力、组织能力与企业绩效. 上海：上海财经大学出版社，2006：31.

为，核心能力就是组织资本与社会资本之和。

综上所述，社会和自然生态是企业存在和发展的两大基础，对自然法则的遵循和对人性的尊重是现代企业重要的责任和义务。现代企业总资本由财务资本（债务资本、权益资本）、人力资本、组织资本、社会资本、生态资本等构成。由于人力资本、组织资本、社会资本都以知识或智力为基础，所以也可统称为知识资本。所有这些资本的总和，称为"广义资本"，"广义资本"共同创造了企业的价值，如图1所示。

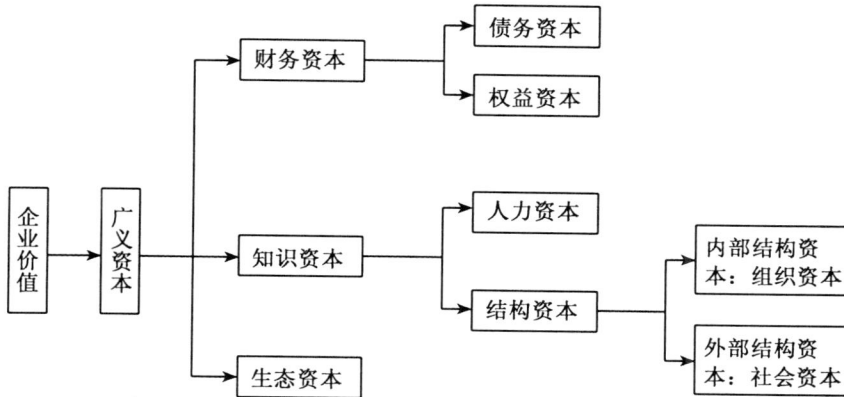

图1　企业价值的创造

三、企业管理理论的演进：从"手段人"到"目的人"

泰罗、法约尔等人在19世纪末20世纪初开创的古典管理理论深受亚当·斯密所提出的"经济人"假设的影响，认为工人的活动仅仅出于个人的经济动机。工人天生不喜欢劳动，只有金钱和其他物质利益才能激励工人努力劳动。1924年，梅奥（Elton Mayo）通过对"霍桑实验"结果的总结，提出了一系列不同于古典管理理论的观点，开创了行为科学学派。梅奥认为，工人不是"经济人"，而是"社会人"；金钱不是刺激工人积极性的唯一动力，社会的和心理的因素也影响人的积极性；生产率主要取决于工人的"士气"，而"士气"受工人家庭、社会生活以及企业中人与人关系的影响。1943年，马斯洛（Abraham Maslow）出版了《人类动机理论》；1954年，他又出版了《激励与个性》。在这两部书中，马斯洛提出了"需求层次理论"，认为人的需求按其重要性及发生的先后顺序，可以分为五个层次，即生理上的需要、安全的需要、社交的需要、自尊的需要、自我实现的需要。马斯洛认为，自我实现是人类需求的最高层次，人是"自我实现的人"，即人都具有发挥自己潜能和展现自己才能的愿望，只有将自己的才能展现出来，人们才会感到满足。所以，企业应当保证员工充分施展才能，充分发挥员工的主动性、积极性和创造性。

不管是"经济人"、"社会人"还是"自我实现的人"，都是"手段人"，都是把人看做生产经营的手段。研究人性的目的是为了提高人的工作效率，从而提高企业的生产效率，更好地完成企业的任务，实现企业的目标。20世纪80年代以后，随着文化管理和人本管理理论的兴起，"经济人"、"社会人"、"自我实现的人"等人性假设受到了越来越大的冲击，逐渐被"文化人"、"道德人"所取代，"手段人"逐渐被"目的人"所取代。

1980年，美国哈佛大学教授泰伦斯·狄尔和管理顾问艾伦·肯尼迪共同创造了文化管理理论。文化管理理论认为，管理的本质是如何对待人，管理内包含着把人当做目的这一根本的道德原则。文化管理理论强调共同的价值观、和谐的人际关系、卓越的团队精神以及参与式激励方式在管理理论与实践中的重要地位。1981 年，美国加利福尼亚大学的美籍日裔教授威廉·大内（William G. Ouchi）在《Z 理论——美国企业界怎样迎接日本的挑战》一书中指出，企业管理的核心是信任和关心员工，应激励员工参与企业管理工作，应对职工进行知识的全面培训，应处处显示对职工的全面关心。美国当代管理学大师德鲁克（Peter F. Drucker）坚持人本主义的价值立场，认为企业管理应当把人放在第一位。企业是员工赖以生存和发展的组织，不是雇主借以挣钱的机器，必须赋予员工以社会地位、社会权利和社会功能。人本管理把人的需要、人的权利、人的情感等摆到了十分重要的地位，强调企业即人，企业靠人，企业为人。所以，企业管理要尊重人、依靠人、发展人、为了人。

四、企业理论演进的价值取向

（一）公正性

在不同社会、在社会发展的不同阶段，公正范畴具有不同的内涵。在当代社会，公正范畴的基本含义包括以下几点。

1. 公正是权利与义务的有机结合

公正是权利与义务之间的关系，"是等利（害）交换的行为"①，权利与义务相等是公正的根本原则，即"一个人所享有的权利应该等于他所负有的义务，而他所行使的权利则应该至多等于他所履行的义务"②。公正可分为社会公正和个人公正。社会公正的根本问题是社会对于每个人的权利和义务的分配，一个人所享有的权利与他所负有的义务相等，是社会公正的根本原则；个人公正的根本问题是个人对社会所分配的权利的行使和义务的履行，一个人所行使的权利与他所履行的义务相等，是个人公正的根本原则。

2. 平等是公正的核心

公正的观念起源于平等，"公正的观念就他的起源来说，只不过是平等精神的表现而已"③。平等是公正的核心问题，包括基本权利的完全平等和非基本权利的比例平等。基本权利（人权）是每个人因其同样是缔结社会的股东之一而应平等享有的权利，是每个人因其同样是结成人类的一个人这一基本贡献而应平等地享有的权利。因为任何人只要生活在社会中，便为他人作出了一大贡献——缔结、创建社会，所以基本权利应依据这一基本贡献完全平等地分配。而非基本权利（非人权）则应依据每个人具体贡献的不平等而按相应不平等的比例分配，即谁的贡献大，谁就应该享有较大的非基本权利；谁的贡献小，谁就应该享有较小的非基本权利。每个人享有的权利虽不平等，但每个人享有权利的大小与自己所作出贡献大小的比例是完全平等的。罗尔斯指出，公正的基本原则是："所有的社会基本善——自由和机会、收入和财富及自尊的基础——都应被平等地分配，除非对一些或所有社会基本善的一种不平等分配有利于最不利者。"④

3. 生态经济公正是公正的重要内容

"生态经济公正"是指人们在开发利用自然、发展经济过程中要充分体现经济效益、社会效益和生态效益的统一、协调和平衡，是经济公平、社会公平和生态公平的有机结合。正如 1972 年联合国人类环境

①② 王海明. 公平、平等、人道——社会治理的道德原则体系. 北京：北京大学出版社，2000：15，36.
③ 参见：刘可风. 伦理学原理. 北京：中国财政经济出版社，2003：115.
④ 约翰·罗尔斯. 正义论. 北京：中国社会科学出版社，1998：292.

会议通过的《人类环境宣言》中所说："人类有权在一种能够过尊严和福利的生活环境中，享有自由、平等和充足生活的基本权利，并且负有保证和改善这一代和世世代代的环境的庄严责任。"① 为此，必须做到以下几点：第一，树立环境权利和环境义务对等的意识，把开发利用自然的权利和保护环境的义务有机统一起来。第二，在开发利用自然以发展经济的过程中，应该避免用破坏环境的方式进行环境权利侵害。第三，在构成环境权利侵害的情况下，应该自觉对他人或社会造成的损害进行必要补偿。

4. 代际公正

罗尔斯指出："不同时代的人和同时代的人一样相互之间有种种义务和责任。现时代的人不能随心所欲地行动，而是受制于原初状态中将选择的用以确定不同时代的人们之间的正义的原则。"② 社会资源是当代人和后代人共有的财富，任何人都不能因为代际不同这种偶然性而得利或受损，当代人应担负起在不同代际之间合理分配财富的伦理责任。所以，应确立可持续的发展观，即"既满足当代人的需要，又不对后代人满足其需要的能力构成危害"③。

上述企业理论的演进呈现出鲜明的公正性价值取向，主要表现在：第一，企业的契约性和契约的平等性意味着企业的契约当事人都是独立的、平等的产权主体，因为没有产权的人是无权签约的。所有签约人地位的平等性意味着每一签约人都在企业拥有基本的产权权益，而且这种权益至少在原则上应是平等的。第二，企业一方面拥有使用社会经济资源的权利，另一方面也承担起了对所使用资源的责任。企业使用的社会经济资源包括财务资源、人力资源、社会资源、生态资源等，同时企业应对所有这些资源的拥有者承担相应的责任。第三，企业的价值是"广义资本"共同创造的，理应由广义资本所有者一起分享，理应在广义资本所有者之间公平分配，即按每一种资本在企业价值创造中贡献的大小进行分配。

（二）利他性

传统企业理论形成和发展于工业经济时代，建立在"自利性假设"和"最大化原则"的基础之上。20世纪70年代以来，随着社会经济的发展和人类物质文化生活的不断丰富，企业的利他性逐渐显现出来。人们在已经积累了足够的财富之后，开始追求精神世界的极大丰富，追求文化生活的深入发展，追求社会的和谐与公正，而不再主要追求物质生活中的效率。人的天性中存在这样的可能，当物质生活富足起来之后，就开始追求精神世界的富足，而以放弃效率为代价。博弈论中著名的"囚徒困境"表明，"自利性假设"和"最大化原则"是不相容的。在"囚徒困境"中，两名当事人从各自的利益出发，结果却导致了非最大化的"纳什均衡"，博弈的结局并不符合个体博弈者的效用最大化原则。著名的"最后通牒"实验也表明，"自利性假设"和"最大化原则"并不符合实际。20世纪80年代中期，德国洪堡大学谷斯教授进行了一个著名实验——"最后通牒"：让两个实验对象分1 000美元，随机决定由一个人分配：如果另一个人接受，就按第一个人的方案分配；如果另一个人拒绝，则两个人1分钱也得不到。按照"自利性假设"和"最大化原则"，最优方案应该是：自己拿999美元，给对方1美元。但针对世界各种人群的反复实验表明，这种赤裸裸的"自利"行为从来没有发生过。上述企业理论的演进表明，在现代市场经济条件下，企业应将自利与利他统一起来，在利他中实现自利；企业应将竞争与合作统一起来，在竞争中合作，通过合作来竞争。

（三）人本性

传统企业理论遵循"资本雇佣劳动"的逻辑，非人力资本（财务资本）拥有企业所有权，人力资本

---

① 转引自：向玉乔.生态经济伦理研究.长沙：湖南师范大学出版社，2004：121.
② 约翰·罗尔斯.正义论.北京：中国社会科学出版社，1998：283.
③ 世界环境与发展委员会.我们共同的未来.长春：吉林人民出版社，1997：5.

在企业中处于被支配的地位。上述企业理论的演进表明，在现代企业中，人力资本在价值创造中的作用越来越大，人力资本拥有企业所有权是一种必然趋势。这是因为：第一，人力资本在社会形态上的专用性特征，使人力资本在投入企业之后，就成为了一种抵押品，这意味着人力资本所有者承担了较大的风险；与此同时，非人力资本所有者越来越多地转向以股票、债券等证券形式进行间接投资，而证券市场的发展使股东和债券人持有的证券很容易变现，非人力资本所有者很容易规避或转嫁投资风险。而让风险承担者拥有企业所有权是一种最优的所有权安排。第二，人力资本在自然形态上与其所有者不可分离，人力资本作用的发挥程度，与激励机制密切相关，而让人力资本拥有企业所有权是一种有效的激励手段。不是"消极资本"（纯粹财务资本）的存在，使人力资本所有者"有碗饭吃"，而是"积极货币"（人力资本）的存在，保证了企业非人力资本的保值、增值。对此，彼得·德鲁克深刻地指出，资本主义传统所赖以存在的基础之一——生产工具，如今事实上正由劳方所掌握，因为那些工具在他们的脑子里和手头上。

参考文献

[1] 彼得·德鲁克著．后资本主义社会．上海：上海译文出版社，1998.

[2] 陈宏辉，贾生华．企业社会责任观的演进与发展：基于综合性社会契约的理解．中国工业经济，2003，12.

[3] 程立显．伦理学与社会公正．北京：北京大学出版社，2002.

[4] 方竹兰．人力资本拥有企业所有权是一个趋势．经济研究，1997，6.

[5] 雷光勇．会计契约论．北京：中国财政经济出版社，2004.

[6] 李心合．利益相关者财务论．北京：中国财政经济出版社，2003.

[7] 刘长庚，高连水，罗志．论多维企业性质：交易性、契约性、生产性和联合产权制度性质．经济评论，2006，6.

[8] 刘思华．企业经济可持续发展论．北京：中国环境科学出版社，2002.

[9] 汪丁丁，叶航．理性的追问．桂林：广西师范大学出版社，2003.

[10] 王碧峰．公平与效率问题讨论综述．经济理论与经济管理，2006，3.

[11] 王海明．公正、平等、人道——社会治理的道德原则体系．北京：北京大学出版社，2000.

[12] 王竹泉．利益相关者会计的提出与会计信息披露的外部性．现代会计与审计，2006，1.

[13] 伍中信，张荣武，曹越．产权范式的会计研究：回顾与展望．会计研究，2006，7.

[14] 向玉乔．生态经济伦理研究．长沙：湖南师范大学出版社，2004.

[15] 杨其静．企业家的企业理论．北京：中国人民大学出版社，2005.

[16] 杨瑞龙，周业安．企业利益相关者理论及其应用．北京：经济科学出版社，2000.

[17] 张维迎．产权、激励与公司治理．北京：经济科学出版社，2005.

[18] 周其仁．市场里的企业：一个人力资本与非人力资本的特别合约．经济研究，1996，6.

用商业逻辑来解决贫困问题能行吗？

——评普拉哈拉德的著作《金字塔底层的财富》

● 刘林青[1]   施冠群[2]

（1，2 武汉大学经济与管理学院 武汉 430072）

商业世界瞬息万变，不断寻求新的思路是生存的必需。在人们都在瞄准高端人群的钱包，处心积虑地去迎合和满足他们的时候，"核心竞争力"概念提出者、著名管理思想家、商业大师普拉哈拉德，在其力作《金字塔底部的财富》中为如何帮助占世界人口大多数的贫困人口（形象地称为金字塔底层，BOP）提供了一种创造性的解决方案——挖掘金字塔底层市场，用商业逻辑解决贫困问题。在这本著作中，作者和他所领导的研究团队以栩栩如生的笔墨，向我们描述了发生在世界各地金字塔底部（BOP）市场中的创新实践，并对这些实践的理论内涵进行了深度挖掘。可以说，本书的内容将在一定程度上改变企业家、政府官员乃至普通大众对贫困问题及其解决方案的看法。企业家将认识到 BOP 市场的巨大商机，政府官员将严肃思考缓解贫困的创新方案，而普通大众则会以一种更为包容的心态去看待贫困问题。

一场伟大的思想革命

我们正在为世界上最贫穷的人们做着什么？为什么依靠现有的技术、管理知识和投资能力，我们仍不能为解决全球普遍存在的贫困问题作出更多的贡献？为什么我们不能创建更具有包容性的资本主义体系？解决这些问题，往往被视做政府或非政府组织（NGO）的工作，人们普遍认为以市场为基础的解决方案难以实现贫困的减少和经济的发展。政治家、官员和大型企业的经理人一致认为：穷人是各个国家的扶持对象。

长期以来，各国政府都致力于解决贫困问题，采取了发展援助、补贴、政府支持、基于本地化的非政府组织（NGO）创建、放松管制和公共财产私有化等多种措施，但是结果却是：1960 年初金字塔顶层、仅占全世界人口 20% 的富裕群体拥有全人类收入的 70%，40 年以后这一比例上升到 85%；而金字塔底层最贫困的 20% 的人口占有的收入则由 2.3% 下降到 1.1%。①

公共政策似乎出现失灵，是否可以通过市场来解决？为什么有了 NGO 的奉献以及对需要帮助的贫困群体的了解，我们不能让大公司参与进来？对此，大公司们往往开展一些带有慈善性质的"公司社会责任"计划，收效也不大。普拉哈拉德认为，如果是出于这样的动机，就只能勉强维系穷人和大公司之间的联系。虽然这能为穷人带来巨额的捐款，却不能与大公司的核心活动完全整合在一起。因此，要想这些大公司真心参与进来，保持热情和承担任务，就必须让经理们觉得有利可图。

参与贫困问题能让大公司有利可图吗？如果有，之前为何没有被发现呢？普拉哈拉德认为，无论是政府的援助计划还是公司的慈善活动，都基于一个错误的前提假设：传统上，贫困群体被视为经济发展的负

---

① 普拉哈拉德. 金字塔底层的财富. 北京：中国人民大学出版社，2005：1.

担或受害者，他们只能被动地接受赠与，无法主动地加入到财富创造过程中。结果是这一庞大群体对社会的依赖性日益增强，投入其中的经济资源也无从发挥效率。实际上，世界上最令人兴奋、增长最快的新兴市场就在世界经济的金字塔底层（BOP）——这个最意想不到的地方。整体上看，在全世界40多亿贫困人口中蕴藏着巨大的创业能力和购买能力。作为企业经营者，长期忽视BOP市场更意味着将犯致命的错误。为此，普拉哈拉德提出了一项非常简单又极有革命性的主张：如果我们不再觉得穷人是受害者或负担，而是开始把他们视为敏锐的、有创造力的企业家和有价值意识的消费者，将会开启崭新的机会之门。打破那种认为关注贫困人口市场只会分散公司营销精力，应该把贫困人口市场留给政府和非营利性组织的主导逻辑，将金字塔底层看做充满潜力的市场，不仅将为大公司和消费者带来经济利益，而且还可以为解决发达国家所面临的严重的政治和环境等问题作出贡献，无疑是一场伟大的思想革命。

双赢的共同创造解决方案

在书中，作者认为企业要想真正拥有BOP市场，必须创造出一种双赢的商业模式——与穷人共同创新。只有这样，穷人才会积极地参与进来，向他们提供商品和商品的公司才会有利可图。为此，作者向我们展示了大量令人信服的案例。联合利华公司在印度的子公司——印度利华有限公司在边远市场创建了肥皂产品的直接配送网络。该公司从当地乡村选择有企业家精神的女性，并将她们训练成为分销商，为乡亲们提供产品的教育、咨询和获取服务。这些熟谙产品需求的女性获得了60～150美元的月收入，为自己和家庭创造了新的消费能力。更重要的是，对于其所在乡村社区的消费者而言，她们成为启动消费的教育者和接触点。同样在印度，大型综合企业ITC公司推出了"乡村电子会所"计划，通过为乡村提供的个人电脑，农民不仅能够搜索当地农产品市场的价格信息，而且还能够查到芝加哥交易所大豆期货的价格。信息之门的敞开，使农民们能够决定卖多少、何时卖，极大地改善了获利能力。而ITC公司通过与农民建立的直接联系，大大节省了采购成本，并将更多的产品直接提供给当地农民。从以上的例子不难发现，BOP市场的开发将创造数以百万计的新型创业者，他们来自草根阶层，从女性分销员、女性企业家到乡村小业主。这些小型企业市场将成为商业生态系统的不可分割的一部分。

不仅如此，这个商业系统还必须有政府、非营利组织等多方组织的积极参与。为此，普拉哈拉德自己的这一消除贫困主张称为"共同创造"（co-creation）的解决方案，将私人企业、发展和援助机构、金字塔底层消费者、金字塔底层企业家、民间社团组织和地方政府纳入到共同的框架下工作，在经济发展的同时实现社会变革（如图1所示）。显然开发金字塔底层市场创造的财富有两层含义：一是生产发展、利润增加，这也是整个社会财富的增加；另一个也许更加重要，那就是使贫困群体的能力提高，获得脱贫致富的机会。正是从这种意义上说，开发BOP市场同时也是企业为解决贫困问题作出的重大贡献——这种贡献要远远大于出于同情心和社会责任感的慈善捐赠。因此，在BOP开发市场对企业而言是真正的双赢机会，既是企业获得新的发展的途径，同时也是企业社会责任的最佳体现。

对企业而言，金字塔底层市场不是一开始就有的，从本质上讲需要转变和市场的创新。普拉哈拉德认为观念转变的地方有两个方面：首先，不再把贫困群体看做社会负担或同情的对象，而是"开始将他们视为敏锐的、有创造力的企业家和有价值意识的消费者"，这样就可以"开启崭新的机会之门"；其次，为了有效地开发BOP市场并获得利润，必须彻底改变原有的经营理念。企业必须对原先定位于中产阶层以上的产品重新进行构思，以反映BOP市场完全不同的经济现实，那就是：包装单位小、单位利润低、销售量大。当然，分销网络的营建、当地企业家的积极参与、消费者的教育等，也都是需要考虑的战略问题。此外，企业需要把对BOP市场的开发纳入经营战略的核心之中，使之成为企业长期成长的一个主要因素。只有这样，才能确保高层管理人员的足够关注和持续的资源配置。只有实现了这些转变，BOP这

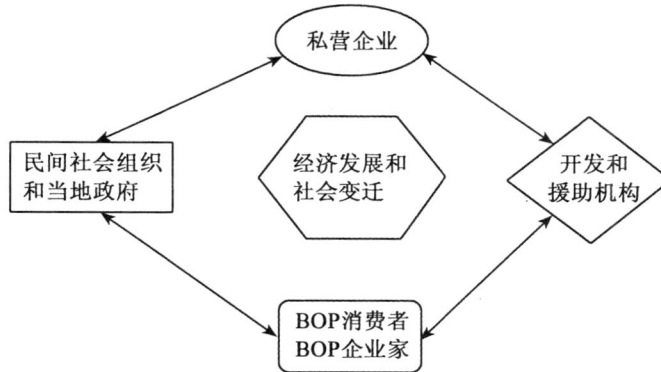

图 1　"共同创造"的解决方案

一潜在市场才能变为现实的市场。不仅如此，针对金字塔底层市场创新而言，普拉哈拉德总结出了 12 项基本原则，如关注（突破）价格表现；杂交解决方案，将新老技术混合于一体；发展可量度、可传输的商业运营模式，且要能跨越国界、文化和语言，等等。

消费者还是生产者

《金字塔底层的财富》被翻译成十多种文字，畅销全球的时候，对之的争论和批评也随之而来。最有影响力的批评来自普拉哈拉德教授的同事 Karnani 教授。Karnani 教授认为金字塔底层没有财富，对于大部分的跨国公司来说这个市场实际上是相当小的；消除贫困的唯一方式应该是将穷人看做生产者，而不是市场的消费者。有关"金字塔底层财富"争论详细内容请参见 Landrum 在《战略管理评论》2007 年第 1 期上发表的论文 *Advancing the "Base of the Pyramid" Debate*。

与此同时，与普拉哈拉德一起关注金字塔底层的早期合作伙伴，同样著有相关作品 *Capitalism at the Crossroads* 的哈特（Hart）教授则在试图将穷人视为商业伙伴和创新者，而不仅仅是潜在的生产者或消费者。为此，哈特教授还领导了"金字塔底层协议"（base of pyramid protocol）的开发。该协议实际上是一个创业流程，用来指导公司与低收入社区发展商业伙伴关系，从而达到"共同创造互惠互利的商业和市场"的目的。这一创业流程目前已经被一些公司采纳并使用。

究竟应该将穷人看做消费者还是生产者，或是其他？争论想必还会进行下去。这种争论不正显示出我们重新关注这本已在 2005 年出版的"老书"的重要性吗？

参考文献

[1] Landrum, N. E.. Advancing the *"Base of the Pyramid"*. Strategic Management Review, 2007, 1（1）.

[2] Prahalad, C. K.. Hart, S.. The fortune at the bottom of the pyramid. Strategy ＋ Business, 2002, 26.

[3] Hart, S. L.. Capitalism at the crossroads: The unlimited business opportunities in solving the world's most difficult problems. Upper Saddle River, N. J.: Wharton School, 2005.

[4] Base of Pyramid Protocol, http://www.bop-protocol.org/index.html

[5] Karnani, A.. The mirage of marketing to the bottom of the pyramid. California Management Review, 2007, 4.

[6] C. K. 普拉哈拉德. 金字塔底层的财富. 北京：中国人民大学出版社, 2005.

结合新企业生成与成长的内在规律阐释创业管理知识

——评夏清华教授编著的《创业管理》

● 张玉利

（南开大学商学院　天津　300071）

　　20 世纪 80 年代以来，伴随着人类社会从工业社会向信息社会的转型、信息和网络技术的普遍应用、资源全球化流动等多方面的因素，创业活动热潮在全球范围内兴起。与创业实践相呼应，创业研究与教育工作也迅速在学术界和教育界受到普遍重视。进入新世纪以来，我国也开始重视创业教育工作，短短几年的时间，教育部直属重点大学、MBA 培养院校、高职高专院校，大多启动了创业教育项目，开设了相关课程，有的院校甚至把培养学生的创新创业技能作为主要的办学特色。党的"十七大"工作报告把以创业推动就业作为重要的战略举措、政府鼓励大学生创业、社会各界重视创业等，这些都必将进一步推动我国的创业教育工作，也必将对创业管理教材产生巨大需求。然而，由于创业研究工作起步相对较晚、管理教育长期不重视创业教育等多方面的原因，创业管理方面的教材十分匮乏，有的教材并没有真正体现创业的本质，而是在冠以创业管理名称下泛泛地介绍一般的企业管理知识。武汉大学经济与管理学院教授夏清华博士 2007 年在武汉大学出版社出版的《创业管理》教材在克服教材短缺的问题上作出了有益的贡献。

　　美国考夫曼基金会创业领导中心这样定义创业教育——创业教育是向个体提供把握别人没有注意到的机会所需知识和技能的过程，是培养学生在别人犹豫不定的问题上具有洞察力和自信心的过程。创业教育要在机会识别、整合资源以应对风险、创建企业方面给学生以具体的指导，同时要在新创建企业管理方面提供学生必要的知识，如商业计划书的编写、资本开发、营销和现金流分析等。创业教育的首要目标是增加学生对新创事业创建与管理过程的认知与了解，其次为了增加学生职业生涯发展中的创业选项。夏清华教授编写出版的《创业管理》教材最为显著的特点就是结合新企业生成与成长的内在规律阐释创业管理知识。

　　创业管理教材短缺的原因一方面是因为创业教育启动相对较晚，缺乏经验积累；另一方面是因为创业研究相对滞后。

　　事实上，学术界对创业现象的关注早就开始了，很多学者包括熊彼特、德鲁克等著名学者在内都注意到创业者及其创业活动对经济与社会发展的巨大贡献。但在很长时间（20 世纪 70 年代以前）里，人们一直坚持认为创业的成败主要取决于创业者的个人禀赋，进而把创业者的特质作为主要的研究重点。这实际上隐含了创业技能不可以学习也无法传授的基本认识，创业教育自然也就不会受到重视。如果秉持这样的观点，也就无法编写出真正意义上的创业管理教材。

　　20 世纪 80 年代以来，创业研究领域抛弃了特质论的基本观点，转向研究创业过程和创业活动，越来越多的学者涉足创业研究领域，从机会、社会资本、创业决策等多个视角挖掘包括创业者贡献在内的更多影响创业成功与失败的关键因素，而且启动了旨在揭示创业过程内在规律和机理的新企业生成过程研究，积累了大量的研究成果。本书作者多年来关注创业研究工作，取得了丰富的研究成果，同时积累了大量的企业案例资料。在此基础上，夏清华教授以新企业生成与初期成长为主线，在其编著的《创业管理》教材中围绕创业机会、创业决策、创业融资、创业机会、新企业建立、新企业的生存与成长等创业活动所涉及的关键问题和环节，较系统地阐释了创业管理知识，对提升读者的创业技能具有重要作用。

基于对创业管理知识的介绍，作者强调创业管理与一般管理的差异，目的是引导读者关注创业活动的独特性以及与一般管理知识的相互补充。提升创业技能，需要了解和掌握创业管理的基本知识，更需要把握创业活动的独特性。只有这样，才能增加对新创企业或事业创建与管理过程的认知与了解，才能更好地把握创业者的企业家精神。这不仅有助于对新创企业或事业的管理，也有助于把企业家技能和精神运用于现存企业包括大企业的经营管理活动中，提升企业的竞争力。

本书作者编写的《创业管理》教材以新企业的生成与成长为主线介绍创业管理知识，目的是便于读者理解，但教材中所介绍的创业管理知识并不局限于新企业。新企业的创建是创业活动的重要形式之一，新事业的开发乃至公司战略变革、多元化等都可以纳入创业管理范畴。创业管理知识可以用于很多领域，这也是学者们致力于发展创业学科体系的主要原因。

在把握住教材主线的基础上，夏清华教授收集编写了大量的案例，在可读性和帮助读者思考和练习方面做了大量工作。这在创业教育起步时间较短的情况下显得尤为必要。

创业不仅是创办新企业，开创新事业。创新和创业技能的培养对个人的职业发展很有必要，在建设创新型国家的今天显得尤为必要。在客观形势的推动下，创业教育必将得到更快的发展，需要更多的学者投身于创业研究与教育工作中，共同推动我国的创业研究和教育工作。

《珞珈管理评论》投稿体例要求

一、来稿请用 A4 纸单面打印，打印稿邮寄至湖北省武汉市武昌珞珈山武汉大学经济与管理学院《珞珈管理评论》编辑部；邮编：430072。相应的电子稿请发至我们为投稿所设的电子邮箱：ljglpl @ 163. com。

二、在第 1 页只须写出论文的中文标题和英文标题、作者姓名、单位、通信地址、邮编电话及电子信箱地址；第 2 页及以后的内容是文章标题、摘要、关键词、正文、注释和参考文献。

三、来稿以 8 000 字左右为宜。限于财力和人力，来稿一律不退。

四、投稿者来稿时提供：100 ~ 200 字的论文摘要（浓缩基本观点），不需要译为英文。

五、来稿注释一律用脚注，请勿用尾注。注释采用实注，详细标出引文页码；不要采用国外的虚注（即括号中人名加年代的注释法）；参考文献则一律放在文后，不必标注引文页码。请遵照"参考文献著录规则"将正文中的脚注与文后的参考文献规范化（见附录）。

附录：参考文献著录规则

1. 脚注在正文中的标注格式

1.1 按正文中引用文献出现的先后顺序用阿拉伯数字连续编码，并将序号用右上标①、②、③标示。

1.2 同一处引用多篇文献时，将各篇文献序号间用"，"间隔。如遇连续序号，可标注在一起。

1.3 中国著者姓名的汉语拼音按 GB/T 16159—1996 的规定书写，名字不能缩写。

   示例：Zheng Guangmei。

1.4 正确著录期刊文献的年、卷、期

   示例：年，卷（期）：2005，10（2）

1.5 脚注中各部分的顺序为：

   作者. 题名（或加其他题名信息）. 版本项. 出版地：出版者，出版年：引文页码（报纸需标注日期及版面）.

2. 参考文献的标注

参考文献的标注与注释（即脚注）方式基本一致，只是不需要标注页码。注释（即脚注）放在正文中，参考文献放在正文后。

投稿地址：湖北省武汉市武昌珞珈山 武汉大学经济与管理学院《珞珈管理评论》编辑部

邮编：430072

投稿信箱：ljglpl@ 163. com

电话、传真：027-68755911